Josef Isensee
Recht als Grenze – Grenze des Rechts

Josef Isensee

Recht als Grenze – Grenze des Rechts

Texte 1979 - 2009

2009

BOUVIER

ISBN 978-3-416-03148-6

Von der Notwendigkeit der Grenze

„Im Grenzenlosen sich zu finden,
Wird gern der Einzelne verschwinden,
Da löst sich aller Überdruß;
Statt heißen Wünschen, wildem Wollen,
Statt läst'gem Fordern, strengem Sollen,
Sich aufzugeben ist Genuß."

Johann Wolfgang von Goethe, Eins und Alles (1821)

Die Aufhebung aller Grenzen ist Menschheitstraum, so alt wie das Leiden an der Zivilisation. In Goethes Schau steigt der Einzelne auf ins Grenzenlose, wenn er sich aus seinen Leidenschaften löst und seine Individualität preisgibt an das kosmische Ganze. Grenzenlos sind dem Dichter das Reich der Ideen, Weltgeist und Weltseele. Dieses Reich aber ist das Gegenbild zu der geschichtlichen Welt in ihrer Begrenztheit, das Gegenbild zu der gesellschaftlichen Wirklichkeit, die von „heißem Wünschen, wildem Wollen, läst'gem Fordern, strengem Sollen" getrieben wird – jener Wirklichkeit also, die das Recht nötig hat.

Die Funktion des Rechts ist es, Grenzen zu ziehen und zu wahren. Grenzen zwischen Privaten wie zwischen Bürger und Staat, Grenzen der Freiräume und der Herrschaftszuständigkeiten. Der Grenzen bedarf es, wo „heißes Wünschen" sich an der Enge des Raumes und der Knappheit der Güter bricht und wo „wildes Wollen" auf Widerstand stößt. Aufgabe des Rechts ist es, das Verteilungsproblem unter den Bedingungen der Knappheit und das Begehrlichkeitsproblem gemäß den Erfordernissen eines friedlichen Zusammenlebens zu lösen. An die Stelle der unbegrenzten, aber ungesicherten Freiheit der Anarchie tritt die gesicherte, aber begrenzte Freiheit durch Gesetz. Das „heiße Wünschen" des Einzelnen findet so ein erfüllbares Maß, sein „wildes Wollen", rechtlich gezähmt, erlangt praktische Durchsetzbarkeit in geordnetem Verfahren.

Die rechtlichen Grenzen, die den Frieden gewährleisten sollen, sind auch Gegenstand des Streits darüber, wo die Grenzen im Einzelfall tatsächlich verlaufen und wo sie richtigerweise verlaufen sollten. Auch ein gutes Gesetz, das dem Normalfall gerecht wird, stößt auf Grenzfälle, in denen Vernunft Unsinn und Wohltat Plage wird. Einzelne Probleme, die sich hier erheben, sind lösbar, doch sie werden sich im Gang der Geschichte in wechselnden Gestalten immer wieder neu stellen.

Immer wieder werden Gesetz und Recht auf die Grenzen ihrer Möglichkeiten stoßen. Sie ergeben nur eine unfertige Ordnung, die sich in der Auslegung und Anwendung entwickelt und vervollständigt, doch ohne je „fertig" zu werden. Sie bilden auch kein selbstgenügsames, in sich geschlossenes System. Vielmehr zehren sie vom guten Willen und vom Ethos derer, an die sie sich richten. Rechtszwang vermag nur äußeres Verhalten zu erwirken, nicht Gesinnung. Von dieser aber hängt es letztlich ab, ob und wie der Geltungsanspruch des Gesetzes tatsächlich eingelöst wird.

Das Recht kann es nicht jedermann recht machen. Jeder Akt der Rechtsetzung und Rechtsanwendung enttäuscht bestimmte Erwartungen. Das ist kein Mangel des Rechts, sondern Wesenseigenschaft. Das Recht tritt dort auf den Plan, wo unerreichbare Erwartungen kollidieren und der praktischen Entscheidung bedürfen, wo also Enttäuschungen unvermeidlich sind. Die Niederlage im Kampf um das Recht wird nur hingenommen, wenn sie sich nicht als Folge menschlicher Willkür, sondern als rechtliche Notwendigkeit erklären läßt. Die Enttäuschung wird kompensiert durch Begründung, die der Gesetzgeber wie der Gesetzanwender schuldet: der letztere dahin, daß seine Entscheidung der gesetzlichen Vorgabe entspricht, der erstere, daß seine Entscheidung mit höherem Recht übereinstimmt und abgedeckt ist durch die Erfordernisse der Gerechtigkeit und des Gemeinwohls. Doch die bestmögliche Begründung vermag dem Einzelnen nicht die Erfahrung zu ersparen, daß das Recht „lästiges Fordern, strenges Sollen" entbinden kann.

Wo keine Enttäuschung droht und es der rechtlichen Grenzen nicht bedarf, weil Einmütigkeit waltet oder unaufgelöste Widersprüche ohne Schaden dahinstehen können, braucht das Recht nichts zu sagen. Um der Freiheit willen sollte es auch nichts sagen, das Feld der individuellen wie gesellschaftlichen Spontaneität überlassen und auf außerrechtliche Ordnungspotenzen vertrauen wie Ethos und Sachgesetzlichkeit.

Der „offene" Zeitgeist reibt sich an den Grenzen und strebt danach, sie zu lockern, beweglich und durchlässig zu machen, zu verschieben und tunlichst aufzuheben. Einseitig werden Grenzen nur als Hemmnisse der Mobilität und Handlungsfreiheit gesehen, nur als Ausschluß von Möglichkeiten, in denen das Glück des Einzelnen enthalten sein könnte, nur als Gründe der Ungleichheit zwischen den Eingeschlossenen und den Ausgeschlossenen, zwischen Zugehörigen und Fremden. Doch Grenzen sind ambivalent. Sie sorgen dafür, daß die Freiheit des einen neben der Freiheit des anderen nach verallgemeinerungsfähigen Kriterien bestehen kann. Sie hegen individuelle wie nationale, regionale wie fachliche Selbstbestimmung, schirmen sie ab gegen Fremdbestimmung und bilden so die Voraussetzung für Selbstbehauptung, Wettbewerb und Solidarität. Rechtliche Grenzen ermöglichen die Abwägung zwischen widerstreitenden Prinzipien, zwischen Individualinteressen und Gemeinwohl, Mehrheitsherrschaft und Minderheitenschutz, Einheit und Vielfalt. Privatheit bedarf der physischen wie der rechtlichen Wände, die vor fremden Augen und Ohren Schutz bieten sowie der Türen, die sich von innen schließen und öffnen lassen.

Im Zuge der Liberalisierung und der Globalisierung werden überkommene Grenzen geöffnet, aber auch neue Grenzen geschaffen. Die europäische Integration legt Grenzen nieder, die das staatliche Recht aufgebaut hat, und knüpft ein supranationales Regelungsnetz immer dichter und feiner, das engere rechtliche Grenzen aufrichtet als das Recht, das es ablöst. Die kontinentale Machtorganisation wächst unaufhaltsam, geräuschlos, maßlos, unberechenbar, nach innen durch Weitung der Kompetenzen, nach außen durch Weitung des Mitgliederkreises, ohne ihrerseits rechtliche und territoriale Grenzen ihrer Möglichkeiten anzuerkennen, mit der Folge, daß sich in den betroffenen Völkern Unsicherheit, Furcht, Fremdheitsgefühle und Besatzungsphobien regen.

Eine Gesellschaft ohne rechtliche Grenzen ist mit den Menschen, wie sie sind, nicht zu machen. Freilich gibt es Momente, in denen die rechtlichen Grenzen aufgehoben und die Regeln der werktäglichen Daseinsverfassung durchbrochen werden: im Spiel wie im Fest. Wo sich aber hart im Raume die Sachen stoßen, sind Grenzen notwendig. Grenzenlos sind allein die Welt des Geistes, die Räume der Vernunft und des Glaubens, die Sphären der Phantasie und der Poesie, der Liebe und der Hoffnung. Diese aber übersteigen alle Grenzen des Rechts.

Die Grenze als Wesen und als Problem des Rechts bildet den roten Faden, der sich durch die nachfolgenden Abhandlungen zieht. Diese widmen sich vornehmlich Themen des Verfassungsrechts, der Verfassungstheorie und der Rechtsphilosophie. Texte, die, in den letzten dreißig Jahren entstanden, verstreut publiziert wurden, finden nun im vorliegenden Band zusammen.

GRENZLINIEN

Grundrechte und Demokratie –
Die polare Legitimation im grundgesetzlichen Gemeinwesen

I.

Es ist eine gefährliche Ehre, als Staatsrechtslehrer vor dem Forum der Universität über „Grundrechte und Demokratie" reden zu dürfen. Die Sache liegt offen vor jedermanns Augen. Es fehlt jene Sichtblende, unter deren Bedeckung sich das Spezialistentum, unbehelligt von fachexterner Kritik, seiner selbst sicher, in der Korporation der einander nicht mehr verstehenden Wissenschaften bewegt.

Das Thema ist zwar verfassungsrechtlicher Natur; aber der Verfassungsjurist besitzt keine exklusive Fachkompetenz. Das Thema greift über den Zuständigkeitsbereich der Wissenschaft überhaupt hinaus. Denn Grundrechte und Demokratie sind nicht nur Gegenstände des theoretischen Erkennens, sondern auch Maßstäbe des praktischen Handelns, Lebensformen des Gemeinwesens. Jeder Amtsträger des Staates, jeder Bürger hat die praktische Kompetenz, sein Bild von der Verfassung zu bestimmen. Wer am Leben des Verfassungsstaates teilnimmt, leistet Verfassungsauslegung durch tätigen Verfassungsvollzug. Es führen also mehrerlei Wege zur Antwort auf die Frage, was Grundrechte und Demokratie bedeuten: wissenschaftliche Interpretation und praktische Anwendung, private Meinung, politische Forderung und staatsamtliche Entscheidung.

Je weiter der Kreis derer, die über die Verfassung mitzureden berufen sind, desto größer die Verständigungsschwierigkeiten. Wechselt nicht das Wort „Demokratie" seine Bedeutung mit der Person dessen, der es anwendet? Wird die Verfassung nicht unvermeidlich in die neubabylonische Sprachenverwirrung der modernen Gesellschaft hineingezogen? In der Tat: die heikelste Aufgabe, die der juristische Interpret der Verfassung zu bewältigen hat, besteht darin, die Identität der verfassungsrechtlichen Begriffe (damit der verfassungsrechtlichen Gehalte) in den Divergenzen des Sprachge-

Rede zur Eröffnung des akademischen Jahres 1980/81 am 20. Oktober 1980.
Erstveröffentlichung in: Schriften der Universität Bonn, Reihe 2, Bonner Akademische Reden Band 53, Bonn 1981.

brauchs sicherzustellen. Hier zeigt sich ein eigentümliches Problem des Verfassungsrechts: Folgelast seiner einzigartigen Popularität. Schwierigkeiten solcher Art treten in anderen Rechtsgebieten (wie dem Sozialversicherungsrecht oder dem Konkursrecht) allenfalls ansatzweise auf. Dort beschränkt sich das Gespräch auf die kleine Zunft der praktisch und theoretisch Engagierten, die sich leicht verständigen und noch leichter zu fachinterner Kontroverse unter Ausschluß der Öffentlichkeit zurückziehen. Sogar in bestimmten Spezialbereichen des Verfassungsrechts – etwa im Parlamentsrecht oder in der Finanzverfassung – läßt sich Ähnliches beobachten. Jedoch machen diese technischen Materien nicht das Eigentliche der Verfassung aus. Die Normen dagegen, welche die Grundordnung des Gemeinwesens bilden, sind nicht esoterisch. In den populären Elementen stecken die großen juristischen Komplikationen. Die wahren Aporien nisten in den Gemeinplätzen.

Manchmal scheint es, als bestehe heute die politische Kultur im allseitigen Mühen um Verfassungsexegese. Es regt sich hier jener heilige Eifer, der im 16. Jahrhundert das Ringen um das richtige Verständnis der Bibel beflügelte. Auf das Grundgesetz richten sich Hoffnungen, wie sie bisher wohl keine andere Verfassung auf sich gezogen hat. Die Deutschen, die ihre nationale Identität verloren haben und deren Verhältnis zum Staat gestört ist, suchen ihre geistige Einheit und die Grundlage ihres Zusammenlebens in der Verfassung. In ihrem Schutz glaubt jedermann seine privaten Rechte geborgen. Das Grundgesetz ist Waffe des gesellschaftlichen Interessenkampfes und der politischen Auseinandersetzung. Es gibt dem Pragmatiker die Argumente und dem Utopiker die Stichworte. Es dient dazu, politische Ansprüche zu beglaubigen und ethische Prinzipien zu sanktionieren. Auf das Grundgesetz beruft sich, wer soziale Veränderungen einleiten und wer soziale Besitzstände sichern, wer staatliche Herrschaft ausweiten, einschränken oder aufheben will.

In älteren Tagen hat man die Deutschen ein rührend legalitätsbedürftiges Volk genannt. Heute könnte man sie eine verfassungsbedürftige Gesellschaft nennen: bedürftig nach verfassungsrechtlicher Legitimation.

II.

Legitimation heißt: den Grund dafür schaffen, daß ein Sein, ein Sollen oder ein Wollen rechtliche Anerkennung verdient.

Die Verfassung bildet die höchste Legitimationsebene der staatlichen Rechtsordnung. Die Frage nach der Legitimation muß allerdings nicht an der Obergrenze des positiven Rechts enden. Sie kann auch weiter ausgreifen und dahin führen, woher die Verfassung ihrerseits ihre Rechtfertigung bezieht. Der progressus in infinitum, der hier droht, wird durch thematische Bescheidung vermieden. Es geht im Folgenden allein um jene Legitimation, die das Grundgesetz leistet.

Die Legitimationsfrage erfasst nicht die Aufgaben und Grenzen der Staatsgewalt. Sie findet daher ihre Antwort nicht im Schrankensystem des Rechtsstaats, in der Sozialstaatsklausel oder in sonstigen Verfassungsdirektiven. Die Legitimationsfrage zielt überhaupt nicht auf Inhalte, sondern auf Kompetenzen: und zwar Kompetenzen als inhaltsleere, letzte Gründe des Handelns, über die hinaus innerhalb der staatlichen Rechtsordnung nicht mehr gefragt werden muß und nicht mehr gefragt werden kann.

Die letztbegründenden Kompetenzen, die das Grundgesetz gibt, liegen in den Grundrechten und in der Demokratie.

III.

Im grundgesetzlichen Gemeinwesen fließt Legitimation aus zwei Quellen: aus der Freiheit des einzelnen Menschen und aus dem Willen des Volkes. Die Individualfreiheit findet ihre verfassungsrechtliche Form in den liberalen Grundrechten, der Wille des Volkes die seine in der Demokratie.

Die Individualfreiheit ist das schlechthin Ursprüngliche: in der Sprache des liberalen Naturrechts das „Natürliche"; in der Sprache des Grundgesetzes die „Grundlage jeder menschlichen Gemeinschaft". Sie ist dem Staat vorgegeben. Aber sie ist ihm auch aufgegeben: Er hat die Freiheit zu schützen und zu achten. Er gewährleistet ihre rechtlichen und ihre sozialen Entfaltungsbedingungen. Freiheit in ihrer gegenwärtigen Gestalt und in ihrem realen Umfeld ist kein wildes Naturgewächs, sondern in weitem Maße das Werk der staatlichen Rechtskultur.

Der Wille des Volkes ist dagegen a priori eine Kunstschöpfung des Rechts. Das Volk selbst ist eine rechtliche Größe. Das Subjekt der Demokratie, von dem alle Staatsgewalt ausgeht, ist der rechtlich umschriebene Verband der Staatsangehörigen. Das Gesetz bestimmt, unter welchen Voraussetzungen die Mitgliedschaft im Staatsverband erworben wird. Freilich knüpft es dabei an reale Umstände an, welche die Ausbildung einer auch tatsächlich homogenen Gemeinschaft und eine effektive Integration erwarten lassen. Gleichwohl baut das Grundgesetz die Demokratie nicht auf einen so unsicheren, unabgrenzbaren, schwankenden Grund wie den Wunschvorstellungen vom Volk als naturwüchsigem Organismus oder als ethnischer, historischer, kultureller, soziologischer Einheit. Ohne eindeutige Rechtsdefinition des Volkes könnte der Wille des Volkes nicht zum rechtswirksamen Bestimmungsgrund und Leitprinzip der Staatsgewalt werden. Er wäre nichts weiter als staatstheoretische Idee ohne praktische Folgen oder politischer Manipulations-Titel in den Händen von Machteliten, die diktierten, was Volkes Wille sei.

Das Volk bedarf der rechtlichen Organisation und des rechtlichen Verfahrens, um seinen Willen zu bilden und auszuüben. Der Wille ersteht aus Wahlen und Abstimmungen nach dem Mehrheitsprinzip. Er wird vermittelt durch Repräsentation, Delegation und Ernennung. Er äußert sich in Gesetzgebung und Gesetzesvollzug.

Demokratische Legitimation fließt durch ein kunstvolles System rechtlicher Kanäle, die sich umso reicher verzweigen, je mehr sie sich von ihrem Ursprung, dem Staatsvolk, entfernen. Der Legitimationsfluß geht vom Staatsvolk, das seinen Willen in der Wahl äußert, über das Parlament zur Regierung und über diese zur Verwaltung sowie zur Gerichtsbarkeit. Es ist ein weiter, umständlicher Weg von der Legitimationsquelle zu einer konkreten Emanation der Staatsgewalt, die den einzelnen in seinen Rechten berührt, wie der Steuerbescheid, die Baugenehmigung oder das „im Namen des Volkes" verkündete gerichtliche Urteil. Aber der demokratische Ableitungszusammenhang muß gewahrt, der Legitimationsfluß darf nicht unterbrochen sein, wenn die Maßnahme als rechtmäßig gelten soll. Denn in der Demokratie muß sich jede Äußerung der Staatsgewalt auf das Volk zurückführen lassen.

Die demokratische Legitimation beschränkt sich also nicht auf die Legislative. In der Demokratie geht ausnahmslos „alle" Staatsgewalt vom Volke aus, auch die Exekutive. Diese monistische demokratische Legitimation ist das Wesensmerkmal der demokratischen Republik im Unterschied zu jener Verfassung, die ihr in Deutschland vorangegangen ist, der konstitutionell-parlamentarischen Monarchie mit ihrem Dualismus zwischen demokratisch legitimierter Legislative und monarchisch legitimierter vollziehender Gewalt. Die Vorstellung, es gebe ein Demokratie-Monopol des Parlaments, treibt freilich als verfassungsrechtlicher Anachronismus immer noch im heutigen Staatsdenken seinen Spuk.

Je weiter der Ableitungszusammenhang und je länger die Legitimationskette, desto enger wird das Organ der Staatsgewalt, das der demokratischen Legitimation bedarf, rechtlich gebunden. Die Aktivbürgerschaft besitzt die Freiheit der Wahlentscheidung im Rahmen des Wahlrechts. Die Entscheidungsfreiheit verdichtet sich für die gesetzgebende Gewalt in ein verfassungsrechtlich gebundenes Ermessen, das überdies unter dem verfassungsethischen Gebot der Verantwortung für das ganze Volk steht. Die gesetzesausführenden Gewalten, Exekutive und Judikative, sind an Gesetz und Recht gebunden. Die strengste rechtliche Determination trifft die Verwaltung. Deren Ämter sind in die Weisungshierarchie eingeordnet, die im Minister gipfelt. Der Minister steht, im Unterschied zu den Verwaltungsstellen, in der politischen Verantwortung gegenüber dem Parlament. Er stützt sich auf das Vertrauen der Volksvertretung. Somit stellt er den Legitimationszusammenhang der Verwaltung zum demokratischen Ursprung her: Hierarchie also als Instrument der Demokratie.

Wo aber bleibt in diesem System des rechtlich erzeugten und rechtlich gebundenen Volkswillens die Souveränität des Volkes? Souveränität – verstanden als höchste, ungebundene Entscheidungsmacht – kommt dem Volk zu, wenn es sich seine Verfassung gibt. Aber sogar die Souveränität des pouvoir constituant ist mehr Prinzip der Staatstheorie als geschichtlich erfahrene und erfahrbare Staatsrealität. Die Elementarform der Souveränität geht im Akt der Verfassunggebung unter. Der Volkssouverän bindet sich an die Verfassung, die er sich gibt. Er könnte die Selbstbindung nur durch Revolution abschütteln. Solange aber die Bindung an das Verfassungsgesetz hält, existiert der Wille des Volkes allein in seiner verfassungsrechtlich domestizierten Form.

IV.

Der Status des Einzelmenschen stellt sich unterschiedlich dar, je nachdem ob man ihn aus der demokratischen oder aus der liberal-grundrechtlichen Verfassungsperspektive betrachtet.

In demokratischer Sicht ist der Einzelne integrales Element des Staatsvolkes. Ihm steht der freie und gleiche Zugang zu dem Verfahren offen, in dem die politische Entscheidungsmacht verteilt wird. Demokratische Freiheit ist Mitbestimmung des Bürgers im Staatsverband. Dem Verband als Ganzheit, nicht dem einzelnen Bürger kommt Selbstbestimmung zu. Grundrechte dagegen gewährleisten Selbstbestimmung für den Einzelnen in seiner Individualität. Liberale Freiheit, wie sie sich in der Gewissensfreiheit, der Meinungsfreiheit oder im elterlichen Erziehungsrecht verkörpert, wird nicht durch Mitgliedschaft zum Staatsverband erworben und nicht durch Organisation vermittelt. Sie gründet im Personsein des Menschen.

Individualfreiheit ist das Nicht-Abstimmbare. Sie unterliegt nicht dem Mehrheitsprinzip. Sie würde denaturiert, wenn sie demokratisiert würde, wenn also der Staat den Einzelnen nötigte, sie in ein Kollektiv einzubringen und dessen Mehrheitsdisposition zu überantworten – auch dann, wenn er zum Ausgleich ein Stimmrecht im Kollektiv erhielte. Mitbestimmung wiegt Selbstbestimmung nicht auf. Egalitäre Teilhabe entschädigt nicht für individuelle Selbsthabe. So darf die Elternvertretung in der Staatsschule nicht das höchstpersönliche Erziehungsrecht der einzelnen Eltern an sich ziehen und majorisieren. Hier liegt der Grund für das Dilemma, in dem heute die rechtspolitischen Ansätze stecken bleiben, den Eltern institutionalisierte Mitentscheidung im Schulwesen zu verschaffen.

Philosophisches Bemühen, Individualfreiheit und Kollektivgewalt zu versöhnen, hat die Theorie des Gesellschaftsvertrages hervorgebracht: die Fiktion, daß die Einzelnen ihre vorstaatliche, natürliche Freiheit in die vertraglich begründete politische Gemeinschaft einbringen, sich ihr vorbehaltlos eingliedern und unterwerfen, dafür aber als Kompensation das Recht erhalten, an der Bildung des Gemeinschaftswillens mitzuwirken. Die Konstruktion des Gesellschaftsvertrages, zu letzter Konsequenz getrieben von Rousseau, wird zur Rechtfertigungsdoktrin für die Aufhebung der Liberalität durch Totaldemokratie. Dagegen definieren die frühen Menschenrechtserklärungen des 18. Jahrhunderts die natürlichen

Rechte als „unveräußerlich"; das Veräußerungsverbot gilt auch gegenüber dem demokratischen Staat. Das Grundgesetz bekennt sich zu dieser liberalen Tradition, wenn es den Vorbehalt der „Unveräußerlichkeit" der Menschenrechte erneuert.

Hochfliegende Demokratie-Theorie setzt sich über die Unterschiede zwischen der liberalen und der demokratischen Freiheit hinweg und verheißt Freiheit schlechthin, Aufhebung jedweder Herrschaft, Identität von Regierenden und Regierten. Radikaldemokratische Ideologie verfügt auch über die Techniken, um die Enttäuschungen zu überspielen, die unvermeidlich eintreten, wenn die Verheißungen ausbleiben. Denn wo der Utopist strandet, stellt sich als Retter der Sophist ein, der bei Rousseau gelernt hat. Rousseau hat das unsterbliche, verblüffungswirksame Argumentationsmuster gefertigt: Zunächst wird die Freiheit des Individuums versprochen, diese sodann gegen die Freiheit des Kollektivs ausgetauscht, also der liberale Freiheitsbegriff durch den demokratischen ersetzt. Schließlich wird die Individualfreiheit dazu verurteilt, sich in der demokratischen Ganzheit aufzulösen. Weigert sie sich, so setzt das Gemeinschaftsdiktat als Zwang zur „wahren" Freiheit ein. „Libertas" heißt das Gefängnis in der Radikaldemokratie. Gegen die erhabene rousseauistische Demokratie-Illusion steht die schlichte verfassungsrechtliche Wahrheit der liberalen Demokratie: Demokratie ist ein System politischer Herrschaft. Staatsgewalt wird im Zeichen der Demokratie nicht aufgehoben, sondern dem Volk zugeordnet und durch das Volk legitimiert. Die Staatsgewalt, die vom Volke ausgeht, bildet das Gegenüber des Individuums, als mächtigster Garant der grundrechtlichen Freiheit und als deren gefährlichster Widersacher.

Die Mitbestimmung, die dem Bürger als einem unter Millionen im demokratischen Gemeinwesen zusteht, hindert nicht, daß die demokratischen Herrschaftsakte ihm als Fremdbestimmung erscheinen können. Demokratische Mitbestimmung macht den Gehorsam gegenüber dem Gesetz nicht überflüssig. Der Einzelne ist nicht nur Bürger der Demokratie, sondern auch ihr Untertan. Die persönliche Freiheit ergibt sich unter der Herrschaft des Volkes nicht von selbst. Die Demokratie wird erst dadurch zur „freiheitlichen" Staatsform, daß sie sich rechtsstaatlich verfaßt, sich den liberalen Grundrechten beugt und Bereiche des Unabstimmbaren achtet.

V.

Die Grundrechte schützen den Raum des Privaten. Aber sie sichern dem Einzelnen auch den Zugang zum Raum öffentlicher Kommunikation und Wirksamkeit, zu Kultur und Wissenschaft, zu Wirtschaft und Politik. Grundrechte konstituieren die Gesellschaft. Münden also die Grundrechte am Ende in jene Kollektivität ein, in der die Demokratie ihren Ursprung hat? Sind „Gesellschaft" und „Volk" daßelbe?

In der Tat sind die Begriffe heute im gängigen Sprachgebrauch austauschbar geworden. Staatsrechtlich aber sind sie nicht konvertibel.

Die Gesellschaft ist nicht wie das Volk ein rechtlich verfaßter, handlungsfähiger Verband. Gesellschaft ist eine staatstheoretische Chiffre für die Gesamtheit aller grundrechtsfähigen Rechtssubjekte und für den Raum, in dem sich ihre grundrechtlich-legitimierte Wirksamkeit öffentlich entfaltet. Gesellschaft ist nicht der Ursprung der Staatsgewalt, sondern ihr Wirkungsfeld. Das Volk ist egalitär, die Gesellschaft pluralistisch. Das Offene und Bewegliche der Gesellschaft entzieht sich der Organisation. Das bedeutet nicht, daß ihr die ordnungsbildende Kraft fehlte. Doch ihre Ordnung geht nicht aus Mehrheitsentscheid hervor, sondern aus freiem Konsens, aus wechselseitiger Beeinflußung und aus privatautonomer Einigung.

Grundsätzlich ist jedermann Bürger zweier Reiche: des Volkes, dem er als Gleicher unter Gleichen angehört, und der Gesellschaft, in die er seine Individualität einbringt, die schicksalhafte wie die selbstgewählte Besonderheit seiner Eigenschaften und Rollen, seiner Bedürfnisse und Neigungen. Gesellschaft ist der Raum der realen Ungleichheit.

Das schlechthin Ungleiche entzieht sich der Repräsentation. In der Tat gibt es keine Repräsentation der Gesellschaft als solcher, wie es die Repräsentation des Volkes gibt. – Repräsentationsfähig sind dagegen einzelne, in sich homogene Gruppen innerhalb der Gesellschaft, die sich auf grundrechtlicher Basis verbandsmäßige Vertretungen schaffen. Kein Verband aber – und sei sein Streben noch so laut auf das Gemeinwohl ausgerichtet – hat die verfassungsrechtliche Legitimation, mehr zu repräsentieren als seine Mitglieder und für „die Gesellschaft" zu sprechen. – Der Gesetzgeber schafft auch nicht künstlich eine Repräsentation „der Gesellschaft" dadurch,

daß er Vertreter verschiedener Verbände in einem Verwaltungs-
gremium wie dem einer öffentlichrechtlichen Rundfunkanstalt zu-
sammenführt. Ein solches Gremium repräsentiert nichts weiter als
eben die Verbände, aus denen es sich zusammensetzt.

Eine praktische Konsequenz der Unterscheidung zwischen Volk
und Gesellschaft: Der Ausländer, der in die deutsche Gesellschaft
durch Aufenthalt und Berufstätigkeit einbezogen ist, genießt weitgehend den Schutz der deutschen Grundrechte. Jedoch kommt ihm
nicht das Wahlrecht auf staatlicher oder kommunaler Ebene zu. Er
hat nicht das Recht, über die Vertretung des Volkes zu entscheiden,
dem er nicht angehört. Demokratie verbietet Fremdbestimmung.

VI.

Die wichtigste Vorschrift des Grundgesetzes, über die der Legitimationsfluß der Grundrechte in den Raum der Gesellschaft einströmt,
lautet: „Die Grundrechte gelten auch für inländische juristische
Personen, soweit sie ihrem Wesen nach auf diese anwendbar sind".
Die scheinbar nur rechtstechnische, periphere Norm erschließt den
Grundrechten eine neue Dimension, wenn sie deren Geltung über
die natürlichen Personen hinaus auf juristische Personen ausweitet.
Die „natürlichen" Menschenrechte wandeln sich zu Freiheitsrechten
der Organisation. Das Grundgesetz löst sich mit dieser Neuerung
aus dem Bann der individualistischen Menschenrechtstradition.

Die Ausweitung steht unter dem Vorbehalt, daß sie dem „Wesen" der Grundrechte gemäß ist. Was aber ist ihr Wesen? Die Frage
führt auf den einzelnen Menschen als den Träger angeborener Würde und ursprunghafter Freiheit zurück. Soweit er seine Grundrechte in verbandlicher oder arbeitsteiliger Organisation verwirklicht,
partizipiert diese – unabhängig davon, ob sie juristische Person im
technischen Sinne oder nur teilrechtsfähig ist – an den Grundrechten dessen, der sie geschaffen hat und dem sie als Werkzeug dient.
Sie erwächst selbst in eine abgeleitete Form der Grundrechtsfähigkeit.

Dem Wesen der Grundrechte widerstrebt schlechthin ihre
Erstreckung auf den Staat. Der Staat ist Adressat der Grundrechte, nicht ihr Träger. Er genießt nicht die grundrechtliche Freiheit,
sondern er hat sie zu respektieren und zu gewährleisten. Die Wirksamkeit des Rechtsstaats ist notwendig rechtsgebunden und rechts-

begrenzt. Der Rechtsstaat ist abgeschnitten von der grundrecht-lichen Freiheit des Privaten. Was ihm an Gestaltungsmacht und Gestaltungsermessen zukommt, fließt aus demokratischer Quel-le: aus dem Willen des Volkes.

Die Fundamentalalternative des Verfassungsrechts ist damit gekennzeichnet: grundrechtliche oder demokratische Legitima-tion. Alle Lebensäußerungen des grundgesetzlichen Gemeinwe-sens müssen sich der einen oder der anderen Sphäre zuordnen lassen. Tertium non datur.

Privatunternehmen, Verbandswesen, Presse gehören zum grund-rechtlichen Bereich. – Auch die politischen Parteien ha-ben ein grundrechtliches Fundament. Sie legitimieren sich von ihren Mitgliedern her, nicht von der Ganzheit des Staatsvolkes, obwohl sie seiner Willensbildung notwendige Mittlerdienste er-bringen. Das Grundgesetz setzt ihre Privatautonomie voraus, wenn es sie ausdrücklich (wie sonst übrigens keinen anderen Verband) verpflichtet, daß ihre Binnenstruktur „demokrati-schen Grundsätzen" entsprechen müsse. Sie haben sich also den demokratischen Formen der Staatsorganisation anzugleichen; aber sie sind ihrer Legitimation nach nicht genuin demokra-tisch. – Grundrechtlich legitimiert sind auch die Gewerkschaf-ten, und zwar kraft der Koalitionsfreiheit, die „für jedermann und für alle Berufe" gewährleistet ist. Sie selbst verstehen sich freilich als „demokratisch" („entscheidender Integrationsfaktor der Demokratie") – „demokratisch" jedoch nicht im Sinne der verfassungsrechtlichen Legitimation, sondern in einem weiten Demokratieverständnis der politischen Rhetorik. – Die Kirchen werden von Verfassungs wegen als Körperschaften des öffentli-chen Rechts anerkannt und in ihrer institutionellen Besonderheit eingehend wie kein anderer Verbandstypus gewürdigt. Gleich-wohl schweben sie damit nicht jenseits von Grundrechtsfreiheit und demokratischer Staatsgewalt. In der Vergangenheit waren Staat und Kirche institutionell verknüpft. Das Band ist nunmehr zerschnitten, die Trennung verfassungskräftig gewährleistet. Das Staatskirchenrecht ist Ausfluß der Religionsfreiheit: korporative Grundrechtsgestalt.

Der verfassungsrechtliche Äquator verläuft also nicht zwi-schen den Rechtsträgern des öffentlichen und denen des Privat-rechts. Die Kirchen büßen ihre Grundrechtslegitimation nicht deshalb ein, weil sie Körperschaften des öffentlichen Rechts sind. Auf der anderen Seite gewinnt der Staat nicht grundrechtliche Freiheit wie ein Privater dadurch, daß er privatrechtliche Vereine und Gesellschaften gründet und diesen seine Aufgaben überträgt. Er kann seiner rechtsstaatlichen Lasten nicht dadurch ledig werden, daß er in die Haut eines Privatunternehmers schlüpft. Die Grenzlinie kann quer durch einen Rechtsträger hindurchlaufen. Die Universität gehört zur staatlichen Sphäre, soweit sie Ausbildungseinrichtung, und zur grundrechtlichen, soweit sie Stätte der Forschung und Lehre, institutionalisierte Grundrechtssubstanz, ist. Der Rundfunk ist einerseits staatliche Anstalt, andererseits Treuhänder grundrechtlicher Kommunikationsfreiheit. Der Staat schafft in der öffentlichrechtlichen Anstaltsorganisation das Podium, auf dem grundrechtliche Veranstaltungen stattfinden. Das Rundfunkprogramm ist – der Legitimationsidee nach – nicht das demokratische Werk der staatlichen Allgemeinheit, sondern das grundrechtliche jener gesellschaftlichen Gruppen, deren Vertreter an der Verwaltung der Anstalt teilhaben.

Die Unterscheidung hat wesentliche rechtspraktische Konsequenzen. Bund und Länder und ihr reiches Satellitensystem an rechtlich verselbständigten Verwaltungsträgern, an öffentlichrechtlichen wie privatrechtlichen Einrichtungen, sind auf demokratische Legitimation verwiesen. Sie bedürfen für jedwede Tätigkeit des Gesetzes als Grundlage. Eine Behörde kann nur im Rahmen ihrer gesetzlich zugewiesenen Kompetenzen handeln. Die Ermächtigung zu Eingriff und Leistung ist immer kompetenzbegrenzt. Das gilt sogar für die Körperschaften des öffentlichen Rechts, die wie die Gemeinden, Berufskammern, Kassen und Universitäten aus ihrer mitgliedschaftlichen Binnenstruktur eine besondere, eigene demokratische Legitimation gewinnen. Die Körperschaften sind zwar autonom. Die Autonomie bewegt sich aber nur innerhalb des gesetzlich umschriebenen Wirkungskreises, der, heteronom vorgegeben, seinerseits nicht der Autonomie unterliegt. Daher besitzt kein Selbstverwaltungsträger ein grenzenloses, allgemeinpolitisches Mandat, sondern stets nur ein kompetenzbegründetes und kompetenzbegrenztes Mandat.

Dagegen definieren grundrechtlich legitimierte Verbände ihren Wirkungskreis selbst. Ein Privatunternehmen legt von sich aus fest, welchen Geschäften es sich widmet. Eine Gewerkschaft oder eine Kirche befindet selbst darüber, ob und wie sie sich zu politischen Fragen äußert. Ein politisches Engagement kann verbandsintern – im Verhältnis zwischen Mitgliedern und Organen des Verbandes – bedenklich sein. Verfassungsrechtlich ist es zulässig. Die Verschiedenheit der Legitimation erklärt, weshalb einer politischen Partei Aktionen erlaubt, die den Organen einer Gemeinde versagt sind; weshalb ein wirtschaftlicher Interessenverband agiler ist als eine Berufskammer; weshalb eine freie Studentenorganisation das allgemeinpolitische Mandat beanspruchen kann, aber nicht die auf öffentlichrechtlicher Pflichtmitgliedschaft gegründete „verfaßte" Studentenschaft.

Während die Privatautonomie selbstverständliches Element der Grundrechtsfreiheit ist und nur der staatliche Freiheitseingriff der Rechtfertigung bedarf, ist es demokratische Normalität, daß die Verwaltung angewiesen ist auf das Gesetz und eingegliedert in die Weisungshierarchie der Exekutive. Nicht die Bindung der Verwaltung ist zu begründen, sondern die Freistellung. Der ministerialfreie Raum ist demokratische Anomalie. Der verfassungsrechtliche Rechtfertigungszwang wird ausgelöst durch: Zuweisung eigenständiger Entscheidungsmacht an eine Instanz der Exekutive, rechtliche Verselbständigung der Verwaltungsträger, Freistellung von der Weisungsgewalt des Ministers, Abbau seiner parlamentarischen Verantwortung und Minderung der Kontrollkompetenz des Parlaments. Insbesondere bedarf der Rechtfertigung die Ausbildung von eigenständiger Finanzhoheit der Selbstverwaltung, von „intermediärer Finanzgewalt".

Das verwaltungsrechtliche Institut der Staatsaufsicht hat unterschiedlichen Sinn je nachdem, ob sein Substrat zur demokratischen Sphäre gehört (wie die kommunale und die soziale Selbstverwaltung) oder zur grundrechtlichen (wie die Privatversicherung und das Bankwesen). Im ersten Fall wird die Einheit staatlichen Handelns sichergestellt, im zweiten die Freiheit privaten Handelns beschränkt. Die staatsinterne Körperschaftsaufsicht gewährleistet die ausschließliche Ausrichtung der Verwaltung an den öffentlichen Belangen. Die staatsexterne Wirtschaftsaufsicht dringt darauf, daß die Unternehmen ein Mindestmaß öffentlicher Belange berücksichtigen. Die Körperschaftsaufsicht dient dazu, die rechtliche Verselbständigung innerhalb der Staatsorganisation vom demokratischen Ganzen her zu kompensieren und zu legitimieren. Die Wirtschaftsaufsicht aber muß sich ihrerseits vor den Grundrechten rechtfertigen, in die sie eingreift.

VII.

In der gesellschaftlichen Dimension der Grundrechte erneuert sich nicht das altliberale Ideal der staatsfreien, autarken Gesellschaft. Im Gegenteil: Das Grundgesetz hält dem Gesetzgeber einen weiten Raum der wirtschafts- und sozialpolitischen Gestaltung offen. Es weist ihm in der sozialen Staatszielbestimmung sogar eine Garantenstellung zu für die Herstellung innergesellschaftlicher Gerechtigkeit. Soziale Gerechtigkeit im Grundrechtsstaat aber bedeutet: praktische Zugänglichkeit der grundrechtlichen Freiheit in der gesellschaftlichen Realität für alle. Ein Weg, den der Gesetzgeber zur Erreichung des sozialen Zieles heute häufig beschreitet, ist die Umverteilung von Einkommen, Vermögen und Entscheidungsbefugnissen – verfassungsrechtlich gesehen: die Neuverteilung von Grundrechtssubstanz.

In diesem Zusammenhang ist wesentlich: Der Gesetzgeber stößt nicht in ein verfassungsrechtliches Vakuum, sondern in einen weitgehend grundrechtsautonom gefüllten und gestalteten Raum. Das Gesetz muß sich an den betroffenen Grundrechten messen lassen, wenn es bestehen will.

Die normative Kraft der Grundrechte ist unterschiedlich. Durch die Brille des Bundesverfassungsgerichts gesehen, erscheinen die Eigentumsgarantie und die Berufsfreiheit dem eingreifenden, einebnenden, umverteilenden Gesetz gegenüber ziemlich nachgiebig, die Koalitionsfreiheit aber und die ideellen Grundrechte, wie die Pressefreiheit als Basis der Zeitungstendenz, resistent. Widerstandskraft gegen gesetzgeberische Einebnungsversuche zeigt zunehmend die Kirchenautonomie: ein erst heute sichtbar werdendes Bollwerk des Pluralismus im konfessionellen Krankenhaus wie in sonstigen Bereichen der karitativ-sozialen Dienste.

VIII.

Doch nicht darum geht es hier, wie im einzelnen das Differenzierungspotential der Grundrechte und das Egalisierungspotential des demokratischen Gesetzes voneinander abzugrenzen sind. In Frage steht vielmehr, wie sich die beiden Legitimationselemente zueinander verhalten.

Sie haben gleichen verfassungsrechtlichen Rang. Sie sind voneinander unabhängig, gleichwohl aufeinander bezogen. Sie sind einander Stütze und Gegenmacht, Ergänzung und Gefahr. Keines darf zugunsten des anderen geopfert oder dem anderen untergeordnet werden. Es herrscht Polarität. In ihrer Polarität konstituieren Grundrechtsfreiheit und Volksherrschaft das freiheitliche Gemeinwesen.

In der gegenwärtigen Menschenrechts-Euphorie kommt die Neigung auf, die klassischen Freiheitsrechte und ein „Menschenrecht auf Demokratie" einfach zu addieren, in der naiven Erwartung, die Summe beider sei gleich der menschenwürdigen Ordnung. Derartige Menschenrechtskonkordanzen verharmlosen und verdrängen die verfassungsrechtliche Grundspannung.

Einzelne Momente dieses Spannungsverhältnisses seien näher betrachtet.

IX.

Im demokratischen Prinzip sind herrschaftsmildernde, herrschaftsbegrenzende, also freiheitsschonende Tendenzen angelegt: Herrschaftsbegründung „von unten" her, Zeitbegrenztheit und periodischer Erneuerungsbedarf des demokratischen Mandats, Transparenz der Macht, Legitimation von Kritik und Kontrolle, Systemnotwendigkeit der Opposition, Minderheitenschutz, Angewiesenheit der Regierenden auf Vertrauen und Konsens der Regierten, Gespräch und Kompromiß als Weise des Regierens, Bürgernähe.

Die demokratische Regierungsmaxime der Bürgernähe ist freilich grundrechtsambivalent. Sie könnte grundrechtsbedrohlich werden, wenn sie den rechtsstaatlichen Sicherheitsabstand zu den Freiheitsbereichen aufhöbe, wenn Demokratie zur totalen Reglementierung, zur aufdringlichen Beglückung, zur Lebenskonfektionierung nach Mehrheitsgeschmack mißriete – zu jener Tyrannei der Mehrheit, vor der schon Tocqueville gewarnt hat: einer Tyrannei, die nicht wie die vordemokratische Despotie „gewalttätig und begrenzt", sondern „sanft und unbegrenzt" wäre und, ohne den Menschen zu quälen, seine Entwürdigung vollzöge.

Die demokratische Grundgefahr wird gebannt, solange die Grundrechte die Privatheit sichern und damit verhindern, daß der Mensch im Staatsbürger aufgeht.

X.

Grundrechte bilden die Magna Charta der Privatheit.

Es gehört heute kein Mut dazu, das festzustellen. Allerorten wächst eine neue Sensibilität des Privaten. „Datenschutz" ist nur das Stichwort für ein weit ausgreifendes Verlangen, das seine Erfüllung in den Grundrechten sucht: Schutz vor behördlicher Ausforschung, vor Formular-Impertinenz, vor dem Mißbrauch des Herrschaftswissens, das über den Computer bisher nicht gekannte Ausmaße annimmt; Schutz vor der Aufdringlichkeit des allgegenwärtigen Sozialstaats, der seine Leistungen an die Bedingung knüpft, daß der Einzelne seine Lebensverhältnisse – seine „sozialen Bedürfnisse" – bloßlegt; Schutz der Individualität vor dem Anpassungsdruck der Gesellschaft.

Nicht immer ist das politische Klima der Bundesrepublik der grundrechtlichen Gewährleistung des Privaten so freundlich gewesen wie heute. In der Ära der Kulturrevolution brach sich die Bestrebung Bahn, die private Grundrechtssubstanz öffentlichen Zwecken zu opfern und die Freiheitsrechte ausschließlich als verfassungsrechtliche Einberufungsbefehle zum Dienst für die Demokratie gelten zu lassen. Die Demonstrationsfreiheit schien sich zum Höchstgrundrecht zu entwickeln, vor dem alle anderen Grundrechte – die beruflichen wie die familiären Rechte, die private Meinungsfreiheit und die private Bewegungsfreiheit – demütigst zu weichen hatten.

Der Hypertrophie des Öffentlichen und der Verkümmerung des Privaten hatte eine Schule der Staatsrechtslehre juristisch vorgearbeitet: in einseitiger Deutung der Grundrechte als Medien der politischen Integration und ihrer Stilisierung zum „staatsbürgerlichen Berufs- und Standesrecht im Rahmen des Ganzen" (Smend), im arrogant-süffisanten Ausspielen des „stolzen Bürgers" gegen den „kümmerlichen Bourgeois", dem die Grundrechte nicht mehr bedeuteten als die Verbriefung seiner eigennützigen Interessen. Allzu schroff war hier die demokratische Absage an die unpolitische Da-

seinsform des deutschen Bürgers, an die „machtgeschützte Innerlichkeit" (Thomas Mann), geraten; allzu hochmütig die Distanzie-
rung von der bescheidenen Lebensform eines Candide, der, als der
Aufbruch in die besten aller möglichen Welten in kläglicher Realität endete, sein Glück darin fand, sein Gärtchen zu bestellen. Ein
Gärtnerglück, die Möglichkeit, den verwüsteten Boden in Frieden
wieder zu kultivieren, war nicht das schlechteste, was das Grundgesetz den an der Totalpolitisierung gescheiterten Deutschen geboten
hat.

Die Antithese zu dem Prinzip der rein politischen Freiheit hat
bereits zu Beginn des 19. Jahrhunderts ein Klassiker der liberalen
Staatstheorie, Benjamin Constant, aufgestellt, in der Auseinandersetzung mit seinem Französisch-Schweizer Landsmann Rousseau:
Die totaldemokratische Freiheit, wie sie Rousseau lehre, sei den
Republiken der Antike gemäß gewesen, als der einzelne Bürger unmittelbar an der Willensbildung in der überschaubaren Polis teilhaben und diese lebendige, persönlich erfahrbare Teilhabefreiheit das
Opfer der privaten Unabhängigkeit – bis zur Unterwerfung unter
das Scherbengericht – habe aufwiegen können. Im Großstaat der
Gegenwart aber sei die politische Mitwirkung für das Individuum
zur abstrakten Annahme verblaßt. Die zeitgemäße Freiheit bestehe daher im friedlichen Genuß der persönlichen Unabhängigkeit. Diese Unabhängigkeit sei das erste Bedürfnis der modernen
Menschen; folglich dürfe man nie von ihnen verlangen, daß sie es
zugunsten der politischen Freiheit opferten. Die demokratische
Teilhabefreiheit gilt aber für Constant nicht als historisch überholt:
„Die persönliche Freiheit ... ist die wirkliche moderne Freiheit. Die
politische Freiheit gewährt ihr Schutz; die politische Freiheit ist
deshalb unentbehrlich".

XI.

Die Übersteigerung des Öffentlichen darf nicht in den gegenteiligen Fehler umschlagen: in die Vereinseitigung des Privaten. Der
Einzelne erfüllt seine Grundrechtsfreiheit nicht dadurch, daß er
sich in seine Innerlichkeit einigelt. Grundrechte bieten Schutz gegen erzwungene Politisierung. Aber sie halten auch jedermann die
Chance offen, am politischen Leben teilzunehmen.

Jede Grundrechtsbetätigung, die über den Raum des Privaten hinauswirkt, kann „politisch" sein in jenem weiten Sinne, wie er der aristotelischen Tradition entspricht: als Leistung für das Gedeihen des Gemeinwesens. Politisch ist die berufliche Betätigung, politisch der karitative Dienst am Nächsten. Politisch ist auch jede Aktivierung der grundrechtlichen Freiheiten auf den Gebieten der Meinung und der Information, der Wissenschaft und der Kunst, der Religion und der Weltanschauung. In der grundrechtlichen Kommunikation bildet und wandelt sich öffentliche Meinung, wächst ethische und ästhetische Kultur, ersteht wissenschaftliche Leistung, lebt Religion. Übersetzt in die Begriffssprache Hegels: Aus der Freiheit der Grundrechtssubjekte geht der objektive Geist des Gemeinwesens hervor.

Der objektive Geist, der über keine Exekutivmacht verfügt und dem sich doch keine staatliche Institution auf Dauer widersetzen kann, steckt Ziele und Grenzen des Regierens in einer freiheitlichen Demokratie. Er determiniert die Möglichkeit politischer Gestaltung. Jedwede noch so „unpolitische" Grundrechtsausübung, die dazu beiträgt, den objektiven Geist zu konstituieren, gewinnt also letztlich Einfluß auf die Willensbildung des Staates. Sie wird mittelbar politisch wirksam – „politisch" hier in dem heute üblichen, engen Verständnis.

Die Grundrechte enthalten auch die Einladung an jeden Bürger, sich unmittelbar am staatlichen Leben zu beteiligen und seine Ideen wie Interessen in die Auseinandersetzung um die richtige Bestimmung des Gemeinwohls einzubringen. Die widerstreitenden politischen Vorstellungen bedürfen der Darstellung und der Diskussion, der Abwägung und des Ausgleichs, ehe eine parlamentarische Mehrheitsentscheidung und ein wirklichkeitsgerechtes, konsensfähiges Gesetz möglich werden. Der demokratische Staat bedarf der politischen Impulse, die aus dem Raum der Gesellschaft kommen. Er ist angewiesen auf die Arbeit, welche die gesellschaftlichen Kräfte in der Vorklärung der politischen Interessen und in der Voreinigung über politische Programme leisten. Das Parlament bezieht seine Vitalität zu einem guten Teil aus dem vorparlamentarischen Raum, in dem Parteien und Verbände, Bürgerinitiativen und Massenmedien wirken. Das demokratische Repräsentationssystem lebt in Symbiose mit der politischen Grundrechtskultur.

Aus beiden Legitimationsquellen des grundgesetzlichen Gemeinwesens, aus Grundrechten wie aus Demokratie, fließt politische Energie. Die freiheitliche Demokratie vereint also zwei verfassungsrechtliche Systeme:

- das formelle, rechtlich geordnete Repräsentationssystem der demokratischen Verfahren und Institutionen sowie
- das informelle, offene Plebiszitärsystem, das in der allseitigen Grundrechtsaktivierung besteht, das „tagtägliche Plebiszit" aller Bürger und gesellschaftlichen Kräfte.

XII.

Der demokratische Verfassungsstaat erfüllt seine rechtliche und moralische Verpflichtung auf das Gemeinwohl nicht dadurch, daß er die Ergebnisse des gesellschaftlichen Interessenwettbewerbs lediglich ratifiziert. Viele gemeinwohlwichtigen Belange vermögen sich nicht im gesellschaftlichen Wettbewerb durchzusetzen. Sie gingen verloren, wenn nicht der Staat sich ihrer annähme.

Die Staatsorgane bedürfen der rechtlichen Unabhängigkeit gegenüber der Gesellschaft, um ihrer besonderen Verantwortung für das Gemeinwesen genügen zu können. Das Repräsentativsystem trägt der Notwendigkeit Rechnung. Es ermöglicht, daß die Entscheidungen des Staates klüger und gerechter ausfallen als die Forderungen der gesellschaftlichen Kräfte.

Gesellschaftliche Verbände neigen leicht dazu, ihre partikularen Interessen als das Interesse des Ganzen auszuweisen, ihr gruppennütziges Konzept dem Gesetzgeber aufzudrängen und sich über das Gesetz die ganze Gesellschaft dienstbar zu machen. Durch die politische Rhetorik geistern Schreckbilder vom Staat, der einer gesellschaftlichen Gruppe botmäßig ist, von der Souveränität, die aus dem staatlichen System auswandert zu einer unstaatlichen Organisation, vom Parlamentarismus, der nur als Fassade eines nichtdemokratischen Machtgebäudes dient. Solche Bilder sind etwa:

- das paläoliberale Menetekel des ultramontan ferngesteuerten, klerikalen Staates
- das marxistische Dauer-Menetekel des Staates als Erfüllungsgehilfen des Kapitals
- das neoliberale Menetekel: Gewerkschaftsstaat.

Gefahren dieser Art sind gering, solange die Gesellschaft noch pluralistisch ist, die gesellschaftlichen Mächte durch Vielfalt, Konkurrenz und Widerstreit einander in Schach halten, also eine innergesellschaftliche Gewaltenteilung besteht. Die Rechtsordnung trifft auch Vorkehrungen dagegen, daß eine Gruppe der Gesellschaft ein Instrument gewinnt, mittels dessen sie dem Staat ihren Willen aufnötigen kann. Zu den Vorkehrungen gehören das Verbot des Steuerboykotts und das Verbot des politischen Streiks. Die wichtigsten Voraussetzungen für die Selbstbehauptung des demokratischen Verfassungsstaats ist das staatliche Gewaltmonopol, dem die Friedenspflicht der Bürger und das Verbot der physischen Gewalt in den gesellschaftlichen Auseinandersetzungen entsprechen.

XIII.

Schwerer zu bannen als die äußere Gefahr einer gesellschaftlichen Nötigung ist die innere Gefährdung, in der die Repräsentativdemokratie steht: daß die Amtsführung von amtsfremden, persönlichen Zwecken der jeweiligen Amtsinhaber bestimmt wird, von ihrem parteipolitischen Engagement, ihrer gewerkschaftlichen oder sonstigen außerstaatlichen Bindung. Wo eine derartige Privatisierung von Staatsfunktionen stattfindet, verkehrt sich das Amt in eine Pfründe, die Dienstpflicht in ein Selbstbedienungsrecht.

Die Grundrechtsfreiheit bezieht sich nicht auf die Ausübung der Staatsgewalt. Im Gegenteil: Sie unterliegt der strengen Grundrechtsbindung. Die demokratische Legitimation kommt dem Abgeordneten und dem Minister, dem Beamten und dem Richter als Treuhänder der Allgemeinheit zu. Die demokratische Basis des Parlamentariers ist daher nicht die politische Partei, als deren Kandidat er gewählt worden ist. Die Partei leistet der Demokratie nur Maklerdienste (für die sie ohnehin reichliche Provision bezieht). Ursprung der Legitimation ist auch nicht die Mehrheit der Wähler, die über das Wahlergebnis entscheidet; das Mehrheitsprinzip bestimmt nur das Verfahren, wie der Wille des Volkes gebildet wird. Das Volk als Ganzheit ist Legitimationsquelle. In dieser Ganzheit sind die Unterschiede von Mehrheit und Minderheit aufgehoben. Das Staatsvolk schließt auch den politischen Gegner ein.

Demokratische Legitimation bildet den Ursprung, gerichtet aber auf das Ziel der Staatsgewalt: Regierung durch das Volk und Regierung für das Volk. Res publica res populi.

Die Regierenden verwirken den demokratischen Anspruch auf Gehorsam, wenn sie ihre Macht dazu einsetzen, Bevölkerungsgruppen, die ihnen politisch fernstehen, zu vernachlässigen, zu unterdrücken oder auszubeuten.

Die Demokratie fordert von ihren Amtsträgern den Verzicht auf Eigennutz, Gruppennutz und Privatehrgeiz. Die Verfassung und das Dienstrecht treffen für verschiedene Bereiche der Ämterorganisation Regelungen, die eine rein gemeinwohlbezogene, unbestechliche, parteineutrale Ausübung demokratisch verliehener Staatsgewalt sichern sollen. Das Gesetzesrecht bleibt hier allerdings plump und lückenhaft. Es bedarf des lebendigen Amtsethos, damit der Übergang aus grundrechtlich legitimierter Privatheit und Parteiloyalität zum Dienst für die Republik gelingt.

Dieser Übergang aber verlangt ein gewisses Maß an moralischer Anstrengung und Selbstüberwindung. Der Parteipolitiker, der in ein Ministeramt einrückt, muß Parteimentalität und parteiliche Konkurrenztaktik hinter sich lassen, wenn er den Amtseid leistet, daß er seine Kraft dem Wohle des deutschen Volkes widmen und Gerechtigkeit gegen jedermann (also nicht nur gegenüber seinen politischen Anhängern) üben werde.

Das staatsrechtliche Problem liegt darin, daß auch zu diesem Zeitpunkt die grundrechtslegitimen, außeramtlichen Bindungen an eine politische Partei und an sonstige gesellschaftliche Faktoren nicht erlöschen. Die Spannung zwischen Grundrechtsfreiheit und demokratischem Mandat löst sich noch nicht einmal für die Inhaber höchster Staatsämter. Sie löst sich niemals. Sie muß durchgehalten werden, wenn das großartige Wagnis des freiheitlichen Verfassungsstaates glücken soll.

Zeitlicher Anfang des Rechts auf Leben –
Der grundrechtliche Status des Embryos

I. „Brave new world" –
Utopie des biotechnischen Schreckens

„O Wunder!
Was gibt's für herrliche Geschöpfe hier!
Wie schön der Mensch ist! Schöne neue Welt,
Die solche Bürger trägt!"

Das helle Entzücken, das aus diesen Worten Mirandas in Shakespeares „Sturm" klingt, wandelt sich in Hohn und Entsetzen, wenn Aldous Huxley sie im Jahre 1931 als Motto für einen Zukunftsroman zitiert, der ihnen auch seinen Titel borgt. „Schöne neue Welt" – das ist die Menschheit im Jahre 632 nach Ford, in der die alte Utopie sich erfüllt: daß die Bedürfnisse des Einzelnen und die der Gesellschaft zur Übereinstimmung gelangen, doch nicht, wie es die Prophetie von Marx und Lenin wollte, durch Erziehung des Menschen dahin, daß er als freiwilliges Nutztier nach seinen Fähigkeiten arbeite und nach seinen Bedürfnissen verzehre, sondern durch biologische Manipulation. Der Staat übernimmt die Macht über die Gene, plant das Genom nach dem gesellschaftlichen Bedarf und schafft den Zufall der Zeugung ab. Private Elternschaft gilt als obszön, Promiskuität dagegen als moralisch geboten. Die „herrlichen Geschöpfe", welche die schöne neue Welt bevölkern, sind gentechnische Kunstprodukte, fabrikmäßig in Serien geklont, im Brutapparat entwickelt, am Fließband genährt und durch automatisierte Pädagogik nach Maßgabe der jeweiligen sozialen Bestimmung aufgezogen, so daß für jedermann die Übereinstimmung von Begabung und Neigung, Trieb und Nutzen hergestellt, das konfektionierte Glück eines bequemen, leidenschafts- und schmerzlosen Daseins zugeteilt wird, damit die Zufriedenheit des Einzelnen und die Stabilität des Gesamtsystems gewährleistet ist.

Huxley denkt das Fortschrittsideal der Moderne konsequent weiter und projiziert es in die Zukunft: das Streben nach Daseinsentlastung, nach Befreiung von seelischem und körperlichem Leid,

Erstveröffentlichung in: Otfried Höffe/Ludger Honnefelder/Josef Isensee/Paul Kirchhof, Gentechnik und Menschenwürde, 2002, S. 37-77.

nach Emanzipation aus natürlichen, gesellschaftlichen und moralischen Abhängigkeiten. Am Ende steht nicht das irdische Paradies, von dem die progressionsfreudige Moderne träumte, sondern eine Schreckenswelt, die perfektionierte Entwürdigung des Menschen.

15 Jahre nach der Niederschrift seiner Utopie, im Jahre 1946, meinte Huxley, er habe mit den 600 Jahren, um die er seine schöne neue Welt in die Zukunft verlagert habe, zu weit gegriffen; sie könne uns schon binnen eines einzigen Jahrhunderts auf den Hals kommen.[1] Heute, so scheint uns, ist selbst diese Schätzung zu weit gegriffen. Tagesnachrichten vermischen sich mit science fiction, seit im Jahre 2001 das menschliche Genom durchbuchstabiert und (angeblich) entschlüsselt ist. Das Buch des Lebens, so heißt es, liege nun aufgeschlagen vor uns. Nicht lange werde es dauern, so würden wir es lesen, mehr noch: seinen Text umschreiben können. Die zweite Genesis stehe bevor.

In der Tat könnte die Menschheit nun in ein neues Zeitalter eintreten. Bislang bezog sie ihre Aufgabe, sich die Erde untertan zu machen, auf die natürliche Umwelt. Diese gestaltete sie um nach ihren Bedürfnissen. Nun geht sie dazu über, ihre eigene biologische Konstitution umzugestalten und, was sie bislang nur an Pflanzen und Tieren übte, die Zucht, auf die eigene species anzuwenden, die Evolution in die eigene Hand zu nehmen. Zuvor gipfelte die Macht des Menschen darin, seinesgleichen zu töten. Ob er sich der Keule bediente wie Kain gegen seinen Bruder Abel oder der Atombombe, das machte nur einen quantitativen Unterschied. Denn die Macht beschränkte sich auf die biologische Existenz des Menschen. Nun aber greift sie zu auf die biologische Essenz. Was bisher als Schicksal hinzunehmen war, wird nun verfügbar. Die Kontingenz natürlicher Prozesse wird abgelöst durch Plan und Entscheidung.

Lebten wir noch in der Neuzeit, die sich als die Moderne verstand, so hätten die genbiologischen Entdeckungen des Jahres 2001 einhelligen Jubel ausgelöst, weil sie die wissenschaftlichen Kenntnisse erweitern und einen Zugewinn an Lebensqualität und Freiheit versprechen. Doch sie wecken weithin – auch – Schauder und Furcht, wie sie der mittelalterliche Mensch empfand, wenn der Forscher in die Geheimnisse der Natur eindringen wollte. Die Fortschrittseuphorie schlägt um in Fortschrittsphobie. Die Utopie

---

[1] *Aldous Huxley*, Brave new world, Neuausgabe von 1949, deutsch: Schöne neue Welt, Frankfurt a. M. [58]2000, S. 19.

tritt nicht mehr als Heilsvision auf, sondern als Drohung. Huxleys Prognose geht auf. Er zitiert den russischen Philosophen Nikolai Berdjajew: „Utopien erweisen sich als weit realisierbarer, als man früher glaubte. Und wir stehen heute vor einer auf ganz andere Weise beängstigenden Frage: Wie können wir ihre endgültige Verwirklichung verhindern? ... Utopien sind machbar. Das Leben hat sich auf Utopien hinentwickelt. Und vielleicht beginnt ein neues Zeitalter, ein Zeitalter, in dem Intellektuelle und Gebildete Mittel und Wege erwägen werden, die Utopien zu vermeiden und zu einer nichtutopischen, einer weniger ‚vollkommenen' und freieren Gesellschaftsform zurückzukehren."

II. Ratlosigkeit und Verfassung

1. Ethische Irritation

Die gentechnischen Möglichkeiten, die sich heute bieten oder abzeichnen, führen zu tiefer ethischer Irritation. Die tradierten Verhaltensmuster versagen vor den neuartigen Fragen der Forschung mit humanen Stammzellen, der Präimplantationsdiagnostik, der Manipulation des menschlichen Genoms.[2] Die politische Klasse hat keine ethische Orientierung, aber sie sucht eifrig danach. Ethikkommissionen, die regional, national, international wie Pilze aus dem Boden schießen, lösen nicht das Problem. Sie *sind* das Problem.

Humangenetiker staunen, wie geläufig Theologen, Philosophen und Juristen heutzutage von Blastomeren und Blastozysten reden und wie kennerhaft sie die Aussicht einschätzen, ob sich aus adulten Zellen durch Rückbau omnipotente Zellen gewinnen lassen. Mancher Lebenswissenschaftler werde sich bald nur noch in Begleitung eines Verfassungsjuristen und Moraltheologen ins Labor trauen, so spottet ein Biologe, der Präsident der Max-Planck-Gesellschaft. Er selber aber traut sich, „gleichzeitig den ökumenisch vereinten deutschen Bischofskonferenzen, den Partei- und Fraktionsvorsitzenden von CDU, CSU und Grünen, dem biopolitisch gleichgeschalteten Gesamtethikrat deutscher Tageszeitungen und dann sogar auch noch dem Bun-

---

[2] Bestandsaufnahmen der wissenschaftlichen und der praktischen Fragen: *Ludger Honnefelder/Peter Propping* (Hg.), Was wissen wir, wenn wir das menschliche Genom kennen?, Köln 2001; *Christian Geyer* (Hg.), Biopolitik, Frankfurt a. M. 2001.

despräsidenten zu widersprechen, als frecher Hecht im dicht an dicht besetzten Karpfenteich moralischer Hochgesinnung".[3] Worin besteht die Widerrede? Der Biologe legt unter selektiver Heranziehung theologischer und rechtsvergleichender Argumente seine eigene Auslegung des Grundgesetzes dar und verkündet, wann Leben im Sinne der Verfassung beginnt und was die Würde des Menschen erheischt. Damit reiht er sich ein in die offene Gesellschaft der Verfassungsinterpreten,[4] in der sich der professionelle Verfassungsjurist an die Wand gedrückt findet von den vielen, die aus dem Grundgesetz praktische Richtlinien für die humangenetische Forschung ableiten.

In der Tat gibt es kein Juristenmonopol für die Exegese der Verfassung, vollends nicht für die lapidaren Normen der Würde des Menschen und des Rechts auf Leben. Diesen Normen eignet eine Art Evidenz für jedermann. Doch gerade darin liegt das Dilemma, daß jedermann sich den Würde- und Lebensschutz nach seinen Interessen zurechtdefiniert, die Wissenschaftslobby etwa nach dem Ehrgeiz im Wettbewerb um Forschungsprioritäten und Patente.

Alle sind sich einig, daß Genforschung und Gentechnik die Würde des Menschen nicht antasten dürfen. Doch was ist die Würde und was gebietet sie? Den einen verwehrt die Würde des Menschen das therapeutische Klonen, die Präimplantationsdiagnostik, das Experimentieren mit Stammzellen. Den anderen rechtfertigt sie geradezu derartige Aktivitäten, weil sie Chancen eröffneten, Erbleiden zu vermeiden, bisher unheilbare Krankheiten zu heilen, körperliche Benachteiligungen rückgängig zu machen; grundsätzlicher noch: weil der Mensch ein Wesen mit Fähigkeit und Pflicht zur selbstverantwortlichen Lenkung der eigenen Geschicke sei, dazu berufen, seine Grenzen zu überschreiten, um ganz Mensch zu sein. Dagegen sei es der Gipfel eines Biologismus, der das Menschenwesen tatsächlich zum reinen Tier degradiere, wenn es auf den Besitz eines Satzes menschlicher Gene (von denen ihm auch noch ein sehr hoher Prozentsatz mit vielen anderen Tieren gemeinsam sei) fixiert und die willenlose Hinnahme jedes Zufallsunglücks in der Beschaffenheit dieses Gensatzes als hochmoralisch bewertet werde.[5]

---

[3] *Hubert Markl*, Von Caesar lernen heißt forschen lernen, in: FAZ v. 25. Juni 2001, Nr. 144, S. 52, zugl. in: Geyer (N 2), S. 177 ff.

[4] Dazu allgemein *Peter Häberle*, Die offene Gesellschaft der Verfassungsinterpreten, in: JZ 1975, S. 297 ff.

[5] *Markl* (N 3), S. 52, zugl. in: Geyer (N 2), S. 177 (189).

2. Erwartungen an das Grundgesetz

Daß die ethische wie die politische Debatte einmünden in die Auseinandersetzung über die richtige Interpretation des Grundgesetzes, ist nicht zu verwundern. Das entspricht des Landes Brauch. Die zerstrittene deutsche Gesellschaft, die keine Religion und kein Ethos zusammenhält, ist sich einig jedenfalls in der Annahme der Verfassung. An sie hängt sich die Hoffnung, die sich vormals auf die Bibel richtete, daß sie, verständig befragt und ausgelegt, die gerechten und zustimmungsfähigen Antworten geben werde. Die praktische Folge geht dahin, daß sich das Gemeinwesen von der Notwendigkeit einer politischen Entscheidung entlastet und auf eine juristische Entscheidung setzt, letztlich auf die des Bundesverfassungsgerichts. Dieses Verfahren hat sich vielfach bewährt und für nicht wenige Streitfragen befriedende Lösungen gebracht. Freilich nicht immer. Gerade auf dem Gebiete des Lebensschutzes gegenüber der Abtreibung hat die Judikatur das Ziel nicht erreicht.

Der naive deutsche Glaube, daß im Grundgesetz die Lösung aller rechtspolitischen Fragen angelegt und vorgeformt sei, stößt zu Recht auf Widerspruch, der sich niederschlägt in der Karikatur von der Verfassung „als juristischem Weltenei, aus dem alles hervorgeht vom Strafgesetzbuch bis zum Gesetz über die Herstellung von Fieberthermometern".[6] Soll die Aufzählung fortgesetzt werden durch Richtlinien für die Humangenomforschung und durch eine perfektionistische Kasuistik für therapeutisches Klonen? Das ist nicht von vornherein von der Hand zu weisen. Immerhin kommt dem Verfassungsrecht in mehr oder weniger normativer Dichte Allbezüglichkeit zu, indem es staatliches Handeln und das ganze staatliche Recht durchdringt und steuert.[7]

Die Maßstäbe der Verfassung sind freilich hochabstrakt, wie es ihrem fundamentalen Inhalt entspricht. Doch sind auch die Probleme, die sich mit der Gentechnik erheben, fundamentaler Natur. Sie führen an die Grenzen der biologischen Essenz des Menschen, können diese verschieben, das menschliche Lebewesen also neu de-

---

[6] *Ernst Forsthoff*, Der Staat der Industriegesellschaft, München ²1971, S. 144.

[7] Zur Allbezüglichkeit als Kategorie *Alexander Hollerbach*, Ideologie und Verfassung, in: Werner Maihofer (Hg.), Ideologie und Recht, Darmstadt 1969, S. 37 (51 f.). Folgerungen: *Josef Isensee*, Die alten Grundrechte und die biotechnische Revolution, in: Festschrift für Alexander Hollerbach, Berlin 2001, S. 243 ff.

finieren. Die Grenzen des Lebens sind genuine Rechtsfragen. Sie beziehen sich auf die biologische Identität des Subjekts der Menschenrechte und erfassen diese radikal: von ihren Wurzeln her. In ihrer menschenrechtlichen Bedeutung greifen sie tiefer als das konventionelle Kleinklein der grundrechtlichen Schrankenabwägungen bei der Meinungsäußerungs- und Berufsausübungsfreiheit.

Die naiven Hoffnungen auf die Verfassung sehen in dem sicheren Hort bleibender Werte des Gemeinwesens gleichsam den Felsen, der dem Strom der Zeit trotzt. Doch die Vorstellung trügt. Die Verfassung legt sich nicht selbst aus. Sie bedarf der Interpretation. Die Interpreten sind ihrerseits den Einflüssen des Zeitgeistes ausgesetzt, so daß die Interpretation beweglich wird, auch wenn der Text unverrückbar bleibt. Treffender als die Metapher von Fels und Fluß ist die zweier Flüsse mit jeweils eigener Fließgeschwindigkeit. Diese verfassungstheoretische Einsicht darf jedoch kein Grund sein, die Hoffnung auf die Verfassung von vornherein aufzugeben. Im Gegenteil: sie ist Grund, die Verfassung zu befragen und sie sorgfältig und so sachlich wie möglich auszulegen.

3. Das verdrängte Embryonenschutzgesetz

Die Praxis hat es eigentlich nicht nötig, unmittelbar auf die Verfassung zurückzugreifen und sich der juristischen Schwierigkeit zu unterziehen, die höchste und abstrakteste Norm der staatlichen Rechtsordnung anzuwenden. Denn die Materie ist bereits nahezu umfassend und relativ dicht geregelt durch das Embryonenschutzgesetz aus dem Jahre 1990.[8] Dieses Gesetz steht nicht beziehungslos neben der Verfassung, vielmehr konkretisiert und vermittelt es die Vorgaben, an die es seinerseits gebunden ist.[9] Es reichert die abstrakten Regelungen mit Inhalt an, füllt die Lücken, gleicht die Widersprüche aus und entwickelt so ein praktikables Programm für die Akteure, die es angeht. Das Embryonenschutzgesetz droht Strafe an für die (tatbestandlich näher umschriebene) mißbräuchliche Anwendung von Fortpflanzungstechniken und die mißbräuchliche Verwendung von Embryonen, für die Selektion nach dem Ge-

---

[8] Gesetz zum Schutz von Embryonen vom 13.12.1990 (BGBl. I 2746; III 453-9).

[9] Zur „Grundrechtskonkretisierung zwischen Normbindung und Normfindung" *Matthias Jestaedt*, Grundrechtsentfaltung im Gesetz, Tübingen 1999, S. 262 ff.

schlecht bei der extrakorporalen Befruchtung, für Eigenmacht bei der Befruchtung und der Embryonenübertragung, die künstliche Befruchtung mit dem Samen eines Verstorbenen, die künstliche Veränderung menschlicher Keimzellen, das Klonen sowie die Bildung von Chimären und Hybriden. Das ethische Minimum, das die Strafnormen verbindlich festschreiben, ist hoch angesetzt. Das Recht ist hier erheblich strenger als in der Frage der Abtreibung. Die Erklärung liegt nahe, daß die Rigidität des Lebensschutzes auf der einen Seite die Permissivität auf der anderen kompensieren sollte und sich ein Rückstand von schlechtem Gewissen abreagierte. Der Rigorismus in Sachen der Gentechnik kam dem politischen Bedürfnis nach einer Moral entgegen, die den einzelnen nichts kostete, sondern nur Wissenschaft und Wirtschaft belastete. So die Sicht bei Erlaß des Gesetzes im Jahre 1990, als die meisten Verbote noch gar nicht praktisch griffen, es handelte sich weithin um Recht auf Vorrat, und die Verheißungen der Humangenetik noch nicht lockten.

Die Situation hat sich von Grund auf verändert. Nun, da die rechtlichen Verbote die Lebenswelt beeinflussen könnten, zeigt sich, daß ihre Akzeptanz brüchig und der Durchsetzungswille schwach ist. Der Bundeskanzler konzediert lakonisch, das Gesetz sei „zunächst einmal" so zu belassen, wie es sei.[10] Der Ministerpräsident von Nordrhein-Westfalen will sofort vollendete Tatsachen mit dem Import von Stammzellen schaffen und beruft sich auf eine Lücke im Gesetz. Doch bemüht er sich nicht um den juristischen Nachweis, ob und wieweit diese wirklich besteht.[11] Im übrigen könnte aus einer Lücke in der Strafbarkeit nicht ohne weiteres auf die generelle rechtliche Erlaubtheit des Handelns geschlossen werden,[12] vollends nicht auf die Zulässigkeit einer staatlichen Förderung. Im Ergebnis zeigt sich, daß sich im unmittelbaren Rekurs auf das Grundgesetz nicht nur rührendes Verfassungsvertrauen regt, sondern auch

---

[10] *Gerhard Schröder*, Die Notwendigkeit der Abwägung stellt sich immer wieder neu (Interview), in: FAZ v. 3. Mai 2001, Nr. 102, S. 56, zugl. in: Geyer (N 2), S. 88 (89).

[11] Dazu *Rolf Keller/Hans-Ludwig Günther/Peter Kaiser*, Embryonenschutzgesetz, Stuttgart u. a. 1992, § 2 Rn. 13: erlaubt sei nur der Import von isolierten, pluripotenten Stammzellen. Zu den verfassungsrechtlichen Aspekten *Matthias Herdegen*, Die Menschenwürde im Fluß des bioethischen Diskurses, in: JZ 2001, S. 773 (776).

[12] BVerfGE 88, 203 (255 ff., 264 ff.).

Gleichgültigkeit gegenüber dem Gesetz, das mit seinen klaren und scharfen Verboten lästiger ist als die deutungsbedürftige, abwägungsoffene, „weiche" Verfassung.

4. Resignation des nationalen Rechts vor der Globalisierung?

In der Humangenetik stößt das staatliche Recht – einschließlich des Verfassungsrechts – auf die Grenzen seiner Möglichkeiten. Forschung ist international. Wenn sie in einem Lande besonderen rechtlichen Beschränkungen unterworfen ist, weicht sie in ein anderes aus, wo sie auf günstigere rechtliche Bedingungen trifft. Nicht minder beweglich operiert die Industrie in der Verwertung der Forschungsergebnisse. Die Wirkungen der nationalen Gesetze brechen sich am internationalen Standortwettbewerb. Der deutsche Gesetzgeber reguliert Forschung und Industrie lediglich im eigenen Staatsgebiet. Er steuert nicht die internationale Entwicklung der Humangenetik und vermag sie nicht zu halten. Er könnte noch nicht einmal verhindern, daß deutsche Forschungskapazität auswandert und daß deutsche Nachfrage sich ins Ausland verlagert, wo jene medizinischen Leistungen angeboten werden, die im Inland verboten sind. Die wieselflinken Prozesse lassen sich allenfalls rechtlich einfangen durch ein weltweites Kartell der Staaten. Ein einziger Kleinstaat, der rechtliche Schlupflöcher öffnet, macht internationale Verbote zunichte. Jedenfalls reichen Vorkehrungen, die sich auf den europäischen Kontinent beschränken, nicht aus.[13] Auch privater Widerstand gegen die Gentechnik wird mit der Globalisierung

---

[13] Versuch einer europaweiten Regelung für die Mitgliedstaaten des Europarats und darüber hinaus sowie für die Europäische Gemeinschaft: Convention for the Protection of Human Rights and Dignity of the Human Being with Regard to the Application of Biology and Medicine: Convention on Human Rights and Biomedicine („Bioethik-Konvention"), v. 4. April 1997. European Treaty Series – No. 164; Additional Protocol to the Convention for the Protection of Human Rights and Dignity of the Human Being with Regard to the Application of Biology and Medicine on the Prohibition of Cloning Human Beings v. 12. Januar 1998, European Treaty Series – No. 168. Vgl. dazu *Albin Eser* (Hg.), Biomedizin und Menschenrechte. die Menschenrechtskonvention des Europarates zur Biomedizin – Dokumentation und Kommentare, Frankfurt a. M. 1999. Zur Relevanz des supranationalen und des internationalen Rechts: *Wolfgang Graf Vitzthum*, Gentechnik und Grundgesetz, in: Festschrift für Günter Dürig, München 1990, S. 185 (203 ff.); *Matthias Herdegen*, Die Erforschung des Humangenoms als Herausforderung für das Recht, in: JZ 2000, S. 633 ff.

zunichte. Als in den neunziger Jahren grüne Fundamentalisten die in Deutschland gelegenen Versuchsfelder für die Genforschung an Pflanzen verwüsteten, verlegten die betroffenen Unternehmen ihre Anlagen ins Ausland, wo sie keine Antifortschrittsmilitanz zu fürchten hatten und die gesellschaftliche Umwelt die Voraussetzungen der Zivilität garantierte.

Das alles ergibt jedoch für den deutschen Gesetzgeber keinen Grund, von vornherein zu resignieren und die Regelung internationalen Gremien zu überlassen. Je höher und größer die Gremien, desto dünner ist deren Legitimation. Eine globalisierte Funktionärs-, Experten- und Lobbykaste kann keine Legitimation für die genuin ethischen Fragen beanspruchen, welche die neuen Entwicklungen aufwerfen. Die Quelle ethischer Erkenntnis ist in erster Linie das Gewissen des Einzelnen. Die Rechtsetzung und die Rechtsauslegung, welche das ethische Minimum allgemeinverbindlich definieren, sollten so nah wie möglich an dieser Erkenntnisquelle ansetzen: im Nationalstaat, dem im Vergleich zu supranationalen und internationalen Einrichtungen immerhin originäre demokratische Legitimation aus dem Willen des in ihm organisierten Volkes zufließt und dem reale Bedürfnisse, Sachnähe und Folgenverantwortung die Bodenhaftung sichern. Die sachgerechte Klärung der Fragen, für die keine vorgefertigten Antworten der ethischen und der rechtlichen Überlieferung bereitstehen, kann nur „von unten" her im offenen Diskurs erfolgen. Vorschnelle globale Lösungen würden den Diskurs abbrechen, ehe er voll zur Wirkung gelangt wäre. Je niedriger die Regelungsebene und je enger der Lösungsbereich, desto weniger wiegen die Risiken der gesetzlichen Fehler, mit denen bei der neuartigen und wandelbaren Regelungsmaterie mehr als sonst zu rechnen ist. Der Nationalstaat ist also nicht aus seiner Verantwortung für das Recht der Humangenetik entlassen. Im Gegenteil: er ist in besonderem Maße gefordert.

Damit wird nicht einer nationalen Introvertiertheit das Wort geredet. Heute versteht es sich von selbst, daß ethische wie juristische Debatten über die Staatsgrenzen hinaus greifen. Es ist ein Gebot der Klugheit, daß der deutsche Gesetzgeber seine Lösungen im Vergleich mit denen anderer Rechtsordnungen entwickelt unter Berücksichtigung aller verständigen Gründe und Gegengründe, aus welcher Weltgegend sie auch stammen. Das bedeutet jedoch nicht, daß er, um Rechtsunterschiede nicht aufkommen zu lassen, von

Anfang an auf eigene Lösungen verzichtet, sich dem Recht anderer Länder anpaßt, sich widerspruchslos dem jeweils „progressivsten" Trend fügt und danach strebt, immer auf der Seite der kommenden Dinge zu stehen. Die rechtspolitische Grenzmoral, die sich auf den tiefsten Punkt der im Kulturkreis noch erträglichen Moral ausrichtet, übt heute einen mächtigen Sog.

Ihr entspricht die stereotype Warnung, der Gesetzgeber solle einen deutschen Sonderweg meiden. Die dahinter stehende Absicht geht dahin, ihn auf den englischen Sonderweg zu lotsen.

Der bloße Hinweis, daß der englische Gesetzgeber der Genforschung erheblich weiteren Freiraum eröffnet als der deutsche, vermag das Embryonenschutzgesetz noch nicht zu delegitimieren. Die Ehrwürdigkeit der Westminster-Demokratie als solche ist kein ethisches Gütesiegel für jedwede ihrer Hervorbringungen und sie verleiht ihnen nicht ohne weiteres Vorbildcharakter.[14] Das englische wie das deutsche Konzept muß sich im kritischen Vergleich auf seine Qualität hin prüfen lassen. Die Unterschiede zeigen die Bedingtheit aller rechtlichen Lösungen, die zurückbleiben hinter den unbedingten ethischen Forderungen. Darin liegt für den deutschen Gesetzgeber und Rechtsanwender kein Grund zur Resignation, sondern ein Ansporn zum Handeln.

Die eigene Verantwortung der deutschen Staatlichkeit ergibt sich auch aus der Verfassung, die dem Gesetzgeber gebietet, die Würde des Menschen und das Leben zu schützen, unter Wahrung der Freiheit aller, die am wissenschaftlichen Fortschritt mitwirken und teilhaben. Die verfassungsrechtlichen Gebote werden durch die internationale Verflechtung der Staaten nicht aufgehoben und nicht aufgeweicht. Das Grundgesetz konstituiert eine offene Staatlichkeit, aber es verzichtet damit nicht darauf, seine eigenen rechtlichen Standards zu setzen. Damit bleibt die Frage unausweichlich, worin die Vorgaben der Verfassung bestehen und welche Direktivkraft sie für die Gesetzgebung zeitigen.

---

[14] *Markl* bekundet seine Sympathie mit der britischen Gesetzgebung und rät, „zu hören und abzuwägen, was die Argumente anderer abendländischer Nationen sind, die nicht weniger als wir in freien, demokratischen Rechtsstaaten leben, ehe wir gemeinsam mit dem Vatikan das Hochufer moralischer Letztbegründungen zu besetzen suchen" (N 3), S. 52, zugl. in: Geyer (N 2), S. 177 (184).

III. Prämissen der Verfassungsauslegung

Der verfassungsrechtliche Diskurs über Fragen der Humangenetik entbindet widerstreitende Tendenzen, und er führt zu unvereinbaren Ergebnissen. Dennoch geht er von bestimmten Prämissen aus, über die sich alle Diskutanten einig sind. Es handelt sich um Bau- und Funktionsgesetze des Grundrechtssystems. Diese seien im folgenden aufgedeckt.

1. Bau- und Funktionsgesetze der Grundrechte

(a) In der Grundrechtsordnung ist jeder einzelne Mensch (nicht etwa nur die Menschheit als abstrakte Größe) als Person unverfügbar der Staatsgewalt vorgegeben. Diese steht im Dienst grundrechtlicher Zwecke: Würde und Leben, Freiheit und Eigentum des Menschen zu wahren und zu schützen.

(b) Diese grundrechtlichen Güter werden als ursprunghaft und grundsätzlich schrankenlos gedacht. Niemand braucht sich für sein Dasein und Sosein, für Handeln und Habe zu rechtfertigen. Dagegen steht die Staatsgewalt unter Rechtfertigungszwang, wenn sie in grundrechtlich umhegte Bereiche eingreifen will. Die Grundrechte bestimmen, ob und wieweit und unter welchen formellen und materiellen Bedingungen der Eingriff zulässig ist.[15]

(c) Grundrechtliche Freiheit bedeutet Selbstbestimmung, nicht aber Bestimmung über andere. Sie endet vor der grundrechtlichen Freiheit des anderen und gibt kein Recht über dessen Person. Vielmehr gründet sie auf der Pflicht eines jeden, die Person des anderen anzuerkennen, sie als Subjekt gleicher Würde und Freiheit zu achten. Die Grundrechtsträger treten auf dem Boden gleicher Privatautonomie zueinander in Beziehung und binden sich selbst. Doch sie können den anderen nicht heteronom in die Pflicht nehmen. Der Zugang zur Rechtssphäre des anderen setzt dessen Zustimmung voraus. Sie läßt sich nicht erzwingen. Eigenmacht und Verletzung fremder Rechtsgüter werden durch die Grundrechte

---

[15] Insofern entsprechen die Grundrechte dem „rechtsstaatlichen Verteilungsprinzip": daß die Freiheit des Einzelnen gedacht als dem Staat vorgegeben und prinzipiell unbegrenzt, während die Befugnis des Staates zu Eingriffen in diese Sphäre prinzipiell begrenzt ist (*Carl Schmitt*, Verfassungslehre, Berlin [1]1928, S. 126).

nicht gedeckt. Das Gebot des neminem laedere ist die apriorische Schranke der Freiheit. Dem Grundrechtsträger ist das Mittel der physischen Gewalt versagt. Jedwede Ausübung grundrechtlicher Freiheit steht unter dem Vorbehalt der Friedlichkeit.

(d) Der Staat schützt das Leben und die sonstigen grundrechtlichen Güter eines jeden vor dem Übergriff Privater. Er hat den Störer in seine Schranken zu verweisen und dem Opfer Sicherheit zu gewährleisten. Der Akt der Störung läßt sich nicht aus den Grundrechten rechtfertigen, doch die Person des Störers bleibt Grundrechtssubjekt und kann sich gegen unangemessene Sanktionen grundrechtlich zur Wehr setzen. Im Konflikt zwischen Grundrechtsträgern erweitert sich die duale Grundrechtsbeziehung zwischen Staat und Privaten zur dreiseitigen: Staat – Störer – Opfer.

(e) Die Grundrechte erweisen sich als ambivalent. Sie sind Abwehrrechte des Privaten gegenüber dem Eingriff des Staates und Schutzpflichten des Staates gegenüber dem Übergriff des Privaten. Das Grundgesetz statuiert diese zwiefache Aufgabe exemplarisch, wenn es die Staatsgewalt verpflichtet, die Würde des Menschen zu wahren und zu schützen, sie also von sich aus nicht anzutasten, und Private zu hindern, sie zu beeinträchtigen.[16] Die Grundrechte beschränken die Staatsgewalt und sie fordern sie zugleich. Dort geht es um Sicherheit *vor* der Staatsgewalt, hier um Sicherheit *durch* die Staatsgewalt. Die Abwehrfunktion wird gesteuert durch das Übermaßverbot, die Schutzfunktion durch das Untermaßverbot.[17]

(f) Die Schutzpflicht des Staates verhält sich subsidiär zum Recht des Privaten, sich selbst zu behaupten und seine grundrechtlichen Positionen mit legalen, gewaltlosen Mitteln zu verteidigen. Die Schutzpflicht aktualisiert sich in voller Intensität, wenn das Grundrechtssubjekt der Macht des anderen überantwortet und nicht fähig ist, sich aus eigener Kraft der Gefahr zu erwehren.

---

[16] Vgl. BVerfGE 88, 203 (251 ff.).

[17] Zu den beiden Grundrechtsfunktionen *Josef Isensee*, Das Grundrecht als Abwehrrecht und als staatliche Schutzpflicht, in: Josef Isensee/Paul Kirchhof, Handbuch des Staatsrechts der Bundesrepublik Deutschland (= HStR), Bd. V, Heidelberg ²2000, § 111 Rn. 1 ff. (Nachw.).

2. Dissens in der Anwendung auf die Humangenetik

Die Anwendung der grundrechtlichen Bau- und Funktionsgesetze ist kontrovers. Die Geister scheiden sich in der Frage, ob dem Embryo außerhalb des Mutterleibes Grundrechtssubjektivität zukommt oder nicht.[18] Die konträren Positionen seien idealtypisch skizziert.

Wird dem Embryo der Schutz der Grundrechte nicht zuerkannt, so aktualisieren sich die Grundrechte einseitig in ihrer Abwehrfunktion, und zwar in erster Linie zugunsten der Eltern, sodann, von ihnen abgeleitet, auch zugunsten der Ärzte, Forscher, Unternehmer und sonstiger Nutzer.[19] Sie haben die Freiheit, über den Embryo als Gegenstand ihrer jeweiligen Interessen zu verfügen. Der Staat hat sich zu rechtfertigen, wenn er sie in ihrer Freiheit beschränken will. Für den Umgang mit Embryonen gilt die Maxime, daß dem Nutzer alles erlaubt ist, was nicht ausdrücklich verboten ist, und zwar durch ein Gesetz, das die Prüfung vor den zu beschränkenden Grundrechten besteht. Die plakative Formel lautet: in dubio pro libertate. Damit ist prinzipiell das rechtliche Tor geöffnet zum „Verbrauch" von Embryonen, zur Veränderung des Erbguts, zur Selektion des Nachwuchses.

Wenn dagegen dem Embryo das Recht auf Leben und der Schutz der Menschenwürde zuerkannt werden, so erweitert sich die zweiseitige Beziehung zwischen Staat und Nutzer in die dreiseitige Staat – Nutzer – Embryo. Dieser gilt nunmehr als Person: um seiner selbst willen da, der Verfügung des Staates wie der Privaten entzogen. Eine Person kann nicht als ein bloßer Rechtswert behandelt, gewichtet und gegen andere Rechtswerte abgewogen werden.[20] Die

---

[18] „Embryo" ist im Sprachgebrauch der Medizin nicht eindeutig. Der vorliegende Text hält sich an die Legaldefinition: als Embryo gilt „bereits die befruchtete, entwicklungsfähige menschliche Eizelle vom Zeitpunkt der Kernverschmelzung an, ferner jede einem Embryo entnommene totipotente Zelle, die sich bei Vorliegen der dafür erforderlichen weiteren Voraussetzungen zu teilen und zu einem Embryo zu entwickeln vermag" (§ 8 Abs. 1 Embryonenschutzgesetz).

[19] *Tade Matthias Spranger*, Verfassungsrechtliche Aspekte der Präimplantationsdiagnostik, in: ZFSH/SGB 2001, S. 266 (269).

[20] Rechtsphilosophische Bedeutung der Person: *Günther Jakobs*, Norm, Person, Gesellschaft, Berlin 1997, S. 29 ff. Kritik an der inkonsequenten Dogmatik des Embryonenschutzes: *ders.*, Rechtmäßige Abtreibung von Personen?, in: JR 2000, S. 404 ff.; *Michael Pawlik*, Der Staat hat dem Embryo alle Trümpfe genommen, in:

Grundrechte kommen dem Embryo in ihrer Abwehr- wie in ihrer Schutzfunktion zugute. Der Staat darf ihn nicht töten und nicht zur Tötung freigeben (abgesehen vom Grenzfall einer sonst nicht lösbaren Kollision mit gleichwertigen Rechtsgütern). Die schlichte Vermutung für die Freiheit versagt, wenn die Freiheitsprätention des einen im Streit liegt mit dem Lebensschutz des anderen, die grundrechtliche Selbstbestimmung an die Grenze ihrer Möglichkeit stößt: das Eigenrecht des Embryos auf Existenz.[21]

Die gegensätzlichen Positionen zur Humangenetik gleichen denen in der Abtreibungsfrage.[22] Hier wie dort kommt es darauf an, ob der Nasciturus bereits einen grundrechtlichen Status hat oder nicht. Wäre das nicht der Fall, so bildete die Abtreibung allein eine Angelegenheit der Schwangeren, einen Gegenstand ihrer grundrechtlichen Selbstbestimmung. Das Gesetz, das von ihr verlangt, das Kind auszutragen, erschiene als Einschränkung ihres Grundrechts. Die naheliegende Konsequenz wäre die Freigabe der Abtreibung. Dagegen müßte diese von Verfassungs wegen verworfen werden, wenn der Ungeborene bereits als Grundrechtssubjekt anzuerkennen wäre.

IV. Wann und unter welchen Bedingungen beginnt das Recht auf Leben?

1. Die Aporie, den Anfang des Lebens zu erkennen

„Jeder hat das Recht auf Leben" – die lapidare Fassung des Grundrechts scheint seinem Gegenstand angemessen zu sein, solange das Bild des Grundrechtsträgers dem Vorverständnis entspricht, das der Interpret von seiner eigenen Gattung hegt, und das ist in unserer kulturellen Überlieferung das des Menschen als eines vernunftbegabten, leidens- und willensfähigen Lebewesens. Nach hergebrachtem Sprachgebrauch gehört zu den Menschen ein „jeder,

---

FAZ v. 27. Juni 2001, Nr. 146, S. 45.

[21] Das verkennen *Friedhelm Hufen*, der allein auf die abwehrrechtliche Seite abstellt (Nicht nur die Embryonen haben Grundrechte, in: FAZ v. 21. Mai 2001, Nr. 117, S. 10) und *Markl* (N 3), S. 52, zugl. in: Geyer (N 2), S. 177 ff.

[22] Vgl. hierzu: *Kurt Faßbender*, Präimplantationsdiagnostik und Grundgesetz, in: NJW 2001, S. 2745 (2748).; *Ernst Benda*, Verständigungsversuche über die Würde des Menschen, in: NJW 2001, S. 2147 f.; *Horst Sendler*, Menschenwürde, PID und Schwangerschaftsabbruch, in: NJW 2001, S. 2148 ff.

der Menschenantlitz trägt". Die Bestimmung des Menschen durch das Menschenantlitz mochte herkömmlich als latente Tautologie erscheinen. Das aber ist sie heute nicht mehr ohne weiteres, seit die Naturwissenschaft die frühen Stufen der animalischen Entwicklung des Menschen sichtbar gemacht hat, Stufen, in denen sich noch kein „Menschenantlitz" erkennen läßt, kein Hirn und kein Herz. Niemand, der das Zellgebilde des Anfangs mit Hilfe des Mikroskops wahrnimmt, verspürt die soziale Regung, ihm einen Namen zu geben, das Zeichen der menschlichen Individualität und der Zugehörigkeit zur menschlichen Gesellschaft. Im genauen Hinsehen der Naturwissenschaften verschwimmen nun auch die Grenzen des Lebens, die sich in der Vorstellung des Laien noch klar dargestellt hatten: wann Leben anfängt, wann es endet. Die eherne Alternative von Sein oder Nichtsein scheint nicht mehr zu greifen.

Enthält der lapidare Begriff „Leben", den das Grundgesetz verwendet, überhaupt das Potential, um so subtile Unterscheidungen zu treffen, wie sie angesichts der Gentechnik geboten sind: zu bestimmen, zu welchem Zeitpunkt und unter welchen Bedingungen exakt Leben einsetzt? Der Philosoph könnte sich damit begnügen, die Aporie festzustellen, und, zufrieden mit dieser kritischen Leistung, sich in ihr gemütlich einzurichten. Juristen aber ist der bequeme Part des Aporetikers verwehrt; sie haben die vorgegebene Norm auf ihre praktische Anwendbarkeit hin auszulegen und auf dieses Ziel hin deren Begriff zu definieren. Was nicht definierbar ist, was also keine rechtserheblichen Grenzen erkennen läßt, ist nicht anwendbar. Konkret: das Leben erlangt den Schutz des staatlichen Rechts nur, wenn und soweit es definiert wird. Allgemein gilt für die Jurisprudenz das Verbot des Grenzenlosigkeitsschlusses: aus der Schwierigkeit, eine Grenze zu erkennen, zu folgern, daß es keine Grenze gebe.[23]

2. Das Kriterium des Lebensanfangs

Leben ist ein Phänomen der Natur. Soll der Grundrechtsinterpret nicht der Natur anheimgeben, ihre Erscheinungen zu bestimmen? Doch die Natur definiert ihre Phänomene nicht selbst, vollends nicht Rechtsbegriffe, die solche Phänomene repräsentie-

---

[23] *Carl Schmitt*, Freiheitsrechte und institutionelle Garantien (1931), in: ders., Verfassungsrechtliche Aufsätze, Berlin 1958, S. 140 (147).

ren. Auch die Naturwissenschaft ist dafür nicht zuständig. Denn es handelt sich nicht um ein empirisches Faktum, sondern um ein Rechtsgut. Das aber gibt sich nur einer normativen Betrachtung zu erkennen.[24] Die Rechtsordnung bestimmt, zu welchem Zeitpunkt und gegebenenfalls auch unter welchen Bedingungen das Recht auf Leben einsetzt. Hier geht es nicht um Leben im biologischen Verständnis, sondern um Leben als grundrechtliches Schutzgut, damit letztlich um den Menschen als das Subjekt der Menschenrechte. Die Frage entscheidet sich nicht auf der Ebene der Erfahrung, sondern auf jener der Normerkenntnis.

(a)   Als Kriterium des Lebensanfangs bietet sich an die *Annahme des ungeborenen Kindes durch die Mutter*. Sie wäre es, die Leben auch im rechtlichen Sinne vermittelte und die Qualität als Mensch zuspräche. Sie entschiede, ob der Embryo Rechtssubjekt oder ob er rechtlos wäre. Unter dieser Prämisse wären alle extrakorporal gezeugten Embryonen, die nach der Dezision der Frau nicht zur Implantation bestimmt sind, grundrechtlich ungeschützt, also für den beliebigen Gebrauch und Verbrauch verfügbar. Konsequent weitergedacht, wäre damit eine juristische Science-fiction-Vision legitimiert, daß – unterstellt, die technischen Bedingungen einer brave new world zur extrakorporalen Menschenzucht wären gegeben – grundrechtslose Parias zur Welt kämen, die außerhalb der Rechtsgemeinschaft verblieben, und jedermann einen geklonten Doppelgänger erhielte: als Sklaven und als Ersatzteillager für Organe. Die Grundrechtsordnung wäre ad absurdum geführt. Geltung und Reichweite des Lebensschutzes hingen von der Willkür der Mutter ab. Die Verfassung aber gibt keinem Privaten die Macht, die Grundrechtsfähigkeit zu verleihen oder vorzuenthalten und verbindlich für andere die Grundrechte zu definieren. Deren Geltung ist allgemein, gleich und objektiv. Sie hängt nicht ab von subjektiver Willkür. Das Lebensrecht wird daher nicht durch die Annahme seitens der Mutter begründet,[25] sondern durch die Verfassungsordnung.

---

[24] Vgl. *Günter Rager* (Hg.), Beginn, Personalität und Würde des Menschen, Freiburg i. Br. u. a. ²1998.

[25] BVerfGE 88, 203 (252).

(b)   Zur Diskussion steht die These, daß *Selbstbewußtsein und Selbstbestimmungsfähigkeit* hinzukommen müßten.[26] Damit schiede der Nasciturus von vornherein als Träger des Lebensrechts aus. Selbst die Geburt reichte dazu nicht aus. Die zeitliche Schwelle zur Grundrechtsfähigkeit müßte in das erste oder in ein späteres Lebensjahr gelegt werden, in welches genau, das wird willkürlich gegriffen.[27] Im übrigen würde die Frage provoziert, ob der Lebensschutz während des Schlafes nicht zu suspendieren und für den Geisteskranken nicht auszuschließen, für den Komatösen nicht rückgängig zu machen sei.[28] Der Kardinalfehler des Theorems liegt darin, daß es den Menschen nur in seiner aktuellen Entfaltung als Vernunftwesen begreift, fähig, seine Freiheitsrechte auszuüben, damit eigentlich das Recht auf Leben als Freiheitsrecht versteht. Das Leben aber ist keine Erscheinung der Freiheit, sondern deren vitale Basis. Die Freiheit setzt Leben voraus, nicht umgekehrt.

(c)   Ein mehr pragmatischer Ansatz will Leben verknüpfen mit der Fähigkeit, *eigene Interessen* zu haben. Das erste Interesse sei, von Schmerzen verschont zu werden. Solange noch keine *Schmerzempfindung* möglich sei, fehle auch das Bedürfnis für den Schutz des Lebens.[29] Es mag dahinstehen, ob und wie sich diese Grenze physiologisch bestimmen läßt. Das Recht mag sie sich als Kriterium des Tierschutzes zu eigen machen. Für den Schutz des Menschenlebens eignet sie sich nicht. Denn der Mensch gilt unter den Auspizien der Menschenrechte nicht lediglich als Objekt des Mitleids, sondern als Subjekt eigener Würde.[30] Daß er in einem frühen Stadium nicht fähig ist, seine Rechte zu wahren, ist kein Grund, ihm jedwedes Recht abzusprechen, vielmehr Grund für den Staat, seine Schutzpflicht zu intensivieren.

---

[26] So *Norbert Hoerster*, Abtreibung im säkularen Staat, Frankfurt a. M. 1991, S. 75.

[27] Nach *Hoerster* bedarf es hierzu jeweils eines aktuellen Überlebensinteresses; aus pragmatischen Gründen läßt er es bewenden mit dem Zeitpunkt der Geburt (N 26) S. 70, (140). Hierzu kritisch *Herbert Tröndle/Thomas Fischer*, Strafgesetzbuch, München ⁵⁰2001, Vor § 218 Rn. 30 m.w.N.

[28] *Hoersters* Einwand, man könne den Betreffenden wecken und nach seinem Lebensinteresse befragen, vermag, jedenfalls für den Komatösen, nicht zu überzeugen.

[29] *Peter Singer*, Praktische Ethik, ²1994, S. 84 f.; *Hoerster* (N 26), S. 69 ff. Gegenposition *Wolfram Höfling*, Wider die Verdinglichung, in: Geyer (N 2), S. 240 (241 ff.).

[30] Zum Verhältnis des Lebens- und Würdeschutzes unten V.

(d)   Das Recht auf Leben ist zwar nicht biologistisch zu verstehen, doch die Definition des Rechts kann sich nicht über die biologischen Gegebenheiten hinwegsetzen. Vielmehr knüpft sie an sie an. Umstritten ist jedoch, welche für die Definition maßgebend ist. Nach herrschender Lehre beginnt „Leben" mit der *Verschmelzung von Ei- und Samenzelle.*[31] Damit greift sie auf den frühestmöglichen Zeitpunkt zurück, den Anfang des Anfangs. Der sachliche Schutzbereich wird so weit wie möglich gezogen, damit das menschliche Leben, das vom ersten Moment an durch menschliche Willkür gefährdet ist, den Schutz des Rechts genieße. Das Vorkernstadium verbleibt dagegen außerhalb des Schutzbereichs.

Gegen das extensive Verständnis erhebt sich der Einwand, daß in den ersten Tagen, ehe die Einnistung erfolgt, der noch totipotente Embryo sich teilen und Mehrlinge bilden könne. Zunächst sei „bloß gattungsspezifisches, aber noch nicht körperlich-individuelles Leben" vorhanden; dieses aber brauche noch kein Recht auf von Menschen unbeeinträchtigte Fortexistenz.[32] Beim Embryo liegt jedoch mehr fest als die Zugehörigkeit zur menschlichen Gattung. Fixiert ist schon das individuelle, als solches einzigartige Genom: die genetische Identität des Menschen. Offen ist lediglich in der frühen Phase, ob sich das Genom in einem oder in mehreren Lebewesen verkörpert. Mithin besteht kein Hindernis für die grundrechtliche Deutung, sogleich ein individuelles Lebewesen anzunehmen und, falls es zu einer Teilung kommt, eben deren zwei. Individualität des Menschen bedeutet nicht notwendig genetische Originalität. Ansonsten ergäben sich Schwierigkeiten, eineiigen Zwillingen noch im Erwachsenenalter die Fähigkeit zur Grundrechtssubjektivität zuzuerkennen. Im übrigen ist heute vorstellbar, daß auch vom Er-

---

[31] Exemplarisch: *Walter Leisner,* Entwicklung und ideengeschichtlicher Hintergrund des verfassungsrechtlichen „Rechts auf Leben", in: „Lebensrecht" (hg. von der Niedersächsischen Landeszentrale für Politische Bildung), Hannover 1976, S. 9 (22); *Klaus Stern,* Staatsrecht der Bundesrepublik Deutschland, Bd. III/1, München 1988, S. 1057 (1061); *Tröndle/Fischer* (N 27), Vor § 218 Rn. 18c; *Philip Kunig,* in: Ingo von Münch/Philip Kunig (Hg.), Grundgesetzkommentar, Bd. 1, München ⁵2000, Art. 2 Rn. 49; *Dieter Lorenz,* Recht auf Leben und körperliche Unversehrtheit, in: HStR Bd. VI, Heidelberg ²2001, § 128 Rn. 12; *Dietrich Murswiek,* in: Michael Sachs (Hg.), Grundgesetz, München ²1999, Art. 2 Rn. 143; *Höfling* (N 29), S. 244. Offengelassen in BVerfGE 88, S. 203 (251).

[32] So *Hasso Hofmann,* Biotechnik, Gentherapie, Genmanipulation – Wissenschaft im rechtsfreien Raum?, in: JZ 1986, S. 253 (258).

wachsenen im Wege des Klonens ein genetisches Duplikat hergestellt wird. Daraus läßt sich aber kein Argument gewinnen, dem
Erwachsenen den grundrechtlichen Lebensschutz abzusprechen,
auch nicht einem etwaigen künstlich gezeugten, jüngeren alter ego.
Jedenfalls braucht der Lebensschutz nicht zu warten, bis der natürliche Prozeß der Individualisierung abgeschlossen ist. Solange der
Embryo noch die Möglichkeit mehrfachen Lebens umschließt, verdient er nicht weniger Schutz, als wenn er sich auf ein einziges Leben reduziert und damit individualisiert hat.[33] Es besteht auch kein
Hindernis, daß der grundrechtliche Begriff das Leben von Anfang
an erfaßt, und zwar als das eines individuellen Menschen, nicht
etwa bloß als Leben der Gattung Mensch.

(e)   Die Interpretationsansätze, die den Beginn des „Lebens"
zu einem späteren Zeitpunkt als dem der Verschmelzung ansetzen,
stoßen auf die Schwierigkeit, daß der biologische Entwicklungs-
prozeß kontinuierlich verläuft und keine Einschnitte und Sprünge
erkennen läßt. Auch die *Nidation*, die als Kriterium vorgeschlagen
wird, bildet keine Zäsur.[34] Doch bildet sie eine notwendige Bedingung für die weitere Entwicklung. Mit ihr stellt sich, wenn eine
extrakorporal befruchtete Eizelle implantiert wird, der natürliche
Konnex zur Mutter her, die mit der Zustimmung zur Implantation
den Willen zum Kind bestätigt. Das aber rechtfertigt nicht, dem
Embryo außerhalb des Mutterleibs den grundrechtlichen Schutz zu
versagen. Das individuelle Leben des Ungeborenen, so notwendig
und prägend es auch mit der Mutter verbunden ist, hat, grundrechtlich gesehen, Selbstand und gilt nicht als bloßer Bestandteil des
Körpers der Mutter, ihrem Willen unterworfen. Es wird um seiner
selbst willen geschützt, nicht um der Mutter willen. Die extrakorporale Frucht bedarf des besonderen Schutzes durch die Rechtsordnung, weil die leibliche Schutzbeziehung zur Mutter nicht besteht.
In der künstlichen Zeugung wird ein natürlicher Vorgang in gewis-
sem Umfang durch menschliche Willkür ersetzt. Diese bedarf der
Einbindung in das Recht. Die Rechtsgesetze rücken nach, wenn die

---

[33] Zutreffend *Detlev Sternberg-Lieben*, Gentherapie und Strafrecht, in: JuS 1986, S. 673 (677).

[34] Auf die Nidation stellt ab: *Dagmar Coester-Waltjen*, Befruchtungs- und Gentechnologie bei Menschen – rechtliche Probleme von morgen?, in: FamRZ 1984,
S. 230 (235), welche die Phase vor der Nidation als „latentes menschliches Leben"
bezeichnet; ablehnend *Kunig* (N 31), Art. 2 Rn. 49.

Naturgesetze (oder das natürliche Zufallprinzip) sich zurückziehen. Daß nach der Zeugung auf natürlichem Wege nur eine von drei der befruchteten Eizellen das Ziel der Einnistung erreicht, die meisten von selbst abgehen, vollzieht sich außerhalb des rechtlichen Verantwortungshorizontes; es löst für niemanden eine grundrechtliche Pflicht aus, hier zu intervenieren. Daher liefert es auch kein Argument dafür, menschliches Handeln im Umgang mit künstlich gezeugten Embryonen von der Bindung an das Recht freizustellen und den Embryonen von vornherein das Lebensrecht abzusprechen. Die Selektion durch die Natur ist kein moralisches Leitbild für eine Selektion durch den Menschen, vollends kein Rechtfertigungsgrund. Daß die Natur ihre Geschöpfe sterben läßt und nicht Einspruch erhebt, wenn auch Artgenossen einander verschlingen, gibt dem Menschen keine Legitimation, seinesgleichen nach Willkür zu töten.[35] Soweit ihn die Naturgesetze nicht determinieren, sind seine Richtmaße Vernunft und Gewissen.

(f)   Andere Überlegungen gehen dahin, den Lebensanfang an ein bestimmtes Stadium der pränatalen Entwicklung des *Hirns* zu knüpfen.[36] Das Kriterium, das den Anfang des Lebens markiert, korrespondiert spiegelverkehrt dem, das sein Ende kennzeichnet: dem Hirntod, nach dessen Eintritt noch nicht alle Lebensfunktionen erloschen sind.[37] Die beidseitige Restriktion des Lebensschutzes befriedigt ein Bedürfnis nach dogmatischer Symmetrie. Die Vorverlegung des Endes und die Rückverlegung des Anfangs bedienen auch praktische Interessen: grundrechtsfreie (oder wenigstens grundrechtsverdünnte) Korridore bereitzustellen: am Ausgang des Lebens für die Transplantationsmedizin, am Eingang für die Gentechnik. Dem normativen Ziel der Effektivität des Lebensschutzes dienen sie nicht.

---

[35] So aber die kraß biologisch-naturalistische Argumentation *Markls* (N 3), S. 52, zugl. in: Geyer (N 2), S. 177 ff.

[36] So etwa *Hans-Martin Sass,* Extrakorporale Fertilisation und Embryotransfer, in: Rainer Flöhl (Hg.), Genforschung – Fluch oder Segen?, München 1985, S. 30 (38 ff.), vgl. auch *Hans Lüttger,* Der Tod und das Strafrecht, in: JR 1971, S. 309 (311).

[37] Zur Kontroverse um das verfassungsrechtliche Ende des Lebens: *Josef Isensee,* Grundrechtsschutz nach dem Hirntod, in: Festschrift für Lothar Roos, Grafschaft 2000, S. 583 ff. (Nachw.).

(g)   Ihm dient auch nicht die Verlegung des Lebensschutzes auf den Zeitpunkt der *Geburt*, synchron dem Strafrecht, das den Beginn der zur Ausstoßung führenden Wehen, oder synchron dem bürgerlichen Recht, das die Geburt für maßgebend erklärt.[38] Die straf- und die zivilrechtlichen Anknüpfungen beziehen sich auf bestimmte Rechtsfolgen. Sie geben kein Muster ab für den grundrechtlichen Lebensschutz, der allbezügliche Geltung beansprucht. Vielmehr müssen sie sich ihrerseits an dem Grundrecht messen lassen, ob sie das von ihm geforderte Schutzniveau erreichen. Die Geburt eignet sich schon darum nicht als Kriterium, weil ihr Zeitpunkt sich heute in weitem Spielraum ärztlich manipulieren läßt.

Letztlich haften an allen Versuchen, den Lebensschutz auf einen Zeitpunkt nach der Kernverschmelzung zu verlegen, Momente von Willkür. Willkürfrei und folgerichtig ist die Anknüpfung an die Verschmelzung. Das Grundgesetz schützt das Leben von Anfang an. Aus seiner Sicht wächst und entfaltet sich das Leben seit der Vereinigung der weiblichen mit der männlichen Keimzelle „nicht erst zum Menschen, sondern als Mensch".[39] Das Schutzkonzept ist umfassend und folgerichtig. Die grundrechtliche Anerkennung erfolgt bedingungslos, ohne Ausnahme, ohne Vorbehalt. Sie erfaßt das Leben vor und nach der Nidation, vor und nach der Geburt. Die Zeugung mag unter noch so verwerflichen und unwürdigen Umständen erfolgt sein – das Wesen, das aus ihr hervorgeht, hat von Anfang an das Recht auf Leben. Sein Schutz hängt nicht davon ab, ob es gewollt oder ungewollt zustande gekommen, ehelich oder unehelich, natürlich oder künstlich gezeugt ist, den Keimzellen Lebender oder Verstorbener entstammt, Unikat ist oder geklont.[40]

---

[38] So aber Hoerster (N 26, S. 140). Strafrechtliche Sicht: *Tröndle/Fischer* (N 27), Vor § 211 Rn. 2; *Rolf Herzberg/Annika I. Herzberg*, Der Beginn des Menschseins im Strafrecht: Die Vollendung der Geburt, in: JZ 2001, S. 1106 ff.

[39] Zitat: BVerfGE 88, 203 (252).

[40] *Isensee* (N 7), S. 254. Vgl. auch *Ursula Köbl*, Gentechnologie zu eugenischen Zwecken – Niedergang oder Steigerung der Menschenwürde?, in: Festschrift für Heinrich Hubmann, Frankfurt a. M. 1985, S. 161 ff.

V. Menschenwürde des Embryos?

1. Der Grundrechtskonnex von Leben und Menschenwürde

„Wo menschliches Leben existiert, kommt ihm Menschenwürde zu; es ist nicht entscheidend, ob der Träger sich dieser Würde bewußt ist und sie selbst zu wahren weiß." Das ist die Sicht des Bundesverfassungsgerichts.[41] Das Recht auf Leben verbindet sich von Anfang an mit der Anerkennung der Würde. Das bedeutet, daß das Leben im frühen Stadium nicht bloße Biomasse ist, die das Recht gleichsam unter Artenschutz stellt. Mag der naturalistische Betrachter nichts weiter erkennen als einen Zellhaufen, so sieht die Verfassung im Embryo das Leben eines Menschen als Grundrechtsträger. Dieser aber erhebt sich kraft der Menschenwürde, an der er teilhat, über die Natur hinaus. Die Würde bezieht sich nicht lediglich auf die Gattung des homo sapiens, sondern auf einen bestimmten Menschen als Individuum. Diesem kommt kraft der Würde personale Qualität zu. Sie vor Gefahren zu sichern, ist Aufgabe des staatlichen Rechts. Die Anerkennung des menschlichen Lebewesens als Subjekt personaler Würde ist ein normativer Akt der Verfassung, vergleichbar der Beseelung der menschlichen Physis, mit der nach christlichem Glauben das Personsein des Menschen beginnt. Grundrechte umfassen also das Menschenwesen zugleich in seiner physischen wie seiner moralischen Existenz und lassen noch nicht einmal in der Anfangsphase seiner Entwicklung zu, daß es würdeloses Menschenleben gibt.

2. Entkoppelungstheorie

Gegen den Grundrechtskonnex erhebt sich grundsätzlicher Widerspruch; er sei Ergebnis eines „biologistisch-naturalistischen Fehlschlusses". Menschenwürde und Lebensrecht seien zu entkoppeln.[42] Dem Embryo fehle es an allen Voraussetzungen, die für die

---

[41] BVerfGE 39, 1 (41). Sinngemäß auch BVerfGE 88, 203 (252).

[42] So *Horst Dreier*, in: ders. (Hg.), Grundgesetz, Bd. I, Tübingen 1996, Art. 1 I Rn. 48 ff. Entsprechende Thesen: *Hasso Hofmann*, Die versprochene Menschenwürde, in: AöR 118 (1993), S. 353 (375 f.); *ders.*, „Umweltstaat": Bewahrung der natürlichen Lebensgrundlagen und Schutz vor den Gefahren und Risiken von Wissenschaft und Technik in staatlicher Verantwortung, in: Festschrift 50 Jahre Bundesverfassungsgericht, 2. Bd., Tübingen 2001, S. 873 (893 f.); *Günter Jarouschek*, Vom

Menschenwürde konstitutiv seien: Ich-Bewußtsein, Vernunft, Fähigkeit zur Selbstbestimmung. Die Kritik an dem „biologistisch-naturalistischen Fehlschluß", der dem Bundesverfassungsgericht unterlaufen sein soll, verfängt sich ihrerseits in einem intellektualistischen Fehlschluß: sie reduziert die Menschenwürde auf den Kreis der Vernünftigen und Leistungstüchtigen, derer also, die sich in der Regel aus eigener Kraft in Staat und Gesellschaft behaupten können, der intellektuell und sozial Arrivierten, die fähig sind zu Selbstdarstellung, Kommunikation und Mitwirkung in einer solidarischen Anerkennungsgesellschaft.[43] „Und wer's nie gekonnt, der stehle weinend sich aus diesem Bund!"

Hinter der These steht das verfassungstheoretische Konstrukt eines permanent zu erneuernden Gesellschaftsvertrages, in dem das deutsche Volk sich als Rechtsgemeinschaft konstituiert und seine Mitglieder sich gegenseitig Würde zuerkennen.[44] Die Würdegarantie sage nichts über die, die noch nicht (oder nicht mehr) zu dieser Anerkennungsgemeinschaft gehörten. Der Embryo als solcher sei „kein mögliches Subjekt eines sozialen Achtungsanspruchs, gleichwohl selbstverständlich mögliches Schutzobjekt einer Rechtspflicht".[45] Die Argumentation ist nicht plausibel, weil der Gesellschaftsvertrag, so man sich auf diese Argumentationsfigur einläßt, auch zugunsten Dritter abgeschlossen werden könnte und auch abgeschlossen werden müßte, weil die staatlich verfaßte Gesellschaft, in der Abfolge der Generationen lebend, sich dem Wohl der künftigen Generationen zuwenden muß. Die Verantwortung für diese, vom Grundgesetz positivrechtlich statuiert im Blick auf die Bewahrung der natürlichen Lebensgrundlagen,[46] verlöre sich ins Wolkige ethischer Unverbindlichkeiten und politischer Beschwörungsfloskeln, wenn sie sich ab dem Augenblick, in dem die künftige Generation in die Gegenwart eintritt, nicht zu praktischer Konsequenz verdichtete und wenn sie dem keimenden Leben weiter nichts böte als die Integrität der natürlichen Umwelt; vielmehr

---

Wert und Unwert der pränatalen Menschenwürde, in: JZ 1989, S. 279 ff.

[43] So *Dreier* (N 42), Art. 1 I 1, Rn. 50; *Hofmann*, „Umweltstaat" (N 42), S. 894.

[44] *Hofmann*, Menschenwürde (N 42), S. 365 ff.

[45] *Hofmann*, Menschenwürde (N 42), S. 375 f.

[46] Art. 20 a GG (42. Änderung. v. 27. Oktober 1994). Eine ökologische Verfassungstheorie des Schutzes künftiger Generationen: *Hasso Hofmann*, Rechtsfragen der atomaren Entsorgung, Stuttgart 1981, S. 258 f.

gewährleistet sie auch die Integrität seiner natürlichen Existenz und die Aufnahme in die Rechtsgemeinschaft. Menschenrechte gelten ihrer Genese nach nicht nur für die Personen, die sich über sie in der Stunde des Handelns verständigen und sie proklamieren, sondern auch für deren Nachkommenschaft, „their posterity", wie es in der archetypischen Menschenrechtserklärung heißt, der Virginia Bill of Rights von 1776. Posterity sind Kinder, Enkel, Urenkel; nicht aber imaginäre Zurechnungspunkte ökologischer Fernstenliebe in einer kinderlosen Gesellschaft. Die Menschenrechte gelten im Verständnis der Bill of Rights nicht als Werk vertraglicher Disposition, die so oder anders ausfallen könnte, sondern als unverfügbare Vorgaben, allen Menschen von Natur aus gegebene und angeborene Rechte, „die sie ihrer Nachkommenschaft durch keinen Vertrag rauben oder entziehen können, wenn sie eine staatliche Verbindung eingehen". Das erste dieser Rechte ist der Genuß des Lebens.[47]

Die Zugangssperre für alle, die nicht diskursfähig sind, müßte, konsequent gehandhabt, auch für die Geisteskranken greifen. Wenn diese dennoch an der Menschenwürde teilhaben sollen,[48] wird deutlich, daß die Menschenwürde apriorische Geltung hat und sich der voluntaristischen Rekonstruktion entzieht. Das Individuum wird nicht als Mensch anerkannt, weil es am gesellschaftlichen Diskurs teilnimmt; vielmehr wird es als Teilnehmer akzeptiert, weil es Mensch ist und aufgrund der Würde, die es in die Gesellschaft einbringt, zu ihr gehört und nicht ausgeschlossen werden darf. Damit kommt es nicht darauf an, ob es hier und heute schon zur Kommunikation fähig ist und sich aktiv am Diskurs beteiligt.

Überhaupt ist das weitergeholte, rostige Vehikel des Gesellschaftsvertrages wenig geeignet, die grundgesetzliche Gewähr der Menschenwürde zu erhellen und zu erklären. Es mag gewisse legitimatorische Leistungen für die kontingenten Bestandteile der Verfassung erbringen, wenn es sie auf den Willen des Volkes zurückführt. Doch die Gewähr der Menschenwürde taugt nicht als Projektionsfläche für das alte Legitimationsmuster des Gesellschaftsvertrages. Im Text des Grundgesetzes wie im historischen Kontext erscheint sie nicht als Ausdruck vertraglicher Willkür und auch nicht als Ausfluß souveräner Rechtsetzung, die so oder anders ausfallen könnte,

---

[47] Virginia Bill of Rights, Section 1.

[48] So *Hofmann,* Menschenwürde (N 42), S. 376; *Dreier* (N 42), Art. 1 Rn. 46.

sondern als normative Notwendigkeit, als Vorgabe des überpositiven Rechts, zu der sich der Verfassunggeber, bewußt seiner „Verantwortung vor Gott und den Menschen", bekennt.

Wenn eine meta-rechtliche Deutung naheliegt, dann die christliche, welche die Würde des Menschen daraus ableitet, daß Gott ihn geschaffen, erlöst und seine Menschennatur angenommen hat. Als Prinzip unseres Rechtskreises entstammt die Menschenwürde der christlichen Tradition und ist als deren weltliches Derivat in das Grundgesetz eingeflossen. Freilich erlangt die transzendente Ableitung keine verfassungsrechtliche Autorität; diese kommt aber auch einer immanent-philosophischen in einer Verfassung nicht zu, die sich weder theologische noch philosophische Begründungen zu eigen macht und gleichermaßen religiös wie weltanschaulich neutral bleibt.

Eindeutig ist allerdings der rechtspraktische Effekt der „Entkoppelung" des Lebensrechts von der Menschenwürde: ein verfassungsrechtliches Hindernis hinwegzuräumen, das der Freigabe der Abtreibung und der gentechnischen Nutzung der Embryonen im Wege steht.[49] Der Effekt ist jedoch nur für einen advokatorisch-parteilichen Interpreten das Ziel der Auslegung. So hat die Entkoppelungstheorie denn auch eine dogmatische Intention. Sie soll erklären, warum in Fällen der Notwehr oder des polizeilichen Todesschusses zur Rettung der Geisel der Tod des Angreifers oder warum der Tod des Soldaten, Polizisten, Feuerwehrmanns im pflichtgemäßen Einsatz für die Allgemeinheit nicht die Menschenwürde des Getöteten verletze.[50] In der Tat ist das nicht der Fall. Wer zu dieser Einsicht finden will, braucht aber nicht zuvor den Konnex von Leben und Würde aufzubrechen. Die Tötung beeinträchtigt nicht notwendig die Menschenwürde des Opfers, zumal wenn es das Risiko des Todes freiwillig übernommen oder willkürlich provoziert hat. Das Recht auf Leben steht unter Gesetzesvorbehalt, der klarstellt, daß der Entzug des Lebens – unter bestimmten, dem Übermaßverbot entsprechend strengen Bedingungen – rechtmäßig sein kann, auch in bezug auf die Menschenwürde.[51] Deren vorbehaltlose

---

[49] Vgl. *Dreier* (N 42), Art. 1 I Rn. 49, 51; *Hofmann*, Menschenwürde (N 42), S. 376; *ders.* (N 42), „Umweltstaat", S. 894.

[50] *Dreier* (N 42), Art. 1 I Rn. 49.

[51] Dazu *Leisner* (N 31), S. 30 ff.; *Lorenz* (N 30), § 128 Rn. 40 ff.

Gewähr hebt den Gesetzesvorbehalt des Lebensschutzes nicht auf, und sie macht ihn auch nicht unanwendbar. Überhaupt bleibt die besondere Struktur des Rechts auf Leben im Konnex mit der Menschenwürde erhalten. Nach der Rechtsprechung des Bundesverfassungsgerichts wird sie allerdings angereichert durch die staatliche Schutzpflicht, die das Grundgesetz ausdrücklich für die Menschenwürde vorsieht.[52] Dieser Rückversicherung hätte es eigentlich nicht bedurft, weil dem Staat von Verfassungs wegen, geschrieben oder ungeschrieben, die Verpflichtung obliegt, die grundrechtlichen Schutzgüter vor Übergriffen zu schützen.[53] Der eigentliche Sinn des Grundrechtskonnexes erschließt sich, wenn man die rechtliche Eigenart der Menschenwürdegarantie betrachtet.

3. Rechtliche Eigenart der Menschenwürdegarantie

Die Menschenwürde hat absoluten Charakter. Sie unterliegt keinen Grundrechtsschranken, weder verfassungsimmanenten noch gesetzlichen. Sie wird nicht relativiert durch andere Normen und nicht durch die Abwägung mit anderen Rechtsgütern. Denn sie liegt allen Normen und Rechtswerten voraus, auch den Grundrechten. Sie bildet selbst kein Grundrecht im eigentlichen Sinne, sondern den Grund der Grundrechte. Sie verkörpert sich in ihnen und stellt so die Sinneinheit der disparaten Einzelgrundrechte her.

Die Würde des Menschen entzieht sich der Definition.[54] Darin gleicht sie anderen regulativen Ideen höchsten Ranges: Gerechtigkeit und Gemeinwohl. Wenn sich auch nicht exakt und abschließend bestimmen läßt, was die Würde in ihrer abstrakten Allgemeinheit beinhaltet, so zeigt sich doch, wenn sie existentiell bedroht wird, was sie hic et nunc erheischt. Sie ergibt eine stetig fließende Quelle praktischer Rechtserkenntnisse, konkreter Gebote und Verbote. Diese Derivate vermitteln zwischen der Idee der Menschenwürde

---

[52] BVerfGE 88, 203 (252 f.).

[53] Näher *Isensee* (N 17), § 111 Rn. 12 ff., 18 ff., 93 ff., 137 ff. (Nachw.).

[54] Zu den verschiedenen Deutungsansätzen: *Walter Leisner*, Das Ebenbild Gottes im Menschen – Würde und Freiheit (1977), in: ders., Staat, Berlin 1994, S. 3 ff.; *Hofmann*, Menschenwürde (N 42), S. 356 f., 361 ff.; *Peter Häberle*, Die Menschenwürde als Grundlage der staatlichen Gemeinschaft, in: HStR Bd. I, Heidelberg ²1995, § 20 Rn. 31 ff., 46 ff.; *Christian Starck*, in: von Mangoldt/Klein/Starck, Das Bonner Grundgesetz, Bd. 1, München ⁴1999, Art. 1 Rn. 1 ff; *Dreier* (N 42), Art. 1 I Rn. 36 ff.

und der Rechtspraxis. Sie reichern die Substanz der Grundrechte an, so die der Allgemeinen Handlungsfreiheit um die ungeschriebenen Spezialtatbestände des Allgemeinen Persönlichkeitsrechts,[55] des Rechts der persönlichen Ehre,[56] des Rechts auf informationelle Selbstbestimmung.[57] Die Menschenwürde bildet gleichsam die Mitte des grundgesetzlichen Wertesystems. Um sie zentrieren sich die übrigen Rechtswerte. Sie strahlt auf diese aus. Je nach Nähe oder Ferne zu ihr beeinflußt sie deren Resistenz gegen Einschränkungen und deren Gewicht, wenn sie im Falle der Kollision gegeneinander abzuwägen sind. Die Einwirkungen der Menschenwürde auf die Grundrechte verschaffen diesen aber nicht ihrerseits jene Absolutheit, wie sie der Menschenwürde im Ursprung eigen ist. Die Grundrechte bleiben beschränkbar und abwägungsbedürftig, desgleichen die Postulate, die sich aus der Menschenwürde ableiten. Der Lebensschutz erfolgt sachverhaltsdifferenziert. Im Konnex mit der Würdegarantie paßt er sich den unterschiedlichsten realen Gegebenheiten und rechtlichen Konfliktlagen an: vor und nach der Geburt, außerhalb und innerhalb des Mutterleibs.

Mithin begründet die Verbindung von Menschenwürde und Lebensschutz auch keine schlechthinnige Sperre für den gentechnischen Zugriff auf den Embryo. Doch stellt sie hohe Anforderungen an die Rechtfertigung eines möglichen Zugriffs. Diese geben sich in der Anschauung der jeweiligen Konflikte des Lebensrechts mit Rechten anderer zu erkennen.

4. Ausstrahlungen der Menschenwürde in das Vorfeld des Lebensschutzes

Die Ausstrahlungen der Menschenwürde reichen über den Schutzbereich des Rechts auf Leben hinaus in das Vorfeld, in dem noch kein individuelles Leben im Sinn des Grundrechts vorhanden ist, sondern Leben erst entsteht. Aus der Gewähr der Würde des Menschen ergeben sich Direktiven für die künstliche Befruchtung,

---

[55] Dazu mit Nachw. *Hans-Uwe Erichsen*, Allgemeine Handlungsfreiheit, in: HStR Bd. VI, Heidelberg ²2001, § 152 Rn. 52 ff.

[56] Dazu mit Nachw. *Josef Isensee*, Das Grundrecht auf Ehre, in: Festschrift für Martin Kriele, München 1997, S. 5 (16 ff.).

[57] Dazu mit Nachw. *Walter Schmitt Glaeser*, Schutz der Privatsphäre, in: HStR Bd. VI, Heidelberg ²2001, § 129 Rn. 76 ff.

so die prinzipiellen Verbote, Embryonen zu erzeugen, die nicht durch den Zweck gerechtfertigt wird, die Schwangerschaft der Frau herbeizuführen, von der die Eizelle stammt; menschliche Keimbahnzellen künstlich zu verändern; Menschen zu klonen; Chimären und Hybriden zu bilden. Hier wird nicht die Würde eines einzelnen Menschen beleidigt, sondern die der Menschheit überhaupt. Juristisch qualifiziert: die Direktiven halten sich in der Ebene des objektiven Rechts. Die Straftatbestände des Embryonenschutzgesetzes setzen die verfassungsrechtlichen Impulse um.[58] Das bedeutet nicht, daß sie ihrerseits en bloc verfassungsrechtlich festgeschrieben wären, daß sie nicht modifiziert und differenzierend weiterentwickelt werden könnten, etwa dahin, daß das Verbot für ein therapeutisches Klonen weniger schroff ausfiele als das für das reproduktive Klonen. Gleichwohl finden die meisten der gesetzlichen Verbote wenigstens ihren grundsätzlichen Rückhalt in der Menschenwürdegarantie und somit eine Rechtfertigung dafür, daß sie die Grundrechte von präsumtiven Nutzern der Gentechnik, auch das vorbehaltlose Grundrecht der Forschungsfreiheit, einschränken können. Im übrigen bewirkt ein Verstoß gegen ein verfassungsrechtlich legitimiertes Verbot der künstlichen Zeugung nicht, daß, wenn daraus menschliches Leben entsteht, etwa ein geklonter Mehrling, diesem der grundrechtliche Status des Embryos verschlossen wäre. Die Menschenwürde kommt jedwedem Mitglied der menschlichen Gattung zu, ohne Rücksicht auf die Umstände der Zeugung.[59]

Die Gewähr der Menschenwürde begründet nicht nur Berechtigungen, sondern auch Verpflichtungen, und zwar dahin, daß die Menschen sich nicht selber entwürdigen,[60] ihre Nachkommen nicht züchten wie Nutztiere, die Zeugung nicht von den Personen der El-

---

[58] Vgl. *Keller/Günther/Kaiser* (N 11), § 1 Abs. 1 Nr. 2 Rn. 2 ff., 19; § 1 Abs. 1 Nr. 5 Rn. 6; § 1 Abs. 2 Rn. 4; § 5 Rn. 3 ff.; § 6 Rn. 3, 11; § 7 Rn. 4. Kritik und Skepsis an der Relevanz des Menschenwürdearguments für die Verbote des Embryonenschutzgesetzes: *Dreier* (N 42), Art. 1 I Rn. 56 ff. 62; *Hofmann*, „Umweltstaat" (N 42), S. 893 f.

[59] S. o. N 40.

[60] Zum Pflichtenaspekt der Menschenwürde für die Gentechnik: *Wolfgang Graf Vitzthum*, Menschenwürdeargument, in: ZRP 1987, S. 33 (36); *Peter Häberle*, Die Menschenwürde als Grundlage der staatlichen Gemeinschaft, in: HStR Bd. I, Heidelberg ²1995, § 20 Rn. 92. Allgemein zur Ambivalenz des Menschenwürdearguments *Christian Hillgruber*, Der Schutz des Menschen vor sich selbst, München 1992, S. 104 ff.

tern ablösen und – in der Art der „brave new world" – verzwecken und industrialisieren. Zu der Achtung, die der Mensch sich selber schuldet, gehört, daß er das humane Erbgut nicht mit tierischem „kreuzt".

VI. Ausblick auf Anwendungsprobleme

1. Vorbehalt des Gesetzes

Ein Eingriff in die grundrechtlich gewährleistete Position des Embryos ist, wenn überhaupt, nur zulässig, wenn ein förmliches Gesetz dazu ermächtigt. Das gilt für Eingriffe des Staates wie auch für solche von seiten Privater, etwa Eltern oder Nutzungsprätendenten in Forschung und Industrie. Das Gesetz erfüllt lediglich eine formelle Voraussetzung des Eingriffs. Es gibt dafür keine materielle Rechtfertigung. Es bildet also keine hinreichende Bedingung, aber eine notwendige. Ohne gesetzliche Ermächtigung kann also der Forscher nicht auf „überzählige" Embryonen zurückgreifen, der Arzt nicht im Rahmen der Präimplantationsdiagnostik die Selektion der Embryonen durchführen.

Die Vorgaben der Verfassung entheben den Gesetzgeber nicht von der Notwendigkeit, politisch zu entscheiden. Sie enthalten durchwegs keine eindeutigen, operationalen Normbefehle. Vielmehr bedürfen sie der Konkretisierung. Ihrem Normcharakter nach bilden sie Grundsätze, die nicht völlig rigide sind, sondern die Möglichkeit von Ausnahmen offenhalten.

2. Grundrechtliche Abwehr eugenischer Maßnahmen des Staates

Der grundrechtliche Status des Embryos bietet Schutz davor, daß der Staat von sich aus Eingriffe tätigt, insbesondere solche, die dazu bestimmt sind, den gesundheitlichen Standard der Bevölkerung zu heben und die Geburt behinderter Kinder zu verhindern. Die Abwehr bezieht sich nicht nur auf direkte „bevölkerungshygienische" Vorkehrungen, wie sie der nationalsozialistische Staat traf,[61] sondern auch auf indirekte Maßnahmen, die Druck auf die Eltern ausüben, gentechnische Manipulationen hinzunehmen oder in die Abtreibung einzuwilligen, wenn die Präimplantationsdiagnose (oder

---

[61] Vgl. *Hofmann* (N 32), S. 256.

die pränatale Diagnose) eine Erbkrankheit wie Downsyndrom oder Mukoviszidose ergibt. Ein fatales Druckmittel wäre der Ausschluß der Erbkrankheiten aus dem Schutz der Sozialversicherung.[62]

3. „Verbrauch" von Embryonen durch fremdnützige Forschung

Die Wissenschaft hat nicht die grundrechtliche Freiheit, Embryonen für ihre Zwecke zu „verbrauchen", solange das Gesetz ihr dies nicht verbietet, weil die Freiheit vor dem Existenzrecht der Embryonen endet. Im Gegenteil: diese Tätigkeit ist ihr verwehrt, solange das Gesetz sie ihr nicht eigens gestattet. Das Grundrecht der Freiheit der Forschung zwingt den Gesetzgeber nicht, ein solches Gesetz zu erlassen; denn die Selbstbestimmung des Forschers erfaßt nicht die Verfügung über ein anderes Grundrechtssubjekt.[63] Eine gesetzliche Freigabe der Forschung müßte sich ihrerseits vor dem Grundrecht des Embryos rechtfertigen. Die Rechtfertigung aber wäre prekär. Heilungschancen für künftige Patienten wiegen gegenwärtiges Lebens nicht auf. Im übrigen sind die Chancen ungewiß, wenn überhaupt, nur in weiter Ferne auszumachen. Hochfliegende Hoffnungen der Wissenschaft, vollends marktschreierische Ankündigungen, haben in der grundrechtlichen Diskussion kein Gewicht. Im übrigen bleibt zu prüfen, ob die grundrechtlich unbedenkliche Forschung an adulten Stammzellen nicht eine taugliche und zumutbare Alternative wäre. Der Gesetzgeber hält sich auf der „sicheren Seite" der Grundrechte, wenn er die Embryonenforschung nicht freigibt. Für die strenge rechtspolitische Lösung spricht, daß sie leichter durchsetzbar, weniger mißbrauchsanfällig ist als eine differenzierte Lösung, die Ausnahmen vorsieht und damit das Risiko des „Dammbruchs" in der Rechtspraxis wie im Rechtsbewußtsein herbeiführt.

Die Ausnahme, die sich am ehesten rechtfertigen ließe, wäre die Freigabe der vorhandenen „überzähligen" Embryonen für die Forschung, solcher also, die, in vitro gezeugt, an sich dazu bestimmt waren, eine Schwangerschaft herbeizuführen, jedoch für diesen

---

[62] Zu diesem Problem *Keller/Günther/Kaiser* (N 11), Einführung A V Rn. 39.

[63] Ebenso *Tade Matthias Spranger*, Fremdnützige Forschung an Einwilligungsunfähigen, Bioethik und klinische Arzneimittelprüfung, in: MedR 2001, S. 238 (243), der auf die Einwilligungsunfähigkeit des „Forschungsobjekts" abstellt; *Höfling* (N 29), S. 245.

Zweck nicht mehr gebraucht werden.[64] Die Frau, von der die Eizelle stammt, kann nicht genötigt werden, sich die Embryonen implantieren zu lassen. Am Willen der Frau endet die Möglichkeit des staatlichen Embryonenschutzes. Die Embryonen-Adoption durch eine andere Frau, also eine heterologe Implantation, verstieße gegen geltendes Recht und das Sittengesetz.[65] Dem Lebensschutz diente es nicht, die Embryonen um ihrer selbst willen auf unbegrenzte Zeit zu konservieren (mit dem Risiko künftigen Mißbrauchs) und die ungeheuerliche Vision heraufzubeschwören, daß gigantische Embryonen-Pyramiden entstünden. Es bleibt die Möglichkeit, die „überzähligen" Embryonen ihrem Schicksal zu überlassen.[66] In der Tat: der Menschenwürde entspricht es, sie sterben zu lassen.

Doch die Frage erhebt sich, ob das Gesetz diese Embryonen nicht der Forschung zur Verfügung stellen darf.[67] Diskutabel wäre eine solche Regelung überhaupt nur, wenn sie unter strengen Kautelen stünde:

- daß die Forschungsvorhaben wesentliche Erkenntnisse für die Diagnose und die Therapie von Krankheiten versprächen;
- daß gleichwertige Ergebnisse nicht auf andere Weise gewonnen werden könnten, auch durch Forschung an adulten Zellen;
- daß Forschungen dieser Art nur in beschränktem Umfang und unter strenger staatlicher wie fachwissenschaftlicher Kontrolle durchgeführt werden dürften;
- daß Vorkehrungen getroffen würden, daß möglichst weni-

---

[64] Vgl. zur Verwendung überzähliger Stammzellen zu Forschungszwecken exemplarisch *Rüdiger Wolfrum*, Forschung an humanen Stammzellen: ethische und juristische Grenzen, in: Aus Politik und Zeitgeschichte, B 27/2001, S. 1 ff.; *Ralf Müller-Terpitz*, Die neuen Empfehlungen der DFG zur Forschung mit menschlichen Stammzellen, in: Wissenschaftsrecht 2001, S. 271 (277 ff.).

[65] Vgl. § 1 Abs. 1 Nr. 1, 2, 6, 7 Embryonenschutzgesetz.

[66] So der Beschluß der Zivilrechtlichen Abteilung des 56. Deutschen Juristentages 1986 (in: Verhandlungen 56. DJT, Bd. II, K 240, 6. Beschluß): „Fehlt eine Implantationsmöglichkeit, sind sie [,die verwaisten Embryonen'] ihrem Schicksal zu überlassen"; vgl. hierzu auch *Hufen* (N 21), S. 10; *Christian Starck*, Hört auf, unser Grundgesetz zerreden zu wollen, in: FAZ v. 30. Mai 2001, S. 55.

[67] Dabei kann kein Unterschied gemacht werden zwischen legal gezeugten „überzähligen" Embryonen und solchen, die illegal unter mißbräuchlicher Anwendung von Fortpflanzungstechniken gezeugt sind (vgl. § 1 Abs. 1 und 2 Embryonenschutzgesetz).

ge „überzählige" Embryonen und keine von Anfang an für Zwecke der Forschung hergestellt werden.[68]

Der Lebensschutz wäre abzuwägen gegen das Gewicht der Forschungsfreiheit und gegen die (ungewissen und fernen) Chancen zur Hilfe für andere, die sich aus der Forschung ergeben könnten. Es bliebe der Einwand, daß die Forschung den Menschen nicht zum Objekt machen darf, und das – freilich brüchige – Gegenargument, daß die Forschung nur auf Embryonen zugreife, die ohnehin dem Tode geweiht wären, sie dem Sterben einen humanen Sinn gebe und wissenschaftlichen Erkenntnisnutzen für andere Menschen ziehen wolle. Ob die Begründung ausreicht, die Regelung grundrechtlich zu rechtfertigen, stehe dahin. Jedenfalls ist der Gesetzgeber gut beraten, sich zurückzuhalten und die grundrechtliche Gefahrenzone überhaupt zu meiden.

4. Präimplantationsdiagnostik – Selektion der Embryonen

Im Blickfeld der grundrechtlichen Schutzpflichten treten ähnliche Schwierigkeiten auf bei der Präimplantationsdiagnostik, wenn unter extrakorporal gezeugten Embryonen für die Implantation eine Auswahl aufgrund einer Genomanalyse getroffen wird.[69] Zunächst geht es – rechtlich noch wenig problematisch – darum, solche auszuscheiden, die nicht hinreichend lebensfähig sind, das Stadium der Geburt zu erreichen. In der Problemzone des Verfassungsrechts stößt aber die Ausscheidung derer, die mit einem monogenen Leiden belastet sind (Trisomie 21, Hämophilie, Mukoviszidose, etc.), schließlich solcher, die eine dem Selektierenden unerwünschte genetische Disposition aufweisen, und sei es ein unerwünschtes Geschlecht. Der erste (ethisch wie rechtlich prekäre) Schritt ist getan: die Zulassung der extrakorporalen Befruchtung.

---

[68] Vgl. hierzu § 1 Abs. 1 Nr. 5 und 6 Embryonenschutzgesetz, wonach nur eine Befruchtung von drei Eizellen je Zyklus zulässig ist.

[69] Dazu *Herdegen* (N 11), S. 773 (776 ff.); *Jörn Ipsen*, Der „verfassungsrechtliche Status" des Embryos in vitro, in: JZ 2001, S. 992 (995); *Dieter Lorenz*, Die verfassungsrechtliche Garantie der Menschenwürde und ihre Bedeutung für den Schutz des Lebens vor der Geburt, in: Zeitschrift für Lebensrecht 2001, S. 38 (47 ff.); *Faßbender* (N 22), S. 2748 ff.

Der zweite Schritt, die Selektion, so scheint es, läßt sich schwerlich aufhalten. Wenn sich die Zeugung zum entpersönlichten, zweckrational organisierten, apparativen Prozeß verwandelt hat, wirkt es konsequent, daß die Auswahl für die Einpflanzung nicht weiter dem Zufall überlassen bleibt, sondern aufgrund vollständiger Information über die Genome durch planhafte Entscheidung erfolgt und jede Scheu schwindet, den Vorhang vor den Geheimnissen der Gene zu öffnen. Für die Selektion streitet das Argument, daß der Embryo in vitro nicht stärkeren Schutz verdiene als der Embryo in utero.[70] Die Selektion stellt sich dar als das geringere Übel im Vergleich zu einer späteren Abtreibung aufgrund einer pränatalen Diagnose. Eine Abtreibung wäre nach dem Gesetz in den ersten 22 Wochen ohne sachliche Voraussetzungen straflos und sogar noch nach dieser Frist, wenn die Voraussetzung einer eugenischen (als „medizinisch-sozial" getarnten) Indikation vorläge.[71] Die Analogie hinkt. Die Sachverhalte der Abtreibung und der gentechnischen Selektion haben nur geringe Gemeinsamkeiten. Die leib-seelische Verbundenheit von Mutter und Kind, die „Zweiheit in Einheit" während der Schwangerschaft, ist unvergleichlich. Nur hier kann sich ein unausweichlicher Grundrechtskonflikt erheben. Der Forscher dagegen, der in den Grundrechten des Embryos auf Grenzen seiner Freiheit stößt, steckt sich seine Ziele selbst und begibt sich freiwillig in eine Konfliktlage Die Rechtslage der Abtreibung ist in sich widersprüchlich, überdies verfassungsrechtlich umstritten. So fragt sich, woran die Analogie anknüpfen soll: an die strenge Verfassungsauslegung des Zweiten Senats des Bundesverfassungsgerichts oder an die laxe des Ersten Senats, an die planmäßig mehrdeutigen Gesetzestexte oder an die eindeutig permissive Rechtspraxis.

Die Verfassung streitet nicht für die Freigabe der Selektion. Das Elternrecht gibt nicht die Verfügung über Leben oder Tod. Es vermittelt auch keinen Anspruch auf Information über die genetische Identität des Kindes, das die Verfassung auch als Subjekt des

---

[70] Vgl. *Dreier* (N 42), Art. 1 I Rn. 59. Zustimmend *Hofmann*, „Umweltstaat" (N 42), S. 893. Kritische Analyse des Arguments *Faßbender* (N 22), S. 2751 ff.

[71] Kritische Analyse *Karl Lackner*, Strafgesetzbuch, München [24]2001, § 218 a StGB Rn. 15; *Tröndle/Fischer* (N 27), § 218 a Rn. 21 f.; dazu auch *Felix Herzog*, Präimplantationsdiagnostik – im Zweifel für ein Verbot?, in: ZRP 2001, S. 393 (394). Vgl. auch *Ernst-Wolfgang Böckenförde*, Vom Wandel des Menschenbildes im Recht, Münster 2001, S. 35.

Datenschutzes respektiert. Vollends enthält das Grundgesetz kein Recht auf ein Kind nach Wunsch („Design-Baby"), dem jedwedes allgemeine Gesetz zu weichen hätte. Die Selektion läßt sich nicht dadurch rechtfertigen, daß sie erbliche Behinderungen verhüten werde. Denn nicht die Behinderung wird ausgemerzt, sondern deren Träger. Der Mensch *ist* keine Behinderung, er *hat* sie. Die Selektion erbkranken Nachwuchses verstößt gegen die Menschenwürde und gegen das grundgesetzliche Gebot, niemanden wegen seiner Behinderung zu benachteiligen.[72] Das Verfassungsrecht leistet hier nicht minder hartnäckig Widerstand als gegen eine Selektion nach dem Geschlecht, die das Embryonenschutzgesetz ausdrücklich verbietet.[73]

Der Zweifel bleibt, ob das Verbot der Selektion sich in der Praxis halten läßt, weil die Entscheidung in dem rechtlich abgeschirmten, vertraulichen Kontakt zwischen Eltern und Arzt getroffen wird. Die Durchsetzbarkeit von staatlichen Regelungen ist hier begrenzt. Daher kommt es letztlich auf das Ethos der Beteiligten an, das sich – nicht nur in der Nutzung der Gentechnik, aber hier besonders augenfällig – als die Grundlage der Rechtsgemeinschaft erweist.

---

[72] Art. 3 Abs. 3 S. 2 GG.

[73] Freilich mit Ausnahme jener Fälle, in denen es darum geht, das Kind vor einer „schwerwiegenden geschlechtergebundenen Erbkrankheit" zu bewahren (§ 3 Embryonenschutzgesetz).

Zeitliches Ende des Rechts auf Leben – Grundrechtsschutz nach dem Hirntod

I. Das zeitliche Kriterium des Todes: Hirntod oder klinischer Tod

1. Der biologische Sachverhalt als Problem des Gesetzgebers

Der Zeitpunkt des Todes ist heute zum rechtlichen Problem geworden. Das mag erstaunen. Denn der Tod ist ein biologisches Ereignis. Das freilich ist nicht die ganze Wahrheit des Todes, aber doch seine erste. Soweit es um die biologische Seite geht, ist es Sache der medizinischen Wissenschaft, das Kriterium zu erschließen, nach dem im Einzelfall bestimmt wird, wann der Tod eintritt. Damit aber erhält die Medizin nicht die absolute Definitionsmacht über Leben und Tod. Sie erschließt die Realien und sie zieht daraus praktische Folgerungen. Die Rechtsordnung (wie die Rechtswissenschaft) hat die reale Vorgabe, wie sie sich der medizinischen Erkenntnis darstellt, hinzunehmen und sich darin zu bescheiden, für ihren Bereich die rechtspraktischen Konsequenzen zu ziehen. Das Kriterium des Todes als solches ist kein Thema für die Gesetzgebung. Sie befaßt sich nicht mit dem Tod als Tod, sondern nur mit dem Tod als Voraussetzung für bestimmte Rechtsfolgen, etwa für das Ende der Rechtsfähigkeit, den Erbfall, das Ende der Behandlungspflicht des Arztes, die Bestattungspflicht.

Die realen Vorgaben für das Recht haben sich in den letzten Jahrzehnten verändert, seit nämlich mit der Intensivmedizin der Ausfall lebenswichtiger Organe durch technische Geräte substituiert, Kreislauf wie Stoffwechsel nach dem Erlöschen der Hirntätigkeit künstlich aufrechterhalten und das Ende des Lebens hinausgezögert werden kann. Das natürliche Geschehen wird technisch überformt, damit in bestimmtem Maße verfügbar menschlicher Willkür. Das Bild des Todes hat in der Medizin seine Eindeutigkeit verloren. Neben die hergebrachte Vorstellung des „klinischen" Todes, dessen Zeichen Atem- und Kreislaufstillstand sind, tritt die heute dominierende des Hirntodes, also des völligen und endgül-

Erstveröffentlichung in: Ursula Nothelle-Wildfeuer/Norbert Glatzel (Hg.), Festschrift für Lothar Roos, 2000, S. 583-598.

tigen Ausfalls aller meßbaren Hirnfunktionen. Zwischen Leben und Tod erscheint nun nicht mehr eine scharfe Grenzlinie, sondern eine breite Zone des Übergangs, und der Tod nicht mehr als jäher Absturz, sondern als Prozeß. Damit aber stellt sich die Frage, wie die Rechtsordnung die Stellung des Moriturus im Interim zwischen Hirntod und klinischem Tod behandelt, ob sein Körper noch als menschlicher Organismus oder schon als Leichnam qualifiziert wird. Gerade darum besteht das Bedürfnis, daß die Rechtsordnung den Todeszeitpunkt bestimmt, und zwar tunlichst mit einer scharfen Zäsur, die Rechtssicherheit schafft in der Frage, wann der rechtliche Schutz des Lebens aufhört. Dieser rechtliche Zeitpunkt ist praktisch bedeutsam vor allem für die Zulässigkeit einer Organentnahme. Die Transplantationsmedizin ist darauf angewiesen, daß sie möglichst früh eingreifen kann, solange der Kreislauf noch nicht völlig zusammengebrochen ist und der Stoffwechsel noch nicht ausgesetzt hat. Der Weg für die Transplantationsmedizin ist frei, wenn der Hirntod, er ist blockiert, wenn der Herz-Kreislauf-Tod das rechtliche Kriterium bildet und „Leben" bis zum letztenAkt des Stoffwechsels angenommen wird. Die eine wie die andere Position hat ihre Befürworter in der Jurisprudenz, in der Medizin, in der philosophischen Ethik und Theologie.[1] Das Transplantationsgesetz,

---

[1] In der Jurisprudenz wird das Thema in erster Linie als Sache des Strafrechts erörtert, repräsentativ: *Hans-Ludwig Schreiber*, Bewertung des Hirntodes, in: Johannes Hoff/Jürgen in der Schmitten (Hg.), Wann ist der Mensch tot?, 1994 – erweiterte Ausgabe 1995, S. 424 ff.; *ders.*, Der Hirntod als Grenze des Lebensschutzes, in: Festschrift für Walter Remmers, 1995, S. 593 ff.; *ders.*, Sterbehilfe und Therapieabbruch, in: Festschrift für Ernst-Walter Hanack, 1999, S. 735 ff.;*Herbert Tröndle*, Der Hirntod, seine rechtliche Bedeutung und das neue Transplantationsgesetz, in: Medizin & Ideologie, März 2000, S. 21 ff.
Zu den verfassungsrechtlichen Aspekten: *Werner Heun*, Der Hirntod als Kriterium des Todes des Menschen – Verfassungsrechtliche Grundlagen und Konsequenzen, in: Juristenzeitung 1996, S. 213 ff.; *ders.*, Schlußwort, ebd., S. 618 f.;*Wolfram Höfling*, Um Leben und Tod: Transplantationsgesetzgebung und Grundrecht auf Leben, in: Juristenzeitung 1995, S. 26 ff.; *ders.*, Über die Definitionsmacht medizinischer Praxis und die Aufgabe der Verfassungsrechtslehre, in: Juristenzeitung 1996, S. 615 ff.; DERS., Rechtsfragen der Transplantationsmedizin, in: Zeitschrift des Bernischen Juristenvereins, Bd. 132 (1996), S. 787 ff.; *Ines Klinge*, Todesbegriff, Totenschutz und Verfassung, 1996, S. 107 ff.; *Winfried Kluth/Birgit Sander*, Verfassungsrechtliche Aspekte, eine Organspendepflicht, in: DVBl 1996, S. 1285 ff.; *Philip Kunig*, in: Ingo von Münch/Philip Kunig, Grundgesetz-Kommentar, 1. Bd.,⁴1992, Art. 2 Rn. 50; *Dieter Lorenz*, Das Recht auf körperliche Unversehrtheit, in: Josef Isensee/Paul Kirchhof (Hg.), Handbuch des Staatsrechts der Bundesrepublik Deutschland (HStR), Bd. VI, 1989, § 128 Rn. 15; *Hartmut Maurer*, Die medizinische Organ-

das nach ungewöhnlich gründlicher Vorbereitung und Beratung im Sommer 1997 zustande gekommen ist, entscheidet sich in Übereinstimmung mit der Mehrheit der Sachverständigen für das Kriterium des Hirntodes:

„Die Entnahme von Organen ist unzulässig, wenn (...) nicht vor der Entnahme bei dem Organspender der endgültige, nicht behebbare Ausfall der Gesamtfunktion des Großhirns, des Kleinhirns und des Hirnstamms nach Verfahrensregeln, die dem Stand der Erkenntnisse der medizinischen Wissenschaft entsprechen, festgestellt ist.“[2]

Die Diskussion ist damit aber nicht beendet.

2. Verfassungsrechtliche Dimension

Die Organverpflanzung hat auch einen verfassungsrechtlichen Aspekt. In der Diskussion erscheint dieser vielmals als der wesentliche, als der Aspekt, auf den es letztlich ankommt. Religion, Weltanschauung und Moral reichen unter den Bedingungen des Pluralismus nicht mehr aus, um Gemeinsamkeit in Grenzfragen wie denen der Transplantation herzustellen und dem Gesetz die erforderliche Akzeptanz zu vermitteln. In Deutschland richten sich nun die Erwartungen auf die Verfassung, in deren Zeichen hierzulande die pluralistische Gesellschaft einig sein will. Genauer: die Erwartungen richten sich auf die Interpretation der Verfassung. Dieser fällt die Aufgabe zu, den gemeinsamen Grund der zerklüfteten Gesellschaft aufzudecken (oder herzustellen), politische Entscheidungen des Gesetzgebers zu ermöglichen (wenn nicht gar, diese zu ersetzen). Ob die Verfassung damit nicht überfordert wird, sei dahingestellt.

Die Verfassung stellt ein Koordinationssystem bereit, in das sich die unterschiedlichen Lebenssachverhalte fügen. Im Blick auf den virtuellen Spender läßt sich die Transplantation als Grundrechts-

---

transplantation in verfassungsrechtlicher Sicht, in: DÖV 1980, S. 7 ff.; *Christian Starck*, in: Hermann v. Mangoldt/Friedrich Klein, Das Bonner Grundgesetz, Bd. 1, [4]1999, Art. 1 Rn. 87; Art. 2 Rn. 176, 198.

Zur theologischen Diskussion: *Gerhard Höver*, Transplantation, Hirntod und christliches Menschenbild, 1997, S. 32 ff. (Nachw.); *Eberhard Schockenhof*, Helfen über den Tod hinaus?, in: Kirche und Gesellschaft 1998, Nr. 246, S. 10 ff.

[2] § 3 Abs. 2 Nr. 2 des Gesetzes über die Spende, Entnahme und Übertragung von Organen (Transplantationsgesetz – TPG) vom 5. November 1997 (BGBl I, S. 2631).

problem definieren. Zunächst stellt sich die Frage, ob das Recht auf Leben der Transplantationsmedizin grundrechtlichen Widerstand leistet. Damit erhebt sich auch die Frage, wann das „Leben" im Sinne des Grundrechts endet.

II. Grundrechte des Toten

1. Zeitliche Reichweite des Rechts auf Leben

Die sprachliche Fassung im Grundgesetz ist ehern: „Jeder hat das Recht auf Leben." Das entspricht dem Duktus einer Verfassung.[3] Doch je einfacher die sprachliche Form des Gesetzes, desto schwieriger seine Anwendung auf die Lebenssachverhalte. Die grundrechtliche Gewähr des Lebensschutzes war eine Neuerung des Bonner Verfassunggebers, die sich der Allgemeinen Erklärung der Menschenrechte von 1948 (Art. 3) anschloß, unter dem historischen Eindruck der Mißachtung des Menschenlebens durch die nationalsozialistische Despotie.[4] Der Begriff Leben erschien zunächst als „rein natürlicher Begriff", als die körperliche Daseinsform des Menschen bis zum Tod, als solche nach *natur*wissenschaftlichen Gegebenheiten zu bestimmen.[5] Entsprechend war traditionell der Tod als die natürliche Grenze der Rechtsfähigkeit gedeutet worden: „ein so einfaches Naturereignis, daß derselbe nicht, so wie die Geburt, eine genauere Feststellung seiner Elemente nöthig macht."[6]

Diese Klarheit ist nunmehr getrübt, seit sich in der Medizin der Unterschied auftut zwischen Hirntod und klinischem Tod, und dieser Unterschied keine bloß akademische Frage, sondern handlungserheblich geworden ist. Nun bricht ein Widerspruch auf in der Auslegung des Rechts auf Leben. Die einen bestimmen den grundrechtlichen Begriff „Leben" eng und lassen den Grundrechtsschutz

---

[3] Allgemein *Josef Isensee*, Vom Stil der Verfassung, 1999, S. 14 ff., passim.

[4] Zur Entstehungsgeschichte: JÖR n.F., Bd. 1 (1951), S. 56 ff.; BVerfGE 39, 1 (36 f.); *Günter Dürig*, in: Theodor Maunz/Günter Dürig, Grundgesetz, Stand 1999, Art. 2 Abs. 2 Rn. 8; *Walter Leisner*, Das Lebensrecht, in: Niedersächsische Landeszentrale für Politische Bildung (Hg.), Das Recht auf Leben, 1976, S. 9 ff.

[5] So *Dürig* (N 4), Abs. 2 Abs. 2 Rn. 9.

[6] *Friedrich Carl von Savigny*, System des heutigen römischen Rechts, Bd. 2, 1840, S. 17.

mit dem Hirntod enden,[7] die anderen verstehen ihn weit bis zum Eintritt des klinischen Todes.[8] In der weiten Deutung gehört der „Hirntote" noch zu den Lebenden, solange sein Herz noch selbständig schlägt und wesentliche Funktionen, wie Atmung, Kreislauf und Stoffwechsel, unter Umständen mit apparativer Unterstützung, noch nicht ausgefallen sind. Die Folge: der Moribunde ist Mensch, sein Körper nicht Leichnam. Die „hirntote" Schwangere, die auf der Intensivstation künstlich beatmet und ernährt wird, damit sie ihr Kind austragen kann, genießt den Schutz des Grundrechts auf Leben, bleibt mithin weiterhin Person.[9] Die Organentnahme im Interim zwischen Hirntod und klinischem Tod greift nach dieser Prämisse in das „Leben" ein.

Für das Hirntodkriterium sprechen praktische Bedürfnisse der Organtransplantation. Doch praktische Bedürfnisse allein können die verfassungsrechtlichen Grenzen des Lebensschutzes nicht verschieben. Der Einwand mag sich erheben, daß „Leben" ein zumindest virtuell willens- und handlungsfähiges Subjekt voraussetzt, diese Fähigkeit aber mit dem Hirntod erloschen sei, und zwar irreversibel, daß es also absurd sei, ein subjektives Grundrecht für die Zeit nach dem Hirntod zu konstruieren. Doch der Einwand verfängt nicht. Zum einen bleibt ein Grundrecht in seiner objektivrechtlichen Geltungsdimension, als Schutzpflicht des Staates, unberührt vom Verlust der Handlungsfähigkeit des Individuums, um dessen Schutz es geht. Am Anfang und am Ende des Lebens verdichtet sich geradezu die Schutzpflicht des Staates, weil der Einzelne wehrlos und deshalb auf den Schutz angewiesen ist. Im übrigen hängt auch die subjektive Grundrechtsfähigkeit nicht von der Grundrechtsmündigkeit ab, also der Fähigkeit des Grundrechtsträ-

---

[7] So *Lorenz* (N 1), § 128 Rn. 70; *Heun* (N 1), S. 214 ff.; *Starck* (N 1), Art. 1 Rn. 87, Art. 2 Rn. 176, 198; *Kluth/Sander* (N 1), S. 1288 f.; *Johann Friedrich Spittler*, Der menschliche Körper im Hirntod, ein dritter Zustand zwischen lebendem Menschen und Leichnam?, in: Juristenzeitung 1997, S. 747 (751). Entsprechend aus strafrechtlicher Sicht: *Schreiber*, Hirntod (N 1), S. 594 ff. (Nachw.).

[8] So *Höfling*, Um Leben und Tod (N 1), S. 31 ff.; *ders*, Rechtsfragen (N 1), S. 797 ff; *Rainer Beckmann*, Die Behandlung hirntoter Schwangerer im Licht des Strafrechts, in: ZRP 1996, S. 219 ff.

[9] So *Höfling*, Rechtsfragen (N 1), S. 801. Zu dem Fall der Schwangeren, die 40 Tage 1992 in der Erlanger Universitätsklinik behandelt wurde: *Paul Heuermann*, Verfassungsrechtliche Probleme der Schwangerschaft der hirntoten Frau, in: Juristenzeitung 1994, S. 133 ff.

gers, sein Recht eigenverantwortlich geltend zu machen. Im postmortalen Grundrechtsschutz handelt der durch persönliche Nähe ausgewiesene Wahrnehmungsberechtigte, gleichsam als Treuhänder des Toten (bzw. des Moriturus). Vor Gericht übt er die Prozeßstandschaft aus.[10]

Die zweite Deutung deckt das grundrechtliche Schutzgut umfassender ab. Sie mag für sich den Vorzug reklamieren, daß sie die juristische Wirkungskraft der Grundrechtsnorm am stärksten entfalte.[11] Dieser Vorzug, so er denn besteht, gewährleistet allerdings nicht juristische Richtigkeit.[12] Auch das weite Verständnis des grundrechtlichen Schutzbereichs kann sich nicht über das Faktum hinwegsetzen, daß der Hirntod eine Zäsur im Prozeß des Sterbens ist und daß er den „point of no return" markiert. Leben im anthropologischen Sinne der aristotelischen Tradition als Selbsttätigkeit und Selbstorganisation des Menschen erlischt mit dem endgültigen Ausfall aller Hirnfunktionen. Einzelne Körperfunktionen, die überdauern, zumal durch Manipulation über technische Geräte, konstituieren keinen lebendigen Organismus. Das räumt die weite Auslegung im Prinzip ein. Doch das Transitorium zwischen Hirntod und klinischem Tod, die letzte Phase im Prozeß des Sterbens, gilt ihr als Teil des Lebens. Es solle nicht aus dem Grundrechtstatbestand „Leben" herausdefiniert werden. Wenn in der Empirie Unklarheit herrsche, ob ein Vorgang noch Leben oder nicht mehr Leben bedeute, so gelte für die Grundrechtsexegese: in dubio pro vita.[13]

Konsequent zu Ende geführt, müßte die weite Auslegung die Transplantationsmedizin praktisch blockieren. Denn die Entnahme lebenswichtiger Organe wie Herz, Leber, Bauchspeicheldrüse

---

[10] Dazu *Christian Hillgruber*, Das Vor- und Nachleben von Rechtssubjekten, in: Juristenzeitung 1997, S. 975 (977 f.).

[11] Unter (unzutreffender) Berufung auf *Richard Thoma* postuliert das Bundesverfassungsgericht die Maxime, von mehreren Auslegungsmöglichkeiten der den Vorzug zu geben, der die „größte juristische Wirkungskraft" zukomme, mit Bezug auf den Schutz des Lebens (E 39, 1 [38]). Vgl. sonst E 6, 55 (72); 32, 54 (71). Zur allgemeinen Bedeutung der Maxime *Matthias Jestaedt*, Grundrechtsentfaltung im Gesetz, 1999, S. 46 ff.

[12] Grundsätzliche Skepsis gegenüber der vor-rechtlichen Auslegungsmaxime der „größten juristischen Wirkungskraft": *Christian Starck*, Die Verfassungsauslegung, in: HStR Bd. VII, 1992, § 146 Rn. 35; *Jestaedt* (N 11), S. 46 ff. (weit. Nachw.).

[13] *Höfling*, Rechtsfragen (N 1), S. 801.

führt den klinischen Tod herbei. Die Entnahme richtete sich nach der grundrechtlichen Prämisse nicht auf einen Leichnam, sondern auf einen lebenden Körper, bedeutete also, rechtlich gesehen, Tötung. Diese aber wäre nach den heute herrschenden Rechtsvorstellungen nicht zu rechtfertigen. Auch nicht über die vorab erteilte Einwilligung des Betroffenen. Denn eine Tötung auf Verlangen ruft den Staat über seine grundrechtliche Schutzpflicht auf den Plan; sie wird denn auch von Gesetzes wegen mit Strafe bedroht (§ 216 StGB). Das Recht auf Leben schützt vor fremdem Zugriff; doch ermächtigt es nicht zur Verfügung über das eigene Leben.[14] Gegenstand des grundrechtlichen Lebensschutzes ist nicht subjektive Freiheit,[15] sondern deren biologische Grundlage. Die Tötung des Sterbenden zum Zweck der Organentnahme wäre so etwas wie fremdnützige Euthanasie.

Doch die weite Auslegung läßt diese Möglichkeit zu. Sie zieht nicht die Konsequenz, daß das Recht auf Leben bis zum klinischen Tod andauert. Vielmehr läßt sie die Pflicht des Staates zum Schutz des verlöschenden Lebens enden. Lebensverlängernde Maßnahmen hätten zu unterbleiben. Die Verfassung respektiere nun die Entscheidung des Moriturus über eine Organspende.[16]

Der Gegensatz der Definition des grundrechtlichen Schutzbereichs, Leben oder Nichtleben, setzt sich also nicht in der praktischen Rechtsfolge fort. Beide Auffassungen halten sich den Bedürfnissen der Transplantationsmedizin offen. Nur stellen sie unterschiedlich strenge Anforderungen an die Voraussetzungen einer Zustimmung, die eine Entnahme rechtfertigt. Die Ausweitung des grundrechtlichen „Lebens" über den Hirntod hinaus wird erkauft mit der Aufweichung seines normativen Schutzes. Nach dem Hirntod hindert sie nicht mehr die Tötung aufgrund Einwilligung; vielmehr reguliert sie nur noch die Bedingungen, die eine solche erfül-

---

[14] So die herrschende Meinung. Repräsentativ: *Dürig* (N 4), Art. 2 Abs. 2 Rn. 12; *Starck* (N 1), Art. 2 Rn. 176 (Kein Recht auf Selbsttötung); *Gerd Roellecke*, Lebensschutz, „Schutz von Ehe und Familie" und Abtreibung, in: JZ 1991, S. 1045 (1046); *Kunig* (N 1), Art. 2 Rn. 50. Dagegen *Christian Hillgruber*, Der Schutz des Menschen vor sich selbst, 1992, S. 82 ff., 140 ff. Vgl. zur Sterbehilfe *Schreiber*, Sterbehilfe und Therapieabbruch (N 1), S. 735 ff.

[15] Doch nach *Höfling* bildet das Recht auf Leben die Grundlage der Freiheit des Sterbens im Sinne eines Rechts auf einen menschenwürdigen, mit selbstbestimmter Sinngebung erfüllten Tod (Rechtsfragen, N 1, S. 805).

[16] So *Höfling*, Rechtsfragen (N 1), S. 805.

len muß. Damit führt sie zu einer Abstufung zwischen dem Leben im Vollsinne vor dem Hirntod und dem moribunden Leben. Damit setzt eine neuartige Abstufung des Grundrechtsschutzes ein, jedenfalls für das Ende des Lebens. Bisher gilt der Grundrechtsdogmatik das Leben als das singuläre Rechtsgut, das sich der quantitativen Beschränkung und der Nachgiebigkeit im Ausgleich mit kollidierenden Rechtsgütern widersetzt, das nur die Alternative Sein oder Nichtsein zuläßt: tertium non datur.[17] Das eben unterscheidet das Leben von anderen grundrechtlichen Gütern wie Eigentum, Postgeheimnis, Meinungsfreiheit, Freiheit der Person, sogar körperlicher Unversehrtheit. Alle diese Grundrechte können mehr oder weniger eingeschränkt werden. Das Übermaßverbot fungiert dabei als Regulativ der Dosierung des Eingriffs. Dagegen versagen die Kategorien des Mehr oder Weniger vor dem Schutzgut des Lebens, das nur ganz oder gar nicht bestehen, das nur gewahrt oder vernichtet werden kann, das also unter dem Regime des Entweder-Oder steht. So das herkömmliche Verständnis, das dem Leben von seinem Anfang bis zu seinem Ende den gleichen grundrechtlichen Schutz gewährt (dem freilich im einfachen Gesetzesrecht und in der Rechtspraxis nicht das effektiv gleiche Schutzniveau für alle Phasen des Lebens korrespondiert). Damit zieht sich das weite Verständnis den Vorwurf zu, daß es, wenn auch nur in einem Grenzbereich, den Lebensschutz schwäche und so den Damm brechen lassen könne, daß die Euthanasie frei werde.[18]

Zwingend ist der Einwand jedoch nicht. Nirgends steht geschrieben, daß ein grundrechtlicher Schutzbereich nur einheitliche Schranken zulasse und daß er schlechthin resistent sei gegen innere Differenzierung nach dem Übermaßverbot. Die Möglichkeit differenzierender Schranken hängt ab von der Realität, die dem normativen Schutzbereich korrespondiert. Für das „Leben" als Grundrechtstatbestand bedeutet aber der Ausfall aller Hirnfunktionen eine reale Zäsur, die sich auf das grundrechtliche Schutzbedürfnis auswirkt. Die Frage bleibt, ob die Zäsur das Bedürfnis für den Schutz des Lebens nicht erlöschen oder ob sie es in hinreichendem Maß bestehen läßt. Ein Verteidiger der weiten Auslegung könnte

---

[17] Vgl. BVerfGE 39, 1 (43) – zum Schwangerschaftsabbruch, der immer Vernichtung des ungeborenen Lebens bedeute.

[18] Dammbruchargument *Heun* (N 1), S. 218. Apologie: *Höfling*, Rechtsfragen (N1), S. 805.

sich darauf berufen, daß den Grundrechtsinterpreten, zumal dem Bundesverfassungsgericht, der mindere Schutz am Anfang des Lebens, zwischen Zeugung und Geburt, längst vertraut sei, weil sie die Tötung des ungeborenen Kindes aufgrund der Entscheidung der Mutter, unter bestimmten Kautelen, hinnehmen.[19]

Eine Randbemerkung: Die juristischen und politischen Rückzugsgefechte um den Grundrechtsschutz am Anfang des Lebens werden heute, solange die Gesellschaft sich nicht von Grund auf ändert, um eine verlorene Sache geführt. Aber sie machen dennoch moralisch wie politisch Sinn: sie binden Energie, die sich sonst mit gewisser Wahrscheinlichkeit vom Recht des Lebensbeginns abkehren und auf das Recht des Lebensendes richten dürfte, um die rechtlichen Vorkehrungen gegen die verlangte oder die unfreiwillige Tötung abzubauen. Ob die weite Auslegung des Grundrechtstatbestands „Leben" der Gefahr Vorschub leistet, mag dahin stehen. Nichts aber spricht dafür, daß sie der Gefahr besser wehren vermöchte als ihre Alternative und daß sie dieser gegenüber moralisch überlegen sei.

2. Sonstige Tatbestände für den postmortalen Grundrechtsschutz

Die enge Auslegung des „Lebens" schafft eine Lücke im Grundrechtsschutz und ruft damit die Leitidee der Grundrechtsinterpretation auf den Plan, daß der Schutz lückenlos zu gewährleisten sei.[20] So stellt sich die Frage, welcher Grundrechtstatbestand in die Bresche tritt.

(a) Es liegt nahe, die Lücke über das Recht auf *körperliche Unversehrtheit* zu schließen und so die Integrität des Körpers in seiner Endphase zwischen Hirntod und Kreislauftod gegen Eingriffe zu schützen. Immerhin gibt dieses Grundrecht der Selbstbestimmung eher Raum; es ist auch nicht schlechthin resistent gegen eine Abstufung. Gleichwohl erhöben sich, wenn auch abgeschwächt, die glei-

---

[19] Siehe das Beratungsmodell des Bundesverfassungsgerichts (Zweiter Senat): BVerfGE 88, 203 (251 ff.). Dieses Schutzkonzept wird vom Ersten Senat des Gerichts sogar noch unterlaufen: BVerfGE 98, 265 (296 ff.) – mit ablehnenden Sondervoten des Vizepräsidenten *Papier* sowie der Richterinnen *Graßhof* und *Haas* (ebd., S. 329 ff.); dem zweiten Sondervotum, verfaßt vom Richter *Kühling* und der Richterin *Jäger* (ebd., S. 359 ff.) ist aber das Urteil noch nicht permissiv genug.

[20] Zum Lückenlosigkeitsdogma *Jestaedt* (N 11), S. 44 ff., 77 ff.

chen Einwände, wie gegen die Ausweitung des Rechts auf Leben. Im übrigen wäre es gekünstelt, das Recht auf körperliche Unversehrtheit, das im Kern Recht auf Gesundheit bedeutet, abzukoppeln vom Recht auf Leben, mit dem es im Grundgesetz verbunden ist, und die körperliche Unversehrtheit über das Leben im Grundrechtssinne hinaus zu schützen, nunmehr als Unversehrtheit des lebenden Leichnams.

(b) Das Bundesverfassungsgericht erkennt an, daß die grundrechtliche *Würde des Menschen* nicht mit dem Tode endet und daß der Mensch auch nach dem Tode nicht herabgewürdigt und erniedrigt werden darf.[21] Der grundrechtliche Schutz erstreckt sich auch auf den Leichnam als „Rückstand der Persönlichkeit".[22] Er sichert ein Mindestmaß an Pietät. Die Würde des Menschen wird allerdings nicht verletzt, wenn der Arzt lege artis den Leichnam öffnet und Organe entnimmt, es sei denn, er geht in schamloser, „entwürdigender" Form vor.[23] Ansonsten ergeben die diffusen „Ausstrahlungen" kaum operationable Vorgaben für die Transplantationspraxis.

(c) Konkreter ist das *allgemeine Persönlichkeitsrecht*, dessen grundrechtliche Basis in der Allgemeinen Handlungsfreiheit im Verbund mit der Menschenwürde liegt.[24] Es deckt posthume Rechtsgüter wie die Ehre sowie die Persönlichkeits- und Lebensdaten des Verstorbenen ab, Rechtsgüter, die, für alle gleich, vor Verletzung

---

[21] BVerfGE 30, 17, 3 (194). Zur postmortalen Wirkung der Menschenwürde: *Tade Matthias Spranger*, Die Beschränkungen des kommunalen Satzunggebers beim Erlaß von Vorschriften zur Grabgestaltung, 1999, S. 94 (weit. Nachw.); Vgl. auch: *Hillgruber* (N 10), S. 975 (977 f.).

[22] Vgl. *Dürig* (N 4), Art. 1 Rn. 26; *Heun* (N 1), S. 217; *Kunig*, (N 1), Art. 1 Rn. 15; *Maurer* (N 1), S. 9; *Starck* (N 1), Art. 1 Rn. 19.

[23] Das Transplantationsgesetz verlangt, daß die Organentnahme und alle mit ihr zusammenhängenden Maßnahmen unter Achtung der Würde des Organspenders und in einer der ärztlichen Sorgfaltspflicht entsprechenden Weise durchzuführen und der Leichnam in würdigem Zustand zur Bestattung zu übergeben ist (§ 6 TPG).

[24] Auf das Allgemeine Persönlichkeitsrecht stützen sich *Heun* (N 1), S. 217 f. und *Maurer* (N 1), S. 10. Allgemein: BVerfGE 54, 148 (153); 72, 155 (170). Dazu *Starck* (N 1), Art. 2 Rn. 14 ff.; *Fedor Seifert*, Postmortaler Schutz des Persönlichkeitsrechts und Schadensersatz – Zugleich ein Streifzug durch die Geschichte des allgemeinen Persönlichkeitsrechts, in: NJW 1999, S. 1889 ff.

geschützt werden. Bei der Organentnahme geht es aber in erster Linie um die Wahrung und um die Verwirklichung des individuellen Willens Verstorbener, also um Selbstbestimmung post mortem. Diese ist kein Thema des Allgemeinen Persönlichkeitsrechts.

(d) Dagegen wird die Selbstbestimmung post mortem durch die Garantie des *Erbrechts* geschützt (Art. 14 Abs. 1 S. 1 GG). Das Erbrecht bezieht sich allerdings nur auf die Verfügung über das Vermögen, nicht auf die Verfügung über den Körper und seine Organe.

(e) So bleibt der Rekurs auf das Auffanggrundrecht der *Allgemeinen Handlungsfreiheit*. Dem stellt sich allerdings die Rechtsmeinung des Bundesverfassungsgerichts entgegen, daß das Grundrecht des Art. 2 Abs. 1 GG nach dem Tod nicht fortwirke, weil Träger des Grundrechts nur die lebende Person sei; mit deren Tode erlösche der Schutz aus dem Grundrecht. „Das Grundrecht aus Art. 2 Abs. 1 GG setzt die Existenz einer wenigstens potentiell oder zukünftig handlungsfähigen Person voraus."[25] Das Gericht trifft die – voreilig verallgemeinernde – Feststellung, angesichts des zu entscheidenden Problems, ob der Schutz der Persönlichkeit vor Verunglimpfung über den Tod hinaus bestehen bleibe. Dort bleibt immer noch der Rückgriff auf die Würde des Menschen, obwohl es näher gelegen hätte, den postmortalen Personenschutz auf beide Grundrechte zu stützen, das aus Art. 1 Abs. 1 und das aus Art. 2 Abs. 1 GG, und beide miteinander zu verknüpfen. Das aber ist ein anderes Thema.

Hier dagegen geht es um die grundrechtliche Absicherung einer Willenserklärung über den Tod hinaus. Der grundrechtliche Schutz der Selbstbestimmung erschöpft sich nicht in der Bildung und Äußerung des Willens. Er erfaßt auch dessen (angestrebte) Wirkungen und Folgen. Er bezieht sich nicht nur auf ein kurzlebiges Ereignis, sondern auch auf die intendierte Dauer in der Dimension Zeit. Das Grundgesetz schützt die Verfügungsfreiheit für den Todesfall über die materielle wie die ideelle, die rechtliche wie die physische Hinterlassenschaft. Die Disposition über den Tod hinaus wird dem Eigentümer über die Erbrechtsgarantie gesichert, zu der die Testier-

---

[25] BVerfGE 30, 173 (194).

freiheit gehört.[26] Das Testament genießt grundrechtlichen Schutz nicht allein im Zeitpunkt seiner Errichtung, sondern auch und wesentlich mit und nach dem Erbfall, wenn der in ihm verkörperte „letzte Wille" zur rechtlichenGeltung kommt. Die analoge Freiheit gilt für die Anordnungen über die Beisetzung und die Grabgestaltung. Diese werden zwar nicht von der Gewähr des Erbrechts erfaßt, sondern von anderen Freiheitsrechten, wenn kein spezieller Grundrechtstatbestand eingreift (wie die Religionsfreiheit), von der Allgemeinen Handlungsfreiheit.[27] Dieses Grundrecht gewährleistet auch die rechtliche Beachtlichkeit der Disposition über eine Organspende.

3. Dogmatische Folgerungen

(a) Im Ergebnis zeigt sich, daß das enge Verständnis des Rechts auf Leben keine Lücke im Grundrechtsschutz erzeugt. Die Alternativtatbestände bieten differenzierten und effektiven Schutz, der den Gegebenheiten nach dem Hirntod Rechnung trägt.

(b) Die weite Auslegung überspielt zunächst, auf der Ebene des Schutzbereichs, den biologischen Einschnitt des Hirntodes, um ihn auf der Ebene der Schranken und der praktischen Folgen, doch wieder zu beachten. Sie verspricht mehr, als sie einlösen kann und will. Was zunächst als Fanfare tönt, klingt nachher nur noch als Schamade. Um der Redlichkeit und Konsequenz willen verdient die enge Auslegung den Vorzug.

---

[26] BVerfGE 67, 329 (341).

[27] Näher *Spranger* (N 21), S. 94 f., passim.

III. Abwehrrecht und Schutzpflicht in der Organtransplantation

In der juristischen und der rechtspolitischen Debatte wird die Rechtsfigur der grundrechtlichen Schutzpflicht zugunsten des Organspenders aber auch zugunsten des präsumtiven Organempfängers bemüht: jener müsse *vor* illegitimer Entnahme geschützt, diesem solle *durch* Entnahme die Chance zum Überleben gewährleistet werden. Die Schutzpflicht wird widersprüchlich apostrophiert, hier als Stimulans, dort als Hemmschuh der Transplantation. Der diffuse Gebrauch des Begriffs läßt den Eindruck entstehen, der potentielle Organspender sei dem Spendenbedürftigen gegenüber verpflichtet zur Spende, und als hätte dieser einen Anspruch darauf, das Herz oder die Niere eines bestimmten Moriturus zu erhalten. Eine derartige Pflichtenbeziehung besteht nicht. Grundrechte schaffen keine Beziehung unter Privaten, sondern allein eine solche zwischen dem Privaten und der Staatsgewalt. Diese vermittelt zwischen dem Spender und dem Empfänger. Die grundrechtliche Analyse muß zwischen den Grundrechtsfunktionen des Abwehrrechts und der Schutzpflicht unterscheiden.[28]

Die „klassische" Grundrechtsfunktion des Abwehrrechts schützt Rechtsgüter des Privaten (Leben, körperliche Unversehrtheit, Freiheit) vor dem Eingriff der Staatsgewalt, in diesem Kontext also vor der staatlichen Anordnung der Entnahme, einer gesetzlichen Duldungspflicht oder dem Vollzug der Entnahme durch staatliche Stellen. „Staatlich" sind auch universitäre oder kommunale Kliniken. Das staatliche Handeln wird durch das Abwehrrecht in seiner Reichweite beschränkt, in seiner Richtung determiniert, in seiner Intensität dosiert.

Die grundrechtliche Schutzpflicht des Staates lebt auf, wenn ein Privater grundrechtlich geschützte Güter des anderen verletzt, also beim illegitimen Zugriff der nichtstaatlichen Klinik oder des freiberuflichen Arztes auf Organe. Aufgabe des Staates ist es, dem Übergriff zu wehren und etwaigen Gefahren wirksam zu begegnen. Sie obliegt dem Gesetzgeber wie den zuständigen Stellen, welche die

---

[28] Dazu *Josef Isensee*, Das Grundrecht als Abwehrrecht und als staatliche Schutzpflicht, in: HStR, Bd. V, ²2000, § 111 Rn. 1 ff., 37 ff., 77 ff. – Speziell zu grundrechtlichen Schutzpflichten für das Leben: BVerfGE 39, 1 (36 ff.); 46, 160 (164 f.); 88, 203 (251 ff.); *Lorenz* (N 1), § 128 Rn. 44 ff.; *Starck* (N 1), Art. 2 Rn. 47 ff.

Gesetzmäßigkeit des Gesundheitswesens überwachen, also auch der staatlichen Aufsicht und den berufsständischen Organisationen. Aus der grundrechtlichen Schutzpflicht kann sich ein Anspruch des virtuellen Spenders bzw. der Personen, die seine Belange wahrnehmen, ergeben, daß der Staat bei Gefahr unbefugter Entnahme einschreitet.[29] Doch es gibt keinen grundrechtlichen Anspruch dessen, der auf eine Transplantation wartet, daß ihm das Ersatzorgan, dessen er bedarf, zugeteilt wird. Für einen solchen Leistungsanspruch enthält der Grundrechtskatalog des Grundgesetzes keine Basis. Die Grundrechte als solche, in ihrer individualrechtlichen Gestalt, stiften keine Solidargemeinschaft zwischen den Individuen.[30] Das bedeutet nicht, daß das Bedürfnis nach Transplantationen verfassungsrechtlich völlig belanglos wäre. Vielmehr besteht eine ungeschriebene, objektive Staatsaufgabe, für eine bedarfsgerechte Transplantationsmedizin zu sorgen. Der 1994 eingefügte Kompetenztitel für gesetzliche „Regelungen zur Transplantation von Organen und Geweben" (Art. 74 Abs. 1 Nr. 26 GG) läßt den Rückschluß auf eine solche Staatsaufgabe zu.

Gleich, ob von staatlicher oder von privater Seite ein Übergriff droht, die Grundrechte bieten, entweder in ihrer Abwehr- oder in ihrer Schutzfunktion, lückenlosen Schutz.

Der Schutz ist in der sensiblen Materie der Transplantation besonders gefordert, um die offenen und geheimen Ängste der Patienten zu bannen: etwa die Sorge, daß die Organentnahme zu früh erfolgen könne und zur Tötung führe oder daß die medizinische Behandlung von dem Interesse bestimmt werden könne, möglichst früh auf Organe, an denen Bedarf bestehe, zuzugreifen. Der Staat hat die Menschenwürde jedes einzelnen Patienten zu wahren und zu achten, gerade im Schatten des Todes, in dem er wehrlos und auf Hilfe angewiesen ist. Er hat zu verhindern, daß der Patient zum Objekt im System des Gesundheitswesens, zum Zulieferer für den „Organmarkt", degradiert wird.

Die Grundrechte ziehen sowohl über die Abwehr- als auch über die Schutzfunktion, den Vorbehalt des Gesetzes nach sich. Der Gesetzgeber hat die Bedingungen einer zulässigen Organentnahme zu benennen und auszuformulieren, und zwar so bestimmt, daß alle

---

[29] Allgemein zum Anspruch auf staatlichem Schutz *Isensee* (N 28), § 112 Rn. 183 ff.

[30] Dazu *Josef Isensee*, Solidarität – sozialethische Substanz eines Blankettbegriffs, in: ders. (Hg.), Solidarität in Knappheit, 1998, S. 97 (133 ff.).

Beteiligten wissen, was sie tun dürfen und gegebenenfalls hinzunehmen haben.

IV. Einwilligung zur Entnahme

Die grundrechtliche Rechtfertigung der Entnahme steht und fällt mit der Einwilligung des Spenders. Die Einwilligung muß freiwillig und in vollem Bewußtsein ihrer Bedeutung erfolgen. Jedweder Druck ist fernzuhalten. Selbst der Schein von Nötigung oder Manipulation ist zu vermeiden, ein „Sicherheitsabstand" einzuhalten. Erklärungen, die auf dem Totenbett oder überhaupt in zeitlicher Nähe des Todes abgegeben werden, sollten schlechthin unwirksam sein. Allzu leicht wird der Moribunde sich bedrängt und überwältigt fühlen, wenn er dem Ansinnen der Organspende ausgesetzt wird. Rasch flackert Argwohn auf, die medizinische Versorgung diene weniger dem Wohl des Patienten als den Transplantationsbedürfnissen der Klinik, und er werde für diese instrumentalisiert. Die Scheintod-Ängste, die noch das 19. und das beginnende 20. Jahrhundert quälten, könnten neu entfacht werden. Diesen Befürchtungen zu begegnen, ist vornehmlich eine Frage des Taktes. Da aber Takt und Feingefühl in unserer Gesellschaft immer rarer werden, könnte eine rechtliche Vorkehrung wenigstens ein wenig Kompensation schaffen.

Die Entnahme darf nicht gegen den erklärten Willen des präsumtiven Spenders erfolgen.[31] Diese Sperre ist unverrückbar durch die Verfassung vorgegeben, gleich, ob man, wie es der herrschenden Meinung entspricht, die Allgemeine Handlungsfreiheit oder, der Minderheitsmeinung nach, das Recht auf Leben als sedes materiae annimmt. Umstritten ist dagegen, ob die positive Voraussetzung des Gesetzes der Verfassung Genüge tut, daß der wirkliche Wille des Spenders entscheidet oder, falls der Wille nicht feststellbar ist, der mutmaßliche, daß sofern sich auch dieser nicht ermitteln läßt, der nächste Angehörige den Ausschlag gibt.[32] Im Blick auf das Ziel des Gesetzgebers, über Maßnahmen der Transplantationsmedizin Leben zu retten und Gesundheit wiederherzustellen, ist die Rege-

---

[31] § 3 Abs. 2 Nr. 1 TPG.

[32] § 4 TPG – Affirmativ *Heun* (N 1), S. 218; Kritisch *Höfling*, Rechtsfragen (N 1), S. 806. Vgl. auch *Maurer* (N 1), S. 13 f.

lung zweckdienlich und nicht schlechthin unangemessen. Die Frage ist jedoch, ob das angestrebte Ziel auch auf schonenderem Wege erreicht werden könnte, nämlich über das generelle Erfordernis der positiven Zustimmung des virtuellen Spenders. Doch hat der Gesetzgeber einen Spielraum der Prognose.

Prekär ist die Substitution der persönlichen Einwilligung des Spenders durch die Zustimmung anderer, ihm nahestehender Personen, die anstelle und im Sinne des Betroffenen entscheiden.[33] Hier erhebt sich der verfassungsrechtliche Einwand, daß die Zustimmung eine höchstpersönliche Willenserklärung sei.[34] Das ist im Prinzip richtig. Doch bedarf dieses schon der Ausnahme, wenn der virtuelle Spender noch ein Kind ist, weil sonst die Transplantationsmedizin für Minderjährige schlechthin blockiert würde. Das Prinzip des höchstpersönlichen Charakters der Willenserklärung darf nicht überstrapaziert werden, wenn die Person, auf die es ankommt, im Koma liegt, sich in gesunden Tagen keine Gedanken über das Thema gemacht hat und auch künftig keine Erklärung mehr wird abgeben können. Das Gesetz hält am höchstpersönlichen Charakter der Entscheidung, soweit es die Umstände erlaubt, fest, indem es auf den mutmaßlichen Willen, also den hypothetischen persönlichen Willen, abstellt und statt der persönlichen Erklärung des Willens die Erklärung nahestehender Personen erfordert.

Die gesetzliche Regelung respektiert die Autonomie des Individuums und übt keinen Rechtszwang zur Nächstenliebe. Sie oktroyiert auch nicht für den Fall, in dem die Erklärungslage offen ist, die der Gesellschaft insgesamt vorteilhaftere Lösung, vielmehr setzt sie nur ein Verfahren in Gang, das diese Lösung auftun oder verschließen kann. Die gesetzliche Regelung läßt sich in ihrer abstrakten Gestalt grosso modo grundrechtlich rechtfertigen, auch wenn sich Schwierigkeiten im einzelnen abzeichnen. So dürfte sich die grob typisierte Auflistung der „nächsten Angehörigen" und ihre Rangfolge häufig an den Besonderheiten des Einzelfalls reiben.

Die Situation, in der die Ersatz-Zustimmung der nahestehenden Person abzugeben ist, bleibt makaber: nach dem Hirntod, wenn der potentielle Spender dem medizinischen Laien als weiterhin lebend erscheinen kann. Je tiefer die seelische Erschütterung des Angehö-

---

[33] § 4 Abs. 2 und 3 TPG. Zum Verhältnis des subsidiären Entscheidungsrechts der Angehörigen zu deren hergebrachtem Totensorgerecht *Heun* (N 1), S. 218.

[34] So *Höfling*, Rechtsfragen (N 1), S. 806. Wohl auch *Lorenz* (N 1), § 128 Rn. 49.

rigen, desto ärger belastet das Ansinnen, die Entnahme von Organen zu gestatten. Je gleichgültiger aber der Befragte dem Sterbenden gegenübersteht, desto bereitwilliger dürfte er den Wünschen des Klinikpersonals nachgeben, um mit seiner Zustimmung einen Akt der Nächstenliebe zu leisten, der ihn selbst nichts kostet. Vollends ist es schwierig, die Ersatz-Zustimmung zu erlangen, wenn kein Angehöriger im Sterbezimmer weilt und die Todesnachricht zusammen mit der Frage nach dem Placet übermittelt wird. Die Antwort erfolgt unvermeidlich unter Zeitdruck. Leicht kommen Horrorvisionen auf, die Klinik werde, bei dringenden Bedarf, nach einem bestimmten Organ, dieses zunächst auf eigenes Risiko entnehmen und konservieren, in der Hoffnung, daß am Ende schon irgendwer die erforderliche Genehmigung erteilen werde. Irritationen, die sich hier abzeichnen, lassen sich nur schwer vermeiden.

Damit die Zustimmungslösung den medizinischen Bedürfnissen entspricht, bedarf sie die Akzeptanz der Bevölkerung. Aus guten Gründen fordert das Gesetz, daß die Öffentlichkeit entsprechend aufzuklären sei.[35] Jedwede Aufklärung würde aber zunichte, wenn das Vertrauen in die Transplantationsmedizin nachhaltig enttäuscht würde und die Sorge aufkäme, die Voraussetzungen der Entnahme würden lax gehandhabt.

Sollte die gesetzliche Zustimmungslösung scheitern, sei es an mangelnder Bereitschaft zur Zustimmung, sei es an mangelnder Praktikabilität der Substitutionsmöglichkeit, müßte über eine Lösung nachgedacht werden, welche die Entnahme erlaubt, sofern nicht der Betroffene widersprochen hat und, wenn nicht, nach gehöriger Benachrichtigung, eine nahestehende Personen ein Veto einlegt. Wenn überhaupt, käme dieses Modell jedoch nur als ultima ratio in einem Versorgungsnotstand zum Zuge.

Zur Klarstellung: die Verfassungsexegese kann die gesetzespolitischen Möglichkeiten nur begrenzen, nicht jedoch positiv vorwegnehmen.

---

[35] § 2 Abs. 1 TPG.

V. Verbot des Organhandels

Eine Fußnote zu den Überlegungen: Das Transplantationsgesetz verbietet, mit Organen, die einer Heilbehandlung zu dienen bestimmt sind, Handel zu treiben.[36] Die Ausnahmen sind eng bemessen. Die Regelung scheint allgemeine Zustimmung zu finden, weil man den Handel mit einer „Ware" solcher Art für unsittlich hält und es mißbilligt, daraus ein Geschäft zu machen. Die Einstellung erinnert an die alte römischrechtliche Vorstellung, daß der freiberufliche Arzt oder Advokat für seine hochwertige Tätigkeit kein Entgelt einklagen dürfe. Aus verständlichen Gründen hat sich diese Vorstellung nicht auf Dauer halten können. Sie sollte auch nicht im Bereich der modernen Medizin wieder aufleben.

Die Frage erhebt sich, ob eine Rechtsordnung, welche die Transplantationsmedizin fördert, ohne Selbstwiderspruch den Handel mit dem Transplantationsmaterial unterbinden kann. Der Handel findet eine grundrechtliche Basis im Grundrecht der Berufsfreiheit. Zwar hat sich derzeit kein spezifischer Beruf entwickelt, der nun durch das Gesetz unterbunden würde. Doch kommt der Organhandel als potentieller Gegenstand einer weiter gefaßten Berufsausübung in Betracht. Deren Verbot (bzw. die erhebliche Beschränkung) kommt nur aus vernünftigen Gründen des Gemeinwohls in Betracht, es hat das Übermaßverbot einzuhalten.[37] Hygienische Gefahren rechtfertigen eine Kontrolle, nicht aber das Verbot. Wenn Mißbrauch droht, läßt sich nicht der Gebrauch schlechthin unterdrücken. Gewinnstreben als solches ist nicht verwerflich.

VI. Legalität und Moralität in der Organverpflanzung

Der Schutz der Grundrechte über die Schwelle des Hirntodes hinaus baut Widerstand auf gegen beliebige Organentnahme und verbietet dem Staat, den menschlichen Körper zu sozialisieren oder dergestalt sozialpflichtig zu machen, daß er auf die Organe des Einzelnen ohne weiteres im Interesse der Volksgesundheit zugreifen und einen Transfer neuer Art von den (Hirn-)Toten zu den Le-

---

[36] §§ 17, 18 TPG.

[37] Grundlegend BVerfGE 7, 377 (405). Näher mit Nachw. *Rüdiger Breuer*, Die staatliche Berufsregelung und Wirtschaftslenkung, in: HStR Bd. VI, 1989, § 148 Rn. 20 ff.

benden in Gang setzen kann, so daß die sozialstaatlich betriebene Mühle des Umverteilens vom Leistungsfähigen hin zum Leistungsbedürftigen noch die Toten ergriffe. Ihm ist auch verwehrt, den Kliniken, den Ärzten oder sonstigen Interessenten die Lizenz zum Ausweiden zu erteilen.

Die Grundrechte konstituieren eine Ordnung, die auf Menschenwürde und Freiheit des Individuums gründet. Sie erheischen den Respekt des Staates vor dem Körper des (Hirn-)Toten und Respekt vor seinem Willen. Die Organentnahme greift in die Selbstbestimmung des Betroffenen ein, falls sie ohne seine Zustimmung erfolgt. Aber auch dann, wenn sie ausdrücklich erteilt wurde, notwendig zu einem früheren Zeitpunkt, bleibt das Problem, ob sie als fortwirkend unterstellt werden kann. Tiefer greift die Frage, ob dem Einzelnen überhaupt die Verfügung über lebenswichtige Organe zukommt, ob sie von der grundrechtlichen Selbstbestimmung umfaßt wird und nicht gegen den ordre public verstößt. Diese prinzipielle Frage läßt sich jedoch verneinen. Es erscheint heute als moralisch wie rechtlich legitim und wünschenswert, daß, wer helfen kann, ohne selbst Schaden zu nehmen, diese Hilfe auch leistet und daß er die Organe, die ihm selbst nichts mehr nützen und die bei natürlichem Verlauf dem Verfall preisgegeben wären, dem bereitstellt, dem sie das Leben retten und die Lebensqualität wiederherstellen können. Man mag die Bereitschaft zur Organspende als das ethische Optimum betrachten. Doch das ethische Optimum darf nicht rechtlich erzwungen werden. Im übrigen gibt es beachtliche ethische, religiöse und weltanschauliche Hemmungen der Einzelnen, die von Verfassungs wegen, um der Freiheit willen, zu respektieren sind und sei es nur der Wunsch, wenigstens im Tod der Umverteilung zu entrinnen und Ruhe zu finden.

Es wäre schizophren und heuchlerisch, wenn der deutsche Staat aus der Verfassung, zumal aus ihren Grundrechten, ein generelles Verbot der Organentnahme zu deduzieren versuchte, gleichzeitig aber hinnähme, daß deutsche Kliniken auf Organimporte aus dem Ausland zurückgreifen, in dem keine entsprechenden Grundrechtsskrupel bestehen, wenn mithin die vermeintliche eigene Unschuld in Menschenrechtsfragen von der wirklichen oder scheinbaren menschenrechtlichen Bedenkenlosigkeit anderer Länder zehrte.

In Wahrheit wäre der deutsche Staat jedoch Anstifter oder Hehler zu Menschenrechtsverletzungen, die andere Staaten ausüben oder duldeten, und geriete damit in Widerspruch zu seiner eigenen Rechtspflicht, die universalen Menschenrechte wie die nationalen Grundrechte zu wahren und zu schützen.[38]

Aus der prinzipiellen Legitimität der Entnahme darf kein allgemeines Rechtsgebot zur Organspende abgeleitet werden, so daß es Sache des Einzelnen, Frage seiner Moralität, bleibt, ob er seine Zustimmung erteilt. Die Entnahme ohne den ausdrücklich erklärten Willen des Betroffenen steht unter strengem grundrechtlichem Rechtfertigungszwang. Sie muß sich als geeignet, erforderlich und angemessen erweisen, um legitime Zwecke der Transplantationsmedizin zu erfüllen

---

[38] Zum Schutz der Grundrechte gegenüber ausländischer Staatsgewalt: *Isensee* (N 28), § 111 Rn. 120; *ders.*, Grundrechtsvoraussetzungen und Verfassungserwartungen an die Grundrechtsausübung, in: HStR Bd. V, ²2000, § 115 Rn. 95 ff.; *Christian Tomuschat*, Die staatsrechtliche Entscheidung für die internationale Offenheit, in: HStR Bd. VII, 1992, § 172 Rn. 62 ff.

Gewissen im Recht – Gilt das allgemeine Gesetz nur nach Maßgabe des individuellen Gewissens?

I. Die Spannung von subjektivem Gewissen und objektivem Gesetz

Der Moraltheologe und der Staatsrechtslehrer stehen gemeinsam vor einem Dilemma, die vorgegebene Diversität von Gesetz und Gewissen zu überbrücken. Auf der einen Seite das Gewissen als das subjektive Gesetz in mir – auf der anderen das objektive Gesetz, wie es sich in Sittlichkeit und Recht verkörpert und mir als vorgegebene Größe fordernd gegenübertritt. Im Gewissen erhebt das Individuum den absoluten Anspruch auf moralische Authentizität, auf Einsicht in die sittliche Notwendigkeit und auf inhaltliche Richtigkeit des Urteils in eigener Sache. Im Prozess des Gewissens fungiert das moralische Ich in Personalunion als Partei und als Richter, als Gesetzesinterpret und als Gesetzesanwender. Nur eine Rolle beansprucht es nicht: die des Gesetzgebers. Das Gewissen setzt die Geltung des Gesetzes voraus, das den Maßstab seiner Entscheidung bildet. Es beansprucht jedoch die Kompetenz, das Gesetz letztverbindlich zu interpretieren. Da das Gewissen sich auf ein sittliches Gebot beruft, ist es nicht Organ der Willkür, sondern der sittlichen Notwendigkeit; aber diese spiegelt sich in Subjektivität. Es gibt keine Gewähr dafür, dass die subjektive Sicht der sittlichen Notwendigkeit, wie sie sich aus dem Sittengesetz oder aus dem Rechtsgesetz ergibt, übereinstimmen. Der Konflikt kann jederzeit aufflammen.

Hegel erfasst dieses Dilemma, wenn er die „Zweideutigkeit in Ansehung des Gewissens" feststellt. Er unterscheidet die Idee des Gewissens (das „wahrhafte" Gewissen) vom Gewissen eines bestimmten Individuums (dem „formellen" Gewissen). Das „wahrhafte" Gewissen ist die „Gesinnung, das was an und für sich gut ist, zu wollen"; es hat feste Grundsätze in den für sich objektiven Bestimmungen und Pflichten. Als Idee ist das Gewissen „ein Heiligtum, welches anzutasten Frevel wäre". Doch das gilt für die Idee des Gewissens, nicht notwendig auch für das Gewissen des bestimmten Individuums. „Ob das, was es für gut hält oder ausgibt, auch wirklich gut ist, dies erkennt sich allein aus dem Inhalt dieses Gutseisol-

Erstveröffentlichung in: Gerhard Höver/Ludger Honnefelder (Hg.), Der Streit um das Gewissen, (Symposion zum Gedenken an Franz Böckle, 1993, S. 41-64.

lenden". Das „formelle" Gewissen muss sich darauf prüfen lassen, ob es dem „wahrhaften" Gewissen entspricht und seinem Anspruch gerecht wird, „die Regel einer vernünftigen an und für sich gültigen allgemeinen Handlungsweise" zu sein. Die bloße Berufung auf das Selbst reicht nicht aus, um diese Prüfung zu bestehen. Der Staat als Wirklichkeit der sittlichen Idee baut auf dem wahrhaften, nicht aber auf dem formellen Gewissen, auf. „Der Staat kann deswegen das Gewissen in seiner Form, d. i. als subjektives Wissen nicht anerkennen, so wenig als in der Wissenschaft die subjektive Meinung, die Versicherung und Berufung auf eine subjektive Meinung eine Gültigkeit hat."[1]

Im Ergebnis wird das Gewissen dem Staat Hegels nur dann kompatibel, wenn es das objektive Gesetz des Staates verinnerlicht hat und seinerseits in diesem Gesetz aufgehoben ist. Hegel löst die Spannung einseitig auf zugunsten des Gesetzes, das die objektive Vernunft verkörpert.

II.   Minderung des Konfliktpotentials im Verfassungsstaat

1. Religiöse Neutralität – kein Zugriff auf Moralität

Auf den ersten Blick scheint es, als löse der Verfassungsstaat die Spannung in entgegengesetzter Weise auf, allein zugunsten der Subjektivität. Der Verfassungsstaat öffnet sich dem Gewissen des je Einzelnen. Denn die Gewissensfreiheit, die er jedem Menschen als Grundrecht gewährleistet, richtet sich nicht auf das „wahrhafte" Gewissen, das als Idee auf der hegelianischen Hochebene der Sittlichkeit existiert, sondern auf das ungeläuterte „formelle" Gewissen von jedermann.

Die Möglichkeit des Gewissenskonflikts ist im Verfassungsstaat von vornherein auf ein unvermeidliches Minimum reduziert. Das ergibt sich, unabhängig vom Grundrecht der Gewissensfreiheit, schon aus der strukturellen Begrenztheit der Staatsgewalt. Sie beschränkt sich darauf, eine äußere Rahmenordnung zur Verwirklichung innerweltlicher Zwecke aufrechtzuerhalten. Der demokratische Rechtsstaat gründet nicht auf ganzheitlicher, letzter Wahrheit,

---

[1] *Georg Wilhelm Friedrich Hegel*, Grundlinien der Philosophie des Rechts, 1821, § 137 (zitiert nach der Meiner-Ausgabe, ⁴1955, 121 ff.). Hervorhebungen im Original.

sondern auf praktischen Bedürfnissen menschlichen Zusammenlebens. Der religiöse und der sittliche Grund des Handelns liegt außerhalb seines säkularen Horizontes. Außerhalb liegt auch die Frage nach Gott, und zwar dem Gott der Offenbarungsreligion wie dem Gott der Philosophen, dem Weltenrichter wie dem sittlichen Über-Ich im verinnerlichten Tribunal des Gewissens. Der säkulare Staat hält sich aus dem Feld der religiösen Konflikte heraus.

Er meidet auch den Bereich, aus dem die moralischen Konflikte entspringen, die Gesinnung. Als Rechtsstaat stiftet er Legalität, nicht Moralität. Er fordert äußeren Gehorsam für seine Rechtsnormen, doch nicht auch innere Zustimmung. Das Gesetz bescheidet sich in seiner heteronomen Geltung und tastet die innere Motivation des Bürgers nicht an. Es nimmt sein Gewissen nicht in Pflicht. Er rührt nicht an ihm mit den Mitteln des Rechtszwangs. Das Gewissen liegt außerhalb des verfassungsstaatlichen Systems.

2. Das negative Freiheitskonzept der Gewissensfreiheit

Nicht das Gewissen ist Baustein des Rechtsstaates, sondern die Gewissensfreiheit. Dieses Grundrecht schützt das Gewissen des Individuums vor dem Eingriff der Staatsgewalt. Es bildet ein Abwehrrecht, das einen status negativus herstellt: einen Bereich privater Selbstbestimmung, der abgeschirmt ist vor Fremdbestimmung durch den Staat. Das Grundrecht schützt die Integrität der sittlichen Persönlichkeit dadurch, dass es das Handeln des Staates beschränkt. Der Freiheitsbegriff, von dem das Grundrecht liberaler Observanz ausgeht, ist negativ bestimmt, als Abwesenheit des staatlichen Zwangs.

Daraus folgt, dass es dem Staat verwehrt ist, Gewissensentscheidungen religiös oder ethisch zu bewerten und nach ihrem intellektuellen Niveau zu unterscheiden. Ihm ist kraft seiner Grundrechtsbindung versagt, die Entscheidungen nachzuvollziehen, auf ihre Richtigkeit zu überprüfen, moralische Zensur über das Gewissen zu üben. Er hat nicht die richtige Betätigung des Gewissens zu gewährleisten, sondern die Freiheit des Gewissens zu wahren. Das Grundrecht schützt nicht die ewige Wahrheit, sondern die Subjektivität des Menschen. Grundrechtlich qualifiziert, hat niemand ein schlechtes Gewissen, freilich auch niemand ein gutes; es gibt kein irrendes Gewissen. Die Sonne des Freiheitsrechts scheint über Gerechte und Ungerechte, über Weise und Narren, über Einsichtige und Verstockte.

Die Grundrechtsfähigkeit wird an keine besonderen Voraussetzungen geknüpft. Sie hängt nicht von einem bestimmten Grad an sittlicher Reife und Urteilskraft ab. Das Grundrecht kommt den Menschen zu, wie sie hie et nunc sind. Es beschränkt sich nicht auf die Menschen, wie sie sein sollten. So muss sich das „formelle" Gewissen im Sinne Hegels nicht einer Probe unterziehen, ob es sich mit dem „wahrhaften" Gewissen deckt.

Darin zeigt sich die praktische Konsequenz des negativen Freiheitsbegriffs, dem die Gewissensfreiheit wie die anderen Grundrechte des klassischen Typus verpflichtet sind. Das Freiheitskonzept rief den Widerspruch der Päpste des 19. Jahrhunderts hervor. Sie akzeptierten nur die „wahre" Freiheit, die positiv bestimmt war als Freiheit zum richtigen Handeln – „richtig" aus der objektiven Sicht des kirchlichen Lehramts. Mithin mussten sie den Anspruch der Subjektivität verwerfen, wie er ihnen in der Gewissensfreiheit, der Religionsfreiheit, der Meinungs- und Lehrfreiheit begegnete. Gegen das Recht der Freiheit, wie Aufklärung und Liberalismus es verfochten, verteidigten sie das Recht der Wahrheit. Unter Berufung auf Augustinus konnten sie keine Freiheit für den Irrtum gutheißen.[2]

III. Konflikte im forum externum

Das Konfliktpotential zwischen subjektivem Gewissensbefehl und allgemeinem Gesetz wäre nahezu vollständig entschärft, wenn das Grundrecht allein im forum internum gälte. Dass es hier gilt, ist unbestritten.[3] Freilich hat die Gewissensfreiheit hier geringe praktische Bedeutung, weil dem Staat Einwirkungen auf die Innerlichkeit

---

[2] Dazu mit Nachw.: *Josef Isensee*, Keine Freiheit für den Irrtum, in: Savigny-Stiftung für Rechtsgeschichte, kanonistische Abteilung LXXIII, 1987, S. 296 (S. 314 ff. und passim).

[3] *Herbert Bethge*, Gewissensfreiheit, in: Isensee/ Kirchhof (Hg.), Handbuch des Staatsrechts der Bundesrepublik Deutschland, Bd. VI, 1990, § 137 Rn. 13; *Matthias Herdegen*, Gewissensfreiheit und Normativität des positiven Rechts, 1989, S. 270 ff.

wie Suggestion, Narkoanalyse, Hypnose, Gehirnwäsche etc. auch durch andere Grundrechte und durch objektive rechtsstaatliche Maximen verwehrt sind, ohne dass es eigens des Rückgriffs auf das Grundrecht der Gewissensfreiheit bedarf.

Doch die Gewissensfreiheit schützt nach herrschender Interpretation nicht allein die innere Entscheidung, sondern auch deren Umsetzung durch tätiges Handeln. Sie enthält die Freiheit, nach den „als bindend und unbedingt verpflichtend innerlich erfahrenen Geboten" des Gewissens handeln zu dürfen.[4] Der Schutzbereich des Grundrechts greift über auf das forum externum. Damit aber ist der Konflikt programmiert zwischen dem gewissensgeleiteten Handeln des Grundrechtsträgers und dem allgemeinen Gesetz des demokratischen Rechtsstaats.

IV. Grundrechtlicher Sondertatbestand: Vorrang der Gewissensentscheidung vor der allgemeinen Wehrpflicht

Ein Konfliktfall im forum externum wird durch das Grundgesetz in einem Sondertatbestand geregelt: Niemand darf gegen sein Gewissen zum Kriegsdienst mit der Waffe gezwungen werden (Art. 4 Abs. 3 GG). Diese Garantie räumt selbst in ernsten Konfliktlagen, in denen der Staat seine Bürger besonders fordert, dem Schutz des freien Gewissens des Einzelnen den Vorrang ein vor der Sicherung der staatlichen Existenz.[5] Der Schutz, den das Grundgesetz gewährleistet, ist auch für Verfassungsstaaten mit hochentwickelter Grundrechtskultur alles anderes als selbstverständlich. Denn der demokratische Rechtsstaat opfert Substanz, wenn er den Einzelnen, der sich auf sein Gewissen beruft, von der allgemeinen Staatsbürgerpflicht entbindet. Er durchbricht den staatsethischen Konnex von Schutz und Gehorsam, von Recht und Pflicht. Die Wehrpflicht „findet ihre Rechtfertigung darin, daß der Staat, der Menschenwürde, Leben, Freiheit und Eigentum als Grundrechte anerkennt und schützt, dieser verfassungsrechtlichen Schutzver-

---

[4] BVerfGE 48, 127 (163); 78, 391 (395). Vgl. auch *Ernst-Wolfgang Böckenförde*, Das Grundrecht der Gewissensfreiheit, in: VVDStRL 28, 1970, S. 33 (S. 50 ff.); *Bethge* (N 3), § 137 Rn. 14 (weit.Nachw.); *Herdegen* (N 3), S. 277 ff.

[5] BVerfGE 28, 243 (260); 48, 127 (163); 69, 1 (22 f.).

pflichtung gegenüber seinen Bürgern nur mit Hilfe eben dieser Bürger und ihres Eintretens für den Bestand der Bundesrepublik Deutschland nachkommen kann. Mit anderen Worten: Individueller Schutzanspruch und gemeinschaftsbezogene Pflicht der Bürger eines demokratisch verfaßten Staates, zur Sicherung dieser Verfassungsordnung beizutragen, entsprechen einander."[6] In der allgemeinen Wehrpflicht verkörpert sich Substanz der Demokratie. Denn in ihr, dem „legitimen Kind der Demokratie"[7], wird die militärische Selbstbehauptung des Staates nach außen zur Sache des Volkes selbst. Die Armee wird in das Volk hineingenommen, die Gefahr politischer Entfremdung gebannt.[8] Die Erfüllung der Wehrpflicht ist demokratische Normalität[9]. In der Verweigerung der allgemeinen Wehrpflicht steht auch die Lastengleichheit auf dem Spiel, auf die der demokratische Rechtsstaat gegründet ist.[10] Es ist daher sachgerecht, dass die Durchbrechung der Lastengleichheit kompensiert wird durch den zivilen Ersatzdienst als „lästige Alternative."[11] Gleichwohl ist die Zurücknahme der Staatsbürgerpflicht gegenüber der subjektiven Gewissenspflicht wohlbegründet. Denn der Kriegsdienst mit der Waffe schließt die Möglichkeit ein, im Ernstfall töten zu müssen oder sich in Tötungshandlungen verstricken zu lassen. Keine andere Pflicht, die der demokratische Rechtsstaat dem Bürger auferlegt, ist dieser vergleichbar. Die seelische Zwangslage für den, dem sein Gewissen befiehlt, unter keinen Umständen zu töten, kann das Maß des Zumutbaren übersteigen.

---

[6] BVerfGE 48, 127 (161).

[7] So die Kennzeichnung durch Theodor Heuss im Parlamentarischen Rat (JöR n.F. 1, S. 77).

[8] Zur Legitimation der Wehrpflicht: *Alois Riklin*, Milizdemokratie, in: Festschrift für Kurt Eichenberger, 1982, S. 41 ff. (schweizerische Sicht); *Ulrich de Maizière*, Plaidoyer für die Wehrpflicht, in: Dieter Wellershoff (Hg.), Frieden ohne Macht?, 1991, S. 274 ff.

[9] BVerfGE 69, 1 (22). Vgl. auch *Josef Isensee*, Die verdrängten Grundpflichten des Bürgers, in: DÖV 1982, S. 609 (S. 617).

[10] Eindrucksvoll BVerfGE 48, 127 (162).

[11] Dazu *Böckenförde* (N4), S. 61, S. 77, S. 84 (Leitsatz 15), S. 86 (Leitsatz 28). Zu den konkreten Konsequenzen hinsichtlich der Dauer des Ersatzdienstes BVerfGE 69, 1 (21 ff.). Vgl. auch *Josef Listl*, Gewissen und Gewissensentscheidung im Recht der Kriegsdienstverweigerung, in DÖV 1985, S. 801 ff.

Der Konfliktfall ist typisch. Eine allgemeine normative Regelung ist schon aus praktischen Gründen sinnvoll.

V. Gewissen als juristisches Definitionsproblem

1. Was ist „Gewissen"?

Auch angesichts des Grundrechts der Gewissensfreiheit bleibt die Erfüllung des Wehrdienstes die normative Regel, die Entpflichtung die Ausnahme.[12] Diese setzt voraus, dass der Wehrdienst dem Gewissen des Pflichtigen widerstreitet. Ob diese Voraussetzung vorliegt, kann nur festgestellt werden, wenn sich bestimmen lässt, was „Gewissen" im Sinne des Grundrechts bedeutet. Das Gewissen wird aus rechtspraktischen Gründen zum Thema juristischer Definition.

„Gewissen" ist aber kein genuiner Rechtsbegriff. Das Verfassungsgesetz in den Bahnen der Menschenrechtserklärungen schöpft diesen Begriff aus dem Thesaurus der christlichen Religion und der abendländischen Philosophie. Theologie wie Philosophie haben in dem Diskurs mehrerer Jahrtausende keinen Konsens über die Bedeutung und die begriffliche Kontur des Gewissens erzielt. Die Verfassung des religiös-weltanschaulich neutralen Staates vermag nicht, im Streit der Theologen und der Philosophen Partei zu ergreifen. Sie kann und will ihn nicht entscheiden. Sie kann sich nur ein Verständnis von Gewissen zu eigen machen, das einheitlich für alle Staatsbürger gilt und gleich ist für alle Bekenntnisse und Weltanschauungen.[13] Damit aber zeigt sich das Dilemma, dass hier ein vorrechtliche Gegenstand zu definieren ist, der nicht bereits vorab begriffliche Identität und Kontur aufweist.

Es liegt nahe, hier zu resignieren und das Gewissen als definiens indefinibilis zu deklarieren. Doch diese Lösung ist dem Verfassungsinterpreten versagt. Denn eine Norm kann nur dann praktische Geltung erlangen, wenn ihre Begriffe definiert und damit allgemein handhabbar werden.

---

[12] BVerfGE 48, 127 (165); *Böckenförde* (N 4), S. 76.

[13] BVerfGE 12, 45 (54). Exemplarisch für die babylonische Sprachverwirrung um das Gewissen in der Theologie das Material bei *Bruno Schüller*, Überlegungen zum „Gewissen", 1991.

2. Expansionismus des „Gewissens"

Das Bundesverfassungsgericht meint, im „allgemeinen Sprachgebrauch" einen festen Grund für eine Definition des verfassungsrechtlichen Begriffs gefunden zu haben.[14] Doch dieser Grund trägt nicht. Der Sprachgebrauch ist diffus und sinnvariabel. Die Berufung auf das Gewissen erfolgt heute rasch, leicht und häufig. In diesem inflationären Gebrauch ist es zur billigen Münze des moralischen Verkehrs im Alltag geworden. Der Begriff dehnt sich und wird elastisch. So wird in der öffentlichen Diskussion über die Freigabe der Abtreibung unbesehen bei jedwedem Schwangerschaftsabbruch unterstellt, er beruhe auf einem Gewissensentscheid der Schwangeren. Die Gewissens-Deklaration zeitigt den rhetorischen Effekt, dass die Abtreibung aus Gewissensgründen in die Tabuzone der subjektiven Moral hineingenommen und des öffentlichen Rechtfertigungszwangs enthoben wird. Im Ergebnis verstummt die Frage nach der rechtlichen wie moralischen Zulässigkeit der Abtreibung, und zwar nicht nur im Einzelfall, sondern auch generell.

Der erweiterte Kunstbegriff im Sinne von Joseph Beuys „Alles ist Kunst" findet heute sein populär-ethisches Pendant im universalen Gewissensbegriff der Popularethik „Alles ist Gewissen". Für die Grundrechtsauslegung aber ist dieser Gewissensexpansionismus schlechthin unbrauchbar, weil die begrifflichen Grenzen des Gewissens zerfließen und der Unterschied zur subjektiven Willkür sich verliert. Griffe diese Tendenz auf die Grundrechtauslegung über, so näherte sich die Gewissensfreiheit in ihrem Tatbestand zunehmend der allgemeinen Handlungsfreiheit an, dem Freiheitsrecht, alles nach Belieben zu tun, was nicht durch gültiges staatliches Recht förmlich verboten ist. Die allgemeine Handlungsfreiheit ist von ihrem thematischen Ausgriff das weiteste aller Freiheitsrechte, in ihrem Schrankenregime aber auch das am leichtesten der gesetzlichen Regelung zugängliche.[15] Die Gewissensfreiheit wird dagegen vom Grundgesetz vorbehaltlos gewährleistet; sie ist

---

[14] BVerfGE 12, 45 (54).

[15] Auslegung des Grundrechts aus Art. 2 Abs. 1 GG als allgemeine Handlungsfreiheit: BVerfGE 6, 32 (36 ff.). Dazu: *Hans-Uwe Erichsen*, Allgemeine Handlungsfreiheit, in: Isensee/Kirchhof (N 3), Bd. VI, 1989, § 152 Rn 13 ff.

resistent gegen Beschränkung durch Gesetz. Eben deshalb muß sie von ihrem Tatbestand her begrenzt sein. Die Grenzen liegen im Begriff des Gewissens.

3. Wer definiert?

Ein Ausweg aus dem Dilemma, das „Gewissen" im Sinne von Art. 4 Abs. 1 des Grundgesetzes juristisch zu definieren, scheint sich aufzutun, wenn die Definition des Grundrechtstatbestandes dem jeweiligen Grundrechtsträger selbst überlassen wird und dieser nach Selbstverständnis entscheidet, was Gewissen ist. Diese subjektivierende Betrachtungsweise kommt deutlich zum Ausdruck im Sondervotum eines Bundesverfassungsrichters: Die Gewissensfreiheit sei keinem staatlichen Definitionsvorbehalt unterworfen. Die Definitionsmacht über seine Gewissensgründe liege beim Wehrdienstverweigerer und nicht bei einer Instanz außerhalb seines Einzelgewissens. Die Grundrechtsausübung dürfe nicht unter einen „Erkenntnisvorbehalt anderer" gestellt werden.[16]

Auf den ersten Blick scheint hier in der Tat die Lösung des prekären Definitionsproblems darin zu liegen – eine zugleich praktikable und freiheitliche Lösung –, dass der Inhaber der grundrechtlichen Freiheit auch darüber entscheidet, welche grundrechtliche Qualität diese Freiheit aufweist und welche Reichweite ihr zukommt. Die Selbstbestimmung des Individuums scheint zu letzter Konsequenz zu finden, wenn es nicht nur die Gewissensfreiheit im vorgegebenen normativen Rahmen ausüben, sondern über diesen normativen Rahmen selber verbindlich disponieren kann.

Ein Grundrecht, dessen Aktualisierung und Reichweite vom Selbstverständnis seines Trägers abhängt, verliert seine Geltung als das allgemeine Maß der Freiheit und die gegenüber jedermann gleiche Grenze der Staatsgewalt. Es ist nunmehr Sache des einzelnen

---

[16] Sondervotum des Richters Hirsch, in: BVerfGE 48, 185 (188 f., 192).
– Allgemein für eine subjektivierende Betrachtungsweise: *Peter Häberle*, Die offene Gesellschaft der Verfassungsinterpreten, in: JZ, 1975, S. 297 ff.; Kritisch *Josef Isensee*, Wer definiert die Freiheitsrechte?, 1980, S.7 ff., S. 12 ff.; *Wolfram Höfling*, Offene Grundrechtsinterpretation, 1987, S. 17 ff., S. 21 ff.; *Werner Loschelder*, Der Islam und die religionsrechtliche Ordnung des Grundgesetzes, in: Essener Gespräche Bd. 20, 1986, S. 149 (S. 156 ff.) mit anschließender Diskussion, S. 183 ff.

Wehrpflichtigen, ob er sein Bedenken gegen den Kriegsdienst als Meinung wertet oder als Gewissensgrund; im ersten Fall bleibt seine Dienstpflicht bestehen, in zweiten kann er ihn kraft eines Grundrechts verweigern. Mit der subjektivierenden Betrachtungsweise fällt der grundsätzliche Schutzbereich von Person zu Person nach Maßgabe des Selbstverständnisses verschieden aus. Das Grundrecht garantiert nicht mehr die Freiheit der Gleichen. Das Maß der individuellen Grundrechtsfreiheit wird nunmehr bestimmt durch die individuelle Geschicklichkeit, seine Interessen zu artikulieren.

Schlechthin unlösbar wird der Grundrechtskonflikt, wenn das Selbstverständnis der Grundrechtsprätendenten widersprüchlich und unvereinbar ist, wenn etwa die Ausübung der Gewissensfreiheit des einen auf Widerstand stößt in der Gewissensfreiheit des anderen. Wo Subjektivität wider Subjektivität streitet, bedarf es der verallgemeinerungsfähigen Lösung anhand objektiver Maßstäbe. Die Gewissensfreiheit kann, wie die anderen Freiheitsrechte auch, nur unter den Rahmenbedingungen des Rechtsstaates existieren. Dieser hat die Aufgabe, die Freiheit seiner Bürger zu koordinieren. In den Bahnen Kants lässt sich formulieren: er gewährleistet, dass die Freiheit des einen mit der Freiheit des anderen nach einem allgemeinen Gesetz bestehen kann.[17] Das Gesetz aber kann nur der Staat garantieren, der selbst nicht teilhat an der Freiheit und nicht Partei ist im Streit der Interessen, ausschließlich dem freiheitlich determinierten Gemeinwohl verpflichtet und damit fähig ist, im Konfliktfall die Reichweite der Grundrechte verallgemeinerungsfähig zu bestimmen. Die Definitionsmacht des Staates ist unabweislich. Denn was der Staat nicht definieren kann, das kann er auch nicht schützen.[18]

Angesichts des grundrechtlichen Begriffs des Gewissens erhebt sich die Souveränitätsfrage, die Thomas Hobbes formuliert: quis iudicabit? Die Antwort lautet: der Staat. Damit werden nicht die autoritären Züge des hobbesianischen Staatsbildes fortgeschrieben, wohl aber die formalen Grundstrukturen des modernen Staates als

---

[17] Für eine objektivierende Auslegung des „Gewissens": *Bethge* (N 3), 9 § 37 Rn. 7 f. Allgemein: *Isensee* (N. 16), 29 ff.; ders, Grundrechtsvoraussetzungen und Verfassungserwartungen an die Grundrechtsausübung, in: Isensee/Kirchhof (N 3), § 115 Rn. 117 ff. (Nachw.); *Höfling* (N 16), S. 21 ff.

[18] Zutreffend *Adolf Arndt*, Die Kunst im Recht, in: NJW 1966, S. 26 (S. 28).

Entscheidungseinheit und als Rechtseinheit. Diese schließt notwendig die Interpretationseinheit ein. In den Grundrechten werden Bereiche privater Selbstbestimmung dem Zugriff des Staates entzogen und sein Handeln vorgegebenen Rechtsnormen unterworfen. Doch er bleibt souverän dadurch, dass er die Grenzen seines Handelns letztverbindlich interpretiert. Er hat deshalb kein Interpretationsmonopol. Die Auslegung der grundrechtlichen Begriffe steht unter den Bedingungen der Meinungsfreiheit wie der Wissenschaftsfreiheit jedermann offen. Doch der Staat hat das Recht zum verbindlichen Letztentscheid, ohne den Rechtseinheit und Rechtsfrieden nicht möglich sind. Das Grundrecht der Gewissensfreiheit hat zwar einen „vorstaatlichen", menschenrechtlichen Geltungsgrund, doch es ist als Bestandteil des Verfassungsrechts staatliches Recht, ausgerichtet auf den Staat als seinen unentbehrlichen Garanten und seinen potentiellen Widersacher. Er wird geprägt durch die Strukturen des modernen Staates.[19]

4. Der säkulare grundrechtliche Gewissensbegriff

Damit bleibt die Schwierigkeit bestehen, Gewissen im Grundrechtssinne zu definieren. Diese Schwierigkeit hat sich dadurch erhöht, dass nach der neueren Lehre das Grundrecht der Gewissensfreiheit sich emanzipiert hat vom Grundrecht der Religionsfreiheit, als deren integraler Bestandteil es herkömmlich galt. Die Weimarer Reichsverfassung gewährleistete im selben Kontext „volle Glaubens- und Gewissensfreiheit" (Art. 135, S. 1). Im Grundgesetz wird die Gewissensfreiheit geradezu eingerahmt von religionsrechtlichen Garantien: „Die Freiheit des Glaubens, des Gewissens und die Freiheit des religiösen und weltanschaulichen Bekenntnisses sind unverletzlich" (Art. 4 Abs. 1 GG). Seiner Herkunft nach ist die Gewissensfreiheit ein Derivat der Religionsfreiheit.[20] Prototypisch ist der Konflikt zwischen dem äußeren Gesetz des Staates und dem inneren Gebot Gottes, wie es die christlichen Märtyrer von den Aposteln bis Thomas Morus repräsentieren. Die Kollisionsnorm

---

[19] Näher *Isensee* (N 17), § 115 Rn. 34 ff., 102 ff., 117 ff.

[20] Vgl. *Ulrich Scheuner*, Die verfassungsmäßige Verbürgung der Gewissensfreiheit, 1970, in: ders., Schriften zum Staatskirchenrecht (1073), S. 65 (S. 68, S. 77 f.); *Böckenförde* (N 4), S. 36 ff.

des Christentums ist die clausula Petri: „Man muß Gott mehr gehorchen als den Menschen" (Apg 5, 29). Wenn im Gewissen die Stimme Gottes vernehmbar wird, erhält der Gewissensentscheid seine Unbedingtheit, mit der die Persönlichkeit steht und fällt, und seinen heiligen Ernst. Wer sich für sein Gewissen auf objektivierte religiöse Grundlagen in Schrift, Lehre und Überlieferung einer Glaubensgemeinschaft beruft, hat es einfach, sich anderen zu vermitteln, seine Entscheidung zu begründen und ihre Qualität als Gewissensentscheidung plausibel zu machen. Die Voraussetzung entfällt, wenn der Bezug des Gewissens zur Religion gekappt wird, wie es heute der herrschenden Lehre entspricht.[21] Damit entfällt die objektivierte Vorgabe, an die auch der religiöse Dissenter anknüpft. Die religiöse Neutralität des Verfassungsstaates erzwingt diese Entwicklung nicht. Denn es geht nicht darum, ob der Staat sich mit religiösen Aussagen identifiziert, sondern ob die Gewissensfreiheit, ein säkulares Grundrecht, einen Bestandteil der Religionsfreiheit, einem ebenfalls säkularen Grundrecht, bildet oder selbständig neben ihm steht.

Nunmehr wird es schwieriger für den Grundrechtsinterpreten, das Gewissen als Tatbestandsmerkmal gegen andere grundrechtliche Tatbestände wie die der Meinungs- oder der Handlungsfreiheit definitorisch abzusetzen.[22] Vor allem wird es in der Praxis die Amtsträger des Staates prekär, Wort oder Tat als gewissensbegründet zu qualifizieren, ihre Gewissensmotivation zu beweisen.

5. Definition durch das Bundesverfassungsgericht

Das Bundesverfassungsgericht hat seine liebe Not, das Gewissen im grundrechtlichen Sinne auf den Begriff zu bringen. Es umschreibt „Gewissen" als „ein (wie immer begründbares, jedenfalls aber) real erfahrbares seelisches Phänomen", „dessen Forderungen, Mahnungen und Warnungen für den Menschen unmittelbar

---

[21] Richtungweisend: *Böckenförde* (N 4), S. 43 ff. Ablehnend: *Scheuner* (N 20), S. 68, S. 77 f. Abwägend: *Loschelder* (N 16), Sp. 1056.

[22] Zu den Definitionsproblemen *Böckenförde* (N 4), S. 66 ff.; *Herdegen* (N 5), S. 243 ff.; *Bethge* (N 3), § 137 Rn. 6 ff.; *Reinhold Zippelius*, Kommentierung von Art. 4 GG, in: Bonner Kommentar zum Grundgesetz, Drittbearbeitung 1989.

evidente Gebote unbedingten Sollens sind"[23]. Die Gewissensentscheidung, die nach Art. 4 Abs. 3 GG die Verweigerung des Kriegsdienstes rechtfertigt, werde dem Einzelnen vernehmbar als „reine sittliche und unbedingt verbindliche Entscheidung über das ihm gebotene Verhalten". Als Gewissensentscheidung sei „jede ernste sittliche, d. h. an den Kategorien von ‚Gut' und ‚Böse' orientierte Entscheidung anzusehen, die der Einzelne in einer bestimmten Lage als für sich bindend und unbedingt verpflichtend innerlich erfährt, so dass er gegen sie nicht ohne ernste Gewissensnot handeln könnte".[24] Die Tautologie, dass die „Gewissensentscheidung" mit der „Gewissensnot" definiert wird, zeigt die Aporie, in der die Auslegung des Gewissens steckt. Immerhin wird deutlich, dass das Gewissen auch in seiner nicht mehr religiös determinierten Gestalt formale Merkmale des religiösen Gewissens aufweist: Not, Ernst, Unbedingtheit, sittliche Verbindlichkeit.

Da das forum internum des Menschen für den Verfassungsstaat nicht zuletzt aufgrund der Gewissensfreiheit impermeabel ist, bleibt das Problem zu erkennen, ob im Einzelfall eine Gewissensentscheidung vorliegt. Hier zeigt sich eine Parallele zur Elektrizität, von der es im Physikunterricht meines alten Gymnasiums hieß, es sei unmöglich zu erklären, was Elektrizität sei, wohl aber lasse sich sagen, wie Elektrizität wirke. Das Gewissen lässt sich an seiner Wirkung erkennen. Die Wirkung einer ernsthaften, unbedingten sittlichen Entscheidung, in der die Identität der sittlichen Persönlichkeit auf dem Spiel steht, ist die Konsequenz des Handelns. Indikator ist die Bereitschaft, lästige Folgen zu ertragen.[25] So ist die Übernahme des zivilen Ersatzdienstes Zeichen für die Echtheit der vorgebrachten Gewissensgründe. Voraussetzung ist jedoch, dass die Last des Ersatzdienstes in der Regel nicht leichter wiegt als die des Wehrdienstes; damit bekommt die zeitliche Zumessung des Ersatzdienstes die besondere Funktion, die Gewissensbegründung der Verweigerung einer regulären staatsbürgerlichen Pflicht anzuzeigen. Diese Funktion wäre noch deutlicher, wenn der Ersatzdienst im Rahmen der

---

[23] BVerfGE 12, 45 (54). Vgl. auch BVerfGE 78, 391 (395).

[24] BVerfGE 12, 45 (55).

[25] *Böckenförde* (N 4), S. 70 f. – im Anschluss an *Niklas Luhmann*, Die Gewissensfreiheit und das Gewissen, in: AöR 90, 1965, S. 257 (S. 283 ff.). Widerruf aber im Sondervotum der Richter Mahrenholz und Böckenförde in: BVerGE 69, 57 (74).

Zumutbarkeit moderat, aber spürbar, länger dauerte als der Regeldienst.[26] Das allerdings wird durch das Grundgesetz verwehrt, das bestimmt, dass die Dauer des Ersatzdienstes die des Wehrdienstes nicht übersteigen darf.[27]

VI. Gewissensfreiheit als Selbstermächtigung zur Aufkündigung des Rechtsgehorsams?

1. Phänomene

In der Bundesrepublik Deutschland ist es nachgerade Mode geworden, dass Einzelne oder Gruppen, spontan organisiert, unter Berufung auf das Gewissen und die Gewissensfreiheit den Rechtsgehorsam aufkündigen und die Erfüllung gesetzlicher oder vertraglicher Pflichten verweigern. Die inflationäre Berufung auf das Gewissen erklärt sich aus dem Vergangenheitsbewältigungssyndrom der Deutschen. Ihm entspringt das Bedürfnis, sich von der nationalen Erbsünde durch nachträglichen Widerstand zu reinigen und aus unheilsermöglichender Pflichtenbindung auszuscheren in die gute Position des Deserteurs. Der Moralismus, der dieser Gemütslage entspricht, findet ein wohlfeiles Vehikel im Argument der Gewissensfreiheit.

In der Praxis bieten sich vielfältige Anlässe, bei denen der Einzelne die Gewissensfreiheit als Selbstermächtigung benutzt, sich von an sich gültigen Rechtspflichten zu dispensieren. Drei typische Fälle der Pflichtverweigerung unter Berufung auf Gewissensgründe lassen sich unterscheiden:

- dass die Pflicht, deren Erfüllung verweigert wird, unmittelbar dem Gewissen des Verweigerers widerstreitet, etwa die berufliche Pflicht an einer Abtreibung mitzuwirken, oder die gesetzliche Pflicht einen Eid als Zeuge vor Gericht zu leisten, oder die Pflicht sich einer Schluckimpfung zu unterziehen;
- dass die verweigerte Pflicht mittelbar Handlungen fördert, die das Gewissen missbilligt, so die Zahlung von Gebühren

---

[26] Dazu das Sondervotum der Richter *Mahrenholz* und *Böckenförde* in: BVerGE 69, 57 (76).

[27] Dazu BVerfGE 49, 127 (159ff.); 69, 1 (28ff.) – Sondervotum der Richter Mahrenholz und Böckenförde, ebd. 57 (66ff.).

für Strom aus Kernkraftwerken, von Krankenkassenbeiträgen, die der Finanzierung von „Abtreibungen auf Krankenschein" oder von Steuern, die für Rüstungsausgaben verwendet werden könnten;
- dass die verletzte Norm als solche keine Beziehung zu dem (wirklichen oder vermeintlichen) Unrecht aufweist, gegen das sich der Protest des Gewissens richtet, dass vielmehr die Normverletzung nur ein Mittel bildet im Kampf gegen das wirkliche oder vermeintliche Unrecht, so die Blockade des Straßenverkehrs als Form des zivilen oder militanten Widerstandes gegen eine Gefährdung des Friedens oder der Umwelt.

Der dritte Falltypus gehört in das Assoziationsfeld des Widerstandsrechts; der erste und (abgeschwächt) der zweite sind in einigen Zügen vergleichbar der Verweigerung des Wehrdienstes.

2. Der Ausnahmetatbestand des Art. 4 Abs. 3 GG als Regel?

Es liegt nahe, das in Art. 4 Abs. 3 GG ausdrücklich verbürgte Recht, aus Gewissensgründen den Wehrdienst zu verweigern auf alle Rechtspflichten zu erweitern. Ob diese Auslegung möglich ist, hängt davon ab, ob der Tatbestand der Verweigerung des Kriegsdienstes (Art. 4 Abs. 3 GG) ein deklaratorischer Unterfall der allgemeinen Gewissensfreiheit (Art. 4 Abs. 1 GG) ist, oder ob er sie konstitutiv erweitert. Der zweite Modus trifft zu. Das Recht der Wehrdienstverweigerung öffnet für einen außerordentlichen Fall der Gewissensnot einen Ausweg, der nicht verallgemeinerungsfähig ist. Nur für diesen Fall sieht das Grundgesetz die Möglichkeit des Ersatzdienstes vor (Art. 12 a Abs. 2 GG). Wer aber den Wehrdienst verweigert, kann nicht ebenfalls, wiederum aus Gewissensgründen, den Ersatzdienst verweigern.[28] Das Verweigerungsrecht aus Art. 4 Abs. 3 GG regelt die Wirkungen der Gewissensfreiheit im Bereich der Wehrpflicht abschließend.[29] Die Lösung des Dilemmas kann nur im Rahmen des allgemeinen Grundrechts der Gewissensfreiheit (Art. 4 Abs. 1 GG) gesucht werden.

---

[28] BVerfGE 19, 135 (139); 23, 127 (132).
[29] BVerfGE 19, 135 (138).

3. Staatsstrukturen als immanente Grenzen der Gewissensfreiheit

Das Grundrecht der Gewissensfreiheit gilt im Rahmen der Grundstrukturen des modernen Staates als gewaltmonopolistische, machtbewehrte Entscheidungs- und Machteinheit.[30] Zu ihren Fundamenten gehört der Rechtsgehorsam, den der Bürger dem verfassungsmäßigen Gesetz und dem gesetzmäßigen Einzelakt der Verwaltung und der Gerichtsbarkeit schuldet.[31] Das Grundrecht der Gewissensfreiheit setzt den Rechtsgehorsam voraus. Es stellt ihn nicht in Frage.[32] Das Gesetz des demokratischen Rechtsstaats bildet die Bedingung der Möglichkeit effektiver Freiheit und Gleichheit aller Bürger. Wenn die Gewissensfreiheit jedermann die Befugnis gäbe, aus subjektiven Gründen an sich verfassungsmäßige, objektiv gültige Normbefehle zu verweigern, so erwiese sie sich als anarchischer Sprengsatz, der die Friedens- und Entscheidungseinheit zerstören und die Mehrheitsdemokratie zunichte machen könnte.

Ein monarchisch oder feudal verfasster Staat könnte großzügig mit dem Gesetz umgehen. Er hätte es leichter, sich mit Außenseitern über deren Pflichtenstatus zu arrangieren als der demokratische Rechtsstaat. Denn dieser gründet auf dem Fundament der Allgemeinheit und Gleichheit. Er muss auf der Durchsetzung des für alle geltenden Gesetzes gegenüber jedermann beharren, wenn er nicht seine Legitimation aufs Spiel setzen will.

Das bedeutet jedoch nicht, dass das Grundrecht der Gewissensfreiheit vor jedwedem Normbefehl zurücktritt. Das Grundrecht wird gerade nicht durch den Vorbehalt des Gesetzes relativiert, wie er etwa für die Meinungsfreiheit oder für die Berufsfreiheit gilt. Als vorbehaltloses Grundrecht wird die Gewissensfreiheit nur beschränkt durch widerstrebende Regeln und kollidierende Rechtsgüter auf der Ebene der Verfassung selbst, durch die sog. immanenten Grundrechtsschranken, die von vornherein die thematische Reichweite der Freiheitsgewährleistung reduzieren.[33] Zu diesen

---

[30] Näher: *Isensee* (N 17), § 115, Rn. 49 ff., 109 ff. Zur Normallage als Voraussetzung der Gewissensfreiheit *Böckenförde* (N 4), S. 79 ff.; *Bethge* (N 3), § 137 Rn. 36.

[31] Dazu: *Isensee*, Staat und Verfassung, in: Isensee/Kirchhof (N 3), Bd. I, 1987, § 13 Rn. 91 ff.

[32] Zutreffend *Bethge* (N 3), § 137 Rn. 32, 39 f.

[33] Zur Schrankenfrage: *Bethge* (N 3), § 137 Rn. 22 f; *Herdegen* (N 3) S. 278 ff.

Schranken gehören der Bestand und die Grundstrukturen des Verfassungsstaates als Friedenseinheit und als Garant der Sicherheit nach innen und außen.[34] Das staatliche Gewaltmonopol bildet eine apriorische Grenze der Gewissensfreiheit. Dieses Grundrecht lässt sich nur realisieren im Rahmen des staatlich befriedeten Gemeinwesens. Es entbindet nicht das Recht des Privaten, physische Gewalt gegen andere anzuwenden und anzudrohen. Eine zusätzliche immanente Schranke enthält das Gebot des alterum non laedere.[35] Die Gewissensfreiheit, wie die sonstigen Freiheitsrechte auch, gibt ein Abwehrrecht, aber kein Eingriffsrecht.

Falls der Einzelne verfassungsrechtlich geschützte Rechtsgüter des anderen wie Leben, Gesundheit, Freiheit, Eigentum verletzt, löst er die grundsätzliche Schutzpflicht des Staates aus, der die Unversehrtheit der Grundrechte inter privatos zu gewährleisten hat."[36] Niemand kann sich auf die Gewissensfreiheit berufen bei Übergriffen in den Rechtskreis seiner Mitmenschen, bei Tötung oder Körperverletzung, bei Nötigung oder Sachbeschädigung. Eine Verkehrsblockade als Aktion „zivilen Ungehorsams" lässt sich nicht auf die Gewissensfreiheit der Blockierer stützen, mag das Ziel, das sie verfolgen, ethisch noch so hochwertig sein.[37] Denn die Blockade

---

[34] Vgl. *Böckenförde*, (N 4), S. 59 ff.

[35] Zu der grundrechtlichen Relevanz des Gewaltverbots und des Gebots des neminem laedere: *Josef Isensee*, Das staatliche Gewaltmonopol als Grundlage und Grenze der Grundrechte, in: Festschrift für Horst Sendler, 1991, S. 39 ff.; ders. (N 17), § 115 Rn. 109 ff.

[36] Dazu näher mit Nachw.: *Isensee*, Das Grundrecht als Abwehrrecht und als staatliche Schutzpflicht, in: Isensee/Kirchhof (N 3), Bd. V, 1992, § 111 Rn. 1 ff., 77 ff.

[37] Gängige Legitimationsmuster des zivilen Ungehorsams: *Peter Glotz* (Hg.), Ziviler Ungehorsam im Rechtsstaat, 1983; Thomas Laker, Ziviler Ungehorsam, 1986. – Staatsrechtliche Analyse und Kritik: *Hans W. Klein*, Ziviler Ungehorsam im demokratischen Rechtsstaat?, in: Rüthers/Stern (Hg.), Verantwortung im Verfassungsstaat, 1984, S. 177 ff.; *Christian Starck*, Frieden als Staatsziel, in: Festschrift für Karl Carstens, 1984, S. 885 ff.; *Josef Isensee*, Widerstand gegen den technischen Fortschritt, in: DÖV 1983, S. 565 ff.; ders., Widerstand und demokratische Normalität, in: Peter Eisenmann/Bern Rill (Hg.), Jurist und Staatsbewußtsein, 1987, S. 41 ff.; ders., Ein Grundrecht auf Ungehorsam gegen das demokratische Gesetz? – Legitimation und Perversion des Widerstandsrechts, in: *Basilius Streithofen* (Hg.), Frieden im Lande – Vom Recht auf Widerstand, 1983, S. 155 ff.

bildet einen Übergriff in die grundrechtlich geschützte Bewegungsfreiheit der Verkehrsteilnehmer und in ihre negative Meinungsfreiheit. Sie ist unvereinbar mit dem Gewaltverbot. Der kategorische
Imperativ wird auf den Kopf gestellt und die Maxime des eigenen
Handelns zur Maxime des allgemeinen Handelns erhobe. Der Allgemeinheit wird der private Gewissensentscheid als Gesetz aufge-
zwungen.[38] Hier wird der Ehrgeiz einer Minorität wirksam, Gewissen zu sein, um sich von der – grundrechtlich allein relevanten
– Mühsal zu entlasten, ein Gewissen zu haben.[39] Im Ergebnis zeigt
sich, dass Aktionen des zivilen oder des militanten Ungehorsams,
des gewaltfreien oder des gewalttätigen Widerstandes außerhalb
der thematischen Reichweite des Grundrechts liegen. Im Kontext der staatlich befriedeten Normalität ist für Aktionen, welche
Grundpflichten der Zivilität, Friedenspflicht und Rechtsgehorsam,
verletzen, kein Raum. Sie können, wenn überhaupt, nur durch das
Widerstandsrecht gerechtfertigt werden, das aber erst auflebt, wenn
die Grundregeln der staatlich gewährleisteten Normalität suspendiert sind. In dieser schlechthinnigen Ausnahmelage ist aber die
Berufung auf das Grundrecht der Gewissensfreiheit – neben der
auf das Widerstandsrecht – weder nötig noch möglich.[40]

Die Gewissensfreiheit als Grundrecht bedeutet allein Selbstbestimmung. Sie schließt nicht Bestimmung über die Belange anderer ein. So gibt die Gewissensfreiheit keinen möglichen Rechtfertigungsgrund für die Abtreibung, weil es hier nicht allein um
die Selbstbestimmung der Schwangeren geht, sondern auch und
wesentlich um das Lebensrecht des ungeborenen Kindes, dem
der Mutter gegenüber ein selbständiger Grundrechtsschutz zukommt.[41]

Die Gewissensfreiheit schafft auch kein Zugriffsrecht auf Belange
der Allgemeinheit. So vermag das Mitglied einer gesetzlichen Kran-
kenkasse, das die Verwendung des Beitragsaufkommens zur Finanzierung der „Abtreibung auf Krankenschein" für grundrechtswidrig

---

[38] Näher: *Isensee* (N 35), S. 61 f.

[39] Zu dieser Distinktion: *Odo Marquardt*, Abschied vom Prinzipiellen,
1981, S. 12.

[40] Dazu: *Isensee*, Ein Grundrecht auf Ungehorsam? (N 37), S. 158 ff. Zum
Teil anders *Bethge* (N 3), § 137 Rn. 42; *Herdegen* (N 3) S. 68 ff.

[41] Grundlegend BVerfGE 39, 1 (36 ff.).

hält, aus seinem eigenen Grundrecht keinen Anspruch auf generelle Unterlassung der Mittelverwendung herzuleiten. Es kann nicht verlangen, „daß seine Überzeugung zum Maßstab der Gültigkeit genereller Rechtsnormen oder ihrer Anwendung gemacht wird".[42] Desgleichen kann der Kunde der Stadtwerke, dessen Gewissen sich gegen den Betrieb von Kernkraftwerken empört, nicht die Zahlung der Stromgebühren unter Berufung auf Art. 4 GG verweigern.[43] Kraft seiner Selbstbestimmung könnte er sich des Verbrauchs von „Atomstrom" enthalten, nicht aber der Entrichtung der nach Verbrauch angefallenen Gebühren. Vollends kann er nicht kraft seiner Gewissensfreiheit eine bestimmte Form der Energieerzeugung unterbinden. Überhaupt enthält die Gewissensfreiheit keine Ermächtigung dazu, Abgaben zu verweigern. Ein Steuerpflichtiger könnte den Grundrechtsbezug zwischen der Steuerpflicht und einer vom Gewissen missbilligten Staatsausgabe auch gar nicht plausibel machen, weil die Steuerpflicht gegenleistungsfrei und nicht mit einem bestimmten Ausgabenzweck verknüpft ist.[44] Die notwendige (wenn auch nicht hinreichende) Bedingung dafür, dass eine Befreiung von einer allgemeinen gesetzlichen Pflicht diskutiert werden kann, besteht jedenfalls darin, dass der Prätendent die Beeinträchtigung seines Gewissens plausibel machen kann.

4. Konfliktlösung durch partielle Entpflichtung

In der Literatur wird zur Lösung von Gewissenskonflikten im Einzelfall ein „System von Toleranzen und partiellen Entpflichtungen" gefordert[45]. Ein Exempel bildet der Fall eines evangelischen Pfarrers, der sich als Zeuge vor Gericht unter Berufung auf sein Bibelverständnis (Mt. 5, 33-37) weigert, den vorgeschriebenen Zeu-

---

[42] BVerfGE 67, 26 (37).

[43] Zum Gebührenboykott OLG Hamm in: NJW 1981, S. 2473 ff.; *Axel Freiherr von Campenhausen*, Religionsfreiheit, in: Isensee/Kirchhof (N 3), Bd. VI, 1989, § 136 Rn. 60.

[44] Im Ergebnis gleich: *Bethge* (N 3), § 137 Rn. 43; *von Campenhausen* (N 43), § 136 Rn 59. – Kein Recht der Eltern aus Art. 4 GG, die Einschulung des Kindes zu verhindern: BVerfG in: JZ 1986, S. 1019.

[45] *Adolf Arndt*, Das Gewissen in der oberlandesgerichtlichen Rechtsprechung, in: NJW 1986, S. 2204 (S. 2205). Dazu eingehend: *Böckenförde* (N 4), S. 60 ff.; *Bethge* (N 3), § 137 Rn. 32.

geneid (ohnehin ohne obligatorische religiöse Beteuerungsformel) zu leisten. Das Bundesverfassungsgericht sieht hier das Grundrecht des Art. 4 Abs. 1 GG thematisch berührt und hält es – in kühner verfassungskonformer Auslegung der einschlägigen Norm des Prozessrechts (§ 70 Abs. 1 StPO) – für einen „gesetzlichen Grund", den Eid zu verweigern. Die Freistellung von der gesetzlichen Eidespflicht im Einzelfall hebe die generelle Gültigkeit der pflichtenbegründenden Norm nicht auf. Der Staat lasse in Vollziehung der Garantie des Grundrechts lediglich eine Ausnahme zu, „um einen unausweichlichen, den Betroffenen in seiner geistig-sittlichen Existenz als autonome Persönlichkeit berührenden Konflikt zwischen staatlichem Gebot und Glaubensgebot zu lösen". Um dem öffentlichen Interesse an einer funktionstüchtigen Rechtspflege, dem der Zeugeneid diene, zu genügen, könne eine gleichwertige, mit gleicher Strafdrohung bewehrte Pflichtenmahnung treten, die keinerlei religiöse Bezüge enthalte und keine entsprechenden Assoziationen auslöse. Der Staat könne nur dem individuellen Glaubenskonflikt nachgeben, ohne dass die Rechtspflege Schaden nehme.[46]

Der demokratische Rechtsstaat kann jedoch nicht jeder Rechtspflicht die „lästige Alternative" beigeben, um etwaigen Konflikten mit der Gewissensfreiheit zu begegnen, die Ernsthaftigkeit der Entscheidung prüfen, die Lastengleichheit wahren zu können und zu verhindern, dass die Berufung auf das Gewissen zum Vorwand für Drückeberger missrät. Schon aus praktischen Gründen sind hier Grenzen gesetzt. Vollends braucht der Staat nicht zu einer gesetzlichen Alternativoption eine Alternative zweiter Stufe zu entwickeln, etwa einen Ersatz für den Wehrersatzdienst, dafür wiederum einen Ersatz, so daß sich ein progressus in infinitum ergäbe.

Nur in einer bestimmten Bandbreite seiner Pflichtenordnung vermag der demokratische Rechtsstaat beweglich auf individuelle Gewissenskonflikte zu reagieren, Ausweichmöglichkeiten zu eröffnen, Verwaltungsermessen grundrechtsschonend zu aktivieren, wie es im Polizei- und Ordnungsrecht das Opportunitätsprinzip freisetzt, und das Mittel des Dispenses im Einzelfalle zu handhaben. In der unsicheren rechtlichen Grenzzone ist der Staat gut beraten, wenn er nicht so sehr fragt, was er von Verfassungs wegen um der

---

[46] BVerfGE 33, 23 (32 f.) – zur Glaubensfreiheit. Die Entscheidung geht bei der tatbestandlichen Qualifikation von der subjektivierenden Betrachtungsweise aus. Analyse: *Isensee* (N 16), S. 7 ff.; *Höfling* (N 16), S. 24 ff.

Gewissensfreiheit willen an Entpflichtung gewähren muss, sondern was er, ohne mit der Verfassung in Widerspruch zu geraten, gewähren darf. Für den Bürger ist es ratsam, den Rechtsstandpunkt nicht zu überreizen und sich, wo er sie findet, mit Kulanz zu begnügen.

Der demokratische Rechtsstaat darf seine Normen jedoch dann nicht zurücknehmen, wenn Rechte Dritter oder wesentliche Belange der Allgemeinheit Schaden nehmen können. So kann er „Gewissenstäter" nicht schlechthin straffrei stellen. Das Bundesverfassungsgericht leitet aus der Gewissensfreiheit (nicht in ihrer Funktion als Abwehrrecht, sondern als wertentscheidende Grundsatznorm) ein „Wohlwollensgebot" gegenüber Gewissenstätern ab, hält dessen Konsequenzen aber in der Schwebe des Einzelfalles: nach der Bedeutung des Strafanspruchs für die Ordnung des Staates und die Autorität des gesetzten Rechts auf der einen und der Stärke des Gewissensdrucks und der dadurch geschaffenen Zwangslage auf der anderen Seite.[47] Das Gewissensmotiv muss nicht stets mildernd wirken. Im Einzelfall kann sich zeigen, dass die moralische Triebkraft eines pervertierten Gewissens die terroristische Gefährlichkeit und den Widerspruch zur Rechtsordnung gegenüber der regulären Eigennutzkriminalität steigern kann.

Allgemein gilt: der demokratische Rechtsstaat muss Sorge dafür tragen, dass die Bereitschaft der Bürger zum Rechtsgehorsam und ihr Rechtsvertrauen nicht zerstört wird durch unkluge Nachgiebigkeit gegenüber missbräuchlicher Berufung auf die Gewissensfreiheit. Auf der anderen Seite bekundet der Rechtsstaat, der dem rebellisierenden Gewissen mit Respekt, Nachsicht und Augenmaß begegnet, Gelassenheit und Stärke.

VII. Versöhnung vom „formellen" und „wahrhaften" Gewissen in der Lebenspraxis

Die vorgeschlagenen Auswege aus dem Dilemma von Gesetz und Gewissen bieten keine konsistente Gesamtlösung, die grundrechtsdogmatisch wie auch praktisch befriedigen könnte. Unabweislich zeigt sich, dass das Gemeinwesen, das auf Gewissensfreiheit gründet, abhängig ist von dem sittlichen Niveau, auf dem

---

[47] BVerfGE 23, 127 (134). – Zum Gewissenstäter im Strafrecht: *Herdegen* (N 3), S. 299 ff. (Nachw.). Vgl. auch zur Glaubensfreiheit: BVerfGE 32, 98 (108 f.); *von Campenhausen* (N 43), § 136 Rn. 58.

diese Freiheit realisiert wird, und dass, aufs Ganze gesehen, keine rechtsstaatliche Vorkehrung Fehlentwicklungen ausschließen kann. „Es gehört zur Struktur des freiheitlichen Rechtsstaates, dass er von Voraussetzungen lebt, die er selbst nicht garantieren kann, ohne seine Freiheitlichkeit in Frage zu stellen".[48]

Damit zeigt sich, dass die beiden Deutungen des Gewissens, die Hegel gibt, im Verfassungsstaat nicht beziehungslos nebeneinander stehen, wie es auf dem ersten Blick erscheinen mag. Zwar gilt unverändert, dass das Grundrecht als Abwehrrecht auf das „formelle" Gewissen abstellt, wie es sich im Individuum regt. Doch das Gemeinwohl stellt sich nur her, wenn das Gewissen in der Lebenspraxis überwiegend „richtig" aktualisiert wird, in einem gemeinwohlförderlichen oder zumindest gemeinwohlverträglichen Ethos der Gesellschaft. Das „formelle" Gewissen muss sich dem „wahrhaften" annähern. Darin liegt jedoch keine erzwingbare Rechtspflicht, sondern eine metarechtliche Verfassungserwartung.[49] Dem Staat ist hier Rechtszwang verwehrt. Dennoch ist er nicht zur Resignation verurteilt. Vielmehr hat er ohne Befehl und Zwang darauf hinzuwirken, dass die Bürger die Verfassungserwartung einlösen. Seine Mittel sind die schulische Erziehung der Jugend, die Vorbildfunktion der Amtsträger, die Kooperation mit den ethosstabilisierenden Kräften der Gesellschaft, die, den Neutralitäts- und Distanzpflichten des Verfassungsstaates nicht unterworfen, ganzheitliches Ethos einbringen und vermitteln können. Hier richten sich Erwartungen an die Kirche, deren raison d'être nicht wie die des Staates die Glaubensfreiheit ist, sondern der Glaube, nicht die Gewissensfreiheit, sondern die Lehre vom richtigen Gebrauch des Gewissens.[50] Die Kirche würde dem säkularen Verfassungsstaat einen wesentlichen Dienst vorenthalten, wenn sie, sich ihm angleichend, im Respekt vor der Gewissensfreiheit sich erschöpfte, also auf dem Standpunkt des „formellen" Gewissens stehen bliebe. Was für den Verfassungsstaat innere Notwendigkeit bedeutet, wäre für die Kirche Abfall von ihrer Sendung; was ihm grundrechtliche Tugend ist, wäre für sie

---

[48] *Böckenförde* (N 4), S. 80. Vgl. auch ders., Der Staat alt sittlicher Staat, 1978, S. 36.

[49] Dazu *Isensee* (N 17), § 115 Rn. 163 ff., 233 ff.

[50] Dazu *Isensee* (N 17), § 115 Rn. 258 ff.; ders., Verfassungsstaatlichen Erwartungen an die Kirche, in: Essener Gespräche 25, 1991, S. 104 (136 ff., 140 ff.).

Permissivität. Die Kirche hat sich in erster Linie auf das wahrhafte Gewissen auszurichten, „wahrhaft" freilich nicht im etatistischen Verständnis Hegels, sondern in einem christlichen Sinn, der dem Sinn des Verfassungsstaates kompatibel ist. Amt der Kirche ist es, in der Wahrheit des Christentums das Gewissen des Einzelnen zu schulen und zu schärfen. Es ist dabei nicht unbedingt ihre Absicht, damit die Funktionsbedingungen des modernen Gesetzesstaates zu stärken. Aber dieser Effekt kann objektive Nebenfolge ihres Dienstes am Menschen sein. An diesem Punkte freilich muß der Verfassungsjurist das Mandat in der Sache des Gewissens dem Moraltheologen weitergeben.

Mehr Recht durch weniger Gesetze? –
Betrachtungen zu einem Dilemma

I. Karriere eines Schlagworts: Gesetzesflut

„Ein alter Chinese sagte, er habe gehört, wenn Reiche zugrunde gehn sollen, so hätten sie viele Gesetze." So steht es bei Nietzsche.[1] Sollte das altchinesische Hörensagen zutreffen, so zeigte heute das Reich (oder besser: der Reichsrest Bundesrepublik Deutschland) das Symptom der Untergangsreife. In der Tat wird hierzulande eine Krankheit festgestellt, die lebensbedrohlich werden könnte für den Gesetzesstaat, also für die parlamentarische Demokratie und für den sozialen Rechtsstaat. Der Name der Krankheit ist „Gesetzesflut".[2]

Die Klage über die Gesetzesflut ist zum bundesrepublikanischen Gemeinplatz geworden. Sie ertönt auf Fachkongressen und an Stammtischen, in Leserbriefen und in Regierungserklärungen. Sie kommt von Juristen und Nichtjuristen. Sie verbindet Politiker aller Parteien, wenn auch die Klage im halblinken Lager nur gedämpft ausfällt, und das nicht ohne Grund.[3] Hat doch das politische

---

Erstveröffentlichung in: Rupert Scholz (Hg.), Wandlungen in Technik und Wirtschaft als Herausforderung des Rechts, 1985, S. 337-357; Zeitschrift für Rechtspolitik, 1985, S. 139-145.

[1] *Friedrich Nietzsche,* Aus dem Nachlaß der Achtziger Jahre, in: Werke (ed. Schlechta), Bd. III, 1963, S. 872.

[2] Auswahl aus der reichen Literatur zur Thematik: *Franz Schlegelberger,* Zur Rationalisierung der Gesetzgebung, 1959; *Theo Mayer-Maly* Rechtskenntnis und Gesetzesflut, 1969; *ders.,* in: Festschr. zum 125-jährigen Bestehen der Juristischen Gesellschaft zu Berlin, 1984, S. 423; *Walter Leisner,* in: JZ 1977, 537; *ders.,* in: DVBl 1981, 849; *Konrad Redeker,* in: NJW 1977, 1183f; *Hans-Dietrich Weiß,* in: DÖV 1978, 601; *Daniel Boerlin/Gottlieb Andreas Keller/Christophe Zumstein,* in: Eichenberger u.a., Grundfragen der Rechtssetzung, 1978, S. 293; *Hermann Maassen,* NJW 1979, 1473; *Hans-Joachim Vogel,* in: JZ 1979, 321; *Horst Sendler,* in: ZRP 1979, 227; *ders.,* in: Festschr. zum 125-jährigen Bestehen der Juristischen Gesellschaft zu Berlin, 1984, S. 753; *Frido Wagener,* in: VVDStRL 37 (1979), S. 238; *Christian Starck,* in: ZRP 1979, 209; *Georg-Bernd Oschatz,* in: DVBl 1980, 736; *Carl Otto Lenz,* in: Festschr. f. Friedrich Schäfer, 1980, S. 66; *Joachim Kormann,* in: Festschr. f. Fröhler, 1980, S. 23; *Hermann Maassen/Dieter Simon* u.a., in: Verh. 53. DJT, 1980, Q 1-43; *Kurt Eichenberger/Richard Nowak-Michael Kloepfer,* in: VVDStRL 40 (1982), S. 7; *Hans Nef,* in: Festschr. f. Eichenberger, 1982, S. 559; *Hans Schneider,* Gesetzgebung, 1982, Rdnrn. 423-454.

[3] Vorsichtig defensive Positionen gegen den Vorwurf der „Gesetzesflut": Bundesmi-

Schlagwort „Normenflut", seit es in der zweiten Hälfte der siebziger Jahre Karriere machte, dazu beigetragen, dem sozialliberalen Reformaktionismus Zustimmung zu entziehen. Überhaupt: Der Erfolg des Schlagwortes „Normenflut" war Signal für die Abkehr vom progressiven Utopismus der frühen siebziger Jahre und für Einsicht in die Grenzen des quantitativen Wachstums, denen auch Verfassungsstrukturen, Verfassungsinstrumente und Verfassungswohltaten unterworfen sind. Nach dem Aufbruch, mehr Demokratie zu wagen, mehr Sozialstaat anzubieten und mehr Rechtsstaat auszubauen, hat die Erkenntnis eingesetzt, dass die Bäume der Verfassung nicht in den Himmel wachsen. Angesichts der Elephantiasis des Gesetzesstaates stellt sich die Frage nach dem richtigen politischen und rechtlichen Maß. Das Schlagwort „Gesetzesflut" – ebenso wie seine Synonyme „Normenflut", „Gesetzesinflation" – hat das Verdienst, ein komplexes Problem einfach zu benennen und damit öffentlich diskutabel zu machen. Die mächtige, wirkungsvolle Primitivität, die es mit dem Begriff „Umweltschutz" teilt, darf aber nicht dazu verführen, die Sache, um die es geht, zu versimpeln und auf eine plakative Diagnose mit einer plakativen Therapie zu antworten. Es ist differenzierende Betrachtungsweise geboten, wenn man den problematischen Phänomenen und ihren Ursachen gerecht werden und nach Lösungen suchen will.

II.   Die verlorene Formqualität des Gesetzes

Das Schlagwort „Normenflut" steht für verschiedene Tendenzen:
- Verrechtlichung: Ausdehnung des staatlichen Rechts auf Bereiche, die herkömmlich der privaten und der gesellschaftlichen Selbstregulierung vorbehalten waren, wie Erziehung und Ausbildung, Beruf und Daseinssicherung;[4] Ablösung der Privatautonomie durch Heteronomie des staatlichen Gesetzes;
- Überfeinerung des Rechts: Verengung des Regelungsnetzes

nister der Justiz *Vogel* (N2), S. 322 f., 325; Bundesminister der Justiz *Jürgen Schmude*, Regierungserklärung zur Rechtspolitik vom 19. 3. 1981, BT-Prot. 9. Wahlper., S. 1213f.; vor allem: Regierender Bürgermeister von Berlin *Dietrich Stobbe*, in: Verh. 53. DJT Bd. II, 1980, H 13-16. – Zur (partei-)politischen Dimension des Gesetzesflutproblems: *Mayer-Maly* (N2), S. 428f.

[4] Dazu: *Weiß* (N2), S. 601-608; *Hans F. Zacher/Spiros Simitis* u. a., Verrechtlichung von Wirtschaft, Arbeit und sozialer Solidarität, 1984.

durch immer feinere, dichtere, konkretere Normen;
- Systemlosigkeit und Widersprüchlichkeit der bestehenden Normen;
- Überflüssigkeit der Regelungen;
- rasche Rotation der Gesetze und Unstetigkeit des Rechts;
- Unverständlichkeit der Gesetzestexte und Unklarheit der Rechtslage;
- Divergenz zwischen formellem Geltungsanspruch und effektiver Durchsetzung der Normen, Vollzugsdefizit, unzulängliche Entsorgung von überholtem und obsoletem Regelungsmaterial.

Die Tendenzen, einzeln wie gebündelt, stellen die Fähigkeit des Gesetzes in Frage, die reguläre Form des Rechts zu sein und damit der Aufgabe zu genügen, die ihm im demokratischen Rechtsstaat von Verfassungs wegen zugewiesen ist. Problematisch ist nicht, ob das Gesetz das richtige Recht enthält, also den materialen Anforderungen der Verfassung, der Gerechtigkeit, demGemeinwohl, der Zweckrationalität genügt. Die Gesetze sind dazu von vornherein ungeeignet, wenn – frei nach Stefan George – schon ihre Zahl Frevel ist. Im Übrigen bietet das formelle Gesetz als solches keine Gewähr für inhaltliche Richtigkeit. Die materialen Fragen nach der Gerechtigkeit und Zweckmäßigkeit bleiben diskutabel, auch wenn die parlamentarische Mehrheit entschieden hat. Eines aber kann und muss das Gesetz gewährleisten: Klarheit über Inhalt und Geltung des Rechts. Eben diese Formqualität – Bedingung der Möglichkeit materialer Richtigkeit – geht in der Normenflut unter. Das deformierte Gesetz gerät in Konflikt mit den Grundrechten, welche die individuelle und die gesellschaftliche Selbstbestimmung vor Überreglementierung schützen. Die Rechtssicherheit, die Messbarkeit und Vorhersehbarkeit des Staatshandelns gehen verloren, also die wesentlichen Freiheitsgarantien, die das Gesetz im Rechtsstaat einzulösen hat. Es büßt normative Kraft und Autorität ein, die es gegenüber den Bürgern und den Staatsorganen besitzen muss, wenn es seiner demokratischen Bestimmung genügen soll, das Herrschaftsinstrument des Volkes zu sein.

III. Hypertrophie des Vorbehalts des Gesetzes

1. Wachsender Gesetzgebungsbedarf

Eine der Ursachen für diese Verfassungsgefährdung liegt in der Verfassung selbst. Die Verfassung erzeugt einen wachsenden Gesetzgebungsbedarf. Der Vorbehalt des Gesetzes weitet und verfeinert sich nach heutigem Verfassungsverständnis. War er traditionell auf Staatseingriffe in Freiheit und Eigentum beschränkt, so erfasst er nun im Zuge einer sensibleren und anspruchsvolleren Verfassungsinterpretation tendenziell alle Bereiche des staatlichen Handelns und der staatlichen Verantwortung für privates Handeln. Ohne gesetzliche Grundlage keine zulässige Maßnahme der Verwaltung, weil nur das von der Volksvertretung beschlossene Gesetz die demokratische Legitimation vermittelt und jene Berechenbarkeit sichert, auf die der Rechtsstaat angelegt ist.[5] So wurden klassische Reservate der gesetzesfreien Verwaltung in den letzten Jahren aufgelöst: die „besonderen Gewaltverhältnisse" des Militärwesens, des Strafvollzugs, der Schule und Hochschule. Alle „wesentlichen" Materien bedürfen nach der Rechtsprechung des Bundesverfassungsgerichts der Normierung.[6] Das Wesentlichkeitskriterium (das, obwohl nur aus einem einzigen Adjektiv bestehend, ein wenig hybride als Wesentlichkeits-„Theorie" firmiert) markiert die Untergrenze der Vergesetzlichung. Es bildet keine verfassungsrechtliche Sperre gegen die Regelung „unwesentlicher" Materien. Dem Vorbehalt des Gesetzes korrespondiert kein Vorbehalt der Verwaltungsautonomie[7]. Ein solcher könnte auch das Problem der Normenflut nicht beseitigen, weil es aus der Sicht des Bürgers nur wenig Unter-

---

[5] Grundlegend: *Dietrich Jesch*, Gesetz und Verwaltung, 1961; *Hans-Heinrich Rupp*, Grundfragen der heutigen Verwaltungsrechtslehre, 1965, S. 140ff.; *Klaus Vogel*, in: VVDStRL 24 (1966), S. 147; *Fritz Ossenbühl*, Verwaltungsvorschriften und Grundgesetz, 1968, S. 187; *Jürgen Papier*, Die finanzrechtlichen Gesetzesvorbehalte und das grundgesetzliche Demokratieprinzip, 1973. – Zum gegenwärtigen Stand von Lehre und Rspr.: *Carl-Eugen Eberle* in: DÖV 1984, 485; *Michael Kloepfer* in: JZ 1984, 685.

[6] Vgl. BVerfGE 34, 165 (192f.) = NJW 1973, 133; BVerfGE 40, 237 (249) = NJW 1976, 34; BVerfGE 47, 46 (78f.) = NJW 1978, 807; BVerfGE 49, 89 (126f.) = NJW 1979, 359; BVerfGE 58, 257 (268f.) = NJW 1982, 921.

[7] Dazu näher: *Walter Schmidt,* in: NVwZ 1984, 548f.; *Meinhard Schröder,* in: DVB11984, 821; *Hartmut Maurer,* in: VVDStRL 43 (1985), S. 134.

schied macht, ob er auf ein förmliches Parlamentsgesetz stößt oder auf eine Rechtsverordnung, auf eine Satzung oder auf eine Verwaltungsvorschrift, die, mag sie der verwaltungsrechtlichen Theorie nach auch nur verwaltungsinterne Verbindlichkeit zeitigen, in der Praxis weithin wie ein materielles Gesetz wirkt. Das Bundesverfassungsgericht hat allerdings in den meisten seiner Entscheidungen Augenmaß bewiesen, einen gewaltenteilungswidrigen, allumfassenden Parlamentsvorbehalt verworfen und vom Gesetzgeber nur Leitentscheidungen verlangt, auch Generalklauseln, unbestimmte Rechtsbegriffe und Ermessensnormen nicht schlechthin verbannt.[8]

Dennoch entbindet der Wesentlichkeits-Vorbehalt die Tendenz zu immer mehr Verrechtlichung und Normverfeinerung. Als „wesentlich" gilt, was „für die Verwirklichung der Grundrechte" bedeutsam ist.[9] „Wesentlich" ist insbesondere die Konkordanz widerstreitender grundrechtlicher Interessen und widerstreitender grundrechtlicher und staatlicher Belange. „Wesentliche" Konflikte dieser Art treten auf bei der Einführung der Sexualkunde als Schulunterrichtsfach wie bei der Genehmigung von Kernkraftwerken. Die Rechtspraxis misst aber auch das „Wesentliche" mit zweierlei Maß. Während ein künftiges Privatfernsehen sich wegen potentieller Grundrechtskonflikte nur innerhalb eines engen Regelungsnetzes bewegen dürfen soll,[10] entfaltet sich der schärfste Konflikt, den unsere Rechtsordnung kennt, der Arbeitskampf, im gesetzesfreien Raum. Hier weicht der Gesetzgeber einer Regelung aus, mit der sich die Souveränitätsfrage im Gemeinwesen stellte, von der niemand mit Bestimmtheit sagen kann, sie sei vorab entschieden zugunsten der demokratischen Legislative.

2. Grundrechte als flächendeckende Ordnungsprinzipien

Da der Vorbehalt des Gesetzes abhängt von den Erfordernissen

---

[8] Gegen einen Gewaltenmonismus und für die gewaltenteilungsgemäße differenzierte demokratische Legitimation aller Staatsorgane: BVerfGE 49, 89 (125). Für die grundsätzliche Vereinbarkeit der Generalklauseln und unbestimmten Rechtsbegriffe mit dem Vorbehalt des Gesetzes und dem Bestimmtheitserfordernis: BVerfGE 56, 1 (12f.).

[9] BVerfGE 47, 46 (79f.) = NJW 1978, 807; BVerfGE 58, 257 (268-279) = NJW 1982, 921.

[10] BVerfGE 57, 295 (319-324) = NJW 1981, 1774. – Kritik: *Rupert Scholz*, in: JZ 1981, 565.

der Grundrechtsverwirklichung, wächst die Reichweite des „Wesentlichen" in dem Maße, in dem sich die Grundrechte von partikulären Freiheitsgarantien zu flächendeckenden Ordnungsprinzipien dehnen, in dem die grundrechtliche Empfindlichkeit der Bürger gegenüber dem Staat zunimmt, der Grundsatz der Verhältnismäßigkeit zu immer subtileren Abwägungen zwingt, generalisierende Regelungen zugunsten differenzierender Regelungen zurücktreten und die Einzelfallgerechtigkeit das Normkonzept bestimmt – eine Entwicklung, wie sie übrigens in jeder späten, reifen und überreifen Rechtskultur eintritt. So zeichnet sich, nach dem Urteil des Bundesverfassungsgerichts zu dem Volkszählungsgesetz 1983, eine neue Normenflutwelle ab, die das Melde- und Strafprozessrecht, das Polizei- und Verfassungsschutzrecht ergreifen dürfte, darüber hinaus manche bisher als staatsorganisationsintern, also nicht gesetzesbedürftig geltende Materie wie die Amtshilfe. Das Bundesverfassungsgericht hatte aus dem von ihm proklamierten Grundrecht auf informationelle Selbstbestimmung abgeleitet, die Bürger müssten aus den maßgeblichen Rechtsvorschriften – gegebenenfalls nach Aufklärung durch die Exekutive – erkennen können, „wer, wie, wann und bei welcher Gelegenheit etwas über sie weiß".[11] Angesichts dieses atavistischen Luziditätsideals, das hier inmitten hochkomplizierter Staatsorganisation aufleuchtet, sehen die Datenschutzbeauftragten des Bundes und der Länder ihre rechtspolitische Stunde gekommen. Sie verkünden: da die Informationsverarbeitung der Behörden in den Bereichen der Gefahrenabwehr, der Strafverfolgung und der Nachrichtendienste den Bürger in der Regel empfindlich treffe und dieser auch die Speicherung und Verwendung von Daten meist nicht durchschauen könne, sei die gesamte Informationsverarbeitung im Bereich der Gefahrenabwehr und Strafverfolgung sowie die Tätigkeit der Nachrichtendienste präzise zu regeln. Sämtliche Verknüpfungs- und Verwertungsmöglichkeiten und auch die Dauer der Aufbewahrung müssten konkret geregelt werden. Im Einzelnen festzulegen seien beispielsweise die Voraussetzungen und Grenzen der polizeilichen Beobachtung, des Abgleichs mit anderen Datenbeständen und der Identitätsfeststellungen sowie die Kriterien und das Verfahren der erkennungsdienstlichen Behandlung. Grundsätzlich müsse bereichsspezifische Präzisierung an die Stelle

---

[11] BVerfGE 65, 1 (43-46), Zitat: S. 43 = NJW 1984, 419.

von Generalklauseln treten. Auch die Nutzung moderner Aufzeichnungstechniken sei gesetzlich festzulegen und einzugrenzen. Zu regeln sei auch die Amtshilfe.[12]

Ähnliche Tendenzen regen sich in allen Gebieten des Eingriffsrechts, in Gebieten also, in denen heute Staatsallergie und Staatsabwehrbedürfnisse obwalten. Es ist zum Juristensport geworden, Lücken in den bestehenden Gesetzen oder unzulängliche Dichte der Eingriffsermächtigungen aufzuspüren. Es gilt als Zeugnis rechtsstaatlicher Gesinnung, bestehende Eingriffstatbestände starr zu interpretieren, Erfordernisse der Verfahrensraison, der Missbrauchsabwehr und sonstiger Gebote praktischer Vernunft bei der Interpretation auszuschalten, die Tatbestände künstlich so zu verengen, dass der Gesetzgeber zum Handeln gezwungen wird. Nota bene: dort, wo die Verfassung die relativ starre Interpretation zur Pflicht macht, bei der Handhabung der Strafnormen gemäß dem Nullapoena-Satz, neigt die Rechtspraxis zu mancher Großzügigkeit auch in der belastenden Konkretisierung strafbegründender Merkmale: so bei der Dehnung des Gummitatbestandes der Untreue, bei der Herabsetzung des Promillegehalts für die Trunkenheitsfahrt[13] und so möglicherweise demnächst bei der Weitung des Vorteilsbegriffs der Bestechungstatbestände im Umfeld der Parteispenden.[14]

3. Rechtspolitischer Illusionismus

Das Streben nach rechtsstaatlicher Normenklarheit und Gesetzesbestimmtheit bewirkt sein Gegenteil, wenn die Gesetze übermäßig kompliziert und damit unübersichtlich werden. Es ist rechtspolitischer Illusionismus, zu glauben, alle Gefahrenlagen im Bereich der öffentlichen Sicherheit vorweg durch Spezialvorschriften defi-

---

[12] Konferenz der Datenschutzbeauftragten des Bundes und der Länder und der Datenschutzbeauftragten von Rheinland-Pfalz, Entschließung vom 27./28. 3. 1984, in: DÖV 1984, 504. Ähnlich *Spiros Simitis*, in: NJW 1984, 400. Auf gleicher Linie zuvor schon: *Erhard Denninger*, in: ZRP 1981, 231; *Reinhard Riegel*, in: ZRP 1978, 190. – Differenzierte Gegenposition: *Rupert Scholz/Rainer Pitschas*, Informationelle Selbstbestimmung und staatliche Informationsverantwortung, 1984, S. 125 (Nachw.); *Peter Krause*, in: JuS 1984, 272.

[13] Problem gesehen von *Albin Eser*, in: Schönke/Schröder, StGB, 21. Aufl. (1982), § 2/Rn 9, 9a.

[14] Zur Extension des Vorteilsbegriffs: *Hans-J. Rudolphi,* in: NJW 1982, 1418.

nieren und damit die hergebrachte polizeirechtliche Generalklausel durch ein perfektionistisches Enumerationssystem ablösen zu können. Je dichter das gesetzliche Regelungsnetz geknüpft wird, desto lückenhafter erweist es sich in der Anwendung, desto rascher ergibt sich der Änderungsbedarf, desto mehr schrumpft die Rechtskontinuität, desto weniger wird das Rechtsvertrauen des Bürgers geschützt und Rechtsverwurzelung ermöglicht. Im Bereich der Gefahrenabwehr führt die Lückenerzeugung[15] durch Engmaschigkeit die im Ernstfall handelnde Exekutive in einen besonders prekären Konflikt. Wenn bei einer beachtlichen Gefahr die gesetzliche Ermächtigung fehlt, so bleibt sie im Falle der Untätigkeit legal, verletzt aber unter Umständen die verfassungsrechtliche Pflicht zum Schutz bestimmter Rechtsgüter. Wenn sie aber unmittelbar auf verfassungsrechtliche Legitimität zurückgreift und die rettende Tat wagt, handelt sie illegal. Beispiele illegalen oder präterlegalen, gleichwohl verfassungslegitimen Handelns bietet die Geschichte der Bundesrepublik Deutschland mehrfach: bei der Abwehr der Hamburger Flutkatastrophe 1962; bei der Terroristenabwehr, insbesondere im Fall Mogadischu 1977; auch bei der Bekämpfung der Waldbrandkatastrophe in der Lüneburger Heide 1976, als sich das Feuer im Kompetenzgerangel der gegeneinander anlöschenden Oberkreisdirektoren ausweitete und schließlich die Bundeswehr als präterlegale Feuerwehr eingriff und so dem Brand wie den Interpretationsproblemen ein Ende bereitete. Mehr Gesetze – weniger Recht.

Die Herrschaft des Gesetzes ist nur gewahrt, wenn das Gesetz nicht feiner gesponnen ist, als von der Sache und den betroffenen Grundrechten her erforderlich, und, jedenfalls soweit es um den Schutz der öffentlichen Sicherheit geht, eine Generalklausel nach dem klassischen Muster des preußischen Polizeiverwaltungsgesetzes bereitsteht, welche die rechtsstaatliche Eingriffsbegrenzung mit dem erforderlichen Maß an situationsgemäßer Flexibilität verbindet und damit der zwiefachen Aufgabe des Rechtsstaats gerecht wird: die Rechtsgüter des Bürgers *vor* dem Staat und die Rechtsgüter des Bürgers *durch* den Staat zu schützen.[16]

Eine erste Therapie gegen die Gesetzesinflation wäre die Abkehr von sektiererhafter Verfassungsinterpretation, die einzelne Elemen-

---

[15] Zum „circulus vitiosus der Verrechtlichung": *Leisner* (N2), S. 540.

[16] Dazu näher: *Josef Isensee*, Das Grundrecht auf Sicherheit, 1983.

te der Rechtsstaatlichkeit isoliert und übersteigert, die Mittel des Freiheitsschutzes zum Selbstzweck erhebt und eine reine realitätsblinde Lehre der Demokratie und der Rechtsstaatlichkeit inauguriert. Die Verfassungsinterpretation bedarf neben ihrer dogmatischen Fundierung der Absicherung durch praktische Vernunft, die verhindert, dass Wohltat Plage wird.

IV. Die vollziehende Gewalt als Damm gegen und als Ursache für die Gesetzesflut

Das Gesetz verhält sich zum Verwaltungsvollzug wie das geschriebene Drama zur Theateraufführung, nicht selten wie zu einer modernen Klassikerinszenierung, bei der man nicht mehr den Dichter, sondern nur noch den Regisseur erkennt. Die Rechtssicherheit beruht letztlich nicht auf dem „law in the books", sondern auf dem „law in action", wie es die Rechtsanwendung durch Behörden und Gerichte ergibt. Die Rechtsanwendung wahrt häufig Kontinuität, wo das Gesetz sie vermissen lässt. Die Argumentationsmuster und die Entscheidungsstrukturen überleben nicht selten die Gesetze, zu denen sie entwickelt wurden. Unterschwellige, sublegale Präjudizientradition kann hektische Gesetzesänderung kompensieren.[17] Das Dilemma der Normenflut wird somit zum Teil von der Verwaltung und der Rechtsprechung eingedämmt und abgefangen.

Die gesetzliche Bindung der Verwaltung lässt sich nur bis zu einem bestimmten Punkt intensivieren. Jenseits dessen schlägt sie in Überforderung um und hebt sich auf. Normatives Übermaß führt nicht zu einem Mehr an Bindung der Verwaltung, sondern zu neuer Eigenständigkeit. Gesetze, welche die Vollzugskapazität übersteigen, zwingen auch die loyalste Behörde dazu, entweder einen Teil der Vorschriften überhaupt nicht anzuwenden oder das überzogene Normenprogramm auf das praktisch Mögliche zu reduzieren, die Norm abzuschleifen. So vereinfacht die überforderte Steuerverwaltung von jeher das gesetzliche Legalitätsprinzip zum effektiven Opportunitätsprinzip, die gesetzesstrenge Einzelfallbehandlung zur typisierenden Rechtsanwendung, die vorgeschriebene fläche-

---

[17] Zur Kraft der Präjudizien auch im kontinentalen Gesetzesstaat: *Martin Kriele*, Theorie der Rechtsgewinnung, 1976, S. 243, 326; *ders.*, Recht und praktische Vernunft, 1979, S. 91-110. Zur Abhängigkeit des Gesetzgebers vom Richter: *Sendler* (N2), S. 764.

deckende Wahrheitsermittlung zur Stichprobe.[18] Die rechtsstaatliche Schizophrenie wurde eindrucksvoll demonstriert, als 1976 zugleich mit der die neuen Abgabenordnung '77, einer Kodifikation der Prinzipien reiner Verwaltungsrechtslehre, die Grundsätze zur Neuorganisation der Finanzämter und der Neuordnung der Besteuerungsverfahren (GNOFÄ), erlassen wurden, eine Verwaltungsvorschrift, welche die hehren Prinzipien auf den Boden der Verwaltungswirklichkeit herunterzog und auf ein praxisgemäßes Kleinformat übertrug.[19]

Ein rechtspolitischer Impuls zur Ausdehnung und Intensivierung des Gesetzes ist das fundamentale Misstrauen gegen die Exekutive und Judikative. So ging und geht es bei der Verrechtlichung der Schule auch darum, dem Amtsmissbrauch der Lehrer, der parteilichen ideologischen Indoktrination, zu begegnen. Das Ziel ist nur teilweise erreichbar. Die pädagogische Gewalt entzieht sich weitgehend der Normierung. Und wo sie normiert ist, kann sie leicht unterlaufen werden, jedenfalls dann, wenn das Amtsethos zerfallen ist, der denkende Gehorsam ausbleibt, den der Beamte dem Gesetz schuldet. Verwaltung ohne Amtsethos ermöglicht den Dienst nach Vorschrift, die Schikanierung des Publikums durch peniblen, penetranten Vollzug, über den Robert Musil schon aus den Tagen des alten Österreichs berichtet: „... Da streikten kaiserlich königliche Telegraphenbeamte zum erstenmal und auf eine außerordentlich beunruhigende Weise, die den Namen Passive Resistenz bekam und aus nichts anderem bestand, als daß sie alle ihre dienstlichen Vorschriften mit dem pünktlichsten Gewissen beobachteten; es zeigte sich, daß die genaue Befolgung des Gesetzes rascher alle Arbeit zum Stillstand brachte, als es die zügelloseste Anarchie vermocht hätte."[20]

Der Hexenkreis schließt sich: Gesetze sollen den Schwund des Amtsethos ausgleichen. Aber sie werden nur dort korrekt vollzo-

---

[18] Dazu: *Josef Isensee*, Die typisierende Verwaltung, 1976, S. 101, 171 und passim. Zur „Not der Selbstbestimmung durch Regelungsüberlastung" auch: *Wagener* (N2), S. 244.

[19] „Grundsätze zur Neuorganisation der Finanzämter und zur Neuordnung des Besteuerungsverfahrens" v. 16.2. 1976 (GNOFÄ), BStBl. I, 88. Dazu kritisch: *Joachim Martens*, Verwaltungsvorschriften zur Beschränkung der Sachverhaltsermittlung, 1980.

[20] *Robert Musil*, Der Mann ohne Eigenschaften, Ausgabe 1970, S. 448.

gen, wo Amtsethos der Vollzugsorgane bereitsteht. Es ist also die selbe Sache, deren Fehlen den Notstand auslöst und deren Vorhandensein Abhilfe ermöglicht.

V. Der Zirkel von Konsensschwund und Regelungsbedarf

Das Bedürfnis nach neuen und dichteren Gesetzen ersteht nicht zuletzt dort, wo der hergebrachte Konsens der Gesellschaft bröckelt, wo außerrechtliche Verhaltensmuster der Religion, der Moral, der bürgerlichen Konvention das Zusammenleben nicht mehr hinlänglich steuern, wo die traditionellen, gewachsenen Selbstverständlichkeiten in dem, was „man tut", in Frage gestellt werden, die soziale Instinktsicherheit verloren geht. Doch das Gesetz kann nur in eingeschränktem Maße Kompensation leisten, dann nämlich, wenn es ihm glückt, den gefährdeten Konsens wiederherzustellen oder einen neuen zu stiften. Das Gesetz als solches aber, das sich nur aus parlamentarischem Verfahren und Mehrheitsentscheid, also nur formal legitimiert, hat heute seine liebe Not, Rechtsgehorsam zu finden, jedenfalls dann, wenn er lästig ist.[21] Der aufgeklärte Demokrat verlangt Einsicht in die inhaltliche Notwendigkeit des Gesetzes. Diese aber ist in der Tat bei einem erheblichen Teil der Normen, auch bei gutem Willen und bei Immunität gegen emanzipatorische Ideologie, schwer zu finden. Der circulus vitiosus schließt sich wieder: Gesetze sollen den Verlust vorrechtlichen Konsenses kompensieren und haben doch nur effektive Befolgungschancen, wenn sie den freien Konsens der Bürger finden.

VI. Das Gesetz im Interventions- und Sozialstaat

Ebenso beliebt wie unfair ist es, die klassischen Kodifikationen des bürgerlichen Rechtsstaats im 19. Jahrhundert, etwa das Bürgerliche Gesetzbuch, gegen die Gesetze des heutigen Interventions- und Sozialstaats auszuspielen.[22] Der Interventions- und Sozialstaat hat nicht den großen Atem, die politische Gelassenheit und wissen-

---

[21] Zum Dilemma des Rechtsgehorsams: *Josef Isensee*, in: DÖV 1983, 565.

[22] Dazu: *Friedrich Kubier*, in: JZ 1969, 645; *Josef Esser*, in: Vogel-Esser, 100 Jahre oberste deutsche Justizbehörde, 1977, S. 13; *Redeker* (N2), S. 1183f.; *Mayer-Maly* (N2), S. 423.

schaftliche Muße, sein Ordnungswerk ein Jahrhundert hindurch reifen zu lassen. Seine Gesetze sind nicht der Rahmen, innerhalb dessen sich das Gesellschaftsleben abspielt, sondern Formen der Teilhabe an diesem Leben und Versuche seiner Steuerung. Sie sind damit in die Bewegungen der Wirtschaft hineingezogen. Konjunkturschwankung, außenwirtschaftliche Gleichgewichtsstörung, Stand der Beschäftigung, Geldentwertung, staatlicher Finanzbedarf, technischer Fortschritt und korrespondierende Sicherheitsstandards verlangen Anpassung, Vorsorge, Gegensteuerung, und zwar als situationsgemäße, zeitnahe, zweckrationale Maßnahme.[23] Eine Intervention braucht ihr Ziel nicht zu erreichen. Aber sie zeitigt Folgen und Nebenfolgen, gewollte wie ungewollte. Eine Intervention zieht die andere nach sich. Der Interventions- und Sozialstaat arbeitet an dem permanenten Beschäftigungsprogramm für sich selbst. Der Gesetzesbedarf, das Änderungstempo und die Kompliziertheit der Normen entsprechen der modernen Zivilisation und der Staatlichkeit, die für diese Verantwortung trägt. Es wäre daher Utopie, aus dieser Normenwelt aussteigen und in das einfache Leben eines archaisch naturrechtlichen Paradieses zurückkehren zu wollen.[24]

VII. Die Regelungsmotorik der sozialen Gleichheit

1. Soziale Gerechtigkeit

Die Regelungsdynamik und das Regelungstempo beziehen politische und moralische Energie aus der Idee einer dem Staat aufgegebenen sozialen Gerechtigkeit, die letztlich auf Gleichheit in den Lebensbedingungen hinausläuft.[25] Wenn die Gleichheitsidee

---

[23] Vgl. *Ernst Forsthoff*, in: Rechtsstaat im Wandel, 1964, S. 78; *Ulrich Scheuner*, in: Festschr. f. Hans Huber, 1981, S. 127.

[24] Das Idealreich des einfachen Rechts entwarf übrigens schon Thomas Morus in seinem 1515 verfassten Staatsroman „Utopia": Die Bürger von Utopia haben nur sehr wenige Gesetze und brauchen dank ihrer Verfassung auch keine weiteren. Sie mißbilligen an anderen Völkern, daß sie noch nicht einmal mit zahllosen Bänden von Gesetzen und Kommentaren auskommen. Sie finden es höchst ungerecht, Menschen durch Gesetze zu binden, die entweder zu zahlreich sind, als daß man sie alle lesen, oder zu dunkel, als daß jeder sie verstehen könnte („Ipsi vero censent iniquissimum, ullos homines his obligari legibus, quae aut numerosiores sint, quam ut perlegi queant, aut obscuriores, quam ut a quovis possint intellegi.").

[25] Zu den politischen Ideen, die Triebkräfte des staatlichen Regelungsaktivismus

aus ihrem liberalen Koordinationssystem gelöst, innerhalb dessen sie Gleichheit vor dem allgemeinen Gesetz und Gleichheit im Freiheitsrecht bedeutet, und als soziale Gleichheit in den Lebensverhältnissen verstanden wird, erzeugt sie einen progressus in infinitum, weil jede gesetzliche Einebnung realer Ungleichheit neue Ungleichheit in anderer Relation stiftet. Es liegt in der Logik der sozialen Gleichheit, dass der Sozialstaat längst über die Abhilfe der Not hinausgewachsen ist zur Wahrung eines sozialen Normalniveaus für die meisten.

Die Gleichheitsidee treibt die Normenproduktion weit über den Bereich des eigentlich Sozialstaatlichen hinaus. Der soziale Gleichheitsstaat neigt dazu, die Bürger immer perfektionistischer zu betreuen, zu beplanen, zu belehren und zu begängeln. Er treibt Vielregiererei aus Paternalismus, wie weiland der aufgeklärt absolutistische Monarch des 18. Jahrhunderts, der sich den Vorwurf Kants zuzog, er sei despotisch, weil er seine Untertanen wie unmündige Kinder behandle und zu ihrem Glück nach seiner Fasson zwingen wolle[26]. Die fürsorgliche Vielregiererei ist der wohl fruchtbarste Impuls der Gesetzgebung.

Die Normquellen sprudeln auf allen Ebenen der Staatlichkeit. Beginnend bei den Europäischen Gemeinschaften, die einzelne Käsearten für ebenso richtlinienbedürftig halten wie die Stundenzahl der Ausbildung von Hebammen, endend bei der Gemeinde, die in ihrer Friedhofssatzung mit liebevoller, geradezu altmeisterlicher Detailgenauigkeit das Material, die Größe, die Form und die Politur der Grabmäler regelt, um sicherzustellen, dass sich nicht etwa nach dem Tode noch Ungleichheit regt, individueller, also schlechter Geschmack äußert oder gar soziale Asymmetrie sichtbar wird. Die grundrechtlich gewährleistete freie Berufsausbildung wird mit einem immer dichter werdenden Netz fürsorglicher Regelungen umhegt. Der nordrhein-westfälische Friseur wird durch eine Verordnung über die Hygiene bei der Ausübung des Friseurhandwerks obrigkeitlich belehrt, dass Kunden nur mit gereinigten Händen behandelt werden dürfen, dass Rauchen während der Be-

---

sind, insbes. zur sozialen Gleichheit: *Ulrich Matz*, in: Hennis/Graf Kielmansegg/ Matz, Regierbarkeit, Bd. 1, 1977, S. 82; *Josef Isensee*, in: Isensee/Meyer, Zur Regierbarkeit der parlamentarischen Demokratie, 1979, S. 37; *Weiß* (N2), S. 608; *Leisner* (N2), S. 856 f. Vgl. auch *Walter Leisner*, Der Gleichheitsstaat, 1980.

[26] *Immanuel Kant*, Über den Gemeinspruch: Das mag in der Theorie richtig sein, taugt aber nicht für die Praxis, 1793.

handlung eines Kunden unzulässig ist, die Friseurgeräte nach jeder Benutzung wenigstens mechanisch, mindestens einmal am Tage aber gründlich zu reinigen sind und was „gründliche Reinigung" im einzelnen bedeutet, dass die Kopfstütze des Arbeitsstuhls mit reinem, unbedrucktem, für jeden Kunden zu erneuerndem Papier zu belegen ist, die beim Rasieren vorgesteckte Serviette nicht schon einmal benutzt worden sein darf und dass der Hals des Kunden gegen die Berührung mit schon bei anderen Kunden verwendeten Tüchern und Mänteln durch Papier- oder Wattestreifen zu schützen ist.[27] Der Bauwillige in Nordrhein-Westfalen, der meint, kraft des Eigentumsgrundrechts Baufreiheit zu haben, stößt auf eine Barriere aus 38 Bundesgesetzen, 42 Bundes verordnungen, 6 Bundesrichtlinien, 17 Landesgesetzen, 42 Verordnungen, 16 Richtlinien und 128 Erlassen des Landes; so die Auskunft der Landesregierung im Jahre 1978.[28]

2. Zweifel an den Fähigkeiten der Bürger

Das klassisch liberale Gesetz entsprang dem Misstrauen gegen die Staatsgewalt, der Sorge vor despotischer Entartung. Das sozialstaatliche Gesetz entspringt dem Misstrauen gegen den Bürger, genauer: dem Zweifel an seiner Fähigkeit, seine Angelegenheiten selbst zu ordnen, sein wohlverstandenes Eigeninteresse in den gesellschaftlichen Auseinandersetzungen zu wahren. Kurz: das sozialstaatliche Gesetz entspringt dem Misstrauen gegenüber der Privatautonomie. Privatautonomie wird denunziert als Überwältigungs- und Ausbeutungsinstrument für die sozial Mächtigen zu Lasten der sozial Schwachen. Die Normen werden auf den sozial Schwachen, also den Förderungs-, Beratungs- und Belehrungsbedürftigen, abgestellt. Die Nichtbedürftigen werden über denselben normativen Kamm geschoren: soziale Symmetrie. Der Bürger, dessen Mündigkeit von politischer Rhetorik stereotyp beschworen wird, gilt der Gesetzgebung als Volksschüler auf Lebenszeit.

---

[27] §§ 4 IV-VI, 5, 6, 7 II nw. Verordnung über die Hygiene bei der Ausübung des Friseurhandwerks vom 27. 5. 1966 (GVNW S. 346/SGV 2128).

[28] Antwort der Landesregierung vom 25. 4. 1978 auf die Kleine Anfrage 1199, LT-Dr 8/3199, S. 2.

VIII. Fehlender Mut zur Privatautonomie

Wer den Abbau von Gesetzen fordert und insoweit die Fähigkeit des Gesetzgebers bezweifelt, sinnvolles Recht zu schaffen, muss sein Vertrauen auf eine andere Ordnungskraft setzen: die Privatautonomie der Bürger. Es fragt sich jedoch, ob die Gesellschaft, seit langem gewöhnt an sanfte Reglementierung und fürsorgliche Egalisierung, entwöhnt der Eigenentscheidung und des Eigenrisikos, ohne weiteres bereit und fähig ist, eine Ausweitung der Privatautonomie hinzunehmen, die Risiken der Freiheit zu tragen und sich mit der realen Ungleichheit, die aus der Freiheit erwächst, abzufinden. Mut zur Privatautonomie könnte sich auch in der Aufgabe bewähren, die neuartigen Probleme zu lösen, die der technische Fortschritt, vom Gebiet der Kommunikationsmedien bis zu dem der Gentechnologie, nach sich zieht. Jeder Lösungsversuch führt ins Ungewisse, bedeutet ein Wagnis. Aber damit ist noch nicht der heute grassierende Aberglaube der Rechtspolitik bestätigt, dass allein der Staat die Verantwortung für ein solches Wagnis tragen könnte, dass er dort, wo jede Maßnahme ein Experiment mit unsicherem Ausgang bedeutet, a priori der klügere und vorsichtigere Experimentator ist und der zuverlässigere Garant für gemeinwohlverträgliche Lösungen. Man wird freilich nach der jeweiligen Regelungsmaterie differenzieren müssen, wenn man die Reichweite staatlicher und privater Verantwortlichkeitsfähigkeit bestimmen will. Doch das Prinzip bleibt festzuhalten: Solange das Vertrauen in die Privatautonomie sich nicht regeneriert, wird staatliche Heteronomie weiterwuchern.

Eine Ausnahme, eine extreme sogar, vom heutigen Misstrauen in die Privatautonomie ist anzumerken. Die Tarifautonomie bleibt ausgespart, obwohl sich in ihr private Vertragsfreiheit zu größter, geradezu staatsähnlicher Regelungsmacht erhebt. Dieser kollektivierte und oligarchisierte Sektor der Privatautonomie wird eifersüchtig gegen staatliche Ingerenz wie gegen wirtschaftspolitische oder juristische Bedenken abgeschirmt: ein letzter Ort, an dem, wenn nicht der altliberale Glaube, so doch altliberale Hoffnung auf die unsichtbare Hand weiterlebt, die alles gesellschaftliche Tun letztlich zum Besten aller zu lenken weiß.[29]

---

[29] Kritik an den Bestrebungen, das staatliche Recht zugunsten des Tarifrechts abzubauen, teilzuprivatisieren: *Walter Leisner*, in: Hamburger Jahrbuch für Wirtschafts- und Gesellschaftspolitik 29 (1984), S. 113.

Wer rundum allen möglichen Regelungsfaktoren gleichmäßig misstraut, wird nicht den archimedischen Punkt finden, die Normenwelt zu bewegen. Zumindest muss das Misstrauen differenziert verteilt werden. Das gilt auch für das Verhältnis der Legislative zur Verwaltung und zur Gerichtsbarkeit im Rahmen der Gewaltenteilung. Auch hier stellt sich die Frage, wie Vertrauen verteilt oder Misstrauen abgestuft werden kann, wenn es darum geht, den Regelungsumfang und die Regelungsdichte der Gesetze zu verringern und den anwendenden Gewalten mehr Spielraum zu geben, damit sie in lebendiger Fallerfahrung und Präjudizienkontinuität das Recht entwickeln können. Der Verfassung ist naive Gesetzesgläubigkeit und daher ein totaler Parlamentsvorbehalt fremd. Sie weist im Rahmen der Gewaltenteilung allen staatlichen Instanzen kompetenzdifferenzierte Verantwortung für das richtige Recht zu und setzt voraus, dass die grundrechtlichen Freiräume, ungeachtet des sozialstaatlichen Korrektivs, in erster Linie durch individuelle und gesellschaftliche Selbstbestimmung ausgefüllt werden.

IX. Therapien für Symptome

Die gesetzesstaatliche Elephantiasis kann nicht durch einzelne institutionelle Vorkehrungen geheilt werden. Mit den Rezepten, die derzeit im Dutzend billiger angeboten werden, lässt sich allenfalls an den Symptomen herumkurieren. Immerhin hat auch das seinen bescheidenen Wert. Hier also – als Pflichtübung zum Thema – einige Rezepte, an deren politischer Durchsetzbarkeit ich freilich von vornherein Zweifel anmelde und die alle in das Dilemma der Gesetzesinflationstherapien führen: entweder abstrakt und konsensfähig oder konkret und inakzeptabel zu sein.

1. *Verringerung der Zahl der Ministerien*: Das heißt vor allem Abschaffung jener Ministerien, die lediglich Staatsziele demonstrieren, kaum aber Sachaufgaben exekutieren wie Familien- und Umweltschutzministerien. Mit dieser Maßnahme entfiele der Ehrgeiz der Minister und ihrer Abteilungsleiter, ihre Existenzberechtigung durch ein Gesetz zu beweisen und ein Gesetz als solches schon als politische Leistung zu verbuchen.

2. *Befristung der Gesetze*[30]: Interventionistische Maßnahmen sollten grundsätzlich nur durch befristete Gesetze getroffen werden, damit sie nicht die Situation überleben, die sie steuern sollen, und damit der Gesetzgeber ein gescheitertes Regelungsexperiment ohne politischen Gesichtsverlust beenden kann, während er bei Verlängerung des Gesetzes gezwungen wird, die Zweckrationalität erneut zu prüfen und darzulegen.

3. *Gesetzesbereinigung*[31]: Bereits eine archivarische Bestandsaufnahme der geltenden Normen ist ein Verdienst um die Rechtsklarheit und die Rechtssicherheit. Vollends gilt das, wenn der Normenwald nach forstlichen Gesichtspunkten gesichtet und gelichtet, totes, morsches, wildwüchsiges, den Gesamtbestand schädigendes Gehölz entfernt würde.

4. *Klarheit und Straffheit der Gesetzesredaktion*[32]: Wer gemeinverständliche, klare und knappe Gesetze fordert, findet allgemeinen Beifall. Er kann sich auf die demokratische Idee stützen. Sollten doch die Bürger die Gesetze kennen, die sie, wenn auch parlamentarisch mediatisiert, sich selber geben. Er findet Bestätigung im Gebot rechtsstaatlicher Berechenbarkeit, wie es Friedrich der Große in einer Verordnung von 1780 vorweggenommen hat: „Was endlich die Gesetze selbst betrifft, so finde ich es sehr unschicklich, dass solche größtentheils in einer Sprache geschrieben sind, welche diejenigen nicht verstehen, denen sie doch zu ihrer Richtschnur dienen sollen. Eben so ungereimt ist es, wenn man in einem Staat, der doch seinen unstreitigen Gesetzgeber hat, Gesetze duldet, die durch ihre Dunkelheit und Zweydeutigkeit zu weitläufigen Disputen der Rechtsgelehrtn Anlaß geben, oder wohl gar darüber: ob dergleichen Gesetz oder Gewohnheit jemals existiert oder eine Rechtskraft erlangt habe? weitläufige Prozesse veranlaßt werden müssen"[33]. Das

---

[30] Skeptisch: *Kloepfer* (N2), S. 76 Anm. 47.

[31] Dazu: *Vogel* (N2), S. 324 f.; *Schneider* (N2), Rn. 691-730.

[32] Dazu: *Schneider* (N2), Rn. 423-454 (Nachw.); *Schlegelberger* (N2), S. 20-23; *Redeker* (N2), S. 1184f.; *Schmude* (N3), S. 1213; *Erhard Mock*, in: Winkler/Schilcher, Gesetzgebung, 1981, S. 167; *Fred Brande*, Die Rechtsbereinigung – ein verfassungsimmanentes Gebot, ebda., S. 173.

[33] No. XIII. Abdruck der allerhöchsten Königl. Cabinets-Order die Verbesserung des Justiz-Wesens betreffend. De Dato Potsdam, den 14. 4. 1780, in: Novum Corpus Constitutionum, Bd. VI, 1781, S. 1939.

Prinzip in allen Ehren: aber eine komplizierte Regelungssubstanz sperrt sich gegen simple Formulierung. Auch mit größter stilistischer Anstrengung ließe sich aus dem Stoff des § 6b EStG keine populäre, eingängige Lektüre machen. Es wäre jedoch schon ein Gewinn, wenn anspruchsvolle Neuregelungen, wie die Körperschaftssteuer- oder die Scheidungsfolgenreform der siebziger Jahre, wenigstens den jeweiligen Spezialisten unter den Juristen zugänglich wären. Das gemeinverständliche Gesetz muss nicht schon ein gutes Gesetz sein. Normen von volksdidaktischer Schlichtheit sind nicht selten gerade die überflüssigen Normen – Exempel: die nordrhein-westfälische Friseur-Hygiene-Verordnung.

Auch Kürze der Gesetze garantiert nicht unbedingt legislatorische Würze und Klarheit. Sie kann aber verdienstvoll sein. So lobte im Jahre 1979 der Bundesminister der Justiz einen Bundestagsausschuss dafür, dass er den Entwurf eines Sondergesetzes über den Reisevertrag von 25 Paragraphen in einem Unterabschnitt des Bürgerlichen Gesetzbuchs mit 11 Paragraphen verwandelt hatte.[34] Jedoch erläuterte er nicht, warum es überhaupt notwendig war, den Reisevertrag dem Bürgerlichen Gesetzbuch als Kropf aufzuoperieren. Im Jahre 1978 rühmte der Parlamentarische Staatssekretär des Bundesministers für Arbeit und Sozialordnung den Regierungsentwurf eines Sozialgesetzbuchs Verwaltungsverfahren als „auch ein Beispiel für den Willen, die allenthalben beklagte Gesetzesflut einzudämmen", weil es eine Fülle von Einzelgesetzen durch die Kodifikation von 65 Paragraphen erübrige.[35] Er schwieg sich allerdings darüber aus, warum man nicht den allereinfachsten und nächstliegenden Weg gewählt hatte: gar nichts zu regeln, außer dem einen, das geltende Verwaltungsverfahrensgesetz auf die Sozialverwaltung auszudehnen und bei dieser Gelegenheit die Mauern des sozialrechtlichen Ghettos niederzulegen.[36] Im Übrigen weckt das ehrgeizige Unterfangen der Kodifikation des Sozialrechts, ein megalomanisches Unterfangen, das kodifikatorische Pendant zum Großklinikum Aachen, grundsätzliche Zweifel, ob eine derart fließende Materie heute kodifikationsfähig ist. Die Teile der gigantischen Neubauruine müssen von Anfang an ständig saniert und

---

[34] *Vogel* (N2), S. 324.

[35] Parl. Staatssekretär *Buschfort*, BT-Prot. 8, S. 8476.

[36] Vgl. die scharfe Kritik *Hans Meyers*, in: ZRP 1979, 105.

novelliert werden, obwohl diese Teile weithin nur abstrakte und gemeinplätzige oder technische und politisch unverfängliche Vorschriften enthalten.

5. *Erforderlichkeitsprüfung:*[37] Das Ziel, die Normenflut einzudämmen, hat inzwischen bereits Normierungen in Form von Ministerial- und Regierungsvorschriften gefunden. So in den Leitsätzen der Landesregierung von Baden-Württemberg „zur Beschränkung von Rechts- und Verwaltungsvorschriften" vom 20. 2. 1979.[38] Die klar und differenziert formulierten Leitsätze haben das Ziel, den Freiraum des Bürgers zu erweitern und den Entscheidungsspielraum nachgeordneter Behörden zu vergrößern. Sie konkretisieren das Subsidiaritätsprinzip zugunsten privater Initiative und möglichst dezentraler Entscheidungskompetenz. In abstracto sind die Leitsätze konsensfähig, aber damit eben auch ohne politischen Biss und ohne Gewähr praktischer Auswirkung. Es kommt also auf die reale Handhabung an und damit auf einen grundsätzlichen Wandel der Einstellung zum Gesetz.

Auch das Grundgesetz mit seiner föderalen, dezentralen, privatautonomiefreundlichen, subsidiaritätsgerechten Struktur bietet nach dem jetzigen Stand der Interpretation wenig Hilfe für eine Erforderlichkeitskontrolle. Die verfassungsrechtlichen Kriterien, wie der Gesetzgebungsmissbrauch und die Grundrechtsbeeinträchtigung durch zweckuntaugliche, überflüssige Regelungen,[39] sind abstrakt, bedürfen der Konkretisierung und damit neuer Interpretationssensibilität.

---

[37] Dazu: *Maassen* (N2), S. 1476-1478; *Vogel* (N2), S. 324; *Eichenberger* (N2), S. 23.

[38] GABl. 1976, S. 323; abgedr. auch in *Schneider* (N2), S. 403. – Wesentlich karger ausgefallen sind die „Beschlußempfehlungen" der Ministerpräsidenten der Länder vom 15. 2. 1979 zur Rechts- und Verwaltungsvereinfachung. Übersicht: *Harald Kindermann*, in: DÖV 1981, 855.

[39] Diese Maxime findet sich in Goethes Bild des „wahren Liberalen". Dieser „ist bemüht, durch ein kluges Vorschreiten die öffentlichen Gebrechen nach und nach zu verdrängen, ohne durch gewaltsame Maßregeln zugleich oft ebensoviel Gutes mit zu verderben. Er begnügt sich in dieser stets unvollkommenen Welt so lange mit dem Guten, bis ihn, das Bessere zu erreichen, Zeit und Umstände begünstigen" (Gespräch mit *Sorel* am 3. 2. 1830, in: Johann Peter Eckermann, Gespräche mit Goethe, Dritter Teil, 1848).

X. Die rechtspolitische Begründungslast des Veränderers

Einen gewissen Schutz davor, das die Gesetzgebungsmaschine lediglich blindem Weltverbesserungsdrang oder politischem Fummeltrieb der jeweiligen Mehrheitsbesitzer dient, böte der rechtspolitische Zwang, dass sich jedes neue Gesetz rechtfertigen müsste als die bessere Lösung, verglichen mit dem bestehenden, real geltenden Rechtszustand. Der kraft fundierter Prognose zu erwartende Rechtsfortschritt sollte keinen unverhältnismäßigen Umstellungsaufwand für die Betroffenen nach sich ziehen, die Verwurzelung der hergebrachten Normen im allgemeinen Rechtsbewusstsein nicht ohne gewichtigen Grund stören und nicht schädliche Nebenfolgen auslösen, die den Vorteil der Rechtsänderung aufwiegen[40].

Die rechtspolitische Begründungslast fällt dem Veränderer zu[41]. Das Prinzip entspricht der These Georg Jellineks, „daß der gegebene soziale Zustand der zu Recht bestehende sei, so daß jeder, der eine Veränderung in diesem Zustand herbeiführen will, sein besseres Recht zu beweisen hat"[42]. Der naive Rationalist, der vermeint, alles in Frage stellen zu können, mag hier Widerspruch anmelden. Der selbstkritische, besonnene Gesetzgeber dagegen muss der (widereglichen) Vermutung folgen, dass der rechtliche Status quo annehmbar, das Wirkliche vernünftig ist. Er kann immer nur einen schmalen Ausschnitt der Rechtsordnung umgestalten, nicht die Rechtsordnung als ganze, und die Neuregelung muss sich in den vorgegebenen Zusammenhang mit den geltenden Normen fugen. Das wird sinnfällig in der rechtstechnischen Notwendigkeit, dass jede Neuregelung eine Vielzahl von Änderungen anderer Vorschriften nach sich zieht, die mit ihr verzahnt sind. Das geltende Recht ist ein Stück Wirklichkeit und insoweit in seinen Vor- und Nachteilen erkennbar. Gesetzgebungspolitik aber bewegt sich in Ungewissheit über die möglichen Folgen

---

[40] Missbrauch gesetzgeberischer Befugnisse bei Erlass überflüssiger Gesetze hält für möglich: BVerfGE 13, 230 (234f.). Zum Rechtsstaatsgebot als Schutz vor unnötigen Grundrechtseingriffen: BVerfGE 30, 250 (262) = NJW 1971, 1603. Zu den Ansätzen einer verfassungsrechtlichen Abwehr von Übernormierung: *Maassen* (N2), S. 1475; *Kloepfer* (N2), S. 79f.

[41] Zu dieser Begründungspflicht und Argumentationslast als Präjudizienvermutung: *Martin Kriele*, Legitimitätsprobleme der Bundesrepublik, 1977, S. 56; *ders.*, Theorie (N17), S. 243; *ders.*, Recht (N17), S. 81 f.

[42] *Georg Jellinek*, Allgemeine Staatslehre, Nachdr. des 5. Neudrucks der 3. Aufl., 1959, S. 340.

und Nebenfolgen, welche die Änderungen auslöst. Die Zeitknappheit verhindert überdies, dass die bescheidene Kapazität zu rationaler Prognose, über die der Gesetzgeber verfügt, ausgenutzt wird.

Die Begründungslast des Veränderers findet sich bestätigt in der Philosophie eines Konservatismus aus Skepsis, wie sie Odo Marquard beschreibt: „Dadurch ist das Leben des Menschen stets zu kurz, um sich, von dem, was er schon ist, in beliebigem Umfang durch Ändern zu lösen: er hat schlichtweg keine Zeit dazu. Darum muß er stets überwiegend das bleiben, was er geschichtlich schon war: er muß ,anknüpfen'. ... Darum muß man, wenn man – unter den Zeitnotbedingungen unserer vita brevis – überhaupt begründen will, nicht die Nichtwahl begründen, sondern die Wahl (die Veränderung): die Beweislast hat der Veränderer. Indem sie diese Regel übernimmt, die aus der menschlichen Sterblichkeit folgt, tendiert die Skepsis zum Konservativen. ,Konservativ' ist dabei ein ganz und gar unemphatischer Begriff, den man sich am besten von Chirurgen erläutern läßt, wenn diese überlegen, ob ,konservativ' behandelt werden könne, oder ob die Niere, der Zahn, der Arm oder Darm heraus müsse: lege artis schneidet man nur, wenn man muß (wenn zwingende Gründe vorliegen), sonst nicht und nie alles; es gibt keine Operation ohne konservative Behandlung: denn man kann aus einem Menschen nicht den ganzen Menschen herausschneiden. Das – unabsichtlich oder nicht – übersehen die, die den Begriff des Konservativen perhorreszieren[43]."

Eine skeptisch konservative Rechtspolitik stellt die bestehenden Normen nicht unter Denkmalschutz. Sie ist kein Quietismus. Sie eignet sich nicht dazu, die Not koalitionspolitischer Entscheidungsunfähigkeit in rechtspolitische Tugend umzudeklarieren. Sie vermeidet das Unwesentliche, um die knappe gesetzespolitische Energie für die wesentliche politische Entscheidung freizusetzen: die begründete Veränderung durch Gesetz, also das, was vor einem Jahrzehnt „Reform" geheißen hätte und jetzt, gäbe es ein solches Gesetz, „Wende" hieße.

Das Fazit: Weniger Gesetze schaffen nicht automatisch mehr Recht. Die Gesetzesnot, in der der demokratische Rechtsstaat aus den Fugen gerät, ist letztlich kein Problem der Quantität. Gleichwohl muss es weniger und bessere Gesetze geben, damit Gesetz und Recht wieder eine selbstverständliche Einheit werden.

---

[43] *Odo Marquard*, Abschied vom Prinzipiellen, 1981, S. 16.

GRENZKONFLIKTE

Kunstfreiheit im Streit mit Persönlichkeitsschutz

I. Konfliktfeld

Kunst und Leben, wir wissen es längst, lassen sich nicht säuberlich trennen. Sie fließen ineinander. Das zeigt schon das Liebesgedicht. Es kann, wenn es sich nicht um den wohl doch seltenen Fall des l'art pour l'art handelt, Ausdruck außerkünstlerischer Bedürfnisse sein, aber auch Mittel im Dienst außerkünstlerischer Absichten, Werbung und Eifersucht, Huldigung und Schmähung, Triumph und Rache. Wie erotische Vergangenheitsbewältigung durch Lyrik erfolgen und Kunst in Leben eingreifen kann, zeigt der spektakuläre, wenn auch historisch nicht völlig gesicherte Fall eines griechischen Lyrikers aus dem siebten vorchristlichen Jahrhundert, des Archilochos von Paros, der berühmt war wegen der ingeniösen Form seiner Verse und berüchtigt wegen der ätzenden Polemik, mit der er von ihnen zuweilen Gebrauch machte. Die Schale seines Zornes ergoss sich in Jamben auf Lykambes, den Vater seiner vormaligen Braut, weil dieser das rechtsförmlich geschlossene, eidliche Verlöbnis gebrochen und seine Tochter Kleobule einem anderen Mann gegeben hatte. Die Verse der Rache stürzten die ganze Familie in Schimpf und Verzweiflung, schließlich in den Selbstmord; sie alle, der Ex-Schwiegervater, die Ex-Braut und deren zwei Schwestern erhängten sich. Horaz, der sich sechs Jahrhunderte später rühmte, die Jamben des Archilochos nach Latium gebracht zu haben – die Versart, nicht aber ihre praktische Anwendung –, distanzierte sich mit Abscheu von dessen „schwarzen Versen", mit denen dieser seinen Schwiegervater besudelt, und von dem „ehrenrührigen Liede", mit dem er seiner Braut den Strick geknüpft habe.[1]

Im 20. Jahrhundert nach Christus, im Jahre 1936, sind es homoerotischer Hass und Rachedurst, gepaart mit politischer Feindschaft, die den aus Deutschland emigrierten Schriftsteller Klaus

---

Referat vor dem Studienkreis Presserecht und Pressefreiheit am 14. Mai 1993 in Dresden. Erstveröffentlichung in: Archiv für Presserecht 1993, S. 619-629

[1] „... nec socerum quaerit, quem versis oblinat atris, nec sponsae laqueum famoso carmine nectit" (Horaz, Epistulae, I, 19. 25 ff.). – Zu den Quellen: *Karl Preisendanz*, Archilochos, in: Konrat Ziegler/Walther Sontheimer (Hg.), Der Kleine Pauly, Lexikon der Antike, Bd. 1, 1979, Sp. 507 (508).

Mann bewegen, mit seinem Ex-Freund und Ex-Schwager, dem im Hitlerreich zu stolzen Karrierehöhen aufsteigenden Schauspieler Gustav Gründgens, abzurechnen. Er benutzt dessen Lebensbild in dem Schlüsselroman „Mephisto" für die Figur des Hendrik Höfgen, verzerrt es durch erfundene Zutaten, ohne es aber unkenntlich zu machen, und verunglimpft seine Person, prangert ihn moralisch an und denunziert ihn als eitlen Ehrgeizling, ruchlosen Opportunisten, als Charakterschauspieler ohne Charakter. Die „Schmähschrift in Romanform"[2] wird für das Bundesverfassungsgericht Anlass, sich erstmals mit Inhalt und Grenzen der Kunstfreiheit des Schriftstellers im Widerstreit mit der Würde des Menschen zu befassen, den er sich zum Gegenstand wählt.[3] In dieser ersten Entscheidung obsiegt das (posthume) Persönlichkeitsrecht des Opfers. Doch es erringt nur einen Pyrrhussieg. Zwei Sondervoten brechen eine Lanze für den Vorrang der Kunstfreiheit.[4] Damit meldet sich die Gegentendenz zu Wort, der die spätere Rechtsprechung folgen wird.[5]

Die Kunstfreiheit – genauer: die in bestimmter Richtung politisch aktivierte Kunstfreiheit – und die entsprechend wahrgenommene Meinungsfreiheit erlangen in der Judikatur das Übergewicht über die Persönlichkeitsrechte, mit denen sie kollidieren, zumal über die Ehre, so beim politischen Straßentheater, in dem eine kommunistische Agitprop-Gruppe im Bundestagswahlkampf 1980 bei der szenischen Umsetzung von Bert Brechts „Anachronistischem Zug" den Kanzlerkandidaten Franz Josef Strauß unter die nach „Freiheit und Democracy" verlangenden Nazi-Plagen einreiht, unter Unterdrückung, Aussatz, Betrug, Dummheit, Mord und Raub;[6] so bei der „Satire" eines Satiremagazins, das einen querschnittsgelähmten jungen Mann, der gegen administrative Widerstände der Bundeswehr die Mitwirkung an einer Wehrübung und damit die Anerkennung seiner Lebenstüchtigkeit durchgesetzt hat, als eine

---

[2] So Kennzeichnung durch OLG Hamburg (wiedergegeben in BVerfGE 30, 173 [179]).

[3] BVerfGE 30, 173 ff.

[4] Sondervoten des Richters *Stein* (BVerfGE 30, 200 ff.) und der Richterin *Rupp-v. Brünneck* (ebd., 218 ff.).

[5] Berichte: *Johann Friedrich Henschel*, Die Kunstfreiheit in der Rechtsprechung des BVerfG, in: NJW 1990, S. 1937 ff.; *Ulrich Karpen/Katrin Hofer*, Die Kunstfreiheit des Art. 5 III 1 GG in der Rechtsprechung seit 1985, in: JZ 1985, S. 951 ff., 1060 ff.

[6] BVerfGE 67, 213 ff.

der „sieben peinlichsten Persönlichkeiten" rubriziert und mit dem Epitheton „geb. Mörder" versieht.[7] Vor politisch engagierter Kunst müssen auch öffentliche Belange weichen: der Jugendschutz vor der arrivierten Pornographie des „Josephine Mutzenbacher"-Romans;[8] der Schutz der Verfassung vor der Plakatwerbung mit dem Bild eines uniformierten FDJ-Pimpfen, der das Kennzeichen seiner verbotenen Organisation zur Schau stellt, aus Anlass der westdeutschen Erstaufführung des „Herrnburger Berichts", einer Kantate, die ihr Dichter Bert Brecht und ihr Komponist Paul Dessau der in Westdeutschland verbotenen kommunistischen Jugendorganisation gewidmet haben.[9] Der Schutz der Staatssymbole tritt zurück hinter der pennälerhaften Parodie und pubertären Verunglimpfung des Deutschlandliedes[10] und hinter der Anti-Bundeswehr-Collage „Urinstrahl auf die Bundesfahne"[11] – alles aus der Sicht des Bundesverfassungsgerichts politische Satire, als solche Ausfluss vorbehaltloser grundrechtlicher Freiheit der Kunst.

Dagegen setzt sich die grundrechtlich geschützte Satire nicht gegen das Persönlichkeitsrecht durch bei der Karikatur von Franz Josef Strauß in Gestalt eines Schweines, das kopuliert mit Schweinen in Richterrobe, trotz Bildunterschrift mit Tucholsky-Zitat „Satire darf alles".[12] Die Berufung auf die Kunst- und die Meinungsfreiheit verfängt nicht im Fall des Schriftstellers Eckhard Henscheid, der die Rezension von Heinrich Bölls Roman „Und sagte kein einziges Wort" zum Anlass einer „Schmähkritik" an dem nobelpreisausgezeichneten Autor nahm und nun kraft ordentlich-gerichtlichen Un-

[7] BVerfGE 86, 1 ff.

[8] BVerfGE 83, 130 ff. Folgeentscheidungen des BVerwG: BVerwG Urt. v. 26. 11. 1992, in: JZ 1993, S. 790 ff., und ebd., S. 794 ff.

[9] BVerfGE 77, 240 ff.

[10] BVerfGE 81, 298 ff. Ähnlich BVerfGE 81, 278 ff. – Verunglimpfung der Bundesflagge. Anders dagegen BVerfG (Vorprüfungsausschuß) B. v. 24. 9. 1984, in: NJW 1985, S. 263 f. – Hessenlöwe. Zum Schutz der Staatssymbole gegenüber der Kunstfreiheit: *Ernst Gottfried Mahrenholz*, Kunstfreiheit, in: Ernst Benda/Werner Maihofer/Hans-Jochen Vogel, Handbuch des Verfassungsrechts, [2]1993, Rn. 108 ff.

[11] BVerfGE 81, 278 ff.

[12] BVerfGE 75, 369 ff. Zustimmende Analyse: *Joachim Würkner*, Freiheit der Kunst, Persönlichkeitsrecht und Menschenwürdegarantie, in: ZUM 1988, S. 171 (174 ff.). Kritik aus US-rechtsvergleichender Sicht: *Georg Nolte*, Falwell vs. Strauß: Die rechtlichen Grenzen politischer Satire in den USA und in der Bundesrepublik, in: EuGRZ 1988, S. 253 ff.

terlassungsurteils, bei Androhung eines für jeden Fall der Zuwiderhandlung festzusetzenden Ordnungsgeldes bis zu 500 000 DM, ersatzweise Ordnungshaft, oder Ordnungshaft bis zu sechs Monaten, nicht mehr behaupten darf, Böll sei ein „steindummer, kenntnisloser und talentfreier" Autor gewesen; bei seinen Werken handele es sich um „häufig widerwärtigen Dreck".[13]

Das „künstlerische" Material der vorliegenden Judikate des Bundesverfassungsgerichts entstammt durchwegs den unteren und den hinteren Regionen eines erweiterten Kunstbegriffs, von denen sich der Ästhet mit Grausen wendet, der sein Bild von Kunst und Lebenswelt und das, was dem Künstler ziemt, in Goethes „Torquato Tasso" sucht.

Das grundrechtliche Konfliktpotential kann besonders delikat sein, wenn der Freiheitsanspruch sich mit Genieprätentionen des Künstlers verbindet, mit erfahrungsresistenter Allmachtsphantasie, mit wirklichkeitsvergessener Subjektivität, reizbarer Aggressivität, wortgewaltiger Empfindlichkeit im Zustand permanenter Putativnotwehr.[14] Die deutsche Öffentlichkeit, immer noch ein wenig imprägniert von der Tradition des Volkes der Dichter und Denker, aber auch aktuell eingeschüchtert durch die von Schelsky beschriebene medienetablierte Priesterherrschaft der Intellektuellen,[15] neigt zu besonderer Hochachtung vor den Hervorbringungen ihrer Schriftsteller und Künstler, auch und gerade in ihrem außerkünstlerischen, politischen Engagement, und bildet für deren politische Äußerungen, wie immer sie ausfallen, einen respektvollen Resonanzboden.

Auf der anderen Seite gerät die Judikatur zunehmend in Gegensatz zu den wachsenden Bestrebungen der Verfassungspolitik, den

---

[13] Das zivilgerichtliche Verbot bezieht sich auch auf die Äußerungen, Böll sei „einer der verlogensten, ja korruptesten" Autoren gewesen, ein „z. T. pathologischer, z. T. ganz harmloser Knallkopf". Dazu BVerfG B. der 1. Kammer des Ersten Senats v. 25. 2. 1993, in: EuGRZ 1993, S. 146 f. Kritik: *Albert Schäffer*, Literatur, Kritik und Justiz, in: FAZ v. 23. 4. 1993 (Nr. 94), S. 35; *Mathias Bröckers*, Die Mimosenrepublik, in: Die Woche v. 15. 4. 1993 (Nr. 16), S. 25.

[14] Lesenswertes Psychogramm am Fall eines literarischen Textes: *Gerd Roellecke*, Die politische Abständigkeit der Literatur am Beispiel von Günter Grass' „Treffen in Teltge", in: Gedächtnisschrift für Peter Noll, 1984, S. 91 ff. – Zu den Beziehungen des Künstlers zum Staat: *Michael Kilian* (Hg.), Dichter, Denker und der Staat, 1993.

[15] *Helmut Schelsky*, Die Arbeit tun die anderen. Klassenkampf und Priesterherrschaft der Intellektuellen, 1975.

Datenschutz zu verstärken und darüber hinaus die Intimsphäre der Person, auch die des Politikers, gegen Bloßstellung durch Medien rechtlich abzusichern[16], die Würde, wenn auch nicht unbedingt die des Menschen, so doch die der Frau, wirksamer zu schützen und den Grundrechtskatalog um ein Recht auf „seelische Unversehrtheit" zu erweitern".[17]

Die Rechtsprechung weckt zunehmend Widerspruch.[18] Das Bedürfnis nach einer dogmatischen Aufarbeitung des Konfliktes von Kunstfreiheit und Persönlichkeitsschutz nimmt zu, eine Aufgabe, die das Bundesverfassungsgericht nicht leistet und seinem rechtspraktischen Auftrag nach auch nicht leisten muss. Die Strukturanalyse der Kunstfreiheit setzt Klarheit voraus über den Sinn dieser Grundrechtsgewährleistung im Verfassungssystem.

---

[16] Die Entwicklung ist besonders weit gediehen in Großbritannien. Dort ratifizierte die Press Complaints Commission am 30. Juni 1993 einen „Code of Practice", einen Kodex autonomer Verhaltensregeln der Presse über den schonenden Umgang mit der Privatheit und mit Persönlichkeitsrechten. Kritisch zu Anlage und Wirkung der Press Complaints Commission der dem Parlament erstattete Bericht von Calcutt, Review of Press Self-Regulation, London 1993; Calcutt selbst schlägt u. a. die Einführung eines staatlichen Aufsichtswesens vor, mit einem „Statutary Press Complaints Tribunal" an der Spitze (a. a. O., S. XII, 45 ff.).

[17] Das Recht „auf körperliche und seelische Unversehrtheit" enthält Art. 5 Abs. 2 S. 1 Verfassung von Sachsen-Anhalt von 1992. In der von Bundestag und Bundesrat eingerichteten Gemeinsamen Verfassungskommission wurde auf Anregung der SPD eine entsprechende Änderung des Grundgesetzes erwogen. Ein förmlicher Antrag kam aber nicht zustande.

[18] *Manfred Kiesel*, Die Liquidierung des Ehrenschutzes durch das BVerfG, in: NVwZ 1992, S. 1129 ff.; *Herbert Tröndle* in: Eduard Dreher/Herbert Tröndle, Strafgesetzbuch, [46]1993, § 192 Rn. 14 b, 14 c (Nachw.); *Christian Hillgruber/Franz Schemmer*, Darf Satire wirklich alles?, in: JZ 1992, S. 946 ff.; *Horst Sendler*, Liberalität oder Libertinage?, in: NJW 1993, S. 2157 f. Ältere kritische Stellungnahmen: *Walter Schmitt Glaeser*, Meinungsfreiheit und Ehrenschutz, in: JZ 1983, S. 98 ff.; *ders.*, Die Beurteilung politisch motivierter Privatgewalt durch das Bundesverfassungsgericht, in: Festschrift für Günter Dürig, 1990, S. 91 (102 ff.); *Harro Otto*, Ehrenschutz und politische Auseinandersetzung, in: JR 1983, S. 1 ff.; *Thomas Würtenberger*, Satire und Karikatur in der Rechtsprechung, in: NJW 1983, S. 1144 ff.

II. Ratio der Kunstfreiheit:
Freiheitssicherung, nicht Kunstförderung

1. Kein Kunstrichtertum des Staates

Grundrechte entspringen nicht der theoretischen Spekulation und Deduktion, sondern der historischen Schmerzerfahrung. Die Erfahrung, aus der die Kunstfreiheit hervorgegangen ist, liegt in der Regulierung der Kultur durch den totalitären Staat.[19] Der Staat darf nicht weiter die wahre von der verderbten Kunst scheiden dürfen, die erhabene von jener, bei der „kein höheres Interesse der Kunst obwaltet", die völkisch gesunde von der entarteten, die sozialistisch progressive von der westlich dekadenten. Der Staat darf nicht Kunstrichter sein. Das ist die Quintessenz des Grundrechts.[20]

Die Freiheit, die das Grundrecht gewährleistet, ist die negative des Abwehrrechts: Freiheit vom staatlichen Eingriff, von obrigkeitlicher Zwangsfürsorge durch Zensur, von Gängelung und Unterdrückung. Sie genießt den Schutz eines Grundrechts nach klassisch liberalem Zuschnitt, das die Selbstbestimmung des Privaten schützt vor der Fremdbestimmung durch das Gesetz des Staates, das damit einen Bereich des Nichtabstimmbaren umschreibt und abschirmt gegen demokratische Mehrheitsherrschaft. Der demokratische Verfassungsstaat entlastet sich, wenn er einer Funktion entsagt, deren Ausübung in früheren Epochen ihn in heiklen Streit mit den geistigen Mächten der Zeit verstrickt, letzten Endes doch nur in intellektuelle Niederlagen gestürzt und der Lächerlichkeit ausgeliefert hat.[21]

Der Verfassungsstaat kennt keine Staatskunst, wie er auch kei-

---

[19] Zu den Erfahrungen mit dem nationalsozialistischen Staat als Interpretationsfolie des Grundrechts: BVerfGE 30, 173 (192); *Wolfgang Knies*, Schranken der Kunstfreiheit als verfassungsrechtliches Problem, 1967, S. 11 ff; *Carl-Heinz Heuer*, Die Besteuerung der Kunst, ²1984, S. 58 f. – Dokumentation der Realien: *Joseph Wulf*, Kultur im Dritten Reich, 5 Bde., 1989.

[20] Grundlegend: *Knies* (N 19), S. 170 ff. (Nachw.). Vgl. auch *Martin Heckel*, Staat, Kirche, Kunst, 1968, S. 97 ff.

[21] Zur Rolle des französischen Staates als Hüter der Moral in der Literatur: *Klaus Heitmann*, Der Immoralismus-Prozeß gegen die französische Literatur im 19. Jahrhundert, 1970, S. 101 ff. Zum Fall Baudelaire: *Jacques Crépet* in: Charles Baudelaire, Œuvres complètes (hg. von Jacques Crépet), Band: Les Fleurs du Mal. Les Epaves. Notes et Eclairissements. Le Trocès, Paris 1922, S. 314 ff.

ne Staatskirche kennt. Er identifiziert sich nicht mit bestimmten Richtungen, Schulen, Stilen, Regeln dieses Lebensbereiches. Er garantiert keine Kanones, und er übt keine Qualitätskontrolle. Dabei leugnet er nicht, dass auch die Kunst ihre Gesetze hat. Doch sie gibt sie sich selbst. Ihr Geltungsgrund liegt außerhalb seines Rechtshorizonts. Er kann sie nicht ratifizieren, nicht sanktionieren, nicht exekutieren. Fragen der Kunst vermag er ebensowenig zu entscheiden wie religiöse, weltanschauliche, wissenschaftliche Fragen. Man mag hier von einer staatlichen Pflicht zur Neutralität sprechen;[22] doch der Begriff ist diffus. Die Verfassung begründet auch nicht eine Unterlassungspflicht. Vielmehr ist der Staat, auf den sie sich bezieht, in diesem Bereich von vornherein gar nicht handlungsfähig. Er ist gleichsam ästhetisch farbenblind. Wenn man so will: der grundrechtsgebundene Rechtsstaat ist ein konstitutioneller Banause.

2. Keine Exemtion der Kunst aus der Rechtsordnung

Ratio des liberalen Grundrechts ist die Freiheit, nicht die Kunst. Die Kunstfreiheit will staatliches Kunstrichtertum verhindern, nicht aber Künstler und Kunstszene rechtlich begünstigen und aus der staatlichen Rechtsordnung herauslösen.[23] Just dazu aber neigt das Bundesverfassungsgericht. Es bemüht sich durch weite und wohlwollende Auslegung der Kunstfreiheit Kunstverständnis zu bekunden, Künstlerprivilegien zu verteilen, Kunstförderung zu betreiben.

Das Ziel ist so verfehlt wie das Mittel. Die Kunstfreiheit wird nicht um der Sache der Kunst willen gewährleistet, sondern um der selbstzweckhaften Freiheit des Menschen willen, die sich in der Kunst entfaltet. Eine Förderung der Kunst im grundrechtlichen Sinne käme gerade jenen Schichten der Kunstszene zugute, die – siehe das Material, mit dem sich das Bundesverfassungsgericht oftmals befaßt – keine Förderung verdienen. Privilegierung durch Extension des Abwehrrechts vollzieht sich unvermeidlich auf Kosten anderer Grundrechte, mithin anderer Personen. Sie erzeugt

---

[22] Zur „Neutralität" des Staates in Sachen Kunst: *Heuer* (N 19), S. 2 f., 86 ff.

[23] Kritik an den Tendenzen der Judikatur (seit dem „Sünderin"-Urteil BVerwGE 1, 103 ff.) und der Literatur, die Kunstfreiheit als Titel für Kunstprivilegien aufzufassen: *Knies* (N 19), S. 52 ff. (Nachw.); *ders.*, Kunst und Recht, in: Bitburger Gespräche, Jahrbuch 1977-1978, S. 141 (153 f.).

den Widerspruch zur grundrechtlichen Gleichheit, ist doch grundrechtliche Freiheit ihrem Wesen nach „Freiheit der Gleichen".[24] Der Widerspruch tut sich besonders krass auf bei der vom Bundesverfassungsgericht kreierten weitgehenden Indemnität der politischen Satire, mag sich diese auf die Kunst- oder auf die Meinungsfreiheit stützen. Darin wird die Waffengleichheit im politischen Kampf gestört, mithin die politische Chancengleichheit der offenen Demokratie.

Noch steht der Beweis aus, dass die Kunst unter den Bedingungen grundrechtlicher Freiheit reichere Früchte trägt als unter staatlicher Bedrückung, politischer Gefahr und rechtlicher Unsicherheit. Das epochale Experiment läuft, ob im demokratischen Äon bildende Kunst sich zu klassischen Leistungen erheben wird wie am päpstlichen Hof oder in der aristokratischen Republik Venedig, Dichtung wie unter der Ägide des Großherzogs von Weimar, Musik wie im kaiserlich-königlichen Wien. Die Beseitigung staatlicher Hemmnisse gewährleistet noch keine Blüte der Literatur. Sie kann sogar dazu führen, dass Reibung ausfällt, an der sich Kreativität entzündet. Das gilt auch für das Zensurverbot. Der Rechtsstaat perhorresziert die Zensur, weil sie sich der Freiheit in den Weg stellt. Die Kunst aber findet auch unter der Zensur ihren Weg. Sie wird dabei gewandter und einfallsreicher, gewitzter im Maskenspiel, das ihr so viel besser ansteht als biedere Direktheit. Sie macht zudem eine stolze Erfahrung, die ihr in einer freiheitlichen Verfassungsordnung abgeht: dass der Staat sie fürchtet und sie als Machtfaktor ernst nimmt.

So schreibt Thomas Mann seinem Bruder Heinrich: „Aber für politische Freiheit habe ich gar kein Interesse. Die gewaltige russische Literatur ist doch unter einem ungeheuren Druck entstanden? Wäre vielleicht ohne diesen Druck garnicht entstanden? Was mindestens bewiese, daß der Kampf für die ‚Freiheit' besser ist, als die Freiheit selbst".[25]

„… kein Druck nämlich, ob er von links oder von rechts kommt, ist der Kunst so schädlich wie die lauwarme Zimmertemperatur des Liberalismus", schreibt Egon Friedell.[26] Die These kann dahinstehen,

---

[24] Vgl. *Karl August Bettermann*, Die allgemeinen Gesetze als Schranken der Pressefreiheit, in: JZ 1964, S. 601 (611).

[25] Brief vom 27. 11. 1904, in: Thomas Mann – Heinrich Mann, Briefwechsel 1900–1949, 1968, S. 25 f.

[26] *Egon Friedell*, Kulturgeschichte der Neuzeit (1927–1931), Ausgabe 1974, S. 1319.

gleich, ob sie durch Erfahrung verifiziert oder falsifiziert wird. Das Grundrecht der Kunstfreiheit wird nicht bestätigt durch künstlerische Leistung und nicht delegitimiert durch deren Ausbleiben. Denn es besteht nicht um der Kunst willen, sondern um der Freiheit willen, und diese muss sich nicht durch Leistung beweisen.

3. Rechtsstaat als Koordinator der Freiheitsrechte

Das abwehrrechtliche System der Trennung von Kunst und Staat enthebt letzteren nicht der Verlegenheit, mit seinen notorisch ungelenken, überdies verfassungsrechtlich vielfach behinderten Fingern die Sache der Kunst zu berühren. Freilich nicht die Kunst als solche, wohl aber die Freiheit der Kunst. Diese ereignet sich heute nicht mehr auf dem Musensitz des Parnaß, auch nicht in dem „Reich der Träume", in dem nach Schiller beim Antritt des 19. Jahrhunderts die Deutschen ihre Freiheit suchen sollten, sondern dort, wo sich hart im Räume die Sachen stoßen: in der bundesrepublikanischen Gesellschaft. Freiheit kann nur Wirklichkeit gewinnen innerhalb rechtlich umschriebener und staatlich geschützter Grenzen.

Diese Grenzen dürfen nicht nur, noch nicht einmal vorrangig als Beschränkungen der (zunächst als grenzenlos gedachten) subjektiven Freiheit verstanden werden. Sie sind, juristisch gesehen, in erster Linie Bedingungen der Möglichkeit von Freiheit. Sie bergen den Raum der Selbstbestimmung des einzelnen und schirmen ihn ab gegen ungewollte Ingerenzen. So ist denn die Freiheit des einen die Schranke für die Freiheit des anderen.

Dem Rechtsstaat ist es kraft der Grundrechte versagt, auf die inhaltliche Ausübung der Freiheit einzuwirken. Doch hat er die Aufgabe, die rechtlichen Rahmenbedingungen der Freiheit zu gewährleisten,[27] ihre Grenzen zu sichern und Kollisionen aufzulösen. Der Rechtsstaat fungiert als der Koordinator der grundrechtlichen Freiheit. Kantianisch gesprochen, hat er dafür zu sorgen, dass die Freiheit des einen mit der Freiheit des anderen nach einem allgemeinen Gesetz bestehen kann.

---

[27] Näher *Josef Isensee*, Grundrechtsvoraussetzungen und Verfassungserwartungen an die Grundrechtsausübung, in: Josef Isensee/Paul Kirchhof (Hg.), Handbuch des Staatsrechts der Bundesrepublik Deutschland – HStR Bd. V, 1992, § 115 Rn. 137 ff.

4. Marginalie zur Kunstförderung

Als Abwehrrecht hindert die Kunstfreiheit den Staat nicht, die Kunst zu fördern, etwa durch Aufträge, Ankäufe, Preise, Stipendien, durch Ausstellungen, Museen, Akademien, Staatstheater. Doch das Grundrecht garantiert auch nicht derartige Veranstaltungen. Die Förderung ist überhaupt nicht Thema der Kunstfreiheit. Vielmehr bildet sie eine objektive Staatsaufgabe. Sie ist Sache des Kulturstaates.[28] Auch kulturstaatliches Handeln unterliegt grundrechtlichen Direktiven. Doch diese ergeben sich in erster Linie aus den Gleichheitsrechten, nicht aus Freiheitsrechten. Der Gleichheitssatz verbietet willkürliche Unterscheidungen, doch nicht Unterscheidungen schlechthin. Der leistende Staat muss Prioritäten setzen, schon deshalb, weil die Mittel knapp sind. Er kann die Vergabe an der ästhetischen Qualität ausrichten; unter Umständen muss er es, um die Förderung überhaupt wirksam werden zu lassen. Damit aber kehrt die abwehrrechtlich verbannte kunstrichterliche Funktion wieder zurück.[29] Was dem kunstregulierenden Rechtsstaat versagt ist, wird dem kunstfördernden Kulturstaat gestattet, freilich nur unter verfassungsrechtlichen Vorbehalten, dass er sich nicht mit bestimmten Schulen identifiziert, nicht Partei ergreift in den kulturellen Auseinandersetzungen, nicht einseitig begünstigt oder einseitig ausschließt, nicht finanzielle Abhängigkeit aufbaut und politisch ausbeutet.

Dem fördernden Staat ist es aber nicht versagt, den Oligarchisierungstendenzen der Kulturszene und den Verkrustungen des Kulturestablishments gegenzusteuern durch gezielte Förderung von Newcomern, Sezessionisten, Außenseitern, um Offenheit und Pluralität des kulturellen Lebens zu ermöglichen. Alles in allem ist die Steuerungsfähigkeit des Grundrechts auf dem Gebiet der staat-

---

[28] So BVerfGE 36, 321 (331); 81, 108 (116). Näher *Knies* (N 19), S. 224 ff.; *ders.*, Kunst und Recht (N 23), S. 154 ff.; *Heuer* (N 19), S. 73 ff., 94 ff.; *ders.*, Das Steuerrecht als Instrument der Kunstfreiheit, in: Robert Bosch Stiftung (Hg.), Kunstförderung – Steuerstaat und Ökonomie, 1987, S. 31 ff; *Paul Kirchhof*, Die Garantie der Kunstfreiheit im Steuerstaat des Grundgesetzes, ebd., S. 11 ff.; *Udo Steiner*, Kulturpflege, in: HStR, Bd. III, 1988, § 86; *ders.*, Kulturauftrag im staatlichen Gemeinwesen, in: VVDStRL 42 (1984), S. 7 (12 ff., 27 ff.); *Dieter Grimm*, ebd., S. 46 (63 ff.); *Erhard Denninger*, Freiheit der Kunst, in: HStR Bd. VI, 1989, § 146 Rn. 27, 28 ff.

[29] Vgl. *Knies* (N 19), S. 224 ff. Zur Zulässigkeit der Kunstförderung nach wirtschaftlichen Kriterien BVerfGE 36, 321 (332); 81, 108 (116).

lichen Kulturförderung schwach entwickelt. Hier sorgen staatsorganisatorische Vorkehrungen für einen gewissen Ausgleich, vor allem der Föderalismus und die kommunale Selbstverwaltung. Die Differenziertheit der kulturstaatlichen Kompetenzen ist eine Gewähr für die Schonung und die Pflege der kulturellen Vielfalt.[30]

Der Exkurs zur Kunstförderung kann hier abgebrochen werden, weil die Fragen aus dem Spannungsfeld zwischen Kunst und Persönlichkeitsschutz hinausführen. In diesem Feld aber aktualisiert sich die Kunstfreiheit nur als Abwehrrecht. Als solches bedarf es der Strukturanalyse.

III. Schutzbereich der Kunstfreiheit

1. Kunst als juristisches Definitionsproblem

Das Grundgesetz bestimmt in Art. 5 Abs. 3 S. 1 lapidar den Schutzbereich des Grundrechts: Die Kunst ist frei. Was aber ist hier Kunst? Der Begriff entstammt außerrechtlichen und rechtsfernen Regionen. Er ist auch in seinem genuinen Umfeld vieldeutig und wandelbar. Und wenn er in der Geistesgeschichte des 19. Jahrhunderts leidlich fassbare Kontur erlangt haben mag, so ist diese in der neueren Entwicklung wieder zerflossen, in der permanenten Abkehr vom Hergebrachten, in immer rascherer Veränderung, in ästhetischer Destruktion, in politisch-ideologischer Instrumentalisierung, im Aleatorischen, in der Entgrenzung des Kunstbegriffs. Wer unter der heutigen Produktion zwischen Kunst und Nichtkunst unterscheiden will, kann sich nicht auf allseits anerkannte Maßstäbe stützen. Er findet keine handwerklich-technischen Standards, an die seine ästhetische Wertung anknüpfen könnte. Es gibt keine Kanones.

Das Dilemma der Definition wird nicht gelöst oder auch nur vermieden, wenn die Entscheidung darüber, was „Kunst" sei, Sachverständigen übertragen wird.[31] Denn hier verschiebt sich nur das

---

[30] Kulturföderalismus als Verfassungsgebot: *Denninger* (N 27), § 146 Rn. 35. Vgl. auch *Isensee*, Idee und Gestalt des Föderalismus im Grundgesetz, in: HStR Bd. IV, 1990, § 98 Rn. 213 ff., 218.

[31] Zum „Sachverständigen" in Kunstfragen kritisch *Knies* (N 23), S. 151 ff.; *Heuer* (N 19), S. 12 f.; *Denninger* (N 27), § 146 Rn. 3, 8. Affirmativ: *Friedhelm Hufen*, Die Freiheit der Kunst in staatlichen Institutionen, 1982, S. 117.

Dilemma von der Frage, was Kunst ist, zu der Frage, wer Kunstsachverständiger ist. In praxi fällt die Rolle den Vertretern des etablierten Kulturbetriebes zu, den Oligarchen des Feuilletons und des Nachtstudios. Wenn deren Wort aber über Inhalt und Grenze eines Grundrechts entscheidet, erhebt sich die verfassungsrechtliche Frage, woher sie die Legitimation nehmen. Demokratische Legitimation aber, die für eine staatsamtliche Entscheidung erforderlich ist, kommt ihnen nicht zu.[32]

Es fragt sich, ob die Entscheidung nicht dem Grundrechtsträger selbst überlassen werden kann, ob der Künstler (unter Vernachlässigung des Problems, wer als solcher qualifiziert werden kann) nicht von sich aus auch in grundrechtlicher Hinsicht bestimmen darf, ob und wieweit sein Tun Kunst sein solle oder nicht. In der Tat gibt es eine subjektivierende Betrachtungsweise, die dem Selbstverständnis des Grundrechtsträgers anheimgibt, den grundrechtlichen Schutzbereich zu bestimmen.[33]

Eben das ist mit der verfassungsrechtlichen Qualität der Grundrechte nicht vereinbar. Zwar befindet der einzelne nach Gutdünken, ob und wie er von seiner grundrechtlichen Freiheit Gebrauch macht. Doch er entscheidet nicht nach Gutdünken über die gegenständliche Reichweite der grundrechtlichen Freiheit. So kann er seine Auffassung äußern, wie er will, in künstlerischer oder in sonstiger Form, aber nicht für andere verbindlich festlegen, ob seine Äußerung, grundrechtlich gesehen, „Meinung" oder „Kunst" darstellt. Da die Schutzbereiche ein jeweils eigenes Schrankenregime nach sich ziehen und unterschiedliche staatliche Ingerenzmöglichkeiten eröffnen, ist die tatbestandliche Zuordnung nicht Sache des Grundrechtssubjekts. Es muss eine objektive, für alle gleiche, praktisch wahrnehmbare Schwelle geben zwischen schlichter und künstlerischer Meinungsäußerung. Hätte der einzelne die maßgebliche Kompetenz darüber, sein Handeln selber grundrechtlich zu qualifizieren, so verfügte er auch über die Freiheitsrechte der anderen, die mit den eigenen kollidieren, und über die Grenzen der Staatsgewalt. Eben darin schlüge grundrechtliche Selbstbestim-

---

[32] Allgemein *Matthias Jestaedt*, Demokratieprinzip und Kondominialverwaltung, 1993, besonders S. 587 ff.

[33] Zur subjektivierenden Betrachtungsweise und den Thesen eines Definitionsverbotes: *Isensee*, Wer definiert die Freiheitsrechte?, 1980, S. 12 ff; *Heuer* (N 19), S. 21 ff.; *Wolfram Höfling*, Offene Grundrechtsinterpretation, 1987, S. 127 ff. (Nachw.).

mung um in grundrechtswidrige Fremdbestimmung. Grundrechte umgeben Felder der Subjektivität. Diese aber müssen nach objektiven Kriterien abgesteckt werden, um der Rechtsgleichheit, um der Rechtssicherheit und um des Rechtsfriedens willen.

In der subjektivierenden Betrachtungsweise wird das grundrechtliche Selbstverständnis zur Selbstermächtigung. Dem Verfasser eines Flugblattes, das zum Anzünden der Kaufhäuser oder der Asylantenheime aufruft, steht es nicht frei, mit Wirkung für die staatliche Allgemeinheit zu bestimmen, ob seine Äußerung grundrechtliche Kunst sei, weil sie den Widerspruch von Ideal und Realität der Gesellschaft satirisch aufdecken solle. Vollends hat er nicht die Möglichkeit, die grundrechtliche Qualifikation später, wenn sich straf- und zivilrechtliche Risiken aktualisieren, nachzuschieben und sich durch rückwirkende Behauptungen Indemnität zu verschaffen.

Das Fazit: Das grundrechtliche Tatbestandsmerkmal „Kunst" ist ein Rechtsbegriff. Er kann nur nach objektiven, verallgemeinerungsfähigen Kriterien definiert werden (objektivierende Betrachtungsweise).[34] Die Kompetenz zur Definition liegt beim Staat, im Rahmen seiner gewaltenteiligen Kompetenzordnung. Das bedeutet nicht, dass er die alleinige Zuständigkeit zur Interpretation überhaupt habe, wohl aber hat er die Letztzuständigkeit zur rechtsverbindlichen Auslegung.

2. Form, nicht Qualität als Grundrechtskriterium

Für das grundrechtliche Tatbestandsmerkmal Kunst kommt es nicht an auf ästhetischen Rang oder auf moralische Qualität. Damit steht grundrechtlich gleich, was sonst unterschieden wird: Kunst und Kunstgewerbe, Kunst und Kitsch, Kunst und Kolportage, Kunst und Pornographie.[35] Dem Rechtsstaat in seiner Grund-

---

[34] So im Ergebnis BVerfGE 67, 213 (225). Für die objektivierende Betrachtungsweise *Rupert Scholz* in: Theodor Maunz/Günter Dürig, Grundgesetz, Stand 1993, An. 5 Abs. III Rn. 25, 26, 28; *Heuer* (N 19), S. 21 ff.; *Kirchhof* (N 27), S. 16 f.; *Denninger* (N 27), § 146 Rn. 3 ff., 10 ff. – Allgemein: *Isensee* (N 26), § 115 Rn. 117 ff.; *ders.* (N 32), S. 23 ff.

[35] BVerfGE 75, 369 (377); zutreffend *Knies* (N 19), S. 224 ff. und passim (mißverständliche Wendung: „qualitatives Definitions- und Differenzierungsverbot"); *Denninger* (N 27), § 146 Rn. 13. – Zur Pornographie als Kunst im Sinne von Art. 5

rechtsbindung gilt alles als Kunst, ob Friedrich Schiller am Werk ist oder Friederike Kempner, Johann Wolfgang von Goethe oder Johannes Mario Simmel, Thomas Mann oder Klaus Mann.

Wenn der grundrechtliche Tatbestand auch nicht abhängt vom Grad des künstlerischen Gelingens, so doch von einem Minimum an erkennbarer, individueller Form, die dem einzelnen Werk eigen sein muss. Kunst unterscheidet sich von bloßer Meinungskundgabe durch besondere ästhetische Gestaltung.[36] Es kommt auf die Struktur an, nicht auf den Inhalt und nicht auf das Niveau. Kunst im grundrechtlichen Sinne hängt nicht ab von der Könnerschaft.

Die Formstruktur des Kunstwerks ist am leichtesten zu erkennen, wenn es den hergebrachten, anerkannten Kunstgattungen entspricht, dem Gedicht, dem Roman, der Oper, der Sinfonie, der Skulptur etc. Die Nähe eines neuartigen Gebildes zu einem literarischen, musikalischen oder sonstigen Formtypus ist jedenfalls ein Indiz für das Vorliegen von Kunst im grundrechtlichen Sinne.[37] Diese typologische Sicht bedeutet nicht, dass Kunst im grundrechtlichen Sinne nur vorliege, wenn das Werk klassischen Formschemata genügt. Sie liegt auch vor, wenn es diese variiert, definiert oder parodiert. Auch dort bleibt die typologische Beziehung erhalten, ist die für die grundrechtliche Zuordnung hilfreiche Nähe gewahrt. Der grundrechtliche Kunstbegriff verschließt sich damit nicht der künstlerischen Evolution und Revolution. Im Schutzbereich der Kunstfreiheit können alte Formen zerfallen und neue entstehen. Aber Form muss sein, die, und sei es noch so entfernt, auf ihre Art vergleichbar ist den geschichtlichen Ma-

---

Abs. 3 S. 1 GG: BVerfGE 83, 130 (138 f.); BVerwG in: JZ 1993, S. 790 (791); BGH Urt. v. 21. 6. 1990, in: NJW 1990, S. 3026 (3027); *Friedrich-Christian Schröder*, Pornographie, Jugendschutz und Kunstfreiheit, 1992, S. 47 ff. (Nachw.).

[36] Vgl. auch BVerfGE 30, 173 (189); *Peter Lerche*, Schranken der Kunstfreiheit, in: BayVBl. 1974, S. 177 (178 f.); *Denninger* (N 27), § 146 Rn. 14: „individuierbarer Akt der Formgebung"; *Mahrenholz* (N 10), Rn. 37 ff.

[37] Richtungweisend *Walter Leisner*, Begriffliche Grenzen verfassungsrechtlicher Meinungsfreiheit, in: Aktuelles Filmrecht V (1962), Schriftenreihe der UFITA, Heft 24, 1963, S. 59 (81). – Das Bundesverfassungsgericht bedient sich der typologischen Zuordnung, wenn auch zuweilen allzu schematisch, so hinsichtlich der Collage (BVerfGE 81, 278 [291 f.]), der Satire (BVerfGE 81, 278 [292], 81, 298 [306 f.]); der „strukturtypischen" Karikatur (BVerfGE 75, 369 [379]). Methodisch untauglicher Versuch, den Böll-Verriß durch Henscheid dem Typus Rezension zuzuordnen: BVerfG B. v. 25. 2. 1993, in: EuGRZ 1993, S. 146 (147).

nifestationen, die das Bild der Kunst ausmachen, das dem Verfassunggeber vorschwebte, als er das Freiheitsrecht schuf.

Ein Wort zur Satire. Satire ist ein konventionelles Stilmittel, landesübliches Gewürz der Polemik, als solches noch kein Indikator für Kunst, weder im literarischen noch im grundrechtlichen Sinne. Das Wort des Unterprimaners in der Schülerzeitung oder des Parlamentariers im Plenarsaal löst nicht deshalb die grundrechtliche Kunstvermutung aus, weil es satirisch ist oder zu sein versucht. Hier ist noch keine strukturtypische Nähe zum literarischen Genre der Satire erkennbar, wie es von Horaz und Juvenal, von Swift und Voltaire, von Wieland und Heine repräsentiert wird. Auch Ironie allein macht noch kein Kunstwerk im grundrechtlichen Sinne, obwohl Ironie zur Essenz romantischer Dichtung bei Tieck, Brentano oder Hoffmann gehört, ebenso zu der des spätbürgerlichen Romans bei Thomas Mann. Der Kurzschluss von der satirischen oder satirisch gemeinten Rede auf die Kunstgattung der Satire unterläuft dem Bundesverfassungsgericht, wenn es in der Primitiv-Verballhornung des Deutschlandliedes („Deutsche Türken, deutsche Pershing, deutscher Bigmäc, deutscher Punk ...") Satire, also Kunst, zu finden glaubt[38] und wenn es den Urinstrahl, der sich auf die Bundesfahne ergießt, mit juristischer Akribie auf Satire-Ingredienzien hin analysiert, ihm tiefere gesellschaftskritische Bedeutung entnimmt, um am Ende, Totalausfall von Judiz, hier Kunst zu attestieren.[39] Das Bundesverfassungsgericht, offenkundig bemüht, den Zugang zur Kunstfreiheit auch den Unbedarften zu öffnen, macht es einem jedem leicht, sich als Satiriker zu erweisen, und wandelt Juvenal ab: Non difficile est satiram scribere. Es nimmt auch Tucholskys Selbstermächtigungssentenz, dass Satire alles dürfe, für bare juristische Münze. Damit provoziert es schließlich doch noch den echten Juvenal: Difficile est satiram non scribere.

---

[38] BVerfGE 81, 298 (299 f., 306 f.). Kritisch: *Kiesel* (N 18), S. 1136; *Sendler* (N 18), S. 2158. Gegenposition: *Erich Steffen*, Politische Karikatur und politische Satire im Spannungsfeld von Kunstfreiheitsgarantie und Persönlichkeitsschutz, in: Festschrift für Helmut Simon, 1987, S. 359 ff.

[39] BVerfGE 81, 278 (291 f.). Weiteres Exempel forcierten Scharfsinns und beflissenen Satire-Attests: T-Shirt mit Aufdruck von Hitler als „Yo-Yo-Champion" als Kunst. – Zur Entwicklung der älteren Rechtsprechung: *Würtenberger* (N 18).

3. Form und Aussage des Kunstwerks

a) Einheit des Kunstwerks

Da das grundrechtliche Tatbestandsmerkmal der Kunst auf die Form abstellt, liegt der Gedanke nahe, nur die Form des Kunstwerks dem Schutzbereich der Kunstfreiheit zuzurechnen, den Inhalt dagegen der Meinungsfreiheit, mit der Folge, dass für die Meinungselemente die Schranken der allgemeinen Gesetze gälten, die für die Kunstelemente ausschieden. Doch eine solche tatbestandliche Aufspaltung verstieße gegen die Natur der Sache. Das geglückte Kunstwerk – auf das sich der wertfreie Grundrechtstatbestand zwar nicht beschränkt, das aber doch den Idealfall seiner Realisierung, so etwas wie seinen Archetypus darstellt – bildet die unlösbare Einheit von Form und Inhalt. Was der Urheber an außerkünstlerischen Absichten auch eingebracht haben mag, ist im Kunstwerk – im Hegelschen Doppelsinn – aufgehoben. Die objektive Aussage des Werkes (finis operis) löst sich von den subjektiven Absichten des Schöpfers (finis operantis). Das Werk kann in seiner Rezeption vielfältige, neuartige Bedeutungsfacetten offenbaren. Die Dichtung erschließt sich auch dem Leser, dem ihre religiöse und philosophische Substanz fremd ist, der ihre ethische oder politische Tendenz nicht teilt. Man muss nicht russisch-orthodox sein, um Dostojewski, und nicht katholisch, um Claudel zu lesen. Es bedarf keiner Affinität zu Preußen, damit sich der Zugang zu Kleists „Prinz von Homburg" öffnet, und keiner Aversion gegen Napoleon III., damit er sich zu Zolas Rougon-Macquart-Romanen auftut. Ein Kunstwerk kann auch genießen, wer in Person oder als Klasse nach den Absichten des Autors kritisiert oder karikiert werden soll: die Pariser Aristokratie von 1785 in „Figaros Hochzeit" von Beaumarchais, die Berliner Bourgeoisie um 1930 in der „Dreigroschenoper" von Brecht und Weill. Was immer der Autor an Erfahrung und Weltanschauung, an Wissen und Wollen eingebracht hat – es geht in einen neuen Kontext ein und nimmt einen neuen Aggregatzustand an. Lebensmaterie sublimiert sich zu Dichtung, Ernst erhebt sich zum Spiel, Lehrhaftes wird unterhaltsam, Polemik erheiternd, und der tragische Gegenstand bereitet ästhetisches Vergnügen.

Die grundrechtliche Qualifikation respektiert die Einheit des Kunstwerks. Die Kunstfreiheit deckt es in Form und Inhalt. Sie schließt die in ihm enthaltenen außerästhetischen Faktoren ab, Tatsachen, Wertungen, Tendenzen. Das Grundrecht der Meinungsfreiheit tritt daher zurück. Das hat das Bundesverfassungsgericht am Fall des „Mephisto"-Romans aus gutem Grunde so gesehen.[40] Die Gedankenlyrik muss sich nicht grundrechtlich zerlegen lassen in Gedanken und Lyrik, die Programmmusik nicht in Musik und Programm.

b) Differenzierende Tatbestandszuordnung

Die Maxime einheitlicher Qualifikation gilt nicht unbegrenzt. Zwei Prozente „Kunst am Bau" adeln nicht den Bau als solchen, den kompletten Wohnblock, zum Kunstwerk. Das anspruchsvolle Design eines Autos führt nicht dazu, dass die ganze Kraftfahrzeugproduktion den Schutz der Kunstfreiheit erlangt, die Grundrechte der Berufsfreiheit wie des Eigentums verdrängt werden und die Ingerenzmöglichkeiten des Staates sich auf ein Minimum reduzieren. Wenn die ästhetische Gestaltung nur einen Teil der Sache erfasst, kann auch nur dieser Teil grundrechtlichen Schutz erlangen. Hier ist Differenzierung in quantitativer Hinsicht angezeigt.

Sie kann auch in qualitativer Hinsicht geboten sein, wenn das künstlerische Werk objektiv erkennbar einem kunstfremden Zweck theoretischer oder praktischer Art gewidmet ist und dieser Zweck eindeutig die ästhetischen Momente dominiert. Der literarische Essay dient dazu, eine bestimmte Aussage zu präsentieren. Daher folgt die Aussage dem Grundrecht, dem sie von der Sache her entspricht, etwa der Meinungsfreiheit oder der Wissenschaftsfreiheit. Der Essay genießt auch dann nicht den Schutz der Kunstfreiheit, wenn seine Form hochartifiziell ist wie bei Hofmannsthal oder Carl Schmitt und wenn er das sprachliche Niveau der zeitgenössischen Belletristik überragt. Zum Schutzbereich der Kunstfreiheit gehören literarischer Duktus und Stil, aber auch nur diese.[41]

Das Kirchenlied, das Altargemälde, der Messkelch entsprechen

---

[40] BVerfGE 30, 173 (191 f.). Vgl. auch BVerfGE 75, 369 (377).

[41] Wenn der Essay Fragen der Kunst zum Thema hat und sich im Wirkbereich der Kunst bewegt (dazu unten 4), fällt auch die Aussage unter den Grundrechtstatbestand des Art. 5 Abs. 3 S. 1 GG. – *Mahrenholz* stellt für den grundrechtlichen Kunstcharakter auf das „Vorliegen" der sinnlich-ästhetischen Rahmensituation ab (N 10), Rn. 37 ff.

ihrer Formstruktur nach dem grundrechtlichen Kunstbegriff.[42] Doch die Formelemente ordnen sich dem liturgischen Gebrauchszweck unter. Der Schwerpunkt liegt in der gottesdienstlichen Bestimmung. Diese unterfällt dem Schutz der Religionsfreiheit und der staatskirchenrechtlichen Garantien. Die Kunstfreiheit kommt nur zum Zuge, soweit noch ein eigener Bedarf für den Schutz der ästhetischen Gestalt übrigbleibt.

Mutatis mutandis gilt die grundrechtliche Differenzierung nach dem Schwerpunkt auch für wirtschaftliche und politische Zwecke: in der Wirtschaftsreklame,[43] der Wahlwerbung. Deshalb haben das Agitproptheater, das politische Cabaret, die politische Karikatur, der Protestsong, das politische Happening nicht schon kraft Natur der Sache ihren Ort im Schutzbereich der Kunstfreiheit. Wo die künstlerische Form sich in den Dienst außerkünstlerischer Zwecke stellt, beschränkt sich der Schutz der Kunstfreiheit auf das Design, indes ansonsten das dem Zweck korrespondierende Grundrecht eintritt, also bei politischem Engagement die Meinungsfreiheit.

Die Differenzierung hat aber nur so lange Bestand wie der widmungsmäßige außerkünstlerische Gebrauch. Wenn sich dieser erledigt und das Werk musealisiert wird, geht es als Ganzes in den Schutzbereich der Kunstfreiheit ein. Das Moulin-Rouge-Plakat von Toulouse-Lautrec, in seiner ursprünglichen Funktion Reklame für einen Pariser Nachtclub, nach heutiger Grundrechtsqualifikation also Berufsausübung und Meinungsäußerung, mutiert nachträglich zum reinen grundrechtlichen Kunstwerk. Auf der anderen Seite können Werke aus dem Fundus der Kunst auch wieder in die Lebenswelt zurückgeholt und praktischen Zwecken nutzbar gemacht werden: Leonardos „Mona Lisa" umfunktioniert für Zigarettenreklame, ein Brecht-Gedicht für den Wahlkampf.[44]

---

[42] Zu den Rechtsfragen kirchlicher Kunstdenkmäler: *Heckel* (N 20), S. 62 ff., 188 ff. Vgl. auch *Jean Chatelain/Hartwig Beseler/Lucien Ray/Martin Heckel*, Denkmalpflege und Denkmalschutz an den Sakralbauten in der Bundesrepublik Deutschland und in Frankreich, in: Deutsch-Französische Kolloquien Kirche – Staat – Gesellschaft, Bd. 7, 1987.

[43] Verfehlt also, die politische Reklame für die Aufführung eines eingeübten Stücks als „Kunst" zu qualifizieren (so aber BVerfGE 77, 170 [253 ff.]). – Allgemein zum grundrechtlichen Standort der Werbung: *Lerche*, Werbung und Verfassung, 1967, S. 72 ff. (speziell zur Kunstfreiheit S. 88 ff.).

[44] Zu wechselnder Funktionalisierung: *Denninger* (N 27), § 146 Rn. 15.

Damit lebt das Gebot der grundrechtlichen Differenzierung wieder auf.

4. Kunst als Kommunikation – Schutz der Rezeption

Nach ständiger Rechtsprechung des Bundesverfassungsgerichts schützt die Kunstfreiheit nicht nur die künstlerische Betätigung (Werkbereich), sondern darüber hinaus auch die Darbietung und Verbreitung des Kunstwerks als einen ebenfalls kunstspezifischen Vorgang, der sachnotwendig sei für die Begegnung mit dem Werk (Wirkbereich).[45] Der Schutz der Kunstfreiheit kommt nun auch denen zugute, die Kunst vervielfältigen, vermarkten, vermitteln und reproduzieren: Verlegern, Schallplattenherstellern, Theaterunternehmern, Impresarios, Galeristen, Schauspielern, Zeitungsredakteuren, Werbeträgern.[46] Das Kunst-Grundrecht expandiert in seiner thematischen Reichweite auf Kosten der Berufsfreiheit wie auch der Medienfreiheit. Unter dem Grundrechtspersonal der Kunst findet sich dagegen nicht der Rezensent. Kunstkritik sei nicht selber Kunst, meint das Bundesverfassungsgericht und verweist sie in den Schutzbereich der Meinungsfreiheit.[47] Die für den Wirkbereich erhebliche Frage, ob die Rezension nicht sachnotwendig ist für die Begegnung mit dem Kunstwerk, bleibt aus. Der Kunstkritiker passt nicht in das künstlerfreundliche Interpretationskonzept, weil er nicht unbedingt dem Wohlbefinden des Künstlers zuträglich ist und schon Goethe ihm geflucht hat: „Der Tausendsackerment!/ Schlagt ihn tot, den Hund! Er ist ein Rezensent",[48] wobei Goethes Fluch aber – Dank dem Satireprivileg des Bundesverfassungsgerichts – seinerseits grundrechtliche Immunität genießt.

Das Bundesverfassungsgericht macht sich eine künstlerintrovertierte Sicht der Kunstfreiheit zu eigen. Das wird im Stabreim-

---

[45] BVerfGE 30, 173 (189, 193). Die Alliterations-Begriffe gehen zurück auf *Friedrich Müller*, Freiheit der Kunst als Problem der Grundrechtsdogmatik, 1969, S. 97 ff. Vgl. auch *Henschel*, (N 5), S. 1938 ff.

[46] Vgl. BVerfGE 30, 173 (188 ff.) – Verleger; 31, 321 (331) – Schallplattenhersteller. Zum Personal des Wirkbereichs: *Henschel* (N 5), S. 1939 f.; *Mahrenholz* (N 10), Rn. 48 ff.

[47] BVerfG B. v. 25. 2. 1993, in: EuGRZ 1993, S. 146 (147).

[48] *Johann Wolfgang von Goethe*, Da hatt' ich einen Kerl zu Gast … (1774), in: ders., Werke (Hamburger Ausgabe), Bd. 1, 1960, S. 62.

Begriff von Werk- und Wirkbereich deutlich. Zum Wirkbereich gehört danach alles, was den Interessen des Künstlers an Vorbereitung und Reproduktion seines Werkes dienlich ist, aber auch nur das. Außerhalb des grundrechtsdogmatischen Blickfeldes verbleibt der Adressat des Werkes, das Publikum. Die einseitige Sicht wird der Kunst als realem Vorgang gesellschaftlicher Kommunikation nicht gerecht. Dieser umfasst beide Seiten: Sender und Empfänger, Künstler und Publikum, künstlerische Produktion und Rezeption. Das Grundrecht deckt auch die Rezeption ab. An ihm haben auch teil Leser, Betrachter, Hörer, Erwerber und Besitzer, Genießer und Kritiker. Staatliche Reglementierung trifft auch das Publikum.[49] Sie trifft es auch, wenn es sich um Kunstwerke handelt, deren Urheber längst verstorben sind. Der grundrechtliche Schutz der Rezeption überdauert den der Produktion.

Zurück zur grundrechtlichen ratio der Kunstfreiheit. Das Grundrecht verbietet dem Staat, über Kunst zu richten. Aber das Verbot bezieht sich allein auf den Staat, nicht auf den Bürger. Im Gegenteil: ihm gewährleistet das Grundrecht die Freiheit, sich in Fragen der Kunst ein Urteil zu bilden und entsprechend zu handeln, nach seiner Façon ein Werk zur Kenntnis zu nehmen oder zu ignorieren, zu goutieren oder zu kritisieren, zu akzeptieren oder zu verwerfen. Ihrem liberal-abwehrrechtlichen Konzept gemäß setzt die Kunstfreiheit die Produktion und Rezeption als staatsfreien Prozess voraus, der sich im offenen Wettbewerb der Grundrechtsträger auf der Basis rechtlicher Chancengleichheit vollzieht[50]. Grundrechtliche Freiheit bedeutet für den Künstler Chance und Risiko zugleich, sich im Wettbewerb durchzusetzen, zu behaupten oder zu scheitern.[51] Der Staat garantiert keine Marktanteile, keine Besitzstände an Reputation, keine Vorherrschaft von Richtungen und Schulen.

---

[49] Für die Einbeziehung des Publikums: *Paul Kirchhof*, Die Garantie der Kunstfreiheit im Steuerstaat des Grundgesetzes, in: NJW 1985, S. 225 (226, 228, 232); *Mahrenholz* (N 10), Rn. 49 ff. – Ablehnend: *Scholz* (N 33), Art. 5 Abs. III Rn. 21 (kein subjektives Recht des Publikums, nur objektiver Schutz des Zugangs). – Aufnahme der Kommunikation in den Schutzbereich der Kunstfreiheit: *Denninger* (N 27), § 146 Rn. 16.

[50] Zum agonalen Prinzip der Grundrechte: *Isensee* (N 26), § 115 Rn. 252 ff.

[51] Dieses liberale Grundrechtsmodell eines Kulturmarktes kann freilich durch kulturstaatliche Intervention modifiziert werden. Außerhalb des Kulturmarktes liegen die staatlich organisierten Residenzen der Kultur, von den Staatstheatern und Museen bis zu den Rundfunkanstalten.

Er ist nicht Hüter des Stils und der Tradition, des Geschmacks und der Moral. Darum müssen sich die Bürger kümmern. Sie sind aber auch in ihrem Urteil und in dessen praktischem Vollzug grundrechtlich geschützt.

Wie die anderen Freiheitsgrundrechte sichert die Kunstfreiheit ihren Trägern zu, die Leistung und das Urteil der anderen in Frage zu stellen – freilich mit dem Risiko, dass die eigene Leistung und das eigene Urteil durch die anderen in Frage gestellt werden. Wer sich auf das Forum der Öffentlichkeit begibt, exponiert sich der Kritik. Die Rezension gehört zum Schutzbereich der Kunstfreiheit. Und da der Staat dem Künstler keine Vorschriften über das Kunstwerk machen darf, kann er auch dem Rezensenten nicht die lex artis diktieren. Der Böll-Verriss durch Henscheid, so grobschlächtig er auch ausfällt, wird durch die Kunstfreiheit tatbestandlich gedeckt, weil der Rechtsstaat keinen Denkmalschutz für Literaten leistet, auch nicht für nobelpreisgekrönte.[52]

Resümee zur thematischen Reichweite der Kunstfreiheit: Sie erfasst den Künstler und sein Publikum sowie die Mittler der Kommunikation. Aber sie beschränkt sich auf die eigentliche künstlerische Kommunikation. Die wirtschaftlichen Aspekte der Vermarktung und des Markterfolges gehören nicht dazu. Sie stehen unter dem Schutz der wirtschaftlichen Grundrechte.

IV. Schranken der Kunstfreiheit

1. Das vorbehaltlose Grundrecht und seine verfassungsimmanenten Schranken

Die Kunstfreiheit, nicht ausdrücklich unter Gesetzesvorbehalt gestellt, ist nicht den allgemeinen Gesetzen unterworfen, die gemäß Art. 5 Abs. 2 GG für die Meinungsfreiheit gelten. Sie wird gleichwohl nicht als grenzenlos anerkannt. Sie unterliegt den („immanenten") Schranken, die das Verfassungsgesetz selbst aufrichtet, jedoch allein diesen Schranken. Fehlt auch der Gesetzesvorbehalt, so steht sie doch unter Verfassungsvorbehalt. Das ist seit dem „Mephisto"-Beschluss ständige Rechtsprechung des Bundesverfas-

---

[52] Verfehlt: BVerfG B. v. 25. 2. 1993, in: EuGRZ 1993, S. 146 (147).

sungsgerichts[53] und entspricht der heute herrschenden Lehre.[54] Damit aber fällt dem Grundrechtsinterpreten die schwierige Aufgabe zu, die im Einzelfall kollidierenden Rechtsgüter im Text des Grundgesetzes nachzuweisen, obwohl dieses nicht als Katalog solcher Güter abgefasst ist. Die Gefahr besteht, dass, wenn der praktischen Rechtsvernunft eine Schranke als notwendig erscheint, sie diese auf Biegen oder Brechen aus dem Grundgesetz ableitet, sei der positivrechtliche Anknüpfungspunkt noch so entlegen und die Deduktion noch so abwegig. Auch wenn das Bundesverfassungsgericht sich bei immanenten Schranken stets auf den Text des Grundgesetzes beruft, greift es in Wahrheit auf die in ihm nur unzulänglich zum Ausdruck kommende materielle Verfassung zurück. Die materielle Verfassung aber ist ein System, das durch Interpretation erschlossen und hervorgebracht wird.[55]

Nicht leicht ist zu erkennen, ob und wieweit die Kunstfreiheit sich gegenüber einem kollidierenden Verfassungsgut behauptet. Der stereotyp zitierte Grundsatz der Verhältnismäßigkeit[56] leistet nichts, weil die Voraussetzung seiner regulären Anwendbarkeit, der gesetzliche Eingriff in den grundrechtlichen Schutzbereich als Mittel zu einem vorgegebenen legitimen Zweck, hier ausfällt. Es geht um die Abwägung gleichartiger Güter der Verfassung.[57] Doch es ist unklar, wieviel sie wiegen, worin das richtige Gleichgewicht besteht, wie die Waage zu tarieren ist. Ziel ist der schonendste Ausgleich.[58] Die Praxis neigt dazu, ihn eher vom Bundesverfassungsgericht zu erhoffen als vom Gesetzgeber. Folge ist der Rekurs auf den Einzelfall, damit aber der Verzicht auf operationable rechtliche Maximen, der Verlust an Berechenbarkeit und Transparenz, die Entwertung des Gesetzes.

---

[53] BVerfGE 30, 173 (191 ff.); 81, 278 (292 f.); 83, 130 (139) – st. Rspr.

[54] Vgl. mit Nachw.: *Denninger* (N 27), § 146 Rn. 38 ff.; *Scholz* (N 33), Art. 5 Abs. III Rn. 56 ff. Allgemein zu den Grenzen der vorbehaltlosen Grundrechte: *Lerche*, Grundrechtsschranken, in: HStR Bd. V 1992, § 122 Rn. 23 f.

[55] Dazu: *Isensee*, Schranken der vorbehaltlosen Grundrechte, in: Recht in Deutschland und Korea, Zeitschrift der Koreanisch-Deutschen Gesellschaft für Rechtswissenschaft, Bd. V, Seoul 1985, S. 51 ff.; *ders.*, Staat und Verfassung, in: HStR Bd. I, 1987, § 13 Rn. 142; *Lerche* (N 53), § 122 Rn. 23 f.

[56] Exemplarisch BVerfGE 83, 130 (143) – mit unberechtigter Berufung auf BVerfGE 30, 173 (199).

[57] Richtig BVerfGE 30, 173 (199).

[58] Vgl. BVerfGE 39, 1 (43); 83, 130 (143); *Lerche* (N 53), § 122 Rn. 23 f. (Nachw.).

Die Probleme wären vermindert, wenn, einem Vorschlag der Literatur gemäß, die Schranken der allgemeinen Gesetze auch auf die Kunstfreiheit bezogen würden, sie also insoweit der Meinungsfreiheit gleichstände.[59] Viele Entscheidungen änderten sich nicht im Ergebnis; doch fiele ihre Begründung am Maßstab der allgemeinen Gesetze einfacher und klarer aus als beim intrikaten Aufweis verfassungsimmanenter Schranken im Einzelfall. Die Gegenmeinung hat auch gute dogmatische Gründe auf ihrer Seite. Doch der Zug der Grundrechtsinterpretation ist abgefahren. Der Versuch wäre müßig, nachträglich die dogmatischen Weichen umzustellen.

Die zwei benannten Schranken aus Art. 5 Abs. 2 GG, der Schutz der Jugend und das Recht der persönlichen Ehre, werden ohnedies von der Judikatur als immanente Schranken der Kunstfreiheit anerkannt, zwar nicht durch direkte Anwendung des Art. 5 Abs. 2 GG, wohl aber durch Rechtsanalogie, die Ableitung allgemeiner Schutzgüter aus der speziellen Schrankenvorschrift.[60]

2. Grundrechtskollisionen und ihre Lösung

a) Der Sprayer von Zürich als Paradigma

Ein Paradigma bildet der Fall des „Sprayers von Zürich" Harald Naegely, der seine virtuosen Graffiti an Hauswände sprühte, ohne die Eigentümer zu fragen, und sich von diesen den Vorwurf der Sachbeschädigung zuzog, indes er selbst sich auf die Freiheit der Kunst berief. Doch die Reichweite des Grundrechts, so konstatiert das Bundesverfassungsgericht in lakonischer Knappheit, erstreckt sich „von vornherein nicht auf die eigenmächtige Inanspruchnahme oder Beeinträchtigung fremden Eigentums zum Zwecke der künstlerischen Entfaltung (sei es im Werk- oder Wirkbereich der Kunst). Überdies enthält das Eigentumsgrundrecht gleichfalls eine

---

[59] So *Knies* (N 19), S. 257 ff. Zur virtuellen Bedeutung des allgemeinen Gesetzes auch *Lerche* (N 35), S. 180; *Otto* (N 18), S. 10.

[60] Vgl. BVerfGE 30, 173 (193 ff.) – zum „sozialen Wert- und Achtungsanspruch" und Persönlichkeitsschutz über Art. 1 Abs. 1 GG; BVerfGE 83, 130 (139 f.) – Jugendschutz unter Berufung auch auf Art. 6 Abs. 2 S. 1 GG; ebenso BVerwG Urt. v. 26. 11. 1992, in: JZ 1993, S. 790 (791) und ebd. S. 794 (795) mit kritischer Anmerkung von *Christoph Gusy*, ebd., S. 796 (797 f.). – Insofern liegt jedenfalls partielle Konvergenz vor mit dem Ansatz von *Knies* ([N 19], S. 257 ff., 273, 276 ff., 278 ff.).

Verbürgung von Freiheit; nach den vom Grundgesetz getroffenen Wertungen steht es nicht prinzipiell hinter der Freiheit der Kunst zurück. Gesetze, die eine Eigentumsbeschädigung mit Strafe androhen, verstoßen nicht gegen den Sinn dieser Freiheit.[61]

Die Entscheidung ist goldrichtig. Die Produkte aus der Spritzpistole mögen Kunst sein; sie fallen aber nicht unter die Freiheit der Kunst. Diese garantiert dem Künstler Selbstbestimmung, nicht aber die Fremdbestimmung zum Übergriff auf Rechte anderer. Der Übergriff auf das grundrechtlich geschützte Eigentum wird nicht abgewogen, sondern nur abgegrenzt. Das verletzte Recht des Eigentümers kann nicht durch ein Recht des Verletzers aufgewogen werden, mag dieser sich auch künstlerischer Mittel bedienen, wobei sub specie der Kunstfreiheit ein etwaiger ästhetischer Wert ohnehin nicht rechtlich bedeutsam werden könnte. Hier wird die Kunstfreiheit auch nicht nachträglich eingeschränkt, sondern nur eine von vornherein bestehende Grenze des Schutzbereichs sichtbar gemacht: die Grenze der Rechte anderer, mithin das Gebot des „Neminem laedere".[62] Hätte das Gericht zugunsten des Sprayers entschieden und ihm die ungehinderte künstlerische Betätigung mit der Spritzpistole auf Kosten des Eigentümers gestattet, so hätte es letzteren in seiner Eigentumsfreiheit verletzt durch das Sonderopfer einer Duldungspflicht. Es hätte ihn aber auch in seiner Kunstfreiheit beeinträchtigt, dadurch nämlich, dass es ihn gezwungen hätte, seinem Haus ein Kunstwerk applizieren zu lassen, dieses um der Kunst willen hinzunehmen und so als Mäzen wider Willen zu fungieren. Zur Kunstfreiheit des Eigentümers gehört, nicht von Staats wegen zum Respekt vor bestimmten Kunstwerken und zu ihrer Konservierung genötigt zu werden, die Graffiti an der eigenen Hauswand nicht als Schmiererei bewerten und nicht als Sachbeschädigung bekämpfen zu können. Das Ergebnis ist scheinbar paradox: dass sich hier nicht der Künstler auf die Kunstfreiheit berufen kann, sondern der Philister.

Als allgemeine Regel ist festzustellen, dass die Kunstfreiheit

---

[61] BVerfG, Zweiter Senat (Dreierausschuß) B. v. 19. 3. 1984, in: EuGRZ 1984, S, 271 (272). Im Unterschied zu den sonst zitierten Entscheidungen des Bundesverfassungsgerichts zur Kunstfreiheit handelt es sich hier nicht um eine Entscheidung des Ersten, sondern des Zweiten Senats. Kritisch zum Sprayer-Beschluß *Denninger* (N 27), § 146 Rn. 40; *Mahrenholz* (N 10), Rn. 72 f.

[62] Zu den dogmatischen Problemen: *Isensee*, Das Grundrecht als Abwehrrecht und als staatliche Schutzpflicht, in: HStR Bd. V, 1992, § 111 Rn. 56, 171 ff.

ihre Grenze im Neminem-laedere-Gebot findet. Diese Grenze ist freilich beim Eigentum als einem physischen Schutzgut leichter zu bestimmen als bei den ideellen Schutzgütern der Ehre und der sonstigen Persönlichkeitsrechte.

b) Grundrechtliche Schutzpflicht für Persönlichkeitsrechte

Wenn der Künstler mit seinem Werk in Rechte eines anderen eingreift, so ist er nicht der einzige, der sich auf ein Grundrecht berufen kann. Die Grundrechte kommen nicht nur dem Täter zugute, sondern auch dem Opfer. Wirken sie für den einen als Abwehrrecht, so für den anderen als Schutzpflicht.[63] Der Staat ist gehalten, die grundrechtlichen Güter, etwa Menschenwürde oder Eigentum, vor privaten Übergriffen zu schützen. Daher können Normen, die das Grundrecht des Künstlers beschränken, als Mittel dazu dienen, das Grundrecht des virtuellen Opfers sicherzustellen. Der Staat ist nicht nur berechtigt, sondern auch verpflichtet, mit wirksamen, geeigneten und angemessenen Mitteln das gefährdete grundrechtliche Gut zu schützen. Dem Übermaßverbot auf der Seite des Abwehrrechts korrespondiert das Untermaßverbot auf der Seite der Schutzpflicht.[64] Diese gegenläufigen Regulative ermöglichen den schonenden Ausgleich bei der Auflösung der Grundrechtskollision. Der plakative Rekurs auf den Grundsatz der Verhältnismäßigkeit erübrigt sich.[65] Mit Hilfe der korrelierenden Grundrechtsfunktionen des Abwehrrechts und der Schutzpflicht kann auch die Diffusionsformel von der Wechselwirkung, die bei der Bestimmung des allgemeinen Gesetzes nach Art. 5 Abs. 2 GG obwaltet,[66] abgelöst werden.

Das Bundesverfassungsgericht wendet die Figur der Schutzpflicht in der Dreierkonstellation Staat-Störer-Opfer auf den Schutz des ungeborenen Lebens an, auf die innere Sicherheit und den

---

[63] Zutreffend: *Hillgruber/Schemmer* (N 18), S. 947 ff. – Zur Rechtsfigur der Schutzpflicht: *Isensee* (N 61), § 111 Rn. 1 ff., 77 ff, 86 ff.

[64] Dazu BVerfGE 88, 203 (251 ff.).

[65] Das verkennt *Christian Starck* (Der verfassungsrechtliche Schutz des ungeborenen Lebens, in: JZ 1993, S. 816 [817]).

[66] Vgl. BVerfGE 7, 198 (208 f.); 69, 257 (269 f.) – st. Rspr. Harsche, aber berechtigte Kritik: *Kiesel* (N 18), S. 1129 ff.

Umweltschutz,[67] aber nicht auf den Persönlichkeitsschutz. Doch just hier fordert das Grundgesetz sie expressis verbis ein, wenn es die staatliche Gemeinschaft in Pflicht nimmt, die Würde des Menschen, den Kern des Persönlichkeitsschutzes also, nicht nur negativ – in abwehrrechtlicher Hinsicht – zu wahren, sondern auch positiv – als staatliche Schutzpflicht – zu schützen (Art. 1 Abs. 1 S. 2 GG).[68]

Die strukturelle Schwäche der Judikatur zum Persönlichkeitsschutz wird deutlich: dass sie allein auf den Täter blickt, nicht auch auf das Opfer. Auch wenn das Bundesverfassungsgericht die grundrechtliche Basis für die Position des Opfers benennt, so fungiert diese nur als Grundrechtsschranke der Kunst- oder der Meinungsfreiheit. Das Opfer tritt nicht als Grundrechtssubjekt in Erscheinung. Die Dreieckskonstellation Staat-Störer-Opfer wird verkürzt auf die eine, die abwehrrechtliche Beziehung zwischen Staat und Störer. Kein Wunder, dass der Ehrenschutz dogmatisch diffus bleibt mit seinen Verhältnismäßigkeitsabwägungen ohne klare rechtliche Verhältnisse, seiner undeutlichen Einordnung als Grundrechtskollision[69] oder seiner falschen Einordnung unter die Drittwirkung der Grundrechte.[70] Die Judikatur zum Persönlichkeitsschutz fällt denn auch inkonsistent und unberechenbar, oftmals auch einseitig und schieflastig aus.

3. Grundrechtlicher Schutz der Ehre

Gegenstand der staatlichen Schutzpflicht ist nicht das allgemeine Persönlichkeitsrecht in seiner zivilrechtlichen Gestalt,[71] sondern

---

[67] Übersicht über die Judikatur: *Isensee* (N 61), § 111 Rn. 77 ff. Die bedeutendste, differenzierteste und am tiefsten fundierte Entscheidung ist die vom 28. 5. 1993, das zweite Abtreibungsurteil (N 63).

[68] Die zweite Abtreibungsentscheidung des BVerfG baut gerade auf dieser Grundlage auf (N 63), S. 16 ff. – Zur staatlichen Schutzpflicht in Art. 1 Abs. 1 S. 2 GG: *Dürig* in: Maunz/Dürig (N 33), Art. 1 Abs. I Rn. 2; *Starck* in: Hermann v. Mangoldt/Friedrich Klein, Das Bonner Grundgesetz, Bd. 1, ³1985, Art. 1 Abs. 1 Rn. 19, 23 ff.

[69] Zu dieser Rechtsfigur *Wolfgang Rüfner*, Grundrechtskonflikte, in: Christian Starck (Hg.), Bundesverfassungsgericht und Grundgesetz, 2. Bd., 1976, S. 453 ff.

[70] Dazu *Isensee* (N 61), § 111 Rn. 134 f. Allgemein: *Rüfner*, Grundrechtsadressaten, in: HStR Bd. V, 1992, § 117 Rn. 54 ff.

[71] Dazu mit Nachw.: *Horst Ehmann*, Informationsschutz und Informationsverkehr

die grundrechtlichen Persönlichkeitsrechte, die sich nicht mit jenem decken.[72] Diese Rechte gründen in der Menschenwürde sowie in einzelnen Freiheits- und Gleichheitsrechten, zumal in der allgemeinen Handlungsfreiheit nach Art. 2 Abs. 1 GG. Der grundrechtliche Schutz erfasst die Privatheit einschließlich des Datenschutzes sowie das Recht, über das eigene Bild zu verfügen und es nicht ohne weiteres der Publikation und der Vermarktung überlassen zu müssen. Zur grundrechtlichen Freiheit gehört die Selbstbestimmung des einzelnen darin, wie er sich seinen Mitmenschen in der Öffentlichkeit darstellt. Das Recht der Selbstdarstellung wird verletzt durch unwahre Tatsachenbehauptungen, Unterstellungen, falsche Zitate.[73]

Ein grundrechtliches Schutzgut ist die Ehre. Die Ehre aber ist nicht leicht juristisch zu fassen. Klar ist jedoch, dass sie staatlichen Schutz genießt, soweit sie Ausdruck der Menschenwürde ist.[74] Die Menschenwürde ist angeboren. Sie kommt dem Menschen zu, weil er Mensch ist, ohne Rücksicht darauf, was für ein Mensch er als Individuum ist und was er aus seinem Menschsein macht. Die Menschenwürde liegt allen Unterscheidungen voraus, den biologischen, den rechtlichen, den sozialen. Die Schutzpflicht des Staates aktualisiert sich als Grundrechtsschranke, wenn durch Kunst- oder Meinungsäußerung die Person des anderen in ihrem Anspruch auf Achtung bloßgestellt, erniedrigt, geschmäht, ausgestoßen wird.[75]

---

[72] Zu der Diversität: *Ehmann* (N 70), BGB, Anhang zu § 12 Rn. 69 ff.

im Zivilrecht, in: AcP 188 (1988), S. 230 (242 ff.); *ders.*, Das Allgemeine Persönlichkeitsrecht, in: Walter Erman, BGB ⁹1993, Anhang zu § 12.

[73] Dazu mit Nachw.: *Schmitt Glaeser*, Schutz der Privatsphäre, in: HStR Bd. VI, 1989, § 129 Rn. 27 ff. und passim. Grundsätzlich zur Selbstdarstellung: *Friedrich Kübler*, Öffentlichkeit als Tribunal, in: JZ 1984, S. 541 (544 f.). – Schutz vor falschen Zitaten BVerfGE 54, 148 (155 ff.); 54, 208 (218 ff.). Dazu mit weit. Nachw.: *Lerche*, Meinungsfreiheit und Richtigkeitsanforderungen an Tatsachen im wirtschaftlichen Wettbewerb, in: Festschrift für Werner Lorenz, 1991, S. 143 (144 f.). – Zum Ehrenschutz juristischer Personen: BVerfGE 85, 1 (17 ff.) – Bayer.

[74] Dazu: *Starck* (N 67), Art. 1 Abs. 1 Rn. 70, 79; *Denninger* (N 27), § 146 Rn. 43; *Georg Nolte*, Beleidigungsschutz in der freiheitlichen Demokratie, 1992, S. 16 f. Beispiel: BVerfGE 75, 369 (380).

[75] Der Tatbestand ist erfüllt bei der Ausgrenzung des querschnittsgelähmten Soldaten als verrückt und als „geb. Mörder". Zutreffende strafrechtliche Würdigung OLG Düsseldorf Urt. v. 24. 3. 1990, in: NJW 1990, S. 1116 ff. Verfehlte verfassungsrechtliche Würdigung BVerfGE 86, 1 (9 ff.). Berechtigte Kritik: *Hillgruber/Schemmer* (N 18), S. 946 ff.

Problematisch ist dagegen, ob auch der durch eigene Leistung „erworbene", besondere Anspruch auf soziale Achtung grundrechtlichen Schutz genießt, die gesellschaftliche Reputation, die Berufsehre. Der absolute Schutz der Menschenwürde deckt nicht die individuelle und rollenspezifische Würde ab. Sie ist auf ein menschheitlich universales und egalitäres Bild des Menschen ausgerichtet. Sie lässt ständestaatliche Vorstellungen von ungleicher ständischer Ehre hinter sich.[76] Aber sie öffnet sich auch nicht dem Leistungsprinzip der modernen Gesellschaft dadurch, dass sie Würde nach Maßgabe von Leistung zumisst.[77] Die Menschenwürde liegt gerade dem Leistungsprinzip voraus. Sie bildet seinen verfassungsrechtlichen Grund, wie sie den Grund der Freiheits- und Gleichheitsrechte bildet, in deren Rahmen sich das Leistungsprinzip entfaltet. Die Würde des Menschen beruht aber nicht ihrerseits auf Leistung. Sie wird durch gesellschaftlich nützliches Tun nicht begründet und durch schädliches Tun oder durch Nichtstun nicht verwirkt.

Ein leistungsfundierter grundrechtlicher Achtungsanspruch kann sich, wenn überhaupt, nur aus einem Freiheitsrecht herleiten, weil Leistung realisierte Freiheit bedeutet. Der materielle Ertrag der Leistung, das Eigentum, genießt in der Tat grundrechtlichen Schutz.[78] Doch der ideelle Ertrag an gesellschaftlichem Ansehen lässt sich nicht gleichermaßen rechtlich absichern. Rechtlichen Schutz genießt es gegen unwahre Behauptungen tatsächlicher Art, üble Nachrede oder Verleumdung, gegen das falsche Zitat.

Offen ist die Frage, ob grundrechtlicher Ehrenschutz auch gegen kränkende Wertungen besteht. Das ist zu bejahen, soweit die Wertungen verifizierbar oder falsifizierbar sind und sie sich objektive Standards stützen, so die Kritik am Arzt, dass er ein Kurpfuscher

---

[76] Dazu pointiert *Kübler* (N 72), S. 541 ff.

[77] Dagegen wird die These, dass die Würde Ergebnis von Leistung sei, vertreten von *Niklas Luhmann*, Grundrechte als Institution, 1965, S. 68 ff.; *Adalbert Podlech*, in AK-GG, Bd. 1, ²1989, Art. 1 Abs. 1 Rn. 11. – Kritisch: *Wolfgang Graf Vitzthum*, Die Menschenwürde als Verfassungsbegriff, in: JZ 1985, S. 201 (206 f.); *Peter Häberle*, Die Menschenwürde als Grundlage der staatlichen Gemeinschaft, in: HStR Bd. I, 1987, § 20 Rn. 39, 44. Ähnlich die Konzeption des strafrechtlichen Ehrbegriffs durch *Günther Jakobs*, Die Aufgabe des strafrechtlichen Ehrenschutzes, in: Festschrift für Hans-Heinrich Jescheck, Bd. 1, 1985, S. 627 (639).

[78] Kritisch differenzierende Analyse der Beziehung des grundrechtlichen Eigentumsschutzes zum Leistungsprinzip: *Leisner*, Eigentum, in: HStR Bd. VI, 1989, § 149 Rn. 85 ff.

sei, am Steueranwalt, dass er sein Fach nicht beherrsche. Doch eine pauschale Kritik, dass jemand überhaupt ein schlechter Arzt oder ein schlechter Jurist sei, entzieht sich der Nachprüfung, vollends die Kritik, jemand sei untauglich als Politiker, als Philosoph, als Künstler. Hier gibt es keine objektiven Standards, die das subjektive Urteil leiten, rechtfertigen oder zügeln können. Hier halten die Grundrechte der Subjektivität des einzelnen einen Freiraum vorbehaltlos offen. Eben deshalb kann es keinen grundrechtlichen Bestandsschutz geben für einen selbstdefinierten Geltungsanspruch, für erworbenes gesellschaftliches Ansehen und ideelles Verdienst.

Die Kritik ist frei, auch die Schmähkritik. Im Falle der Schmähkritik trete die Meinungsfreiheit grundsätzlich hinter dem Achtungsanspruch des einzelnen zurück, meint das Bundesverfassungsgericht.[79] Doch nicht die Schmähung als solche löst die Grundrechtsschranke und die grundrechtliche Schutzpflicht aus, sondern die Schmähung des rechtlichen Achtungsanspruchs eines Menschen als Verletzung wird deutlich am Literaturverriss. Nicht das literarische Werk genießt Schutz, sondern die Person, die hinter dem Werk steht. Die Polemik Henscheids, dass Böll ein „steindummer talentfreier Autor" sei, richtet sich gegen Böll als Autor, nicht gegen Böll als Menschen. Selbst Menschenwürde hängt nicht ab von seinem Talent und nicht von seiner Intelligenz, auch nicht von der Güte seines Œuvres. Was gut oder schlecht ist in der Literatur, lässt sich nicht nach vorgegebenen Normen beurteilen. Es gibt keinen großen oder kleinen Befähigungsnachweis für Romanschriftsteller. Die Wertschätzung ihrer Werke entscheidet sich im tagtäglichen Plebiszit des literarischen Marktes. Böll selber, den das Bundesverfassungsgericht unter grundrechtlichen Mausoleumsschutz stellt, war seinerseits – um es mit dem ihm gemäßen rheinischen Adjektiv zu sagen – nicht pingelig, Schmähkritik zu üben. Das zeigt just der Roman, über den sich die Schmähkritik ergoss, „Und sagte kein einziges Wort". In der zertrümmerten Stadt Köln nach dem Zweiten Weltkrieg hörte der Held des Romans den Kölner Erzbischof – unverkennbar Kardinal Frings – bei der Fronleichnamsprozession predigen: „Ein paar Minuten hörte ich über den öden Bahnsteig

---

[79] BVerfG B. v. 25. 2. 1993, in: EuGRZ 1993, S. 146 (147) – Böll/Henscheid. Nicht ganz so deutlich BVerfGE 66, 116 (151) – Bild/Wallraff; BVerfGE 82, 272 (284 f.) – „Zwangsdemokrat Strauß". Zur richterrechtlichen Figur der Schmähkritik mit eingehenden Nachw.: *Nolte* (N 74), S. 66 ff.

hinweg dieser Stimme zu, sah zugleich den rotgekleideten Mann dort hinten am Lautsprecher stehen, mit einer Stimme sprechend, die den Dialekt um eine kaum spürbare Quantität übertrieb, und ich wußte plötzlich das Wort, das ich jahrelang gesucht hatte, das aber zu einfach war, um mir einzufallen: der Bischof war dumm".[80]

Kardinal Frings, weiser als Böll und als dessen prozessierender Sohn, rief nicht die Gerichte an, die heute – Ironie der Sache – den Autor, als die Invektive der Dummheit auf ihn zurückfällt, gegen den Dummheitsvorwurf des Rezensenten in Schutz nehmen.

Der Künstler wie der Kritiker lebt gefährlich, weil jeder dem anderen Kränkungen heimzahlen kann, aber eben doch nur mit der literarischen Feder, nicht mit dem forensischen Schwert. So durfte Thomas Bernhard unter dem Schutz der Kunstfreiheit die Stützen der österreichischen Gesellschaft mit Injuriaden und Schimpf-Kanonaden überziehen. Aber auch der schlesische Barockdichter Friedrich von Logau hätte sich, wenn die grundgesetzliche Kunstfreiheit auf das 17. Jahrhundert rückdatiert worden wäre, nicht fürchten müssen mit seinem „Auff Marcum" gezielten Verriss:

„Was du
Marcus, hast geschrieben
ist gewiß sehr gut gewesen
Weil die Leute deine Schriften mit entblöstem Rücken lesen".[81]

V. Der schonendste Ausgleich

1. Probe auf die Verallgemeinerungsfähigkeit

Prüfstein der Grundrechtsauslegung ist die Verallgemeinerungsfähigkeit ihres Ergebnisses. Nur ein Ergebnis, das der Probe standhält, kann dazu beitragen, der gleichen Freiheit aller Bürger dienlich zu sein. Ein Gericht mag daran erkennen, ob es den Kurs des Rechts einhält oder ob es in den politischen Freund-Feind-Sog gerät. Der Grundrechtsinterpret hat sich zu fragen, ob er eine Entscheidung, die dem politischen Gegner nachteilig ist, (bei gleichen sachlichen Voraussetzungen) auch dem politischen Freund zumuten würde, und ob er die Rechtswohltat, die er dem Freund

---

[80] *Heinrich Böll*, Und sagte kein einziges Wort, ¹1953, S. 88.

[81] *Friedrich von Logau*, Sinngedichte II, 8, 17 (Reclam-Ausgabe 1984, S. 115).

zudenkt, ebenso dem Konkurrenten und Widersacher zuerkennen würde. Da die Wertungen und Wägungen in den Konfliktfällen so wenig rechtlich determiniert sind, besteht nun einmal die Gefahr, dass der Zeitgeist sein Gewicht in die Waage legt.[82]

Die Judikate des Bundesverfassungsgerichts zu den Grenzen der Kunstfreiheit – aber auch die Gegenpositionen in den Medien und in der Fachliteratur – können auf ihre Verallgemeinerungsfähigkeit dadurch geprüft werden, dass man, bei sonst identischem Sachverhalt, die Täter- und die Opferrollen umbesetzt, also etwa dadurch, dass man die beiden Protagonisten der Rechtsempfindlichkeit auswechselt, Franz Josef Strauß gegen Heinrich Böll, vice versa.[83] Würde der Prozesssieg von Strauß im Fall der Karikatur als kopulierendes Schwein auch dann noch literarisch kritisiert werden, wenn das Schwein die Züge von Renate Schmidt oder Ignatz Bubis trüge? Hätte das Gericht den grundrechtlichen Satirefreibrief ausgestellt, wenn das Satiremagazin „Titanic" unter die „sieben peinlichsten Persönlichkeiten" nicht einen querschnittsgelähmten deutschen Soldaten als „geb. Mörder", sondern einen vorbestraften Roma oder Sinti als „geb. Dieb" angeprangert hätte? Gälte dem Ersten Senat die Karikatur vom Urinstrahl auf das Staatssymbol auch dann noch als legitime Äußerung der Kunstfreiheit, wenn sich der Strahl nicht auf die Fahne richtete, sondern auf den amtierenden Bundespräsidenten in effigie?[84]

Falls die Entscheidungen sich nicht als verallgemeinerungsfähig erweisen, zieht sich das Bundesverfassungsgericht den Vorwurf der Parteilichkeit zu, der seine Legitimation gefährdet. Es übt politische Justiz.

---

[82] Vgl. *Sendler* (N 18), S. 2158.

[83] Das Experiment ließe sich schon durchführen bei den beiden ähnlichen Entscheidungen zur Abwehr von Fehlzitaten, einerseits dem Fall Heinrich Böll (BVerfGE 54, 208 [218 ff.]), andererseits dem gegensätzlich entschiedenen Fall Erhard Eppler (BVerfGE 54, 148 [155 ff.]).

[84] *Sendler* (N 18), S. 2158.

2. Keine prinzipielle Präponderanz einer Rechtsposition

Der Verfassungsstaat hat einen heiklen Mittelkurs zu steuern zwischen der Scylla eines Zuviel an Freiheitsbeschränkung und der Charybdis eines Zuwenig an Persönlichkeitsschutz. Das eine Übel kann dazu führen, dass das öffentliche Leben im Muff verödet, das andere, dass es verroht, dass das humane und kulturelle Niveau zerfällt und dass der Sensible sich aus ihm zurückzieht.

Die Formel „in dubio pro libertate" trägt nichts bei zu einer verallgemeinerungsfähigen Konfliktlösung. Es mag einen gewissen Sinn haben in der dualen Beziehung von Bürger und Staat, wenn Freiheitsanspruch sich reibt an öffentlichen Belangen wie dem Schutz des Staates und seiner Symbole. Doch es ist etwas anderes, ob dem Freiheitsrecht die „Würde des Staates"[85] gegenübersteht oder die Würde des Menschen, ob es auf den Grundrechtsadressaten trifft oder auf einen Grundrechtsträger. Unanwendbar ist es, wenn Bürger untereinander streiten, hier Recht, da Unrecht, sich beide auf Grundrechte berufen, der grundrechtsverpflichtete Staat sich also in einer ambivalenten Rolle befindet. Es gibt keinen apriorischen Vorrang der Kunst- oder der Meinungsfreiheit vor dem Persönlichkeitsschutz.[86]

Es gilt aber auch nicht von vornherein der Vorrang des Persönlichkeitsschutzes. Dafür spräche freilich der Gesichtspunkt, dass der Persönlichkeitsschutz sich auf die Würde des Menschen stützt, diese aber das Fundament der Staats- und. Rechtsordnung bildet, daher gegen einzelne Rechtspositionen nicht abgewogen und so relativiert werden kann. Doch die Persönlichkeitsrechte, um die es im Einzelfall geht, etwa das Recht auf Selbstdarstellung oder den Schutz vor Schmährede, sind Emanationen der „unantastbaren" Menschenwürde und nicht mit dieser identisch. Auf der anderen Seite ist auch die Gegenposition, die Kunst- oder die Meinungsfreiheit, Konsequenz der Menschenwürde, weil die Würde des Menschen sich gerade in seiner Freiheit bestätigt. Der Konflikt besteht also zwischen zwei Derivaten der Menschenwürde, die allerdings

---

[85] *Karl Josef Partsch*, Von der Würde des Staates, 1967.

[86] Zum Unterschied Staats- und drittgerichteter Konflikte der Kunstfreiheit: *Lerche* (N 35), S. 183 ff. – Zur Unbrauchbarkeit der Formel „in dubio pro libertate" im Bereich ambivalenter Grundrechtsbeziehungen: *Isensee*, Das Grundrecht auf Sicherheit, 1983, S. 47 f.

unterschiedliche Nähe zu ihrem Ursprung halten, das eine positiv-rechtlich gesondert geregelt, das andere nicht positivrechtlich vermittelt.

3. Praktische Chancenungleichheit

Der Verfassungsstaat tut sich leichter, den Status negativus des Künstlers zu sichern als den Status positivus des Kunstbetroffenen, der sich in seiner Ehre verletzt sieht. Die Kunstfreiheit als Abwehrrecht verbietet den staatlichen Eingriff, die Ehre fordert ihn. Hier gilt es, Grundrechtssubstanz zu sichern, dort sie zu schützen.

Die straf- und zivilrechtlichen Vorkehrungen des Ehrenschutzes erweisen sich häufig als stumpfe Waffe. Sie tragen eher dazu bei, ehrenrührige Behauptungen zu verbreiten und im Gedächtnis der Umwelt zu vertiefen, als dazu, sie aus der Welt zu schaffen und dem Opfer echte Genugtuung zu bringen. Wer sich in seiner Ehre verletzt fühlt, ist in der Regel gut beraten, sich nicht auf einen Prozess einzulassen und, um Schlimmeres zu vermeiden, die Kränkung hinzunehmen. Selten hat sich der Staat so angestrengt, üble Nachrede durch öffentlichen Ehrenerweis wiedergutzumachen wie im Fall des Generals Kießling, dem der Bundesverteidigungsminister sexuelles Fehlverhalten unterstellt hatte. Und doch weckt auch nach zehn Jahren der Name bei denen, die sich der Affäre erinnern, eher Assoziationen an den Vorwurf als an den Widerruf.

Von Anfang an hat der in seiner Ehre Gekränkte die mindere Chance. Diese verschlechtert sich weiter, wenn der Ehrverletzer an Sprachkraft und Medienresonanz überlegen ist, wie das beim Schriftsteller leicht der Fall sein kann. Die Nachteile in der Ausgangslage sind unvermeidlich. Auch der Staat vermag sie nicht aufzuheben oder auch nur auszugleichen. Jedenfalls hat er bisher nicht das Rezept gefunden.

VI. Kompetenz zur Konfliktlösung

Wo die Wertungen der Verfassung einander widerstreiten, erhebt sich die Frage, wer den Streit entscheiden soll. Im System der demokratischen Gewaltenteilung fällt die primäre Entscheidungskompetenz dem Gesetzgeber zu. Das Gesetz bietet also von seiner Form her die größere Gewähr der Verallgemeinerungsfähigkeit als die Einzelfallentscheidung der Exekutive oder der Judikative. Es vermittelt Rechtssicherheit.

Der Umstand, dass die Kunstfreiheit nicht unter Gesetzes-, sondern unter Verfassungsvorbehalt steht, schließt die Legislative nicht aus. Die Schranken der Kunstfreiheit sind, trotz ihrer Verfassungsimmanenz, durch Gesetz zu definieren. Sie sind, im Unterschied zu den konstitutiv grundrechtsbeschränkenden „allgemeinen Gesetzen" bei der Meinungsfreiheit, der Idee nach nur deklaratorisch. Da die Grenzen der Schutzbereiche aber unscharf sind, hat das kollisionslösende Gesetz Entscheidungsspielraum.[87] Eben deshalb enthält die Aufgabe der Kollisionslösung auch Momente politischer Gestaltung. Diese aber sind Sache der Legislative.[88] In einer bestimmten Bandbreite enthält der einfachrechtliche Ehrenschutz des Strafrechts und des Zivilrechts Regelungen, die mit den gegenläufigen Grundrechten vereinbar, aber nicht zur Gänze durch Grundrechte determiniert sind.[89] Das Gebot des schonendsten Ausgleichs verkörpert denn auch keine Rechtsregel, die nur ein Entweder-Oder kennt, sondern ein Optimierungsprinzip, das ein Mehr oder Weniger zulässt.[90]

Auch die grundrechtliche Schutzpflicht des Staates für Persönlichkeitsrechte führt nicht zu einem anderen Ergebnis. Die Schutzpflicht richtet sich vornehmlich an den Gesetzgeber. Ihre Erfüllung ist grundsätzlich gesetzesmediatisiert.[91] Das Bundesverfassungsgericht hat bei kollisionslösenden Gesetzen, etwa denen des zivil- und strafrechtlichen Persönlichkeitsschutzes, grundsätzlich den Interpretationsvorrang des Gesetzgebers, der Fachbehörden und der

---

[87] Zur Aufgabe des Gesetzes, Kollisionen dieser Art zum Ausgleich zu bringen und klare Lösungen zu entwickeln: BVerfGE 57, 295 (319 ff.) – Privatfunk; *Lerche*, Übermaß und Verfassungsrecht, 1961, S. 106 f., 125 ff.; *Rüfner* (N 68), S. 471. Zurückhaltend aber *Lerche* (N 53), § 122 Rn. 24.

[88] *Martin Kriele*, Grundrechte und demokratischer Gestaltungsspielraum, in: HStR Bd. V, 1992, § 110 Rn. 69 ff. (zur Kunstfreiheit Rn. 71).

[89] Daher kann das Strafrecht ein Mehr an Ehrenschutz leisten, als grundrechtlich vorgegeben ist.

[90] Kategorien: *Robert Alexy*, Theorie der Grundrechte, 1985, S. 75 ff., 77 ff. Vgl. auch BVerfGE 83, 130 (143): „Ziel der Optimierung".

[91] Näher *Isensee* (N 61), § 111 Rn. 151 ff.; BVerfGE 67, 213 (233); 81, 298 (306 – Nachprüfung „werkgerechter" Auslegung des Kunstwerkes); 83, 130 (145 – „bis in die Einzelheiten der behördlichen und fachgerichtlichen Anwendung"). Kritik an der Kompetenzusurpation: *Kiesel* (N 18), S. 1130 ff.

Fachgerichte zu respektieren und sich auf eine Vertretbarkeitskontrolle zu beschränken.

Damit zeigt sich, dass nicht jede Strafnorm und jedes Strafurteil im Spannungsfeld von Kunstfreiheit und Persönlichkeitsschutz zum vorrangigen oder gar zum ausschließlichen Verfassungsproblem gerät. Diese Einsicht passt allerdings nicht zu der heute gängigen Jagdlust der Juristen, den Gesetzgeber und die Strafjustiz der Verfassungsverstöße zu überführen, um sich eine Trophäensammlung verfassungswidriger oder zumindest verfassungskonform zu beschränkender Normen und Judikate zuzulegen. Auch der Erste Senat des Bundesverfassungsgerichts ist von diesem Eifer angesteckt.

Das Bundesverfassungsgericht neigt dazu, in den Kollisionsfällen der Kunst- und der Meinungsfreiheit umfassende Prüfungskompetenz auszuüben und den Verfassungsvorbehalt der Kunstfreiheit als Verfassungsgerichtsvorbehalt zu handhaben. Es dehnt seine Nachprüfungsmöglichkeiten aus gegenüber dem Fachgericht nach der Bedeutung dieses Grundrechts, nach der Schwere des Eingriffs im Einzelfall und den möglichen präjudiziellen Wirkungen. Zwar beteuert es häufig, dass es keine Superrevisionsinstanz sei. Das ist in Verfassungsbeschwerdesachen nicht selten propositio facto contraria. Doch im Konfliktbereich von Kunst- und Persönlichkeitsschutz handelt das Bundesverfassungsgericht tatsächlich nicht als Superrevisionsinstanz. Es fungiert nämlich als Superberufungsinstanz. Es nimmt sich die Freiheit, die Sachverhalte neu zu deuten nach Einfällen, auf die zuvor keine Prozesspartei, kein Fachgericht gekommen ist. Mit der Begründung, dass ein Kunstwerk mehrere Interpretationsmöglichkeiten offenhalte, zieht es bisher von niemandem bemerkte Interpretationsmöglichkeiten aus der Robe.[92] Der Verfassungsprozess erweist sich hier als unzulänglich. Es fehlen jene rechtsstaatlichen Garantien, wie sie in der Tatsacheninstanz des Fachgerichts gegeben sind, vor allem die Garantie des rechtlichen Gehörs. Die Fachgerichte, vom Bundesverfassungsgericht nicht ohne Hochnäsigkeit immer wieder belehrt, sie hätten die „hohe Bedeutung der Kunstfreiheit" und ihr (jeweils ad hoc definiertes) „Wesen" verkannt, werden nachhaltig irritiert.[93] Der strafrechtliche wie der zivilrechtliche Ehrenschutz droht zu zerbre-

---

[92] Willkürlich und grotesk BVerfGE 67, 213 (229 ff. – anachronistischer Zug).

[93] Vgl. *Kiesel* (N 18), S. 1130 f.; *Tröndle* (N 18), § 193 Rn. 146.

chen.[94] Die kunstfreundliche Judikatur des Ersten Senats ist gewiss gut gemeint. Aber in der Justiz wie in der Kunst ist „gut gemeint" das Gegenteil von gut.

Auch eine konsistente, ausgewogene Rechtsprechung könnte keine perfekten Lösungen hervorbringen. Der Verfassungsstaat hält sich aus guten Gründen zurück in der rechtlichen Regelung der Konfliktmaterie. Es ist in erster Linie Sache der Grundrechtsträger, Grundrechtskonflikte, wo sie sich erheben, tunlichst selbst zu vermeiden und sie unter sich zu lösen oder mit ihnen zu leben. Das System der Grundrechte baut auf der Erwartung, dass die Bürger ihr Recht auch im Blick auf das Recht des Nächsten ausüben, und dass sie von sich aus zu Regeln finden für einen verträglichen und gedeihlichen Freiheitsgebrauch, zu Ethos und Takt, zu Geschmack und Gesittung, zu Stil und zu Standards verantwortlichen Verhaltens.[95] In dieser autonomen Gesetzlichkeit verwirklicht sich grundrechtliche Freiheit zu grundrechtlicher Kultur.

---

[94] Vgl. *Kiesel* (N 18), S. 1129 ff.

[95] Zur Selbstregulierung des Pressewesens s. o. N 16. – Zu den vorrechtlichen Verfassungserwartungen an die Grundrechtsausübung *Isensee* (N 26), § 115 Rn. 222 ff.

Grundrechtseifer und Amtsvergessenheit –
Der Kampf um das Kopftuch

Das Bundesverfassungsgericht hat mit dem Kopftuchurteil[1] den Apfel der Zwietracht in die deutsche Gesellschaft geworfen. Es hat erreicht, daß sich an einem Randproblem der Schulverwaltung ein politischer Fundamentalkonflikt entzündet und sich ein läppisches Kleidungsstück in die Fahne des Kriegs der Kulturen verwandelt. Ausgetragen wird der Streit derzeit in den Landtagen. Das Bundesverfassungsgericht stellt es ihnen frei, ob sie den Lehrkräften verbieten, in Schule und Unterricht ein Kopftuch zu tragen oder nicht; wenn sie es aber verbieten wollen, müssen sie dafür eine hinreichend bestimmte gesetzliche Grundlage schaffen.

Die Forderung ist neu. Sie schießt weit über den Vorbehalt des Gesetzes hinaus, wie das Gericht ihn bisher selbst verstanden hat. Für Praxis wie Lehre bildet sie einen Überraschungscoup. Der redundante Urteilstext bietet den um Verfassungsgerichtsgehorsam bemühten Volksvertretungen keine verläßlichen Hinweise dafür, wie ein Kopftuchgesetz, für das es kein Vorbild gibt, aussehen soll. Die vielen Argumente, die das Gericht aufbietet, ergeben keine konsistente Begründung. Es ist nicht möglich, tragende, also verbindliche Gründe aus den beiläufigen, also unverbindlichen (obiter dicta) herauszufiltern. Die Länder entscheiden unter vollem verfassungsgerichtlichen Risiko. Wie immer ihre Regelungen ausfallen, am Ende werden sie vor dem Bundesverfassungsgericht landen. Das Problem wird dahin zurückkehren, von wo es in Umlauf gebracht wurde.

In der offenen Gesellschaft der Verfassungsinterpreten ist ein Überbietungswettbewerb entbrannt, wer der muslimischen Lehrerin noch mehr Bekenntnis- und Bekleidungsfreiheit in der Schule zuspricht, wer das Prinzip der religiös-weltanschaulichen Neutralität noch weiter zurückdrängt, wer die Möglichkeit eines Kopftuchverbots, wenn er sie nicht sogleich ausschließt, noch enger einschränkt auf rare, anspruchsvolle Einzelfallentscheidungen und subtile Differenzierungen nach dem Grundsatz der Verhältnismä-

---

Erstveröffentlichung in: Frankfurter Allgemeine Zeitung vom 8.6.2004, Nr. 131, S. 11.

[1] BVerfG Urt. v. 24.9.2003, E 108, 282 (294 ff.)

ßigkeit. Dem Sieger winkt die Palme der multikulturellen Offenheit, der Progressivität, der Toleranz. Man mag beinahe bedauern, daß der interpretatorische Aufwand für ein schlichtes Kopftuch erfolgt und nicht für die Totalverschleierung der Lehrerin im Unterricht, die umfassende Emanation religiös begründbarer Bekleidungsfreiheit. Der heilige Grundrechtseifer beschränkt sich freilich auf den Religions- und Kulturimport des Islam. (Die autochthone Religion des Christentums wird nicht so verwöhnt.) Die Schule stellt sich nun dar als der Ort einseitiger Grundrechtsoptimierung des Lehrpersonals. Hier lebt die Lehrerin ihr Selbst aus in religiöser, politischer, kultureller Hinsicht. Hier manifestiert sie Geschmack und Gesinnung durch Wahl ihrer Gewandung. Die Grundrechte der Schüler und der Eltern ziehen sich zurück. Allenfalls machen sie sich als Störfaktoren bemerkbar und werden entschärft durch Abwägung gegen die dominanten Grundrechte der Lehrer(innen), in der sie von vornherein verlieren müssen. Die Schule, so die stille Prämisse, ist um der Lehrer(innen), nicht um der Schüler willen da.

Krasser kann sich die in Deutschland obwaltende Grundrechtsintrovertiertheit nicht ad absurdum führen. Sie krankt an Amtsvergessenheit. Der verfassungsrechtliche Kardinalfehler liegt darin, daß der Status der Lehrkraft in der Schule von ihren subjektiven Grundrechten her gedeutet wird und nicht von der objektiven Unterrichts- und Erziehungsaufgabe, die ihr durch die demokratisch verfaßte staatliche Allgemeinheit anvertraut worden ist: als öffentliches Amt. Das Amt bildet ein Segment der Staatsgewalt, die im Verhältnis zum Bürger notwendig eingebunden ist in das Recht, abgeschottet gegen private Willkür und individuelle Laune seines Inhabers. Amt ist Dienst, nicht Selbstverwirklichung. Diese Askese ist der Preis für die Teilhabe an der Staatsgewalt. Die Amtsinhaber haben die Freiheit der Bürger zu wahren, doch sie nehmen nicht an ihr teil. Sie sind nicht Inhaber der Grundrechte, sondern deren Garanten, aber auch deren virtuelle Widersacher. Daß Inhaber staatlicher Ämter grundrechtsunfähig sind, ist kein Widerspruch zur Freiheit der Bürger, sondern Voraussetzung der Freiheit.

Der Lehrer setzt das pädagogische Programm des demokratischen Rechtsstaates um, in dessen Dienst er steht. In seiner Amtsführung achtet er die Grundrechte der Schüler, die ihm kraft Schulzwangs überantwortet sind, und die der Eltern, vor deren primärem Erziehungsrecht er seinen Unterricht zu rechtfertigen hat. Das eigene religiös-weltanschauliche Engagement weicht im Unterricht der staatlichen Neutralitätspflicht. Er gewährleistet anderen Toleranz, doch seinerseits darf er die Toleranz der anderen nicht strapazieren. Zu seiner Aufgabe gehört, Schüler unterschiedlicher nationaler, sozialer, kultureller Herkunft in die deutsche Gesellschaft zu integrieren. Wer integrieren will, muß bereits selbst integriert sein. Die Verfassung fordert, daß die Lehrer den Unterrichts- und Erziehungsauftrag optimal erfüllen, nicht aber, daß sie selber ihre Grundrechte in der Schule optimal verwirklichen können. Denn diese Verwirklichung ginge auf Kosten des schulischen Auftrages und auf Kosten der Grundrechte der Schüler und der Eltern. Daher besteht, grundrechtlich gesehen, ein wesentlicher Unterschied zwischen einem Verbot des Kopftuchs für Lehrerinnen und einem solchen für Schülerinnen. Letzteres stieße auf erheblich stärkeren grundrechtlichen Widerstand.

Freilich stehen die Grundrechte auch den Staatsbediensteten zu. Im privaten und gesellschaftlichen Leben genießen sie die gleiche grundrechtliche Freiheit wie jedermann. In einem schmalen Ausläufer ragt diese in den amtlichen Raum hinein. Die Beamten bestimmen selbst, wie sie ihr Erscheinungsbild im Dienst gestalten und wie sie sich kleiden. Doch handelt es sich nicht um den Wesensgehalt freier Persönlichkeitsentfaltung, sondern um eine Randnutzung. Der Spielraum für individuelle Beliebigkeit wird begrenzt durch die Erfordernisse des Amtes. Er wird sogar völlig aufgehoben, wenn der Polizeibeamte verpflichtet wird, eine Uniform, der Richter, eine Robe zu tragen, ohne daß sich grundrechtliche Bedenken erhöben. Allgemein steht das Recht, sich im Dienst nach persönlichem Geschmack zu gewanden, unter dem Vorbehalt der Amtsverträglichkeit. Das selbstbestimmte Erscheinungsbild darf nicht geeignet sein, die Achtung und das Vertrauen in die Integrität der Amtsführung zu beeinträchtigen.

Eine solche Beeinträchtigung braucht nicht tatsächlich einzutreten. Der Staat hat vorzusorgen, daß bereits das Risiko einer solchen tunlichst vermieden wird. Mehr noch: der Inhaber eines öffentlichen Amtes hat die Pflicht, sogar den bösen Schein zu meiden, damit das Grundvertrauen der Bürger, das Fundament des demokratischen Gemeinwesens, nicht Schaden nimmt. Daher kommt es nicht darauf an, was eine muslimische Lehrerin sich beim Tragen ihres Kopftuchs denkt, ob sie beabsichtigt, sich mit ihm zu schützen, sich zu schmücken oder ein Bekenntnis abzulegen; ob sie eine religiöse oder eine politische Tendenz bekundet, und welche, oder ob sie bloß an einem Brauch festhält. Entscheidend ist, wie das Kopftuch auf Schüler, Eltern und Öffentlichkeit wirkt: ob es geeignet ist, das Vertrauen in die religiös-weltanschauliche Neutralität und die moralische Zumutbarkeit des Unterrichts zu beeinträchtigen, ob es Zweifel weckt, daß die Lehrerin sich hinlänglich mit den Erziehungszielen aus Verfassung und Gesetz identifiziert, daß sie die rechtlichen, ethischen und kulturellen Leitbilder der Schule, die geprägt sind durch deren Herkunft aus Christentum und Aufklärung und zugeschnitten auf die Bedürfnisse einer offenen, pluralen Gesellschaft, glaubwürdig vermitteln kann, ob sie in Person als Vorbild taugt. Zweifel drängen sich geradezu auf. Der Gesetzgeber darf, um drohende Irritationen zu verhindern, das Kopftuch aus dem amtlichen Tätigkeitsbereich verbannen, er muß es sogar.

Verfassungsjuristen raten den Ländern, das Kopftuch nicht generell zu verbieten, sondern auf den Einzelfall abzustellen, ein Verbot also erst auszusprechen, wenn sich Störungen im Schulbetrieb ergeben sollten oder aber, wenn sie den Weg des gesetzlichen Verbots wählten, es durch einen Erlaubnisvorbehalt abzumildern, damit die Bekenntnis- und Bekleidungsfreiheit der Lehrerin weitgehend geschont und dem Grundsatz der Verhältnismäßigkeit Rechung getragen werde. Bereits die Prämisse ist falsch: die Bestimmung der Amtspflichten nach den subjektiven Bedürfnissen des Inhabers statt nach den Bildungsaufgaben und der staatlichen Allgemeinheit. Gleichwohl mag die „weiche" Einzelfallösung auf eine entscheidungsängstliche Parlamentsmehrheit verführerisch wirken, weil sie als Mittelweg am wenigsten politischen und rechtlichen Anfechtungen ausgesetzt sein dürfte und etwaige Konflikte auf die Verwaltung abgeschoben würden. Doch die Chance, die das Gesetz von seiner Form her bietet, wäre vertan. Rechtssicherheit, Rechtsgleichheit und Transparenz verlören sich in unübersehbaren Einzelfallentscheidungen, die sich aus der Aleatorik behördlicher und gerichtlicher Abwägungen ergäben.

Ein striktes gesetzliches Verbot schüfe Rechtsklarheit und beanspruchte allgemeine und gleiche Geltung. Es begnügte sich mit einer typisierenden Feststellung über die Amtsunverträglichkeit des Kopftuches, hielte Distanz zu Betroffenen und schonte ihre Persönlichkeitsrechte. Es ersparte ihnen wie den staatlichen Dienststellen peinliche Recherchen und aufdringliche Befragungen. Es widerspräche den grundgesetzlichen Kriterien der Eignungsauslese für den öffentlichen Dienst, wenn der Staat erkennbare Risiken für die künftige Amtsführung und den Schulfrieden planmäßig übersähe und sich damit beruhigte, daß er später, wenn dienstliche Verfehlungen vorkämen, diese disziplinarisch ahnden oder, wenn Schulfrieden und Schulfunktion gestört werden sollten, Abhilfe schaffen könne. Die Abhilfe käme zu spät. Sanktionen könnten den Schaden nicht mehr aus der Welt schaffen. Freilich liegt in jeder Personalentscheidung ein rechtliches Risiko. Das Risiko aber, das die Bewerberin mit dem Tragen des Kopftuchs signalisiert, liegt von Anfang an offen zu Tage. Es darf nicht auf die Schüler abgewälzt werden. Eine islamische Lehramtskandidatin, die nicht bereit ist, um der effektiven, vertrauensbildenden Amtsführung willen auf die virtuelle Provokation des Kopftuchs im Unterricht zu verzichten, ist für das Amt schlechthin ungeeignet. Hier bietet sich auch kein Ausweg durch Verwendung in solchen Schulbereichen, in denen die Provokation nicht verfängt. Diese lassen sich ohnehin nicht von vornherein ausmachen. Selbst eine Klasse, die sich nur aus muslimischen Schülern zusammensetzt, ist nicht immun. Im übrigen muß der Staat gerade hier mit besonderem Nachdruck seinen schulischen Integrationsauftrag zur Geltung bringen. Kein Land kann es sich leisten, Lehrerinnen einzustellen, die nicht die volle Gewähr ihrer amtlichen Zuverlässigkeit bieten, die nur begrenzt einsetzbar und bedingt belastbar wären.

Ein Staat, der aus falsch verstandener Grundrechtsliberalität sich scheut, seinen Lehrern die notwendige Anpassung an Erfordernisse der öffentlichen Schule zuzumuten, gerät in Widerspruch zu den Grundrechten der Schüler und der Eltern, denen er zumutet, den pädagogischen Einfluß der Lehrer, die sie sich nicht aussuchen können, zu ertragen. Es gibt grundrechtliche Grenzen der Zumutbarkeit des Schulzwangs. Der Unterrichtsboykott als Mittel der Notwehr von Schülern und Eltern wartet auf nähere juristische Diskussion.

Zieht aber das Verbot des muslimischen Kopftuchs nicht notwendig das Verbot christlicher Symbole und Gewänder nach sich? Gilt nicht gleiches Recht für alle Religionen? Doch es geht nicht um Religion, sondern um die Verwirklichung des staatlichen Bildungs- und Erziehungsauftrags in der Schule. Die objektive Provokation, die das Kopftuch darstellt, geht von Ordenskutte und Kreuz nicht aus. Im Gegenteil: sie repräsentieren das Christentum als eine Quelle der Kultur und des Ethos, dem die Schule (nicht allein die christliche Gemeinschaftsschule Baden-Württembergs und Bayerns) verpflichtet ist. Menschenrechte, Demokratie, Gewaltenteilung sind auf dem christlich geprägten Boden Europas gewachsen. Die historischen Konflikte zwischen liberaler Demokratie und Kirche sind längst beigelegt. Sie haben zum schiedlich-friedlichen Ausgleich gefunden und erkennen einander an, eine jede für ihren Bereich. In versöhnter Verschiedenheit arbeiten sie auf wichtigen Feldern zusammen. Für den Islam steht eine vergleichbare Entwicklung aus. Sie kann auch nicht durch forciertes Wunschdenken und rechtliche Fiktionen vorweggenommen werden. Wenn der Verfassungsstaat zwischen Kopftuch und Kreuz nicht mehr unterscheidet, mißachtet er die geistigen Voraussetzungen, von denen er zehrt.

Widerstand und demokratische Normalität

Staatsverfassung als organisiertes Widerstandsrecht

Der demokratische Rechtsstaat ist darauf angelegt, ein Widerstandsrecht der Bürger überflüssig zu machen. Er bekennt sich zu seiner eigenen Fehlbarkeit. Seine Verfassung stellt die Möglichkeit staatlichen Unrechts und staatlichen Machtmissbrauchs, also die Gründe, die ein Widerstandsrecht auslösen könnten, in Rechnung und trifft Abhilfe durch Vorkehrungen der Rechtsbindung und des Rechtsschutzes, der Machtbegrenzung, Machtteilung, Machtkontrolle. Die Staatsgewalt gründet auf dem Willen des Volkes, das seine Vertreter zu treuhänderischem Dienst auf Zeit und auf Widerruf bestellt.

Der demokratische Rechtsstaat findet seine Sinnerfüllung darin, die Menschenrechte zu wahren und zu schützen. Die Grundrechte entziehen zentrale Bereiche privater und gesellschaftlicher Autonomie als das Unabstimmbare dem Zugriff der Mehrheitsherrschaft. Der Bürger, der seine Menschenrechte gegen den Übergriff der Staatsgewalt verteidigen will, braucht nicht, wie im klassischen Drama des Widerstandsrechts, in den Himmel zu greifen und seine ewigen Rechte herunterzuholen, „die droben hangen, unveräußerlich und unzerbrechlich wie die Sterne selbst". Denn diese Rechte sind jetzt in die Staatsverfassung einbezogen. Die wesentlichen Legitimationsgrundlagen des Staates haben damit positivrechtliche Gewalt gewonnen. Die Spannung zwischen Legalität und Legitimität wird nunmehr innerhalb der staatlichen Ordnung ausgetragen und ausgeglichen. Der Verfassungsstaat fängt die rechtlichen wie die politischen Konflikte des Gemeinwesens auf und kanalisiert sie durch differenzierte Verfahren. Selbsthilfe des Bürgers verliert damit ihre Rechtfertigung. Die Verfassung des demokratischen Rechtsstaats erweist sich als Institutionalisierung des Widerstandsrechts, das jeder Mensch als naturrechtliche Mitgift in die staatliche Herrschaftsordnung einbringt.

Erstveröffentlichung in: Wolfgang Schäuble/Wolfgang Bötsch (Hg.), Widerstand im demokratischen Rechtsstaat, 1984, S. 13-17.

Das grundgesetzliche Widerstandsrecht als Ausnahme von staatsrechtlicher Norm und Normalität

Doch geht das naturrechtliche Widerstandsrecht nicht ohne Rest in der verfassungsstaatlichen Ordnung auf. Das Widerstandsrecht, das vom Grundgesetz jedem Deutschen zuerkannt wird, hat trotz seiner Positivierung seinen unstaatlichen, anarchischen Charakter behalten. Es ist kein konstruktives Element des Verfassungsgebäudes, sondern die Sprengkammer.

Der Widerstand, um den es hier geht, bedeutet: Bruch der Legalität, damit Aufkündigung der staatlichen Herrschafts- und Friedensordnung. Das Widerstandsrecht bildet den fundamentalen Widerspruch zur Ordnung des demokratischen Rechtsstaates, der auf durchgehende Legalität gegründet ist. Das Widerstandsrecht des Grundgesetzes ist deshalb kein Recht *im* demokratischen Rechtsstaat, sondern ein Recht *für* den demokratischen Rechtsstaat, das erst auflebt, wenn dieser sich als unfähig erweist, sich mit legalen Mitteln gegen den Umsturz zu behaupten.

In der Ausnahmesituation des latenten oder offenen Bürgerkrieges, aber auch nur in dieser, ist die staatliche Herrschafts- und Friedensordnung, die auf Legalität und Gewaltmonopol beruht, suspendiert. Jedermann ist gehalten, Verfassungsnothilfe zu leisten.

Das Widerstandsrecht bedeutet: Ungehorsam gegen das staatliche Gesetz aus Treue zur Verfassung, Recht auf private Gewalt zur Abwehr der Revolution, Eigenmacht des Bürgers im Dienste der Republik. Jedermann handelt auf eigene Faust, als Richter in eigener Sache und in Sachen des Gemeinwesens. Keine Institution, die Rechtssicherheit und Rechtsschutz gewährleistete, keine, die dem Handelnden das Risiko des Irrens und des Scheiterns abnähme. Darin liegt die Größe des Widerstandsrechts und seine Gefährlichkeit.

Das Widerstandsrecht ist letztlich ein naturrechtliches Bürgerkriegsrecht, das den schlechthinnigen Widerspruch bildet zu allen Regeln staatsrechtlicher Normalität. Es bricht die Bürgerpflichten, die den staatlichen Rechtsfrieden und die freiheitliche Gesetzesherrschaft konstituieren: Rechtsgehorsam und Friedenspflicht. Es hat auch nichts gemeinsam mit den Grundrechten, die dem Individuum die Freiheit und der Gesellschaft die Vielfalt sichern. Die rechtlichen wie die sozialen Bedingungen der Grundrechtsentfaltung werden vom demokratischen Rechtsstaat gesichert. Nicht dagegen die Voraussetzungen des Widerstandsrechts. Im Gegenteil: Der demokratische Rechtsstaat hat dafür zu sorgen, dass der Widerstandsfall niemals eintritt, das Widerstandsrecht nicht auflebt.

Das Staatsrecht zieht eine unüberschreitbare Trennungslinie zwischen dem Normalzustand, in dem die Gesetze herrschen und das staatliche Gewaltmonopol besteht, und dem Widerstandsfall. Es schlägt die anarchischen Kräfte des Widerstandsrechts – Rechtsbruch, private Gewalt und Eigenmacht – in juristische Fesseln.

Zähmung des Widerstandsrechts?
Normalisierung der Ausnahme

Doch heute droht das Widerstandsrecht sich dieser Fesseln zu entledigen. Das Ausnahmerecht versucht, sich in die Alltagswelt der Demokratie einzuschleichen. Das alte Wolfsrecht kleidet sich in den Schafspelz friedlicher, konsensfähiger Begriffe: „Gewaltfreiheit", „Gewalt nur gegen Sachen", „symbolische Gewalt", „begrenzte Regelverletzung", „ziviler Ungehorsam". Widerstand, der sich um den Ausweis der Zivilität und der demokratischen Normalität bemüht, will nichts zu tun haben mit Bombenwurf oder gar mit Tyrannenmord, in dem der klassische Widerstand gipfelt. Formen des „gewaltfreien" Widerstandes, die proklamiert und teilweise praktiziert werden, sind: Behinderung des Straßenverkehrs, Blockade militärischer Einrichtungen, Besetzung von Gebäuden und Baustellen, Abgabenboykott, Amtsmissbrauch der Lehrer durch parteiische politische Agitation im Unterricht, Schuleschwänzen der Lehrer, die während der Dienstzeit an Demonstrationen teilnehmen, „Wehrkraftzersetzung", politischer Streik. Heute stellt sich allerdings auch der legale, grundrechtlich geschützte politische Protest gern als „Widerstand" dar. Er schmückt sich mit einer falschen Begriffstrophäe. Denn erlaubter Widerstand ist, rechtlich gesehen, kein Widerstand. Die Verkehrung der Rechtsbegriffe ist perfekt: Das Normale präsentiert sich als exzeptionell, das Exzeptionelle als normal.

Politiker und Politologen, Juristen und Theologen finden sich in Menge, um Legitimationsmuster für ein Recht zum mehr oder weniger begrenzten Rechtsbruch zu liefern und Widerstand gegen das demokratische Gesetz als Frucht einer reifen demokratischen

Kultur zu preisen. Wer an der klassischen Unterscheidung von Normalzustand und Ausnahmezustand festhält und Legalität wie Rechtsfrieden verteidigt, zieht den Vorwurf des „autoritären Legalismus" auf sich und gerät in Verdacht, im „obrigkeitsstaatlichen Denken" steckengeblieben zu sein.

Die Verfechter eines normalisierten Widerstandsrechts haben bereits einen Teilsieg errungen und ihre Gegner in die Falle ihrer Kategorien gelockt. Politiker streiten nur noch darüber, ob einschlägige Aktionen, wie jene der Friedensbewegung des vergangenen Jahres, „gewaltfrei" oder „gewaltsam", „friedlich" oder „unfriedlich", nicht aber, ob sie legal oder illegal verlaufen seien. Sie haben die Unterscheidung zwischen Gesetzesbeachtung und Gesetzesverletzung stillschweigend fallengelassen – in geheimer Kapitulation vor der Wandsprayer-Parole: „legal – illegal – scheißegal".

Hier vollzieht sich mehr als ein Austausch der Wörter; es ändert sich die Sache selbst – und damit das Rechtsbewusstsein der Bevölkerung; denn Legalität reicht weiter als das Gewaltverbot. Der Rechtsgehorsam, den der Bürger dem demokratischen Gemeinwesen schuldet, erschöpft sich nicht in der Friedenspflicht. So sind Steuerhinterziehung und Wirtschaftskriminalität gewaltfrei und friedlich, gleichwohl illegal.

Der Gewaltbegriff, an den die Bekenntnisse zur „Gewaltfreiheit" anknüpfen, ist von Haus aus unscharf und mehrdeutig. „Gewaltfreiheit" als Attribut des Widerstands kann Freiheit von Gewalt, aber auch Freiheit zur Gewalt bedeuten; das zweite Wortverständnis wäre dem grundrechtlichen Sprachgebrauch angepasst, also: Meinungsfreiheit, Versammlungsfreiheit, Demonstrationsfreiheit, Gewaltfreiheit …

Es ist überhaupt müßig, die Beschwichtigungsattribute des neuen Widerstandsrechts wie Rechtsbegriffe zu behandeln, weil es zum Wesen des Widerstandsrechts, des echten wie des falschen, gehört, dass derjenige es definiert, der es ausübt. Sogar wenn die Selbstbeschränkung des Widerstandes ehrlich gemeint sein sollte, wäre sie auf Dauer nicht durchzuhalten. Der Rechtsbruch dient als Mittel, die öffentliche Aufmerksamkeit zu gewinnen. Er müsste in dem Maße gesteigert werden, in dem das Publikum durch Gewöhnung abstumpfte und die Medienreizschwelle sich verschöbe.

Ziviler Ungehorsam als Aggressionsprivileg – erborgte Friedlichkeit

Die heute gängigen Erscheinungen des gewaltfreien Widerstandes oder zivilen Ungehorsams kollidieren durchwegs auch mit der Friedenspflicht. Verkehrsbehinderung und Zugangsblockade sind Nötigung, und zwar zumeist Nötigung von Bürgern, die selbst nicht in der Lage sind, das politische Verlangen der Nötiger zu erfüllen. Ziviler Ungehorsam bildet eine Art Geiselnahme zum Zwecke öffentlichkeitswirksamer Manifestation bestimmter politischer Forderungen. Die Störungstechniken des zivilen Ungehorsams treffen auf die hochgradig störungsempfindliche, funktionsbedürftige Dienstleistungs- und Industriegesellschaft. Die normalen Freiheitsgrundrechte wie die Meinungs- und Versammlungsfreiheit entbinden ein solches Recht auf Störung nicht. Sie stehen unter dem Vorbehalt der Friedlichkeit, der Freiheitsschranke, die für den neuzeitlichen Staat selbstverständlich ist und die das Grundgesetz bei dem gewaltanfälligsten aller Grundrechte, der Versammlungsfreiheit, in der Formel „friedlich und ohne Waffen" sogar ausdrücklich nennt. Nur der Vorbehalt der Friedlichkeit, mit ihm das Nötigungsverbot, ermöglicht, dass die Freiheit eines Bürgers neben der Freiheit seines Nächsten bestehen kann und dass grundrechtliche Freiheit nach einem allgemeinen Gesetz Freiheit der Gleichen ist.

Ziviler Ungehorsam aber kann immer nur von einer Minderheit in Anspruch genommen werden, die, Kant auf den Kopf stellend, die Maxime des eigenen Handelns der Allgemeinheit als Gesetz aufzwingen will, die das Wahrheitsmonopol, das Gewissensmonopol und das Aggressionsmonopol für sich reklamiert und darauf baut, daß die Mehrheit der Bürger in der Legalität verharrt, gezielte Störung und Behinderung hinnimmt, von Gegengewalt absieht.

Wenn dem oberflächlichen Eindruck nach die organisierte Störung zivilen Ungehorsams friedlich verläuft, so ist die „Friedlichkeit" erborgt von denen, die sich die Störung gefallen lassen. Ziviler Ungehorsam ist eine Art moralischen Ausbeutertums derer, die sich über Rechtsbindungen hinwegsetzen, auf Kosten derer, welche die Rechtsbindung einhalten.

Das normalisierte Widerstandsrecht, konsequent zu Ende gedacht als Recht aller Teilnehmer an der politischen Auseinandersetzung, stünde nicht allein der Friedensbewegung zu, sondern auch denen, die um die militärische Sicherheit der Bundesrepublik bangen. Die Rechtfertigung von Störung und Nötigung käme nicht nur Ökologen zugute im Kampf gegen Kernkraftwerke, sondern auch Heimatvertriebenen im Kampf gegen die Ostverträge, den Bauern gegen die Agrarpolitik. Ein Recht zur Blockade für jedermann ließe sich nicht auf Kasernen und Ministerien beschränken; es erstreckte sich auch auf Abtreibungskliniken und Asylantenwohnheime. Ziviler Ungehorsam ließe sich letztlich nicht weiter als Privileg politischer Minoritäten begreifen. Denn die Mehrheit, durch das Widerstandsrecht um parlamentarische Handlungsfähigkeit gebracht, hätte kein demokratisches Vorrecht mehr und wäre darauf angewiesen, ihren Willen außerhalb der verfassungsrechtlichen Verfahren durchzusetzen.

Der zivile Ungehorsam ist nicht verallgemeinerungsfähig. Daher müssen alle Gedankenexperimente scheitern, den zivilen Ungehorsam als neue, höhere Stufe in der Entwicklung des Verfassungsstaates auszuweisen und mit der Religionsfreiheit, dem Recht der parlamentarischen Opposition oder dem Arbeitskampf zu vergleichen – Institutionen also, die ursprünglich illegal waren, die sich im Widerstand gegen die bestehende Staatsordnung durchgesetzt, sich in sie eingegliedert und sie schöpferisch fortgebildet und bereichert haben. Doch der Verfassungsstaat gäbe mit der Anerkennung des selektiven Rechtsbruchs seine Grundwerte Rechtsgleichheit und Rechtsfrieden preis. Die Legitimation des zivilen Ungehorsams wäre nicht Zeichen demokratischer Reife, sondern demokratischer Dekadenz: Auflösung des Lebenswillens, des Ethos und der Strukturen des grundgesetzlichen Gemeinwesens.

Ein Staat, der den Vorwurf des „autoritären Legalismus" fürchtet, also den Vorwurf, demokratischer Rechtsstaat zu sein, mag versucht sein, in permissiven Legalismus auszuweichen. Doch wenn er sich auf die schiefe Ebene einer chronischen Entlegitimierung des Gesetzes und einer partiellen Anarchisierung begäbe, so käme er unweigerlich ins Rutschen. Die Widerstandslimitierungsbegriffe der Gewaltfreiheit oder Zivilität böten keinen Halt. Zur Ruhe käme er erst im autoritären Illegalismus, in dem eine neue Macht diktierte, was legitim ist und was Gehorsam heischt.

Zur Klarstellung: Der Rechtsstaat ist nicht verpflichtet, jedwedem Rechtsbruch entgegenzutreten. Er kann in einem bestimmten Spielraum, wie ihn das polizeirechtliche Opportunitätsprinzip offenhält, elastisch reagieren, zuweilen fünfe gerade sein und, politischer Klugheit folgend, Provokation ins Leere verlaufen lassen. Die Grenze gelassenen Zuwartens, taktischer Toleranz ist allerdings erreicht, wenn ungehinderter Rechtsbruch das Rechtsbewusstsein der Allgemeinheit zu irritieren und gar zu wandeln beginnt.

Schlechthin rechtswidrig ist die gängige Maxime der Politik, rechtswidrigem Druck eilfertig und verständnisvoll nachzugeben, loyalem Vorbringen von Bürgerinteressen aber unnachgiebig standzuhalten. Derart rechtsblinde Anbiederungstaktik bietet dem angemaßten Widerstand die fatale Legitimation, der eigentliche Motor der Demokratie zu sein, indes Parlament wie Bürokratie von Haus aus immobil und verstockt, die schweigende Bürgermehrheit stumpf, dumpf, unaufgeklärt, desinteressiert sei.

Rechtsbruch als Kalkulation - Rechtsstaat ohne Ethos

Die These, dass ziviler Ungehorsam die Rechtsgleichheit antaste, wird von jenen seiner Anhänger zurückgewiesen, die gar keine juristische Lizenz für Gesetzesverletzung begehren, die bereitwillig die gesetzliche Sanktion auf sich nehmen und so die verletzte Rechtsgleichheit wiederherstellen wollen. Sie akzeptieren die staatliche Norm, gegen die sie verstoßen, und beanspruchen keine rechtliche, wohl aber über-rechtliche, die höhere moralische Legitimation.

Ihr Widerstand soll nicht dem Rechtsstaat als solchem gelten. Im Gegenteil: er setzt den Rechtsstaat voraus. Nur diese Staatsform ermöglicht es, zwei gegenläufigen Bedürfnissen des zivilen Ungehorsams gleichzeitig zu genügen: dem Reiz des rechtlichen Risikos und dem Genuss der Rechtssicherheit, dem Kitzel des Verbotenen und der beruhigenden Gewissheit, dass die Gefahr sich in rechtlichen Grenzen hält. Der zivile Ungehorsam entfernt sich weit genug vom Gesetz, um vom Ruhm des Heldentums, aber nicht weit genug, um auch von der Gefahr zu kosten. Im System der rechtsgebundenen, rechtsbegrenzten Staatsgewalt, und nur in ihm, kann sich Widerstand als staatsrechtliches Indianerspiel entfalten, als Medienspektakel des Gewissensexhibitionismus, als unterhaltsames Panikorchester.

Es liegt nahe, den Rechtsstaat, der nur begrenzte, berechenbare, wohl abgewogene Sanktionen kennt, als Legitimationsbasis des

„zivilen" Widerstands zu deuten: Stelle es der Rechtsstaat dem Bürger nicht frei, zu wählen zwischen sanktionslosem Rechtsgehorsam und sanktionsbewehrtem Ungehorsam? Könne nicht ein jeder das Risiko des Rechtsbruchs kalkulieren und daher die Entscheidung zwischen Recht und Unrecht als Kosten-Nutzen-Rechnung behandeln?

Die Erwägung setzt voraus, dass das Gesetz im Rechtsstaat keinerlei ethische Verbindlichkeit besitzt, dass Rechtsgehorsam ein Zweckmäßigkeitskalkül, keine Bürgertugend darstellt; kurz: dass der Rechtsstaat ohne ethische Fundierung auskommt.

In der Tat dürfte die Prämisse nur wenig Widerspruch finden. Rechtsgehorsam und Bürgertugend passen nicht in gefälligkeitsdemokratische und in emanzipatorische Konzepte. Wer mag schon den Verdacht auf sich ziehen, dem magisch-partriarchalischen Denken verhaftet, der „Permanenz des infantil natürlichen Gehorsams auf Lebenszeit" verfallen zu sein?

Es ist kein Zufall, dass Theologen heute geradezu unüberwindliche Scheu davor empfinden, die Botschaft des Apostels Paulus (Rom. 13) weiterzugeben, dass der Christ der Obrigkeit Gehorsam schulde – und zwar nicht aus Furcht vor Strafe, sondern um des Gewissens willen; ein Gebot übrigens, dass Paulus unter einem heidnischen Staat verkündet und an der Steuerpflicht exemplifiziert hat. Hier stellen sich exegetische Skrupel ein. Derartige Skrupel bleiben dagegen aus, wenn zeitgemäß aufgeklärte Theologen die Clausula Petri („Man muß Gott mehr gehorchen als den Menschen") als neutestamentarische Begründung des zivilen Ungehorsams gegen den Deutschen Bundestag oder die Bergpredigt als aktuelles Abrüstungsprogramm für die NATO deuten. Nachdem die Christenheit mehr als zwei Jahrtausende hindurch den Herrschaftssystemen aller Art und Güte den religiös motivierten Gehorsam erbracht hat, neigt sie (wenn man den säkularisierten, politisierenden Theologen glauben darf) nun dazu, der bescheidensten Staatsform der Weltgeschichte, der grundgesetzlichen Demokratie, jene moralische Leistung vorzuenthalten.

Ich brauche hier keine großen Worte darüber zu verlieren, dass der freiheitliche Staat, aufs Ganze gesehen, nicht auf Zwang und Strafdrohung gründet, sondern auf der freien Zustimmung seiner Bürger. Zustimmung zur freiheitlichen Demokratie bedeutet auch Zustimmung zu ihren Lasten, mithin Übernahme der Pflicht zum

Rechtsgehorsam. Das ethische Minimum, das der Bürger in die Demokratie einzubringen hat, ist gleichsam „sportliches" Verhalten: Anerkennung der Spielregeln des fairen politischen Wettstreits und Bereitschaft, gegebenenfalls die Niederlage zu akzeptieren.

Wahrheit gegen Mehrheit

Die Spielregeln der Demokratie verlören freilich ihre Akzeptanz, wenn feststünde, dass eine bestimmte Mehrheitsentscheidung den Untergang des Gemeinwesens nach sich ziehen müsste, wenn also in der parlamentarischen Ordnung der klassische Widerstandsfall aufträte, dass der Kutscher trunken wäre und man ihm daher in die Zügel fallen dürfte, um zu verhindern, dass der Wagen in den Abgrund stürzt. Das ist das Legitimationsmuster des derzeitigen biopazifistischen Fundamentalismus. Diesem geht es nicht, wie dem Widerstand im Sinne des Artikels 20 Abs. 4 GG, um den Bestand von Staat und Verfassung, sondern um das Überleben des Volkes und der Menschheit, der gegenwärtigen wie der künftigen Generationen. Er will vor Atomkrieg und ökologischem Weltenbrand retten.

Im Ausnahmezustand, in dem es um Leben oder Tod geht, zerbrechen die Regeln verfassungsrechtlicher Normalität. Die politische Entscheidung bedarf nun einer anderen Legitimation als der demokratischen, wie sie sich aus Repräsentations- und Mehrheitsprinzip ergibt. Sie bedarf der Legitimation aus der Wahrheit: der richtigen Einsicht in den Ernstfall und seine Bewältigung. Nun entscheidet nicht Mehrheit, sondern Wahrheit, genauer: derjenige, der bestimmt, was der nuklear-eschatologische Ernstfall ist. Einst hieß es in der Verfassungstheorie, souverän sei, wer über den Ausnahmezustand entscheide. Heute ist souverän, wer den Weltuntergang definiert.

Die Gefahr, dass die demokratische Mehrheitsentscheidung auf den Widerstand derer trifft, die sich auf absolute Gewissheiten berufen, wächst in dem Maße, in dem die religiöse Energie sich von der Transzendenz abkehrt und innerweltlichen, politischen Zielen zuwendet, in dem das Absolutheitsstreben sich in politische Utopien umsetzt und die metaphysische Angst sich politisch entlädt. Der säkulare Staat kann religiöse Bedürfnisse nicht erfüllen. Er vermag nicht Lebenssinn, Weltvertrauen, ganzheitliche, letzte Wahrheit zu vermitteln. Was er gewährleisten kann und gewährleisten muss, ist der Rechtsfrieden, der das Widerstandsrecht ausschließt, und die Freiheit der Bürger, die nur innerhalb des staatlich gewährleisteten Rechtsfriedens zu existieren vermag.

Die grundgesetzliche Demokratie kann keine Gruppe – mag diese sich noch so sehr im Vollbesitz der Wahrheit wähnen und sich der Gegenseite moralisch oder intellektuell überlegen fühlen – von der Notwendigkeit freistellen, um Mehrheit zu werben.

Aus der Sicht des freiheitlichen Verfassungsstaates, der auf pragmatischen Relativismus gründet, sind alle Einsichten und Gewissheiten politisch diskutabel – mit Ausnahme jener staatsrechtlichen Bedingungen, unter denen allein freie demokratische Diskussion möglich ist, also: Gewaltverbot, grundrechtliche Freiheit im Rahmen der für alle geltenden Gesetze, parlamentarische Entscheidungskompetenz, Rechtsgehorsam. Solange politisch diskutiert werden kann, solange die Institutionen demokratischer Evolution und rechtsstaatlicher Kontrolle funktionsfähig sind, herrscht verfassungsstaatliche Normalität. Jede Inanspruchnahme eines Widerstandsrechts wäre Usurpation.

Nachträglicher Widerstand der Deutschen

Die Psychopathologie des zeitgemäßen Widerstandes inmitten demokratischer Normalität lässt sich nicht erklären ohne das deutsche Trauma des unterbliebenen Widerstands gegen Hitler. Hier besteht ein Nachholbedarf der Deutschen an Widerstand, Widerstand gegen alles, was den Nationalsozialismus ermöglicht hat.

Was aber hat ihn ermöglicht? Die antifaschistischen Hierarchen der Republik bestimmen, es sei das bürgerliche Staatsethos. Diesem müsse man abschwören, um sich von der deutschen Erbsünde zu reinigen. Abzuschwören sei mithin dem Rechtsgehorsam, der die legale Revolution Hitlers ermöglicht habe, und den übrigen Sekundär-Tugenden der Staatsbürger wie des Beamten, die auch den KZ-Schergen zu eigen gewesen seien. Die Absage trifft wesentliche Strukturen des demokratischen Rechtsstaats: Legalität, Gewaltmonopol, Friedensordnung. Ein Begründungsklischee zum Widerstand gegen die Bundesrepublik Deutschland als „Atom- und

Überwachungsstaat" 1983 und 1984 lautet: „Wird der Hinweis, das Gewaltmonopol liegt beim Staat, die kritischen Bürger beschwichtigen können, zumal das Gewaltmonopol auch 1933 beim Staat lag?"

Ein unbefangener Ausländer mit mittleren Geschichtskenntnissen dürfte bei der Beobachtung der deutschen Szene aus dem Staunen nicht herauskommen: Warum beschädigt der posthume Widerstand gegen eine anti-liberale, anti-demokratische, anti-bürgerliche Bewegung ausgerechnet die liberalbürgerliche Substanz des grundgesetzlichen Gemeinwesens? Wie dürfen die Deutschen dem Nationalsozialismus den welthistorischen Triumph zusprechen, Staatsstrukturen, die das neuzeitliche Europa in fünf Jahrhunderten erarbeitet hat, in zwölf Jahren moralisch und rechtlich vernichtet zu haben? Was beweist das Hitler-Regime gegen den modernen Staat, da es sein Verfalls- und Zerrbild war?

Wenn es überhaupt moralisch plausibel sein sollte, dass ein historischer Fall des Missbrauchs das missbrauchte Objekt diskreditiert: Warum soll gerade das staatliche Gewaltmonopol diskreditiert sein, da doch die Nazis es vor wie nach der Machtübernahme missachtet haben? Warum steht andererseits ausgerechnet die Demonstrationsfreiheit heute so hoch im Kurs, obwohl der braune Straßenmob sie doch auch weidlich ausgenutzt hat und die Massendemonstration das typische Integrations-, Einschüchterungs- und Massenhysterisierungs-Instrument der Hitler-Bewegung gewesen ist?

Die Fragen sind alle müßig – weil es den antifaschistischen Aufklärern nicht um historische Konsequenz geht, auch nicht um historische Wahrheit, sondern um politisches Machtinteresse. Wer die Vergangenheit beherrscht, beherrscht die Zukunft – und lenkt damit den Grundkonsens der Gegenwart.

Lob der verkannten Normalität

Das staatsrechtliche Fazit darf kurz ausfallen: Es gibt kein Widerstandsrecht inmitten grundgesetzlicher Normalität. Die Probleme liegen zum geringsten Teil im Verfassungsrecht, wenn auch manche verfassungsrechtlichen Begriffe ins Wanken geraten sind und Verfassungsinterpretation nicht selten als Technik der Verfassungssubversion, als Revolutionsersatz missbraucht wird. Die Probleme liegen in der demokratischen Normalität, im realen Leben der Gesellschaft, dem geistigen Klima des Landes.

Die Deutschen haben bisher politische Fieberschauer und Staatsneurosen heil überstanden, Wechselbäder von Utopie und Angst, die ihnen von der Aufgeregtheits-Avantgarde zugemutet wurden. Die Demokratie der Bundesrepublik Deutschland ist vitaler, als die Legitimationskrisenbeschwörer wahrhaben wollen. Es wäre wirklichkeitsfremd, über Mangel an Loyalität und Bürgersinn zu klagen.

Doch Loyalität und Bürgersinn verstecken sich heute. Sie fürchten die öffentliche Meinung, die von den Oberlehrern der Emanzipatorik beherrscht wird. Sogar die Wörter „Rechtsgehorsam", „staatsbürgerliche Pflichten", „Bürgertugend" sind ausgemerzt aus dem Sprachschatz der Deutschen. Dem Jugendlichen wird durch Sprachregelung suggeriert, er habe zu wählen zwischen „Widerstand" und „Anpassung" – also zwischen dem Lager der Aufgeklärten, Fortschrittlichen, Mutigen und dem der Dummen, Karrierebeflissenen, Duckmäusigen. Als „Widerstand" positiv besetzt sind: Protesthaltung, Pflichtenverweigerung, Anspruchsegozentrik. „Anpassung" dagegen ist alles, was Selbstverwirklichung übersteigt: Rücksichtnahme, Selbstbescheidung, Pflichtbewusstsein, Dienst am Nächsten und an der staatlichen Gemeinschaft, republikanische Treue. Die diabolische Alternative „Anpassung oder Widerstand" unterminiert das Normalitätsbewusstsein. Sie wirkt als semantische Rekrutierung für den falschen Widerstandskampf, als begrifflicher Ausstieg aus der grundgesetzlichen Friedens- und Rechtsordnung. Das Ausnahmerecht wird als das allein Wahre gefeiert, die verfassungsstaatliche Normalität verachtet und denunziert.

Nach dem Kult des Widerstandsrechts ist es endlich Zeit, das Lob der verkannten Normalität der Bundesrepublik Deutschland auszusprechen.

Das Bürgerethos, das überwintert hat, muss sich an das Licht der Öffentlichkeit zurückwagen. Da das Moralische in der deutschen Demokratie sich nicht von selbst versteht, sollten Bürger wie Politiker den Mut aufbringen, sich zum zivilen Gehorsam zu bekennen und zu den Bürgertugenden demokratischer Normalität, also zu den rechtlichen Voraussetzungen und zur moralischen Sinnerfüllung der Freiheitsrechte. Nur wenn der Bürgersinn zu neuem Selbstbewusstsein findet, kann er sich kräftigen und erneuern.

Verfassung ohne Ernstfall: der Rechtsstaat

I. Vorüberlegungen zur unjuristischen Kategorie „Ernstfall"

1. Unvereinbarkeit mit dem Begriffssystem des Rechtsstaats

»Ernstfall« ist keine verfassungsrechtliche Kategorie. Der Begriff ist schlechthin ungeeignet, jemals Eingang in eine Verfassung des Rechtsstaats zu finden.

Der Rechtsstaat herrscht durch Gesetz. Gesetze aber sind auf reguläre Lebensvorgänge abgestellt. Nur das Normale lässt sich normieren.[1] Der Rechtsstaat gründet also auf Normalität. Der Ernstfall dagegen ist das schlechthin Abnorme. Er spottet dem Kalkül des Gesetzgebers, der auf typische, wiederholbare, allgemeinbegrifflich umschreibbare Situationen fixiert ist. Rechtsstaatliche Gewalt ist angelegt auf Regelhaftigkeit, Berechenbarkeit, Mäßigung.

Der Ernstfall hingegen ist irregulär und unberechenbar. Er fordert die äußerste Anspannung. Ernstfallkonform ist die „Maßnahme": die einmalige, situationsspezifische, normsprengende Reaktion der Staates.[2] Allein dem Rechtsstaat sind Maßnahmen verwehrt, die den Kriterien der Allgemeinheit und Vorhersehbarkeit nicht genügen.[3] Die Feststellung, dass sich der Ernstfall nicht mit dem Netz rechtsstaatlicher Begrifflichkeit einfangen lässt, besagt nicht, dass es den Ernstfall für den Rechtsstaat überhaupt nicht gebe.

Die Überlegungen mündeten sogleich in die Bahnen konventioneller staatsrechtlicher Thematik, wenn der »Ernstfall« deckungsgleich wäre der Figur des »Notstandes«, wie ihn zahlreiche Verfassungen in Geschichte und Gegenwart als Möglichkeit vor-

---

Erstveröffentlichung in: Anton Peisl/Armin Mohler (Hg.), Der Ernstfall, 1979, S. 98-123.

[1] In der Erkenntnis, dass Normalität die Bedingung der Norm ist, stimmen die Antipoden der Verfassungstheorie überein: *Carl Schmitt*, Politische Theologie, ²1934, S. 19 f., und *Hermann Heller*, Staatslehre, Leiden ³1963, S. 254 f. Vgl. auch *Ernst Forsthoff*, Der Staat der Industriegesellschaft, ²1971, S. 167.

[2] Zur Kategorie „Maßnahme": *Carl Schmitt*, Die Diktatur des Reichspräsidenten nach Art. 48 WRV (1924), in: Die Diktatur, ⁴1978, S. 247-252. Die (an sich verfassungstheoretische) Kategorie „Maßnahme" findet adäquate literarische Gestaltung in *Bert Brechts* Lehrstück von 1929-1930 »Die Maßnahme«.

[3] Das gilt jedenfalls für die grundgesetzliche Spielart des Rechtsstaats: den perfektionistischen Gesetzesstaat (s. u. V, VI).

sehen.[4] Die Verfassung weist im Notstand (Belagerungszustand, Ausnahmezustand) bestimmten Staatsorganen Sonderbefugnisse zu, um eine außerordentliche Gefährdung des Gemeinwesens abzuwehren, die sich auf der Grundlage der regulären Kompetenten nicht bannen lässt. Klassische Tatbestände sind der Bürgerkrieg als »innerer« und der Staatenkrieg als „äußerer" Notstand. Das Notstands-Reglement lässt sich seiner Anlage nach als Typisierung von Ernstfall-Konstellationen und Institutionalisierung der Ernstfall-Abwehr deuten. Gleichwohl braucht nicht jeder formalisierte Notstand auch ein Ernstfall der Republik zu sein. Die Naturkatastrophe – ein möglicher Notstandsfall – lässt den Bestand des politischen Systems unberührt. Im übrigen kann eine noch so sorgfältige Regelung des Ausnahmezustandes die Möglichkeit des Missbrauchs nicht völlig ausschließen: dass ein Staatsorgan den Notstandsmechanismus in Gang setzt, ohne dass der Zwang der Umstände es rechtfertigt. (Allerdings könnte ein solcher Kompetenzmissbrauch seinerseits den Ernstfall der Verfassungsordnung auslösen.)

Auf der anderen Seite ist nicht jedweder Ernstfall formalisiert oder auch nur formalisierbar. Darin zeigt sich gerade seine Eigenart: dass er sich nicht rechtlich fassen und verfassen lässt. Die Bestimmung des Ernstfalles ist keine juristische Frage der Verfassungsauslegung. Die Schwelle zum Ernstfall wird nicht durch förmliche Verfahren markiert. Der Übergang vollzieht sich unabhängig davon, ob die Verfassung die Gefahrenlage berücksichtigt und Vorkehrungen zu ihrer Bewältigung trifft. Der Ernstfall ist – im Unterschied zum Ausnahmezustand – kein normativer Tatbestand, sondern ein Lebenssachverhalt; kein Rechtsakt, sondern ein existentielles Ereignis. Sein Ort ist das reale Gemeinwesen, in dem die staatliche Ordnung sich in tagtäglicher Aktualisierung zu bewähren und zu behaupten hat.

---

[4] Neuere staatsrechtliche Literatur zum Thema »Ausnahmezustand« („Ausnahmesituationen"): *Paul Kirchhof,* in: Birtles/Marshall/Heuer/Kirchhof/Müller/Spehar: Die Zulässigkeit des Einsatzes staatlicher Gewalt in Ausnahmesituationen, 1976, S. 83-118; *Meinhard Schröder,* Staatsrecht an den Grenzen des Rechtsstaats, in: AöR 103 (1978), S. 121-148; *Ernst-Wolfgang Böckenförde,* Der verdrängte Ausnahmezustand, NJW 1978, S. 1881-1890. – Zur Regelung des Ausnahmezustands in Art. 48 WRV: *Carl Schmitt,* (N 1), S. 213-259; *Ernst-Rudolf Huber,* Zur Lehre vom Verfassungsnotstand in der Staatstheorie der Weimarer Zeit, in: FS-Werner Weber, 1974, S. 31-52. Weitere Literatur bei *Gerhard Anschütz,* Die Verfassung des Deutschen Reichs, [14]1933, S. 268 f.

Es wäre daher sachwidrig, »Ernstfall« und »Notstand« in eins zu setzen und so die Fragestellung auf bekannte Problemaspekte, Problemausblendungen und Argumentationsmuster der Staatsrechtslehre umzulenken. „Ernstfall" ist eine wesenhaft unjuristische, sogar unwissenschaftliche Kategorie. Sie zwingt den Juristen, das Verfassungsrecht aus ungewohnter Perspektive zu betrachten. Was aber ist ein Ernstfall?

2. Das umgangssprachliche Verständnis

Ein Versuch, den „Ernstfall" zu definieren, führte unvermeidlich auf eine Abstraktionshöhe, unterhalb deren gerade versänke, was das Eigentliche dieses Begriffs ausmacht: das Existentielle und das Situationsspezifische. Es gibt nicht den Ernstfall an sich, sondern nur den Ernstfall für eine bestimmte Person oder Institution. Der Tatbestand, auf den das Wort zielt, lässt sich nur im konkreten Bezug erfassen.

Der Student begegnet seinem Ernstfall in der Prüfung.[5] Der Bergsteiger wird von ihm ereilt beim Sturz in die Gletscherspalte. Es geht in beiden Fällen um mehr als die technische Bewältigung einer Schwierigkeit. Die Situation spitzt sich jeweils auf die Entscheidung über ein Bestehen oder Scheitern zu. Der Einzelne gerät unter den Zwang der Selbstbehauptung. Das Überleben (oder zumindest Überstehen) verlangt den vollen Einsatz der Kräfte und die rasche Tat. Im Ernstfall steht das Schicksal auf des Messers Schneide. Und Messers Schneide ist kein Ort, sich niederzulassen zu langwierigem Überlegen und umständlichem Verfahren. In der Grenzsituation verengt sich der Spielraum der Entscheidung. Mit der Normallage entfallen die Standards des normalen Verhaltens. Das Ideal der „richtigen Mitte" dankt ab.

„In Gefahr und grosser Noth
Bringt der Mittel-Weg den Tod."[6]

Die Tüchtigkeit muss im entscheidenden Zeitpunkt – im Kairós – mobilisiert werden. Gleichwohl ist Vorsorge für den Ernstfall möglich und ratsam. Der Student bereitet sich vor auf das Examen;

---

[5] Das Beispiel zeigt auch die Relativität des Ernstfalles. Die Prüfung, für den Studenten der Ernstfall, ist für das Prüfungsamt ein alltägliches Verfahren, das routinemäßig abgewickelt wird.

[6] Das Sinngedicht »Der Mittel-Weg« des Barockdichters Friedrich v. Logau.

der Bergsteiger beschafft sich die angemessene Ausrüstung und übt die Technik des Sicherns. Doch Vorsicht und Geschicklichkeit allein reichen nicht aus, um den Ernstfall zu bestehen. Das kalkulierbare Risiko, die planmäßig zu bewältigende Aufgabe, die beherrschbare Situation sind kein Ernstfall. Die Extremlage, die diesen Namen verdient, kann nur gemeistert werden, wenn Tüchtigkeit und Glück zusammenfinden.

3. Erste Folgerungen im Blick auf den Staat

Tüchtigkeit und Glück brauchen nur in die Sprache Machiavellis übersetzt zu werden. Als „virtù" und „fortuna" zeigen sie sich als die Kräfte, die das politische Geschehen im Wechsel der geschichtlichen Lagen bestimmen.

Damit erhebt sich die Frage, was den Ernstfall für das politische System ausmacht.

Eine lapidare Antwort gibt Carl Schmitt, der den Begriff „Ernstfall" in die Staatslehre eingeführt und zum archimedischen Punkt seiner Theorie des Politischen, mithin des Staates, erhoben hat. Die Antwort lautet: Der Ernstfall ist der Krieg, und nur der Krieg. Ein Volk wird nach Schmitt zur politischen Größe dadurch, dass es in der Lage ist, den Feind zu bestimmen und Krieg gegen ihn zu führen, damit die eigene Existenz gegenüber der fremden existentiell zu behaupten. Für die Politik sei die Unterscheidung zwischen Freund und Feind spezifisch wie die Gegensätze Gut und Böse für die Moral, Schön und Hässlich für die Ästhetik. Der Begriff des Politischen wird hier von der Außenpolitik her konzipiert: Im Innern des befriedeten Gemeinwesens sei kein Raum für Politik, sondern nur für Polizei, die Ruhe, Sicherheit und Ordnung gewährleiste. Nur in einem sekundären Verständnis dürften innerstaatliche Gegensätze als »politisch« bezeichnet werden – es sei denn, die Gegensätze wüchsen sich aus zur Bürgerkriegslage. Der Bürgerkrieg sei allerdings wieder der Ernstfall, der den Freund-Feind-Gegensatz, also die Politik, konstituiere.[7]

Es kann hier dahinstehen, ob Schmitts provozierendes Konzept dem Wesen des Politischen gerecht wird.[8] Genialisch verkürzt je-

---

[7] *Carl Schmitt*, Der Begriff des Politischen (Text von 1932 mit einem Vorwort und drei Corollarien), 1963.

[8] So formulierte *Johan Huizinga* die Antithese zu Schmitt: „Nicht der Krieg ist der

denfalls wird die Spannweite des Ernstfalles.[9] In der Tat ist der Krieg – der zwischenstaatliche wie der innerstaatliche – der Ernstfall par excellence. Die extreme Belastungsprobe des Verfassungsstaates ergibt sich jedoch nicht nur, wenn seine Existenz als Staat, sondern auch, wenn seine verfassungsrechtliche Essenz auf dem Spiel steht.[10] Eine Störung des Verfassungslebens und eine Verletzung des Gesetzes sind allerdings noch kein Ernstfall. Vielmehr tritt dieser erst ein, wenn der Bestand des Verfassungssystems bedroht wird.

Diese Grenzsituation lässt sich nicht allgemein für den Staat an sich beschreiben. Jedes Gemeinwesen hat seinen eigenen Ernstfall. Die Gefahrenlage wird wesentlich bestimmt von der Eigenart des gefährdeten Objekts. Nur die jeweilige Verfassung gibt Aufschlüsse darüber, welche Ordnungselemente für das Überleben des Verfassungsstaates wichtig sind und welche Strukturen ihn verletzbar machen. »Verfassung« wird hier verstanden als die real geltende Grundordnung des Gemeinwesens, die mit dem formellen Verfassungsgesetz nicht übereinstimmen muss.

Ernstfall, sondern der Friede" (Homo ludens, 1944, S. 339). – Zusammenfassung der Kritik: *Hasso Hofmann*, Legitimität gegen Legalität, 1964, S. 101-124 (Nachw.)

[9] *Schmitt* selbst analysiert in seinem Vorwort von 1963 die geschichtliche Bedingtheit seines Konzepts: die Orientierung am „klassischen europäischen Staat", dessen Epoche zu Ende gehe (N 7, S. 9-12).

[10] *Carl Schmitt* erörtert die Selbstbehauptung des Verfassungsstaates aus der Perspektive des Bürgerkrieges. Für den konstitutionellen bürgerlichen Rechtsstaat („Verfassungsstaat") gelte – »nicht weniger, sondern eher noch selbstverständlicher« als für jeden anderen Staat- die Notwendigkeit, in kritischen Situationen als politische Einheit den »inneren Feind« zu bestimmen und damit unter Umständen das Zeichen zum Bürgerkrieg zu geben (N 7, S. 46 f. – unter Zitierung *Lorenz von Steins*). Ein dem „Ernstfall" verwandter Begriff ist bei *Schmitt* der »Ausnahmefall«, wie er in der »Politischen Theologie« aufscheint: der in der geltenden Rechtsordnung nicht umschriebene Fall, der »höchstens als Fall äußerster Not, Gefährdung der Existenz des Staates oder dergleichen bezeichnet, nicht aber tatbestandsmäßig umschrieben werden« könne (N 1, S. 12). Dieser Begriff der „Politischen Theologie"bezieht seinen spezifischen Sinn aus der existentialistischen Staatsphilosophie des Dezisionismus und deren Konzept der Souveränität (op.cit. S. 11-22).

II. Der Ernstfall als Legitimationsfaktor der Staatsgewalt

1. Die Unterscheidung von Normalität und Ernstfall als Bedingung des freiheitlichen Systems

Ein Staat, der seine Institutionen völlig auf den Ernstfall abstellt, ist notwendig totalitär. Er bedarf der unbeschränkten Macht, um den langwierigen Kampf mit Staatsfeinden, Volksfeinden, Klassenfeinden zu bestehen. Er rekrutiert alle Kräfte, die seiner Selbstbehauptung dienlich sein können. Sein Ordnungskonzept: Inpflichtnahme des Einzelnen, militärische Formierung der Gesellschaft, patriotische Daueranstrengung, Zwangsintegration. Verbannt wird, was Effizienz mindern könnte: private und öffentliche Freiheit, Vielfalt und Widerstreit der Interessen, Wettbewerb und Opposition – kurz: alle Prinzipien, auf denen die liberale Demokratie gründet.

Der freiheitliche Staat passt sich allerdings in seinem äußeren Erscheinungsbild dem autoritären System an, wenn der Ernstfall anbricht und Selbstbehauptung gefordert ist. Die Differenziertheit der gewaltenteiligen Demokratie geht über in Geschlossenheit. Der schwerfällige Prozess der politischen Entscheidung wandelt sich in Richtung auf Aktionsfähigkeit, Raschheit, Effizienz. Der Rechtsstaat ermöglicht im Belagerungszustand die Diktatur. – Allein die Ähnlichkeit mit dem totalitären Staat ist nur eine scheinbare. Die Diktatur des Belagerungszustandes ist nicht die souveräne, sondern die kommissarische, deren Funktion es ist, so rasch wie möglich freiheitliche Normalität wiederherzustellen und sich damit überflüssig zu machen.[11] Die »Solidarität der Demokraten« ist nicht das Ergebnis staatlicher Zwangsrekrutierung, sondern spontane Leistung.

Der freiheitliche Staat braucht nicht die Augen vor dem Ernstfall zu schließen und sich auf die Hoffnung zurückzuziehen, dass, wo die Not am größten, das Rettende schon nahe sein werde. Nicht die Leugnung des Ernstfalles macht das freiheitliche System, sondern dessen Abgrenzung von der Normallage. Der Ernstfall bildet die Ausnahme. Er bestimmt nicht die Regel. Der Rechtsstaat umzäunt und umfriedet die außerordentliche Situation, die außer-

---

[11] Zum Institut der kommissarischen Diktatur: *Carl Schmitt*, Die Diktatur, ⁴1978, S. 1-42, 171-205.

ordentliche Maßnahmen erfordert. Er verhindert damit, dass der Ernstfall auf die Normalität übergreift und schlechthin das Gesetz des staatlichen Handelns bestimmt.

Grundrechtliche Freiheit, rechtsstaatliche Machtbindung und demokratische Auseinandersetzung bauen auf Erwartung von Normalität. Normalität ist die Situation der Entspannung: Der Staat befindet sich nicht im permanenten Kampf ums Überleben; der Bürger ist nicht zu militanter Daueranstrengung genötigt. Der Rechtsstaat tut sich schwer, dem Ernstfall zu begegnen. Selbsterhaltung ist ihm nicht Selbstzweck. Er ist dazu da, seinen Bürgern Bedingungen einer menschenwürdigen Existenz, vor allem Freiheit und Sicherheit, zu gewährleisten. Daher will er ihnen noch nicht einmal in der Stunde der Not zumuten, die Grundrechte preiszugeben. Nur der totale Staat verlangt das totale Opfer.

2. Der totale Ernstfall-Staat

a) Ein historisches Modell: Sparta

Das historische Muster eines politischen Gemeinwesens, das zur Gänze auf den Ernstfall gestellt ist, bildet das antike Sparta. Die Verfassung der Polis, wie sie Plutarch in der Biographie ihres Schöpfers Lykurg schildert, war auf einen einzigen Staatszweck hin ausgerichtet: Bewährung im Krieg. Alle Lebensbereiche waren perfekt durchorganisiert und der militärischen Gemeinschaftsaufgabe dienstbar gemacht – von der Zeugung und Aufzucht der Kinder bis zum staatlich verabreichten Einheitsessen im Tisch-Kollektiv. Der Einzelne hatte auf alles zu verzichten, was ihn vom Staatsdienst ablenken konnte: persönliche Freiheit, individuellen Wohlstand, Familienleben, privates Glück. Kunst hatte nur Platz als Mittel zum militärischen Staatszweck: „Schön, die Zither zu spielen, reißt hin zum Schwerte, zum Kriege." Auf dem Boden der staatsorganisierten Kargheit, Gleichheit und Disziplin ersteht die perfekte Kasernenkultur. Ein ironischer Beobachter aus dem genussfrohen Sybaris bemerkte, dass es für die Spartaner ein Leichtes sei, die Allertapfersten zu sein, weil sie sich lieber den Tod zehntausend mal wünschen müssten, als ihre von Staats wegen verordnete Schwarze Suppe zu essen. Der Friedenszustand als permanente Übung auf den Krieg war strenger als der Krieg selbst. Schmuck, an sich bei Spartanern verpönt, wurde angelegt, wenn sie sich in große Gefahr begaben. In den Feldzügen war die Disziplin lockerer als zu Hause, die Lebensart freier und weniger der Verantwortung und Strafe unterworfen. Plutarch berichtet mit unverkennbarem Erstaunen: „Der Krieg war diesen einzigen Menschen in der Welt eine Erholung von den strengen kriegerischen Übungen." Die Ernstfall-Vorsorge war härter als der Ernstfall selbst, der Krieg die Situation der Entspannung.

b) Aktuelle Beispiele: Militärdiktatur und sozialistischer Staat

Der totalitäre Staat der Gegenwart – Militärdiktatur wie sozialistische Parteioligarchie – mag an idealtypischer Reinheit hinter dem klassischen Verfassungsalptraum zurückbleiben. Doch auch er bezieht seine Legitimation aus dem Ernstfall.

Der Ernstfall der Militärdiktatur ist der Kampf gegen das Chaos. Machtergreifung ist die „rettende Tat" gegenüber Anarchie, Korruption, Dekadenz.[12] Ziel ist die Wiederherstellung einer Ordnung, die innere wie äußere Sicherheit und moralische Sauberkeit gewährleistet.

Der Ernstfall des Marxismus ist der Klassenkampf. Der Klassenkampf endet nicht mit der siegreichen Revolution des Proletariats. Es bedarf der Übergangsdiktatur, um das kapitalistische System völlig zu zerbrechen und den Klassenfeind endgültig zu entmachten. Erst wenn dieses Ziel erreicht ist, bricht der kommunistische Normalzustand an: der herrschaftsfreie Diskurs einer klassenlosen Gesellschaft, die keines staatlichen Herrschaftsapparates mehr bedarf. Das Paradox des sozialistischen Staates liegt darin, dass er mit dem Anspruch antritt, staatliche Herrschaft aufzuheben, in Wahrheit aber Staatsgewalt bis ins äußerste perfektioniert, dass der Traum vom herrschaftsfreien Diskurs dazu herhält, die Realität der diskursfreien Herrschaft zu rechtfertigen.

Die legitimierende Kraft des Ernstfalles entfaltet sich am deutlichsten in der Phase der Revolution. Die Euphorie des Siegers, die Einschüchterung des Besiegten, Triumph und Terror der ersten Stunde sind lebendig. Das Feindbild ist klar, die revolutionäre Hoffnung unverbraucht. – Die Legitimation wird schal, wenn das neue System sich stabilisiert und das Alltagsgeschäft des Regierens

---

[12] Analyse der Machtergreifung als »rettender Tat«: *Herbert Krüger*, Militärregime in Übersee, 1976, S. 19-42.

beginnt. Das Revolutionsprogramm fällt dem Pragmatismus und Opportunismus anheim. Das politische Ideal muss sich zu Kompromissen bequemen. Der revolutionäre Schwung schlafft ab in der Tristesse des autoritären Bürokratismus. Der Normalisierungsprozess ist für das totalitäre Regime gefährlich. In dem Maße, in dem das staatliche Leben der Routine anheim fällt, können dem Einzelnen nicht mehr Totalanstrengung, Kampfbereitschaft und Opfergeist zugemutet werden. Der „alte Kämpfer" ist enttäuscht, dass das mit der Revolution verheißene große Glück des Politischen ausbleibt, und gerät in Versuchung, aus dem Revolutionsverband zu desertieren, sein Glück in der Privatheit zu suchen – oder im Anschluss an eine neue Revolution.

Ein totalitäres Regime, das sich von seinem revolutionären Ursprung entfernt hat, kann dazu übergehen, den Ernstfall zu inszenieren, um seine Legitimation glaubwürdig zu halten und die totale Politisierung sicherzustellen. Die chinesische Kulturrevolution bildet ein eindrucksvolles Beispiel.[13] Allerdings ist es nicht erforderlich, die eroberte Festung künstlich in Brand zu setzen, damit der Geist des Eroberns nicht erlösche. Statt der Inszenierung des Ernstfalles genügt seine Simulation. Diesen bequemeren Weg gehen die meisten sozialistischen Staaten, die vor der Notwendigkeit stehen zu erklären, weshalb der versprochene kommunistische Normalzustand sich immer noch verzögert, obwohl die Expropriateure längst expropriiert worden sind. Die Begründung liefert die marxistische Dämonologie: Der Klassenfeind dräut fürderhin. Ihn zu bekämpfen ist Daueraufgabe. Er greift von außen an in der Gestalt des kapitalistischen Imperialisten; er wirkt im Innern der neuen Gesellschaft als der noch nicht ausgerottete Bourgeois und als der Renegat; schließlich treibt er sein Unwesen in der Seele jedes einzelnen Sozialisten, als Rückstand des vorsozialistischen, »falschen Bewußtseins«.

Angesichts des simulierten Ernstfalls wandelt sich der sozialistische Alltag zum Kampfplatz, zur allgegenwärtigen Front. Arbeit wird zum Fronterlebnis, Ernte zur Schlacht; Fleiß macht den „Helden der Arbeit". Der gemimte Ernstfall in Permanenz wird zur

---

[13] Die Inszenierung des Ernstfalles kann auch in der Kriegsführung nach außen bestehen. Historische Exempel liefern die militärischen Unternehmen Napoleons III., welche die innenpolitischen Integrations- und Legitimationsdefizite ausgleichen sollten.

Legitimationsbasis der sozialistischen Übergangsdiktatur. Sie gibt Beschäftigung und Lebenssinn in der sozialistischen Parusieverzögerung, in der immerwährenden Wartezeit auf die versprochene Normalität.

III. Die Normalität des freiheitlichen Staates

1. Hic et nunc: der Normalzustand

Die Normallage des freiheitlichen Staates ist von Anfang an gegeben. Er gibt sofort, was er überhaupt zu bieten hat: die Freiheit.

Er gibt sie dem Einzelnen, so wie dieser hie et nunc ist, und verlangt nicht, dass er sich zunächst einem staatlichen Vollkommenheitsideal, einem vorgefertigten Menschenbild, anpasse: Grundrechte entbinden und sichern Individualität und Diversität. Sie schützen vor erzwungener Konfektionierung. Ruhe ist nicht Bürgerpflicht, Geschlossenheit nicht Programm der Gesellschaft. Wettbewerb und Auseinandersetzung sind Lebenselixier der liberalen Demokratie. Wirtschaftlicher Eigennutz ist kein Laster; er wird geradezu legitimiert durch Eigentumsgarantie, durch Berufs- und Koalitionsfreiheit. Grundrechte setzen nicht Unfehlbarkeit voraus; die Freiheit der Meinung, der Presse und der Wissenschaft kommen auch dem Irrtum zugute.

Daraus folgt nicht, dass es für die rechtsstaatliche Demokratie gleichgültig wäre, welchen Gebrauch die Einzelnen von ihrer Freiheit machen. Das freiheitliche System gründet auf dem Vertrauen, dass die Bürger ihre Grundrechte und ihr demokratisches Mandat gemeinwohlgerecht ausüben.[14] Das Gemeinwohl ergibt sich nicht automatisch aus den freiheitlichen Institutionen, sondern aus ihrer sinnvollen Aktualisierung. Das Eigentumsgrundrecht als solches schafft keinen Wohlstand. Die Pressefreiheit macht noch keine gute Zeitung. Demokratisches Verfahren verbürgt nicht bereits gute Politik.

Gleichwohl trifft das freiheitliche System keine Vorkehrung für den Fall, dass seine optimistische Grunderwartung sich nicht erfüllt. Es gibt keine Zwangserziehung zu demokratischer Vernunft – vergleichbar der sozialistischen Erziehungsdiktatur, in der die Par-

---

[14] Zu diesen Verfassungserwartungen: *Josef Isensee*, Demokratischer Rechtsstaat und staatsfreie Ethik, in: Essener Gespräche Bd. 11, 1977, S. 102-109.

teiführung als Avantgarde des Weltgeistes den Zukunftsmenschen des richtigen Bewusstseins herandressiert.

2. Die unheroische Verfassung

Der freiheitliche Staat mutet seinen Bürgern nur geringe Opfer zu. Die Leistungen, die er ihnen abverlangt, bestehen im Wesentlichen in Geld. Mit der Entrichtung der Steuern und sonstigen Abgaben sind die positiven Bürgerpflichten nahezu erschöpft.[15] Idealistische Dienste am Gemeinwesen und patriotische Anstrengungen sind nicht gefragt.[16]

Die Normalität, in der die rechtsstaatliche Demokratie gründet, ist unheroisch. Freiheit entfacht Heroismus nur, solange sie von der Tyrannis bedrängt wird. Unter der Despotie sind Menschenrechte und Demokratie Kampfziele. Um ihretwillen kann die Freiheit ihre Märtyrer finden. Doch ein Egmont und ein Marquis Posa sind nur möglich, solange ein Philipp und ein Alba die Macht halten. Das liberale Pathos des »in tyrannos« verstummt, wenn der Tyrann gestürzt und die freiheitliche Normalität hergestellt ist.

Freilich bedürfen die Institutionen der rechtsstaatlichen Demokratie des Ausbaus, der Anpassung und der Erneuerung. Diese Aufgabe aber ist unheroische Detailarbeit; sie verlangt juristischen Sachverstand und politisches Augenmaß, nicht Kampfgeist. Zwar kann auch im Rechtsstaat der Einzelne genötigt sein, Übergriffe staatlicher Organe in seine Grundrechte abzuwehren. Doch diese Abwehr ist normale, risikolose Rechtsausübung; zur Austragung des „Kampfes ums Recht" stehen geordnete Verfahren bereit. Die Möglichkeit eines staatlichen Unrechts widerspricht nicht dem System der Rechtsstaatlichkeit. Im Gegenteil: nur der Rechtsstaat richtet sich auf die Möglichkeit staatlichen Unrechts ein und sorgt

---

[15] Zur Steuer als Grundlage des freiheitlichen Systems: *Josef Isensee*, Steuerstaat als Staatsform, in: FS-Ipsen, 1977, S. 409-436.

[16] Das Grundgesetz hat ein patriotisches Staatsziel im Wiedervereinigungsgebot aufgerichtet. Die Wiedervereinigung soll der Ernstfall des Staatsprovisoriums Bundesrepublik, die Bewährung und Erfüllung der Idee nationaler Einheit, sein. Effektiv ist das Grundgesetz mit diesem Programm des „nationalen Ernstfalles" gescheitert – weniger deshalb, weil außenpolitische Konstellationen entgegenstehen, als deshalb, weil die Bundesrepublik sich die Unbequemlichkeiten, Unsicherheiten und ethischen Anforderungen des Transitoriums nicht auf die Länge zumuten mag und sich mit dem Status quo arrangiert.

für Abhilfe.[17] Unkonventionelle und oppositionelle Grundrechts-ausübung kann den Einzelnen zwar der Kritik seiner Mitmenschen und der Lächerlichkeit aussetzen, nicht aber der Repression des Staates. Im Normalzustand des freiheitlichen Systems finden Heldenmut und Tapferkeit keine Gelegenheit, sich zu bewähren. Risikolose Freiheit und zivile Konflikte ermöglichen nur eine zivile Tugend: Zivilcourage.

Der rechtsstaatliche Alltag genügt nicht dem polemischen Temperament manches Intellektuellen, der sich in der Rolle des permanenten Widerstandskämpfers gefällt, daher aus jeder Mücke eines echten oder vermeintlichen Staatsübergriffs einen unrechtsstaatlichen Elefanten macht und so seine Putativnotwehr gegen das System begründet. Der Putativfreiheitskämpfer auf dem Boden rechtsstaatlicher Sekurität ist eine don-quijoteske Figur. Immerhin sind seine Beweggründe alles andere als ridikül: Ungenügen an der Plattheit des Normalen; moralische Sensibilität, die an der Unvollkommenheit des Systems leidet; moralischer Eifer, der den grundrechtlich legitimierten Eigennutz verachtet und Hingabe an politische Ideale fordert; heroisches Bedürfnis nach extremer Bewährung und säkularisiert-religiöse Hoffnung darauf, den ganzheitlichen Lebenssinn im politischen Kampf zu finden.

Eine derart hochgespannte, ernstfall-geneigte Mentalität gerät leicht in den Sog des Marxismus, der ein Kampfprogramm bietet (notfalls durch Ernstfall-Simulation), die Utopie des Menschheitsglücks aufrichtet und damit politischen Lebenssinn stiftet. Das freiheitliche System schwingt sich zu derartigen Heils-Verheißungen nicht auf. Es ist auf die Bewältigung der gegenwärtigen Probleme angelegt, mithin unfähig, messianische Hoffnungen auf sich zu lenken. Die Institutionen der rechtsstaatlichen Demokratie, insbesondere die Grundrechte, bieten dem Bürger keinen Lebenssinn, sondern nur eine Grundlage dafür, ihn in eigener Verantwortung zu suchen. So findet (oder verfehlt) der Einzelne seine Daseinserfüllung nicht in der Religionsfreiheit, sondern im Glauben; nicht in der Gewissensfreiheit, sondern im moralischen Handeln; nicht in der Berufsfreiheit, sondern in der Arbeit.

Die unpathetische, utopielose Verfassung freiheitlicher Normalität erzeugt keinen Enthusiasmus. Freiheit erscheint dem Einzel-

---

[17] Vgl. *Gerd Roellecke*, Verfassungstreue und Schutz der Verfassung, in: DÖV 1978, S. 460.

nen leicht banal, wenn sie zur Selbstverständlichkeit geworden, die Erinnerung an die Despotie verblasst und aktuelle Bedrohung nicht spürbar ist. Der Rechtsstaat bedarf allerdings auch nicht des Enthusiasmus der Bürger. Wohl aber ist er angewiesen auf ihren Leistungswillen: die Bereitschaft, die grundrechtliche Freiheit kraftvoll und verantwortlich auszufüllen. Aber der Grundrechts-Elan kann in rechtsstaatlicher Sekurität (zumal einer wohlfahrtsstaatlich gepolsterten) einschlafen. Überhaupt gibt es keinen allgemeinen Erfahrungssatz, dass freiheitliche Systeme schlechthin leistungsfähiger seien als totalitäre. Leistungswille und Kreativität können sich geradezu beleben in der Reibung an Autoritäten. »Kein Druck nämlich, ob er von links oder von rechts kommt, ist der Kunst so schädlich wie die lauwarme Zimmertemperatur des Liberalismus.«[18]

Die Regierbarkeit der liberalen Demokratie hängt nicht nur ab von der objektiven Normalität der Lagen, sondern auch von der Normalfall-Mentalität der Bürger: dem Gefühl äußerer und innerer Sicherheit. Damit tritt an die Regierenden der Demokratie die Versuchung heran, das Sicherheitsgefühl der Bevölkerung um jeden Preis aufrechtzuerhalten, die optimistische und irenische Grunderwartung künstlich gegen die Besorgnis („Panikmache") abzuschirmen und den Ernstfall als Möglichkeit aus dem Horizont gesetzlich zu bewältigender Lagen zu verbannen.[19] Ernstfall-Prüderie zahlt sich politisch aus: Sie verleiht ein „liberales" Politiker-Image und erleichtert (zumindest kurzfristig) das Geschäft des Regierens, weil der Allgemeinheit Unbehagliches erspart bleibt. Die Gefahr-Verdrängung gibt sich als politische Tugend.

Während der totalitäre Staat dazu neigt, den Ernstfall zu simulieren, um die notwendige Grundstimmung seiner Gesellschaft zu erhalten, ist es für den freiheitlichen Staat verlockend, den Ernstfall zu dissimulieren.

3. Bürgerfreiheit als Entlastung des Staates von Ernstfallpotential

Die rechtsstaatliche Demokratie entschärft Ernstfallpotential. Politische Konflikte, die den Ernstfall des totalitären Staates aus-

---

[18] Zitat: *Egon Friedell*, Kulturgeschichte der Neuzeit, 1974, S. 1319.

[19] Zur Tabuisierung des Ernstfalles und den gefährlichen Folgen für die Regierbarkeit: *Wilhelm Hennis*, Zur Begründung der Fragestellung, in: Hennis-Graf Kielmannsegg-Matz (Hg.), Regierbarkeit, 1977, S. 11, 17.

lösen müssten, sind Ausdruck demokratischer Normalität. Der Rechtsstaat strebt das Ideal der geschlossenen, total homogenen Gesellschaft nicht an; daher braucht er deren Auflösung auch nicht zu fürchten. Mit der Anerkennung der Freiheitsrechte entlastet sich der Staat von Verantwortung für krisenträchtige Materien. Ein Exempel liefert die Religionsfreiheit. In den Jahrhunderten, in denen der Staat sich mit einer bestimmten Religion identifizierte, waren Glaubenskrisen notwendig auch Staatskrisen, Glaubensspaltungen Anlässe zum Bürgerkrieg. Die religiöse Neutralisierung und Säkularisierung entlastet das politische System von Konfliktstoff. Der Staat gewinnt kraft dieser Beschränkung die Offenheit, die ihn befähigt, den heterogenen Bewegungen der pluralistischen Gesellschaft Raum zu bieten und »Heimstatt aller Staatsbürger« zu werden.[20] Ähnliche Wirkungen äußern auch die Grundrechte, die wesentliche Aufgaben der Kultur und der Wirtschaft den gesellschaftlichen Kräften überantworten und weitgehend der staatlichen Einwirkung entziehen. Grundrechte, welche die Wirksamkeit des Staates beschränken, tragen zu seiner Stabilisierung bei. Sie verschaffen ihm nämlich Distanz zu gesellschaftlichen Spannungsfeldern. Die Garantien individueller und gesellschaftlicher Freiheit sorgen für einen Sicherheitsabstand zwischen dem politischen System und dem Ernstfallpotential.

4. Der Sozialstaat: neuartiges Ernstfallpotential

Das soziale Staatsziel, das die Staatsorgane verpflichtet, soziale Gerechtigkeit herzustellen, sichert die Voraussetzungen der freiheitlichen Institutionen. Die staatliche Gewähr für einen Mindeststandard der Lebensbedingungen verhindert, dass die für alle verbürgten Freiheitsrechte in der Realität zum Privileg weniger verkümmern und so das freiheitliche System als ganzes unglaubwürdig wird. Die staatlich gelenkte Einebnung sozialer Ungleichheit vermag, wenn sie die rechtsstaatlichen Grenzen einhält, dazu beizutragen, innergesellschaftliche Spannungen zu mindern, die Gesellschaft zu integrieren und zu befrieden.

Jedoch kann die soziale Verfassungskomponente das freiheitli-

---

[20] Zitat: BVerfGE 19,206 (216). - Zur weltanschaulichen Neutralität (Nichtidentifikation): *Herbert Krüger*, Allgemeine Staatslehre, ²1966, S. 35-53, 178-185; *Klaus Schlaich*, Neutralität als verfassungsrechtliches Prinzip, 1972, S. 26-39, 236-264.

che System mit neuartigem Ernstfallpotential beladen und zu einem guten Teil den liberalen Entlastungseffekt rückgängig machen. Diese Gefahr geht weniger von der grundgesetzlichen Regelung als solcher aus. Das Grundgesetz begnügt sich – in weiser Bescheidung angesichts der Unabsehbarkeit der wirtschaftlichen Entwicklung – mit einem einzigen, abstrakten, sinnvariablen Wort: dem Adjektiv „sozial". Die Gefahr entspringt vielmehr einer neuartigen Verfassungsauslegung, welche die gesetzlichen Vorkehrungen der sozialen Sicherung als verfassungsrechtlich sanktionierten Besitzstand auszuweisen versucht,[21] liberale Freiheitsrechte unbesorgt in Teilhabeansprüche auf Staatliche Leistungen umdeutet und dem Verfassungstext die Garantie von Wohlstand und Wachstum unterlegt.[22] Dieser Trend der Verfassungsauslegung lebt aus der Hoffnung, dass soziale Errungenschaften am stärksten sichergestellt wären, wenn die höchste Norm der staatlichen Rechtsordnung sie sanktionierte. Hier wird aber die normative Kraft der Verfassung überfordert. Der Versuch, die Wirtschaft der Verfassung zu unterwerfen, kann leicht das Gegenteil bewirken: die Verfassungsgehalte in Abhängigkeit zur jeweiligen Wirtschaftskonjunktur bringen.

Unter den Auspizien des neuartigen Verfassungsverständnisses müssen sich Wirtschaftsstörungen ohne weiteres als Verfassungsstörungen auswirken. Die Wachstumskrise gerät notwendig zur Krise des sozialen Rechtsstaates.[23] Der Ernstfall, den verfassungs-

---

[21] Zur »institutionellen Garantie« bestehender sozialer Einrichtungen: Bogs-Achinger-Meinhold-Neundörfer-Schreiber, Soziale Sicherung in der Bundesrepublik Deutschland (Sozialenquete), O.J., S. 57; *Joachim Burmeister*, Vom staatsbegrenzenden Grundrechtsverständnis zum Grundrechtsschutz für Staatsfunktionen, 1971, S. 21-23, 97-99. – Grundsätzlich zur Offenheit der Sozialstaatsklausel: *Hans F. Zacher*, Was können wir über das Sozialstaatsprinzip wissen?, in: – FS-Ipsen, 1977, S. 207-267

[22] Zur Problematik der Teilhabegrundrechte mit Nachw.: *Ulrich. Scheuner*, Die Funktion der Grundrechte im Sozialstaat, in: DÖV 1971, S. 505-513; *Wolfgang Martens* und *Peter Häberle*, Grundrechte im Leistungsstaat, in: VVDStRL 30 (1972), S. 7-42, 43-141; *Ernst-Wolfgang. Böckenförde*, Grundrechtstheorie und Grundrechtsinterpretation, in: NJW 1974, S. 1535 f.; *Hans Heinrich* Rupp, Vom Wandel der Grundrechte, in: AöR 101 (1976), S. 176-187; *Fritz Ossenbühl*, Die Interpretation der Grundrechte in der Rechtsprechung des Bundesverfassungsgerichts, in: NJW 1976, S. 2104f.; *Rüdiger Breuer*, Grundrechte als Anspruchsnormen, in: FS-BVerwG, 1978, S. 89-119.

[23] Die Neue Linke verfolgt die Taktik, einzelne Normen der Verfassung (wie Demokratie und Sozialstaatlichkeit) utopisch zu überhöhen, (pseudo-)idealistisch zu überfordern und mit marxistischem Gehalt zu füllen, um so die unüberbrückbare

exegetisch fehlgeleitete Hoffnungen auslösen, bildet eine staatsrechtlich paradoxe Situation: Der Rechtsstaat hat nur begrenzte
Möglichkeiten, durch Gesetzgebung und Haushaltsführung auf
das gesamtwirtschaftliche Gleichgewicht einzuwirken. Soweit dieses überhaupt durch nationale Entscheidungsprozesse beeinflusst
wird, liegt die Zuständigkeit weithin bei den Unternehmern und
den Gewerkschaften, also jenen Grundrechtsträgern, die kraft der
Eigentums- und Koalitionsfreiheit über Investitions- und Lohnpla-
nung befinden und durch Grundrechte weitgehend gegen staatliche Anordnung abgeschirmt sind.[24] Im »sozialstaatlichen Ernstfall«
müsste der Staat Folgen verantworten, deren Ursachen jenseits
seiner Verfügungsmacht liegen. Entscheidungskompetenz und Folgenverantwortung wären hier also inkongruent.

IV. Verfassungsziele:
Erhaltung der Normalität – Vermeidung des Ernstfalles

Der Verfassungsstaat, dessen Einrichtungen auf Normalität ge-
baut sind, muss alles daran setzen, diese Normalität sicherzustellen.
Dieses Ziel ist verfassungsrechtlich geboten — als ein ungeschriebenes Gesetz, das sich in einer rationalen Ordnung von selbst versteht.[25]

Der Schutz der Normallage stellt die verantwortlichen Staatsorgane vor die Aufgabe:
– die Gefahr frühzeitig zu erkennen und zu vermeiden,
– in der Normalität Vorsorge für die Gefahrenabwehr zu tref
fen und

Diskrepanz zwischen Verfassungsnorm und Verfassungswirklichkeit zu begründen
und der Verfassungsnorm selbst einen Revolutionstitel zu deduzieren. Kritisch
zu dieser vor allem von Politologen gehandhabten Auslegungsmethode: *Wilhelm
Hennis*, Verfassung und Verfassungswirklichkeit – ein deutsches Problem, 1968;
Kurt Sontheimer, Das Elend unserer Intellektuellen, 1976, S. 118-126, 196-208;
Karl-Dietrich Bracher, Zeitgeschichtliche Kontroversen, ²1976, S. 107.

[24] Vgl. *Ernst-Wolfgang Böckenförde*, Die politische Funktion wirtschaftlich-sozialer
Verbände, in: Der Staat 15 (1976), S. 457-483.

[25] Der Klassiker der liberalen Allgemeinen Staatslehre *Georg Jellinek* erkennt noch
völlig unbefangen als Zweck des Staates an die »Erhaltung und Förderung der eigenen Existenz und des eigenen Ansehens«: „Dieser Zweck ist der erste und nächste,
innerhalb bestimmter Schranken die Bedingung gedeihlicher Tätigkeit überhaupt."
(Allgemeine Staatslehre, 7. Neudruck der 3. Auflage von 1913, 1969, S. 256).

- im aktuellen Ernstfall das Verfassungssystem wirksam zu behaupten.

Nicht vorgegeben sind die Wege, dieses Ziel zu verwirklichen. Es ist Gebot politischer Klugheit, im Wechsel der nationalen wie der internationalen Lagen Gefahrensymptome zu erkennen und zu verhindern, dass die Gefahr sich verwirklicht. Hier hat sich die »virtù« des verantwortlichen Politikers vor den Tücken der »fortuna« zu bewähren. Auch der Verfassungsstaat ist auf Staatsraison angewiesen: allerdings auf verfassungsrechtlich eingebundene Staatsraison.

V. Determinanten des Grundgesetzes
für die Bewältigung von Grenzsituationen

Der Verfassungsstaat kann sich nur mit verfassungsrechtlichen Mitteln verteidigen. Hier weist das Grundgesetz Besonderheiten auf, die es von mancher anderen demokratischen Verfassung unterscheiden. Die Verfassungsbindung ist strikt. Sie löst oder lockert sich nicht in der Ausnahmesituation. Das Grundgesetz bildet die rechtliche Gestalt des Staates. Es ist nicht lediglich ein Mantel, der sich ablegen lässt, wenn er unbequem oder beengend ist. Folglich gibt es keine verfassungsfreie Staatsraison.[26]

Keinem der Verfassungsorgane kommt Souveränität gegenüber dem Verfassungsgesetz zu. Das gilt – im Unterschied zu Großbritannien – sogar für das Parlament.[27] Die Volksvertretung kann nicht die Verfassung für den Ausnahmezustand suspendieren oder verfassungswidrigen Maßnahmen, die die Regierung zum Schutz des Gemeinwesens trifft, nachträglich Indemnität erteilen.[28] Der Schutz des Grundgesetzes rechtfertigt nicht den Bruch des Grundgesetzes. Verfassungsnot bricht nicht Verfassungsgebot.

Der grundgesetzliche Rechtsstaat ist ein perfektionistischer Gesetzesstaat. Jeder Eingriff in den Schutzbereich eines Grundrechts – und das ist angesichts der umfassenden Reichweite der Grundrechte nahezu jede Maßnahme staatlicher Selbstbehauptung – bedarf der Ermächtigung durch förmliches Gesetz. Der Notstand ist

---

[26] Dazu *Schröder* (N 4), S. 129-132.

[27] in Großbritannien 1967, I/S. 61-74, II/S. 374-402; – dazu *Böckenförde* (N 4), S. 1887.

[28] Dazu *Schröder*, (N 4), S. 139-147.

also nicht die »Stunde der Exekutive«. Die gesetzlichen Eingriffsermächtigungen müssen hinreichend bestimmt sein. Das Grundgesetz kennt keine Blankokompetenz für den Notstandsfall in der Art, wie sie die Weimarer Reichsverfassung in Artikel 48 dem Reichspräsidenten zugewiesen hatte.[29]

Diese formellen Voraussetzungen des Staatshandelns werden auch nicht entbehrlich, wenn es um den Schutz der Verfassung und ihrer Grundwerte geht. Legitimität bleibt verwiesen auf Legalität. Folglich lässt das Rechtssystem des Grundgesetzes keinen Raum für ein übergesetzliches, vor-verfassungsrechtliches Notrecht, wie es etwa die Schweiz kennt.[30]

Die staatliche Selbstbehauptung findet ihre Schranke am rechtsstaatlichen Verbot des Übermaßes. Die Maßnahmen müssen geeignet und erforderlich sein, dem Staatsschutz zu dienen. Sie dürfen dem Einzelnen keine unangemessene Rechtseinbuße zumuten. Die Aktionsmöglichkeiten des Staates weichen von der Normalrechtslage nur ab, soweit es die außerordentliche Lage erfordert. Das Übermaßverbot verlangt vom Gesetzgeber wie von der vollziehenden Gewalt differenzierte Güterabwägungen.

Auf der anderen Seite verbietet das Grundgesetz Gesetze, die Grundrechte nicht allgemein, sondern nur für den Einzelfall einschränken. Ein Gesetz, das etwa die Möglichkeiten der Strafverteidigung beschränken soll, gilt entweder für alle gesetzlich umschriebenen Situationen, oder es gilt nicht. Damit kann der Rechtsstaat in ein Dilemma geraten, dass er entweder zu viel oder zu wenig tut; dass er seine Regelungen auf die Ausnahmelage abstellt und damit die Normalfälle überreglementiert oder sich nur am üblichen ausrichtet und damit vor dem Ernstfall versagt.[31]

---

[29] Dazu etwa *Karl August Bettermann*, Die Notstandsentwürfe der Bundesregierung, in: Fraenkel (Hrsg.), Der Staatsnotstand, 1965, S. 191-193, 227-229.

[30] Zum ungeschriebenen Notrecht: *Schröder* (N 4), S. 132-135. Zur Rechtslage in der Schweiz: *Fritz Fleiner/Zaccaria Giacometti*, Schweizerisches Bundesstaatsrecht, 1949 (Neudruck 1965), S. 777-790. Allgemeine rechtsvergleichende Übersicht: Anhörung zu dem Thema „Rechtsvergleichende Darstellung des ausländischen Notstandsrechts" vor dem Rechts- und Innenausschuß des Bundestages, Protokoll Nr. 60 (bzw. 76) v. 7. 12. 1967 (Deutscher Bundestag, 5. Wahlperiode).

[31] *Böckenförde* entwirft daher ein bedenkenswürdiges verfassungspolitisches Regelungsmodell, das im Ausnahmezustand die »Maßnahme« ermöglicht; diese schafft keine neuen Rechtszustand auf Dauer, sondern überlagert und suspendiert nur den bestehenden Zustand in bestimmter Hinsicht (N 4, S. 1880-90).

VI. Typologie der grundgesetzlich
geregelten Gefahrenlagen

Die Vorkehrungen, die das Grundgesetz zu seiner Selbstbehauptung trifft, sind auf drei Typen der Gefahrenlage abgestellt:
- auf den Notstand: eine normativ umschriebene Störung der Rechtsordnung;
- auf den Widerstandsfall: den Staatsstreich, dessen zu erwehren die berufenen Staatsorgane nicht fähig oder nicht willens sind;
- auf die legale Revolution durch Missbrauch der grundrechtlichen Freiheit.

1. Die Notstandsverfassung

a) Normierung und Normalisierung von Ausnahmelagen

Die Notstandsverfassung des Grundgesetzes umfasst bestimmte Ausnahmetatbestände: Störungen des regulären Zusammenwirkens der Verfassungsorgane, die Naturkatastrophe, den Putsch und den militärischen Angriff.

Das Grundgesetz suspendiert in diesen Ausnahmefällen in höchst differenzierten Vorschriften die Regelordnung nach Maßgabe des jeweils unbedingt Erforderlichen und führt eine Notordnung ein: durch Konzentration von Befehlsmacht, Vereinfachung staatlicher Entscheidungsprozesse, Einschränkungen einzelner Grundrechte.

Es handelt sich nicht um Ausnahmen vom Verfassungssystem, sondern um Ausnahmen im Verfassungssystem. Die Ausnahmetatbestände sind normiert, damit normalisiert. Es ist rechtsstaatlicher Verfassungsvollzug, wenn die zuständigen Staatsorgane die Notaggregate nach verfassungsrechtlich vorgesehenen Bedingungen auslösen.

Nicht jeder der Notstandstatbestände bezeichnet den Ernstfall der Republik. Unterhalb der Schwelle des Ernstfalles liegen die Naturkatastrophe oder die Funktionsstörung des parlamentarischen Systems. Der Ernstfall schlechthin ist allerdings der als Verteidigungsfall deklarierte Krieg. Der rechtsstaatliche Perfektionismus, der die ganze Notstandsverfassung leitet, bewährt sich auch in die-

sem Tatbestand. Exemplarisch für Stil und Inhalt der Notstandsverfassung ist die Vorschrift darüber, in welcher Form der Bundespräsident die Feststellung des Verteidigungsfalles zu verkünden habe:
Grundsätzlich sei die Feststellung wie ein Gesetz zu verkünden, also
im Bundesgesetzblatt. Sei dies nicht rechtzeitig möglich, so erfolge
die Verkündung in anderer Weise; sie sei dann aber im Bundesgesetzblatt nachzuholen, sobald die Umstände es zuließen. Werde
jedoch das Bundesgebiet mit Waffengewalt angegriffen und seien
die zuständigen Bundesorgane außerstande, sofort die förmliche
Feststellung des Verteidigungsfalles zu treffen, so gelte die Feststellung als getroffen und zu dem Zeitpunkt verkündet, in dem der Angriff begonnen habe. Der Bundespräsident gebe diesen Zeitpunkt
bekannt, sobald die Umstände es zuließen (Art. 115a III, IV GG).
Dieses Notstandsreglement spricht nicht die Sprache des Ernstfalles – sondern die juristischer Pedanterie.

Überhaupt mag man vom außerjuristischen Standpunkt die
Notstandsregelungen entweder als Verharmlosung der Ausnahmesituation oder als sachwidrige Überreglementierung betrachten,
als Lähmung staatlicher Effizienz in der Stunde der extremen Be-
lastung.[32]

b) Gesetzesfreie Bewältigung aktueller Ernstfälle

Das Jahr 1977 lieferte in der Entführung Schleyers und in der
Abhöraffäre Traube zwei Lehrstücke dafür, dass sich der Ernstfall
der Republik in ein noch so fein geknüpftes Gesetzesnetz nicht einfangen lässt.

Die Geiselnahme stellte eine Störung der öffentlichen Sicherheit
im Sinne des Polizeirechts und eine Straftat im Sinne des Strafpro-
zessrechts dar, also einen Fall, den Polizei und Staatsanwaltschaft mit
den regulären Mitteln rechtsstaatlicher Gesetzlichkeit hätten erfassen können. Juristisch gesehen also: Normalität. Gleichwohl erlebte
die deutsche Öffentlichkeit hier den Anschlag auf den Rechtsstaat:
den Ernstfall des Rechtsstaats. Die Justiz verfügte „Kontaktsperren"
für konspirationsverdächtige Rechtsanwälte; Maßnahmen, die in
der gegebenen Lage sachnotwendig waren und legitim zum Schutz
verfassungssanktionierter Rechtsgüter. Jedoch legal waren die Maß-

---

[32] Vgl. die Kritik *Konrad Hesses*, Grundzüge des Verfassungsrechts der Bundesrepublik Deutschland, [10]1977, S. 301-303.

nahmen nicht.[33] Die gesetzliche Grundlage wurde erst nachträglich geschaffen. – Überdies bildete sich außerhalb der Verfassungslegalität in den Krisenstäben ein Verantwortungs- und Entscheidungssystem, das die bundesstaatliche, rechtsstaatliche und demokratische Gewaltenteilung überspielte: die Kompetenzverteilung zwischen Bund und Ländern, die Trennung von Regierung und Parlament, die Unterscheidung von Parlamentsmehrheit und Opposition. Die Opposition, die sich in die Krisenverantwortung einbinden ließ, wurde hier als Opposition aufgehoben. Das Grundgesetz sieht derartige Zusammenschlüsse noch nicht einmal für den als Verteidigungsfall deklarierten Krieg vor. Man mag darüber rechten, ob dieses Gremium formell verfassungswidrig war, und die Verfassungsmäßigkeit vielleicht mit dem Argument begründen, dass es sich lediglich um eine staatsrechtlich irrelevante Demonstrationsveranstaltung zur Beruhigung einer erregten Öffentlichkeit gehandelt habe.[34] Im realen Effekt jedenfalls haben die Verfassungsorgane mit ihrer Reaktion den Polizeirechtsfall als Ernstfall der Republik akzeptiert und den Störern den Kombattantenstatus, den sie sich anmaßten, zugebilligt.

Anlass der Abhöraktion Traube war der bloße Verdacht eines Ernstfalles. Hätte er sich allerdings bewahrheitet, so hätte er jedweden gesetzlichen und verfassungsrechtlichen Rahmen gesprengt. Der Zugang der Terroristen zu Nuklearmaterial liegt außerhalb aller verfassungsrechtlichen Notstandsvorkehrungen, die der Verfassunggeber mehr im Rückblick auf vergangene Ereignisse als in planender Vorausschau getroffen hat. Eine nukleare Erpressung durch Terroristen fiele weder unter den Tatbestand des inneren Notstandes noch unter den des Verteidigungsfalles (das heißt den Krieg zwischen Staaten nach den Vorstellungen des klassischen Völkerrechts). Das Bemerkenswerte an der Abhöraktion ist, dass hier der bloße Anschein der Gefahr und das Erfordernis nachrichtendienstlicher Gefahrerforschung bereits zum Überschreiten

---

[33] Das gilt jedenfalls dann, wenn man die Kontaktsperre, wie es die Beteiligten und ihre Kritiker tun, als strafprozessuale Maßnahme der Strafverfolgung ansieht. Die juristische Bewertung könnte sich ändern, wenn sie als polizeirechtliche Handlung der Gefahrenabwehr qualifiziert würde und mithin die Anwendbarkeit der polizeirechtlichen Generalklausel erwogen werden könnte.

[34] *Schröder* verteidigt die verfassungsrechtliche Zulässigkeit der Krisenstäbe (N 4, S. 140-142) gegen die gewichtigen Bedenken *Friedrich Karl Frommes* (in: FAZ vom 14. 9. 1977).

der gesetzlichen Ermächtigungen und zum illegalen Eingriff in die Wohnungsfreiheit geführt haben. Die verantwortlichen Staatsorgane beriefen sich allerdings auf den strafrechtlichen Rechtfertigungsgrund des Notstands als gesetzliche Eingriffsermächtigung. Nach dem Strafgesetz ist eine Tat gerechtfertigt, wenn sie zur Abwendung einer gegenwärtigen, nicht anders abwendbaren Gefahr für ein Rechtsgut erfolgt und bei Abwägung der widerstreitenden Interessen das geschützte Interesse das beeinträchtigte wesentlich überwiegt. Dieses Selbsthilferecht jedoch gilt allein für den Bürger. Es kommt der Staatsorganisation nicht zugute; es fügt sich nicht in ihre spezifischen Strukturen, die aus Kompetenzverteilung und Grundrechtsbindung, aus demokratischer Legitimation und parlamentarischer Verantwortung folgen.[35]

In beiden Ereignissen, im echten Ernstfall und im vermeintlichen Ernstfall, flammte das archaische Notrecht des Staates auf. In der Grenzlage der totalen Herausforderung zerriss die Staatsgewalt das verfeinerte, effizienzhemmende Geflecht der Legalität – unter Berufung auf die Legitimität. Der formalisierte Gesetzesvollzug wurde ersetzt durch gesetzesfreie Abwägung verfassungsgeschützter Güter. Hier zeichnet sich nicht die Krise des Rechtsstaates schlechthin ab, sondern die des rechtsstaatlichen Bestimmtheitsgebotes. Die Hypertrophie des Bestimmtheitsgebotes erzeugt in praxi ein Übermaß an Spezialregelungen – also Unübersichtlichkeit und Rechtsunsicherheit.[36] Überzogene Anforderungen an die Berechenbarkeit des Gesetzes (mithin die Zukunftsschau des Gesetzgebers) führen dazu, dass es vor dem unberechenbaren Ernstfall versagt. Dagegen könnte der heute fast ausgestorbene Regelungstypus der Generalklausel, wie sie das preußische Polizeirecht entwickelt hat, pragmatische Lösungen für den Konflikt zwischen Legalität und Legitimität vorzeichnen: eine rechtsstaatliche Vereinigung von Zukunftsoffenheit und Rechtssicherheit, von Elastizität staatlicher Gefahrenabwehr und grundrechtssichernder Staatsbegrenzung.

---

[35] Dazu mit Nachw.: *Paul Kirchhof*, Polizeiliche Eingriffsbefugnisse und private Nothilfe, in: NJW 1978, 969-973; *Schröder* (N 4), S. 135-139; *Böckenförde* (N4), S. 1882 f.

[36] Grundsatzkritik: *Ernst Forsthoff*, Der introvertierte Rechtsstaat und seine Verortung (1963), in: Rechtsstaat im Wandel, 1964, S. 213-227; *Walter Leisner*, Rechtsstaat – ein Widerspruch in sich?, in: JZ 1977, 537-542.

2. Der Widerstandsfall: die Normierung des Unnormierbaren

Das Grundgesetz greift über die Notstandstatbestände hinaus und trifft Vorsorge für den Extremfall, dass die Staatsorganisation sich als unfähig erweist, einen Umsturz abzuwehren, entweder weil sie zu schwach ist oder weil ihre Amtsinhaber selbst in den Staatsstreich verwickelt sind.[37] In dieser Situation appelliert das Grundgesetz an alle Deutschen, Widerstand gegen den Verfassungssturz zu leisten. Das Verfassungsgesetz drückt den Bürgern als letztem Aufgebot des Verfassungsschutzes ein Grundrecht, das förmliche Widerstandsrecht, in die Hand. Dieses Widerstandsrecht kann kraft ausdrücklicher grundgesetzlicher Regelung sogar im Wege der Verfassungsbeschwerde vor dem Bundesverfassungsgericht geltend gemacht werden. Der Verfassungsgesetzgeber übersieht allerdings, dass, solange das Gericht funktionsfähig ist, das Grundrecht nicht existiert, die Verfassungsbeschwerde also erfolglos bleiben muss. Sobald aber das Grundrecht auflebt, ist das Gericht als sein Hüter notwendig ausgefallen. Im Übrigen ist gerichtsförmige Durchsetzbarkeit einem Widerstandsrecht, das seinen Namen verdient, schlechthin fremd.[38] Der Widerstandskämpfer ist Richter in eigener Sache. Widerstand ist Bruch der Legalität, um höherer Legitimität willen. Widerstand ist Ungehorsam und unstaatliche Gewalt. Die Aufnahme des Widerstandsrechts in den Verfassungstext kann zur Unzeit zur Illegalität animieren und zur billigen Ausrede werden. Im Ernstfall dagegen kann die untergehende Republik sich auch nicht mehr an den legalistischen Strohhalm des positivierten Widerstandsrechts klammern. Es gibt keine rechtsstaatliche Versicherung gegen Revolutionen. Wer die Speerspitze der Illegalität fürchtet, durchschreite das Feuer des Widerstandes nie.

Die Normierung eines Widerstandsrechts ist der untaugliche Versuch des perfektionistischen Gesetzesstaates, auch das Chaos rechtsstaatlich zu organisieren.

---

[37] Zum Widerstandsrecht des Art. 20 IV GG näher: *Hans Schneider*, Widerstand im Rechtsstaat, 1969; *Josef Isensee*, Das legalisierte Widerstandsrecht, 1969.

[38] Die hessische Verfassung statuiert sogar eine Widerstandspflicht. Diese Pflicht wird allerdings näher dahin präzisiert, der Widerstandspflichtige habe den Verfassungsbrecher beim Staatsgerichtshof zu denunzieren (Art. 147 Verfassung Hessens v. 1. 12. 1946), Der Verfassungsappell zum Heldentum schrumpft bei näherem Hinsehen also in eine Anzeigepflicht zusammen.

3. Das Ernstfall-Trauma des Grundgesetzes: die legale Revolution

Die verfassungsrechtliche Normierung des Widerstandsfalles wie auch des inneren Notstandes orientiert sich am Bild des nach klassischem Muster organisierten Staatsstreichs. In die Diskussion der Notstandsverfassung spielten die Erfahrungen des Kapp-Putsches hinein. Doch jenes klägliche Unternehmen in den Gründerjahren der Weimarer Republik war schon zu seiner Zeit anachronistisch. Der Überwinder des Weimarer Systems wurde nicht Kapp, sondern Hitler. Der rational kalkulierende Revolutionär, der das hochentwickelte Gemeinwesen, die Computergesellschaft, in seine Gewalt bringen will, kann Zerstörungen nicht riskieren, die Putsch und Bürgerkrieg auslösen müssen. Die rationale Revolutionstechnik ist die Legalität.[39] Der Staat des Grundgesetzes hat nicht den Barrikadenkampf zu fürchten, sondern den Marsch durch die Institutionen. In der Tat ist das Ernstfall-Trauma des Grundgesetzes die legale Machtergreifung Hitlers. Die staatsrechtliche Ungeheuerlichkeit lag darin, dass die Weimarer Republik ihren eigenen Waffen zum Opfer fiel, dass Grundrechte und Parlamentarismus zur Überwindung des Systems eingesetzt wurden, das sie hervorgebracht hatte.[40] Der Austausch der freiheitlichen

---

[39] Vgl. *Ernst Forsthoff*, Die Verwaltung als Leistungsträger, 1938, S. 8-11; *Carl Schmitt*, Die legale Weltrevolution, in: Der Staat 17 (1978), S. 321-339.

[40] Mit bemerkenswerter Offenheit legte *Joseph Goebbels* am 30. 4. 1928 das Programm der legalen Revolution dar: „Wir gehen in den Reichstag hinein, um uns im Waffenarsenal der Demokratie mit deren eigenen Waffen zu versorgen. Wir werden Reichstagsabgeordnete, um die Weimarer Gesinnung mit ihrer eigenen Unterstützung lahmzulegen. Wenn die Demokratie so dumm ist, uns für diesen Bärendienst Freifahrkarten und Diäten zu geben, so ist das ihre eigene Sache. Wir zerbrechen uns darüber nicht den Kopf. Uns ist jedes gesetzliche Mittel recht, den Zustand von heute zu revolutionieren." („Was wollen wir im Reichstag?", zitiert nach: Goebbels, Der Angriff, Aufsätze aus der Kampfzeit, 1936, S. 71). *Goebbels* verteidigte die Taktik auch nachträglich – nach dem erfolgreichen Marsch durch die Weimarer Institutionen: „Eine Opposition kommt im Kampfe gegen ein System immer nur zur Macht, indem sie sich der Mittel und Methoden bedient, die dieses System ihr zur Verfügung stellt. Hätten wir damals in einem autokraten Staate gelebt, so hätten die Nationalsozialisten andere Methoden und Mittel gefunden, um diese Autokratie zu stürzen. Wir lebten aber in einem demokratischen Staat. Die einzigen Waffen, die uns zur Verfügung standen, waren eben die Waffen des Geistes und der Meinungsfreiheit, und wir haben sie in Anspruch genommen, ohne uns hierbei mit der Berechtigung oder Zulässigkeit dieser Waffen irgendwie zu identifizieren. Wir haben ja dieselbe Stellung auch dem Parlamentarismus an sich gegenüber eingenommen. Wenn wir in das Parlament einzogen, so nicht um des Parlamentarismus willen,

Legitimität gegen die totalitäre Legitimität vollzog sich in legalen Bahnen.[41]

Nunmehr soll die Legalität des parlamentarischen Rechtsstaats unlösbar verknüpft werden mit der Legitimität der freiheitlichen demokratischen Grundordnung. Die demokratischen Einrichtungen sollen nicht in die Hände ihrer Feinde fallen. Das ist die Grundidee der „abwehrbereiten Demokratie".[42] Daraus ergibt sich, dass das Verfassungsfundament – die »freiheitliche demokratische Grundordnung« – tabuiert wird und noch nicht einmal der Verfügung des verfassungsändernden Gesetzgebers unterliegt. Durch diese normative „Ewigkeitsgarantie" soll nicht die Revolution als solche ausgeschlossen werden (das wäre normativistische Illusion), wohl aber die legale Revolution. Das Grundgesetz will die Systemüberwindung in die Illegalität abdrängen.[43] Es trifft verschiedene

sondern um uns in unserem Kampfe gegen den Parlamentarismus der Waffen zu bedienen, die uns der Parlamentarismus zur Verfügung stellte." (Rede vor den deutschen Schriftleitern am 4. 10. 1933, nach: Der Angriff Nr. 278 v. 5. 10. 1933).

[41] In diesem Zusammenhang ist das Ex-post-Urteil des zurückblickenden Juristen darüber unerheblich, ob die Rechtsverletzungen, die dem Erlass des Ermächtigungsgesetzes vorausgingen oder ihn begleiteten, das Gesetz selbst, also das wesentliche Vehikel der Machtübernahme, rechtswidrig machten (zu dieser verfassungsrechtlichen Frage: *Hans Schneider*, Das Ermächtigungsgesetz v. 24. März 1933, ²1961). Entscheidend ist, dass die realen Wirkungen der Legalität nicht beeinträchtigt wurden, insbesondere die Reibungslosigkeit des politischen Übergangs und die Chance des Gehorsams bei Beamten wie Bürgern. Innenwelt der NS-Zeit: Eine staatsrechtliche Analyse der nationalsozialistischen Machtergreifung als Vorgang der legalen Verfassungsablösung gibt *Ernst Rudolf Huber*: „Die Legalität bedeutet eine äußere Überbrückung der Kluft, die in Wahrheit zwei wesensverschiedene Ordnungen trennt. Rücksichten auf das technische Funktionieren des Justiz- und Verwaltungsapparates sind die eigentlichen Gründe für die Methode der Legalität. Das aber sind rein äußerliche und formelle Erwägungen ... In der Sache besteht keine Kontinuität, sondern die schärfste Diskontinuität zwischen dem Weimarer System und der neuen Ordnung. Von der bloßen Legalität ist zu unterscheiden die Legitimität, die innere Rechtfertigung eines politischen oder staatsrechtlichen Aktes. Diese Legitimität der Gesetze vom 24. März 1933 und 30. Januar 1934 geht nicht aus der Weimarer Verfassung, sondern aus der nationalsozialistischen Revolution hervor." (Verfassung, ²1939, S. 49).

[42] Dazu *Josef Isensee*, Wehrhafte Demokratie, in: Das Parlament v. 17.1.1976, S. 1 f.; *Roellecke* (N 17), S. 557-564.

[43] Die herrschende Staatsrechtslehre der Weimarer Epoche hatte den Gedanken abgelehnt, dass eine Verfassungsrevision nach Art. 76 WRV auf gegenständliche Schranken im Verfassungssystem stoße, und die legale Vernichtung der Verfassungssubstanz (Republik, Demokratie, Parlamentarismus etc.) im Wege der formellen Verfassungsänderung für zulässig erklärt (so *Gerhard Anschütz*, Die

Vorkehrungen dagegen, dass die Ausübung der Grundrechte zum Kampf gegen die Verfassung missbraucht wird. Jedoch haben diese Verfahren den erwarteten Effekt bisher nicht gezeitigt. So wurden bislang zwei Verfahren vor dem Bundesverfassungsgericht eingeleitet zur Feststellung, dass bestimmte Personen ihre Grundrechte missbraucht hätten. Das eine Verfahren wurde nach acht, das andere nach fünfeinhalb Jahren ohne den vom Antragsteller gewünschten Erfolg beendet mit der Begründung, die Betroffenen hätten inzwischen ihre Gefährlichkeit eingebüßt; Grundrechtsmissbrauch sei nicht weiter zu gewärtigen.[44]

Die Möglichkeit des formellen Parteiverbots hat sich in der Realität geradezu als Bumerang erwiesen. Da das Verbot einem anspruchsvollen Verfahren vorbehalten ist und derartige Verfahren (von zwei Fällen abgesehen[45]) aus Gründen politischer Opportunität nicht praktiziert werden, wirkt sich die Vorkehrung zum Schutz der Verfassung als Schutz der verfassungsfeindlichen Partei aus. Die verbietbare, aber nicht verbotene Partei, die nicht auf dem Boden grundgesetzlicher Legitimität steht, verbleibt unter dem Schirm der Legalität, den ihr die wehrhafte Demokratie eigentlich entziehen wollte. Solange Verfahren nicht durchgeführt werden, die formell gesicherte Erkenntnisse bringen, bleiben Streit und Verwirrung der Geister darüber, ob das »legale« Wirken einer extremistischen Partei auch materiell verfassungsgemäß ist oder nicht, ob es grundrechtsgesicherte Toleranz genießt oder nur die taktische Toleranz, welche die Staatsschutzinstanzen nach Opportunitätserwägungen walten lassen.

Das Grundgesetz trifft Vorsorge gegenüber dem Ernstfall der legalen Revolution auch dadurch, dass es den Beamten und Richtern die Bindung an die freiheitliche Demokratie abfordert. Der Zugang zum öffentlichen Dienst soll nur dem Bewerber offen stehen, der die Gewähr der Verfassungstreue bietet.[46] Verfassungstreue aber

---

Verfassung des Deutschen Reichs, [14]1933, S. 402-406; *Richard Thoma*, Das Reich als Demokratie, in: HdbStR I, 1930, S. 193 f.; *ders.*, Grundbegriffe und Grundsätze, in: HdbStR II, 1932, S. 153-155). Die Gegenposition, dass Verfassungsänderung nicht zur Verfassungsvernichtung führen dürfe, hatte *Carl Schmitt* entwickelt (Verfassungslehre, H 928, S. 20-36, 102-112).

[44] Vgl. BVerfGE 11, 282 f.; 38, 23-25.

[45] SRP-Verbot vom 23.10.1952 (BVerfGE 2,1-79); KPD-Verbot vom 17. 8.1956 (BVerfGE 5, 85-393).

[46] Die wichtigsten Gerichtsentscheidungen: BVerwGE 47, 330-364; 47, 365-379;

heißt mehr als bloße Verfassungsindifferenz oder Vermeidung von Gesetzesverstößen. Die Realisierung dieses Verfassungsprogramms stößt auf juristische Schwierigkeiten darin, dass sich innerhalb der legalen Tätigkeit eines Beamten oder eines Bewerbers die illegitime von der legitimen Tätigkeit nicht mit formeller Eindeutigkeit abschichten lässt. »Legal«, also nicht formellgesetzlich verboten, ist immerhin in bestimmtem Maße auch der Kampf gegen die Verfassung (paradoxerweise der organisierte noch umfassender als der individuelle). Die Verantwortlichen haben heute wachsende Skrupel, das einzig aktuell bedeutsame Instrument der wehrhaften Demokratie zu handhaben. Der Grund ist aber nicht vertiefte Einsicht in das Heikle der Rechtsproblematik, sondern Nachgiebigkeit gegenüber einer propagandamächtigen Bewegung, die der freiheitlichen Demokratie jedwedes Recht zur Ernstfall-Prophylaxe abspricht und die im Namen der »Liberalität« den Verfassungsfeinden die Tür zur Machtapparatur der Verwaltung und der Justiz offen halten will. Der Verfassungsgegner bemüht sich, die rechtsstaatlichen Garantien der Legalität und der Grundrechte zu aktivieren, um den Zugang zum öffentlichen Amt zu erzwingen. Die rechtsstaatlichen Institutionen, die auf den Schutz des Bürgers gegen die Staatsgewalt angelegt sind, werden nunmehr in Rechtsansprüche auf Übertragung von Staatsgewalt verwandelt. Die Liberalität, die dem Gewaltunterworfenen zukommen soll (etwa dem Schüler der Staatsschule), wird dem zugewendet, der Amtsgewalt ausübt oder anstrebt (etwa dem beamteten Lehrer). Die rechtsstaatliche Toleranz, welche die Amtsorganisation üben soll, wird nunmehr von ihr beansprucht.

Die rechtsstaatliche Demokratie wird heute von zwei Seiten bedrängt: von ihren tölpelhaften Freunden und von ihren falschen Freunden. Die einen bieten ihr in deutscher Prinzipienseligkeit Bärendienste an; die anderen versuchen, staatliche Selbstbehauptung durch Übermaß rechtsstaatlicher Selbstbindung zu vereiteln. Wenn die Zeichen nicht trügen, werden die letzten Steine bald aus dem Wege geräumt werden, die eine Rückkehr zum Weimarer System der legitimitätsfreien Legalität noch hindern.

BVerfGE 39, 334-375.

VII. Der Verfassungsalltag – der tagtägliche Ernstfall

Der Ernstfall der legalen Machtergreifung ist auf einen historischen Vorgang abgestellt, der sich als „Fall" im engeren Sinne, als Coup, als datierbares Ereignis fixieren lässt.

Gleichwohl bedarf es nicht der dramatischen Schürzung des Knotens, damit sich die Frage nach der Lebenskraft des Verfassungsstaates stellt. Die reale Existenz und die aktuelle Essenz einer Verfassung zeigen sich im Alltag. Die freiheitliche Verfassung gründet auf dem Konsens der Rechtsgemeinschaft. Dieser muss sich im andauernden Prozess bewähren und erneuern.[47] Alle Mitglieder des Gemeinwesens sind an diesem Prozess beteiligt. In der Tat verdankt die Bonner Republik ihre bisherige Stabilität nicht etwa den Institutionen der abwehrbereiten Demokratie (also einem Arsenal zumeist stumpfer und rostiger Waffen), sondern im Wesentlichen dem breiten (wenngleich am Rande brüchigen und bröckelnden) Konsens der Bürger im Zeichen des Grundgesetzes.

Die besondere Situation des Bonner Verfassungsstaates im Unterschied zum Weimarer liegt darin, dass nahezu alle politischen Kräfte übereinstimmen in der Bejahung des Grundgesetzes, während die Weimarer Reichsverfassung offene Gegner von Rechts und Links auszuhalten hatte. Das Grundgesetz ist schlechthin zum integrierenden Faktor geworden. Die Deutschen, geteilt in ihrer staatlichen Existenz, gebrochen in ihrer Beziehung zur eigenen Geschichte, mithin ohne verbindende Tradition und ohne nationale Einheit, haben ihre Identität in einer Norm gefunden. Der Staat des Grundgesetzes ist zum beliebten Synonym für die Bundesrepublik Deutschland geworden: ein Synonym, das alle gesamtdeutschen Identitätsnöte beiseite lässt.

Dieser höchste Triumph, den eine geschriebene Verfassung jemals in Deutschland erlebt hat, eine Art politische Bibel zu werden, wird teuer erkauft. Auch die wirkliche Bibel ist zwar als Text Basis der Einheit der Christen, zugleich aber als Objekt der Interpretation auch Grund zur Spaltung und Ursache zu Glaubenskampf. Die Wortidentität der Verfassung täuscht nicht darüber hinweg, dass in ihrem Zeichen zwei gegensätzliche Legitimationskonzepte im Kampf miteinander liegen. »Demokratie«, Sozialstaat, „Freiheit"

---

[47] Dazu näher *Josef Isensee*, Verfassungsgarantie ethischer Grundwerte und gesellschaftlicher Konsens, in: NJW 1977, S. 454-551.

und „Gleichheit" stehen für unvereinbare Vorstellungen. Der Konsens im Zeichen des Grundgesetzes erweist sich als versteckter Dissens, der in mancher Hinsicht größere Gefahren in sich bergen mag als der offene Dissens in der Weimarer Republik. Da die Verfassung als Basis der politischen Einheit akzeptiert ist, bietet sich Verfassungsauslegung als Hebel an, den Grundkonsens zu bewegen und die Umwertung der Werte einzuleiten. Die Erben der deutschen Kulturrevolution haben diesen Hebel längst entdeckt und wissen ihn zu nutzen. Die dem Staat des Grundgesetzes gemäße Form der Revolution ist die Subversion des Verfassungsverständnisses. Revolution erfolgt heute durch Verfassungsinterpretation.

Die eigentliche Bewährungsprobe des Grundgesetzes ist der Verfassungsalltag. Hier entscheidet sich im offenen Plebiszit aller Bürger, ob und wie die Verfassung überlebt und das Wagnis der Freiheit glückt. Der Ernstfall ist die Normalität.

Not kennt Gebot

Selbstbehauptung des Rechtsstaats gegenüber dem Terrorismus

I.

Flugpassagiere dürfen aufatmen. Sie tragen zwar das Risiko, daß die Maschine, in der sie sitzen, von Terroristen gekapert und zur Bombe umfunktioniert wird, die auf das Zentrum einer Großstadt stürzt. Wenn aber dieser schreckliche Fall eintritt, brauchen sie nun nicht mehr zu bangen, daß die Bundeswehr die Maschine abschießt und ihnen die letzten Minuten raubt, die ihnen die Piraten noch gönnen. Auch die Kidnapper müssen nicht mehr befürchten, daß die Bundeswehr den Erfolg ihres Überfalls vereiteln könnte. Sie genießen freies Geleit und können unbehelligt die Maschine auf das angepeilte Ziel hinsteuern, die sie selbst, die Passagiere und eine unabsehbare Menschenmenge am Boden in den Tod reißen soll.

Das Bundesverfassungsgericht spricht der Bundeswehr die Befugnis ab, in Fällen dieser Art spezifisch militärische Waffen einzusetzen.[1] Die Folge ist, daß dem Militär die Kompetenz zur wirksamen Gefahrenabwehr fehlt, obwohl es über die geeigneten Mittel verfügt, während die Polizei die Kompetenz besitzt, nicht jedoch die Mittel. Im Ernstfall wäre der Staat also handlungsunfähig. Das kompetenzrechtliche Defizit hätte eigentlich genügt, um die Nichtigkeit des Gesetzes zu begründen. Doch das Bundesverfassungsgericht tut ein Weiteres und stützt das Ergebnis auch auf einen Grundrechtsverstoß. Die Ermächtigung sei mit dem Recht auf Leben in Verbindung mit der Menschenwürde unvereinbar, soweit durch den Abschuß auch tatunbeteiligte Menschen an Bord betroffen würden. Mit dem Rückgriff auf die Menschenwürde erhebt das Bundesverfassungsgericht den denkbar schärfsten Vorwurf, den die Verfassung hergibt. Es fordert die Soldaten geradezu auf, im Falle eines Abschußbefehls den Gehorsam zu verweigern, weil nach dem Soldatengesetz Ungehorsam nicht vorliegt, wenn der Befehl die Menschenwürde verletzt. Der Bundeswehrverband hat schon vorsorglich zu Befehlsverweigerung aufgerufen. Sogar der verfassungsändernde Gesetzgeber darf nicht an den Grundsatz der

---

Erstveröffentlichung in: Frankfurter Allgemeine Zeitung vom 21.1.2008, Nr. 17, S. 10.

[1] BVerfG Urt. v. 15.2.2006 E 115, 118 (139 ff.)

Menschenwürde rühren, der zum unantastbaren Kern des Grundgesetzes gehört. Darüber hinaus bildet die Menschenwürde ein moralisches Tabu, das alle politischen Kräfte respektieren.

Großer Beifall der Gutmenschen für diesen Richterspruch! Hier triumphiere die Menschenwürde über die Staatsraison. Der Rechtsstaat trotze dem Präventionsstaat. Dieser werde in seine grundrechtlichen Schranken verwiesen. Nun stehe fest, daß Bedürfnisse der öffentlichen Sicherheit niemals den Tod Unschuldiger rechtfertigten und daß der Staat das menschliche Leben bis zu seinem letzten Atemzuge zu respektieren habe. Auch das todgeweihte Leben genieße den unverminderten Schutz der Grundrechte. Selbst in Konfliktlagen, in denen Leben gegen Leben stehe, dürfe der Staat nicht Partei ergreifen und die Entscheidung über Leben und Tod an sich ziehen.

Auf den ersten Blick scheint die juristische Rechnung des Bundesverfassungsgerichts glatt aufzugehen, wenn es im Widerstreit zwischen den öffentlichen Sicherheitsinteressen und dem Lebensschutz der Geiseln sich für letzteren entscheidet. Doch es bleibt ein unaufgelöster Rest, den das Gericht vernachlässigt: die grundrechtliche Position der Personen am Boden, denen der Flugzeugaufprall droht. Auch sie haben ein Recht auf Leben. Auch sie haben teil an der Menschenwürde. Die Verabsolutierung von Lebensrecht und Würde der Menschen an Bord kostet einen hohen, im Ernstfall blutigen Preis: das Opfer von Leben und Würde der Menschen am Boden. Die Grundrechtsbindung des Staates aktualisiert sich nach beiden Seiten: gegenüber den Geiseln als Pflicht, deren Grundrechte zu schonen (Abwehrrecht), gegenüber den vom Aufprall Bedrohten als Pflicht, die Gefahr mit effektiven Maßnahmen abzuwenden (Schutzpflicht). Dort drängen die Grundrechte die Möglichkeit des staatlichen Eingriffs zurück, hier gebieten sie positives Handeln des Staates zum Schutz der Opfer vor dem privaten Übergriff. Mithin steht Leben wider Leben, Würde wider Würde. Freiheitsrechte und Sicherheit erweisen sich nicht als Gegensätze, wie Rechtspolitiker es immer wieder verkünden, zumal solche, die den Liberalismus als Fahne vor sich hertragen. Sicherheit ist die Voraussetzung der Freiheit, ihre Schranke und zugleich ihre Kehrseite, als solche selbst Gegenstand der Grundrechte: Sicherheit ist die Unversehrtheit der grundrechtlichen Güter gegenüber Angriffen Dritter.

II.

Das Bundesverfassungsgericht wähnt sich auf der rechtlich sicheren Seite, wenn es für das Nichthandeln optiert. Doch es täuscht sich. Denn die Grundrechte decken Quietismus solcher Art nicht ab. Sie belasten die öffentliche Gewalt mit der Verantwortung für die Menschen an Bord wie für die auf dem Boden und stürzen sie so in ein Dilemma. Wie immer der Staat entscheidet – er gerät in Konflikt mit einer grundrechtlichen Pflicht. Wenn er die Maschine abschießt, opfert er das Leben der Menschen an Bord, wenn er sie nicht abschießt, das Leben der Menschen am Boden. Er kann nicht deswegen auf eine Prävalenz des Abwehrrechts vor der Schutzpflicht bauen, weil im ersten Fall der Tod sicher, im zweiten Fall nur als wahrscheinlich prognostiziert werde. Denn Gefahrenabwehr beruht ihrem Wesen nach auf Prognosen. Zwar sind an deren Verläßlichkeit die höchstmöglichen Ansprüche zu stellen. Doch ein letzter Rest von Unsicherheit ist unvermeidlich in Kauf zu nehmen. Die Schutzpflicht fordert in erster Linie Prävention. Der Staat darf nicht tatenlos zuwarten, bis das drohende Unheil sich realisiert hat. Die Schutzpflicht hat auch nicht deshalb minderen Rang, weil den zuständigen Staatsorganen Ermessen zukommt, ob und mit welchen Mitteln sie ihr Genüge tun. Denn in der ausweglosen Lage, in der nur ein einziges Mittel zur Rettung bereitsteht, schrumpft das Ermessen zur Handlungspflicht. Die Schutzpflicht ist eine Pflicht zum Erfolg. Der Staat schuldet die effektive Sicherheit von Leib und Leben der Bürger, nicht ein bloßes Bemühen und Erwägen.

Wenn im Ernstfall ein gekapertes Flugzeug ein Blutbad im Zentrum einer Großstadt anrichtet, vergleichbar dem in New York am 11. September 2001, obwohl ein rechtzeitiger Abschuß die Menschen hätte retten können, mögen die Verfassungsrichter ihre Hände im Wasser rechtsstaatlicher Unschuld waschen. Doch es wird das Wasser des Pilatus sein. Das Gericht ignoriert das Dilemma, doch es entgeht ihm nicht. Das eben macht das rechtliche Dilemma aus, daß es keinen Ausweg und keinen Schlupfwinkel gibt und daß der zur Entscheidung Verantwortliche genötigt ist, rechtliche Substanz preiszugeben und sich so die Hände schmutzig zu machen. Die Situation ist tragisch. Doch Tragik ist keine rechtsstaatliche Kategorie. Sie ist auch keine rechtsstaatliche Ausrede.

Das Strafrecht kann sich rechtlichen Schwierigkeiten entziehen, indem es ein Handeln in Konfliktlagen zwar als rechtswidrig, doch als entschuldigt bewertet. Es beurteilt aus der Rückschau die Strafwürdigkeit der abgeschlossenen Tat. Hier aber geht es um die Zulässigkeit oder die Unzulässigkeit künftigen Handelns. Der Rechtsstaat kann sich nicht unentschieden wie weiland Buridans Esel hin- und herwenden zwischen dem Verbot zu töten und dem Gebot, Mord zu verhindern. Ihm ist verwehrt, aus seiner grundrechtlichen Verantwortung zu desertieren und den Ausgang des Konflikts den Terroristen oder dem Zufall anheimzugeben. Wo die Rechtsordnung keine allgemeine Lösung vorgibt, bietet die ethische Tradition Kriterien, wie eine Grenzsituation pragmatisch bewältigt werden kann: daß, wenn nur die Wahl zwischen zwei Übeln besteht, das unter den gegebenen Umständen geringere Übel zu wählen ist, unter Rücksichtnahme auf die Zahl der zu erwartenden Opfer der einen wie der anderen Seite, auf die Gefahren und Rettungschancen, auf die Folgen.

III.

So naiv, wie sich das Urteil zum Flugsicherheitsgesetz gibt, waren die Richter nicht, die es schrieben. Laut Pressebericht verriet der Berichterstatter Dieter Hömig, nachdem er aus dem Amt ausgeschieden war, auf einer wissenschaftlichen Tagung in lockerer Handhabung des Beratungsgeheimnisses, er habe darauf gehofft, daß es im Letzten ein verantwortlicher Amtsträger auf sich nehmen werde, das Notwendige zu vollziehen und als Person die Last eines Rechtsverstoßes auf sich zu laden. Doch der Staat als solcher habe nicht unmittelbar mit dem Makel befleckt werden dürfen, unschuldige Menschen in den Tod zu reißen.[2] Verfassungsinterpretatorische Schizophrenie: die rettende Tat soll eine sicherheitsblinde, ernstfallverdrängende Verfassungsexegese kompensieren. Für die rettende Tat, die in der Stunde der Not die Zwirnsfäden der Legalität zerreißt, gibt es freilich manches Vorbild, so das energische Handeln des Hamburger Innensenators Helmut Schmidt, der in der Flutkatastrophe, unbekümmert um Kompetenzen und Grundrech-

---

[2] Quelle: *Daniel Hildebrand*, Unantastbar?, Eine Anfrage, in: FAZ v. 5.1.2007, Nr. 4, S. 34 S. 1. Spätes Dementi: *Dieter Hömig*, Leserbrief, in: FAZ v. 29.1.2008, Nr. 24. S. 10.

te, anordnete, was die Situation forderte. Als Bundeskanzler berief er sich auf ein übergesetzliches Notrecht, um seine Maßnahmen zur Abwehr des RAF-Terrors zu legitimieren. Was immer hier an juristischen Bedenken aufkam, erledigte sich mit dem realen Erfolg. „Und wenn es glückt, so ist es auch verziehen", heißt es im „Wallenstein". Doch wenn es nicht glückt?

IV.

Ein weiser Gesetzgeber hätte den Grenzfall, den er nicht mit allgemeinen Maßstäben erfassen kann, erst gar nicht geregelt. Ein weises Verfassungsgericht hätte sich erst gar nicht auf eine generelle Entscheidung eingelassen. Nun aber hat es generell entschieden und die Handlungsunfähigkeit des Staates herbeijudiziert. Politiker suchen einen Ausweg in einer Revision des Grundgesetzes. Mit der erforderlichen Zweidrittelmehrheit von Bundestag und Bundesrat könnten die Einsatzbefugnisse der Bundeswehr erweitert und die Möglichkeit zu Grundrechtsbeschränkungen ausgeweitet werden, soweit nicht die tabuierten Verfassungsgrundsätze berührt werden. Die genauere Analyse des Urteils zum Luftsicherheitsgesetz könnte sogar ergeben, daß die Berufung auf die Menschenwürde ein Begründungsüberhang, also lediglich ein obiter dictum sei, nicht jedoch ein tragender Grund, der den verfassungsändernden Gesetzgeber binde. Ohnehin klammert das Urteil Fälle aus, in denen der Angriff auf die Beseitigung des Gemeinwesens und die Vernichtung der staatlichen Rechts- und Freiheitsordnung gerichtet ist. Eben das ist die Absicht des islamistischen Terrors: den Westen als Feind zu treffen.

Doch das generelle Problem wird nicht durch Verfassungsrevision aus der Welt geschafft: daß die rechtlichen Handlungsmöglichkeiten des Staates hinter den realen Gefahren, die ihm und seinen Bürgern drohen, zurückbleiben. Eine Fixierung auf Flugzeugpiraterie erfaßt nicht die unabsehbaren sonstigen Gefahren, die der Terrorismus erzeugt. Nicht alle Gefahren, die ein Flugzeug auslöst, gehen auf Terroristen zurück; ein technischer Defekt kann genügen, etwa der Ausfall der Navigationsinstrumente, mithin der Manövrierfähigkeit (so 1985 im Flug von Tokio nach Osaka) oder der Ausfall der Sauerstoffzufuhr, in dessen Folge Mannschaft und Passagiere ihr Bewußtsein verlieren (so 2005 im Flug von Larnaka nach Athen). Das grundrechtliche Dilemma hängt nicht davon ab, daß die gekidnappten Passagiere, dem Tode geweiht, aller Wahrscheinlichkeit nach nur noch eine kurze Zeit zu leben haben. Es erhöbe sich auch dann, wenn die Piraten sie gefangennähmen, um ein Massenvernichtungsmittel abzuwerfen, und sie sodann nach sicherer Landung wieder freiließen. Überhaupt reicht gesetzgeberische Phantasie nicht aus, um alle Möglichkeiten der Ausnahmesituation in gesetzliche Tatbestände zu fassen. Hergebrachte Kategorien wollen gegenüber dem Terrorismus wie gegenüber den Risiken der Technik nicht ohne weiteres greifen. Das hergebrachte Staatsrecht ist nicht zugeschnitten auf die Entgrenzung der Gefahren, die Entstaatlichung des Krieges, die tendenzielle Auflösung der hergebrachten Unterschiede zwischen innerer und äußerer Sicherheit.

Während die Gefahren wachsen und mutieren, drohen die Handlungsbefugnisse des Staates zu schrumpfen und zu versteinern, weil die Verfassungsinterpreten dazu neigen, die rechtsstaatlichen Hürden für staatliches Handeln gerade auf dem Gebiet der Gefahrenabwehr stetig zu erhöhen und die Staatsabwehrfunktion der Grundrechte auf Kosten ihrer Schutzfunktion stetig zu kräftigen. Das gilt in besonderem Maße für das ungeschriebene Grundrecht auf informationelle Selbstbestimmung. Dieses löst geradezu den Überbietungswettbewerb seiner Exegeten aus dahin, ihm immer mehr Inhalt zuzuführen, den Umfang zu dehnen, die Eingriffsschwelle vorzuverlegen, die Eingriffssensibilität zu steigern, den Rechtfertigungszwang des Staates bei der Erlangung, Speicherung und Nutzung von Daten zu erhöhen, kurz: dem Staat den Zugang zu Informationen zu erschweren, deren er im Vorfeld der Gefahr bedarf, um die Sicherheit seiner Bürger effektiv zu gewährleisten. Das ist kein Argument gegen die Kreation des Bundesverfassungsgerichts. Im Gegenteil: dieses ist unter den heutigen Bedingungen der Informationstechnik geradezu unentbehrlich, um Privatheit zu ermöglichen. Doch das ungeschriebene Grundrecht nimmt in der Exegese hypertrophe Züge an, in denen es sich von geschriebenen, klassischen Grundrechten wie der Freiheit der Person abhebt. Zugespitzt: ehe das Datenschutzsektiererwesen die Blutgruppe eines Terrorverdächtigen freigibt, nimmt es das Risiko eines Blutbades in Kauf.

Die Öffentlichkeit neigt dazu, den Ernstfall als Möglichkeit zu verdrängen. Rechtspolitiker, die Regelungen vorschlagen, ziehen sich den Vorwurf zu, sie wollten den Ernstfall herbeiführen, jedenfalls frönten sie der intellektuellen Lust am antizipierten Ausnahmezustand, die ein schlechter Ratgeber sei. In der Tat ist die Lust hier ein schlechter Ratgeber. Doch der schlechtestmögliche Ratgeber ist der akute Ausnahmezustand. Er löst hysterische, überzogene, irrationale Reaktionen aus. Im politischen Fieber läßt sich schwerlich kühl denken, wie der Rechtsstaat verlangt. Der Schutz der verfassungsstaatlichen Normalität sollte unter den Bedingungen eben dieser Normalität erwogen und kalkuliert werden, damit der Ausnahmefall nicht Macht über die Normallage gewinnt und das Recht der inneren Sicherheit nicht dem gleichen Trend folgt wie das der ökologischen Sicherheit, damit also das Risiko nicht behandelt wird wie die Gefahr, das Vorfeld nicht wie die Störung und daß die normale Rechtslage nicht geprägt wird vom Größten Anzunehmenden Unfall.

V.

Um Vorsorge für die öffentliche Sicherheit bemüht, meinen Politiker, im Ernstfall auf ein ungeschriebenes Notrecht des Staates zurückgreifen zu können, wenn die Befugnisse aus Verfassung und Gesetz nicht genügen, um der Gefahr wirksam zu begegnen. Eine solche Grenzsituation ist eine Provokation für den Verfassungsstaat. Dieser denkt in Regeln. Im Ausnahmefall aber walten irreguläre Umstände. Der Normativismus reibt sich an der unnormierbaren Realität; die Berechenbarkeit des Staatshandelns an der Unberechenbarkeit der existentiellen Gefahr; die Allgemeinheit des Gesetzes am Erfordernis situationsbezogener Maßnahmen; die rechtsstaatliche Bestimmtheit an dem Streben nach Blankovollmacht; die Gewaltenteilung an der Tendenz zur Ballung der Kompetenzen in der Exekutive; der Freiheitsschutz der Bürger an der Entfesselung und Steigerung staatlicher Macht; die Legalität an der Effektivität.

Die juristischen Einwände gegen ein ungeschriebenes Notrecht liegen auf der Hand. Das Grundgesetz baut seine Normen auf der Erwartung von Normalität. Es setzt voraus, daß sich etwaige Gefahren, Konflikte und Krisen mit normalen rechtlichen Mitteln im Rahmen der regulären Kompetenzordnung bewältigen lassen. Die Notwendigkeit der Selbstbehauptung von Staat und Verfassung setzt es als selbstverständlich voraus. Staat und Verfassung bilden die Bedingungen der Möglichkeit grundrechtlicher Freiheit, demokratischer Willensbildung, rechtlich geordneter Normalität. Selbstbehauptung und verfaßte Normalität stehen zueinander nicht im Widerspruch.

Im Gegenteil: Staat und Verfassung behaupten sich unter den regulären Bedingungen des Vorrangs und Vorbehalts des Gesetzes, der Bindung an Grundrechte, der rechtsstaatlichen Kautelen, der föderalen wie der gewaltenteiligen Kompetenzordnung. Um der Freiheit der Bürger willen wird die Ausübung der Staatsgewalt mit den Mitteln des Rechts eingefangen, gesteuert, begrenzt und domestiziert.

Gleichwohl trifft das Grundgesetz Vorsorge für Ausnahmelagen, denen die normalen Kompetenzinhaber mit ihrem normalen Handlungspotential nicht gewachsen sind. Dabei hütet es sich, einem Staatsorgan eine Globalermächtigung für den Notstand zuzuerkennen wie weiland die Weimarer Verfassung dem Reichspräsidenten. Vielmehr geht es differenzierend vor nach typischen Gefahrenlagen, die es tatbestandlich umschreibt als Funktionsstörung der Staatsorganisation, innerer Notstand, Katastrophen-, Spannungs- und Verteidigungsfall. Den einzelnen Tatbeständen entsprechen unterschiedliche Rechtsfolgen, die Abweichungen vom Recht der Normallage vorsehen, soweit die effektive Gefahrenabwehr sie erfordert. Gemäß dem Übermaßverbot dosiert, werden Kompetenzen verlagert, Handlungsbefugnisse erweitert und Verfahren vereinfacht. Das Grundgesetz unterscheidet streng zwischen Notstandsfall und Normallage und kann daher mit seinen Notstandsvorkehrungen das Recht der Normallage schützen. Die normierten Gefahrentatbestände der Notstandsverfassung verlieren ihren Charakter als Ausnahmen vom Verfassungsrecht dadurch, daß sie nunmehr Ausnahmetatbestände innerhalb des Verfassungsrechts geworden sind. Sie sind nicht mehr Sprengkörper seiner Wirksamkeit, sondern deren Notaggregate. Die Gefahr für die Normativität der Verfassung ist damit beseitigt, nicht jedoch die Möglichkeit der realen Gefahr. So kann die Regelung des Katastrophenfalles nicht die Naturkatastrophen verhindern und nicht ausschließen, daß der Staat in seiner Aufgabe der Katastrophenbekämpfung versagt. Aber sie kann verhindern, daß die Erfüllung dieser Aufgabe an der Verfassung scheitert und daß deshalb eine Verfassungskrise ausbricht.

VI.

Der Regelungsperfektionismus des Grundgesetzes verhindert auch nicht, daß Gefahren eintreten, vor denen selbst das Abwehrpotential der Notstandsverfassung zu versagen droht. Für eine introvertiert legalistische Verfassungsexegese ist der Staat hier auf der Grenze seiner Möglichkeiten angelangt. Denn er habe nur soviel Handlungspotential, wie das Verfassungsgesetz vorsehe. Soweit dieses ihn nicht ermächtige, habe er untätig zu bleiben und zuzusehen, wie das Unheil seinen Lauf nehme, sogar dann, wenn er über die realen Mittel verfüge, es aufzuhalten. Fiat constitutio, pereat res publica. Das Schweigen des Verfassungsgesetzes wird gedeutet als Verbot. Der Verfassungsautismus verschließt sich dem Sinn der Verfassung. Sie ist nicht darauf angelegt, die Staatsgewalt zu lähmen, wenn das Gemeinwohl ein Handeln erheischt, um das Überleben des Gemeinwesens und seiner einzelnen Angehörigen zu sichern. Vielmehr ist sie dazu da, die Staatsgewalt als Herrschaft des Rechts im Dienste der Freiheit zu begründen und als solche in handlungsfähige Form zu bringen. Das Aussparen von Grenzfällen im Verfassungstext läßt sich auch als beredtes Schweigen interpretieren dahin, daß das Verfassungsgesetz die Grenzfragen offen läßt, weil die Normalitätserwartung, auf der es gründet, auch seine Geltung begrenzt. Mit Hermann Heller: „Die Geltung einer Norm setzt denjenigen normalen Allgemeinzustand voraus, für den sie berechnet ist, und ein völlig unberechenbarer Ausnahmezustand kann auch nicht normativ bewertet werden."

Hier wird der Blick auf ein übergesetzliches Notrecht frei. Dieses hat in der deutschen Staatsrechtslehre eine ambivalente Tradition. Es kann die Abkehr von der Verfassung bedeuten, die rechtliche Entfesselung der Staatsgewalt, oder gerade die Wahrung der Verfassung unter anomalen Voraussetzungen, den denkenden Verfassungsgehorsam. Der einen Richtung gilt der Ausnahmezustand als die Stunde der Exekutive, welche, der parlamentarischen Verantwortung enthoben, die kompetenzrechtlichen Grenzen überschreitend und die rechtsstaatlichen Barrieren zerbrechend, ausschließlich auf Effektivität ausgeht: „Not kennt kein Gebot".

Die andere sieht auch den Ausnahmezustand nicht als rechtsfreien Raum. In der Ära des Grundgesetzes lautet die Frage, ob die Legitimations- und die Steuerungskraft der Verfassung auch dort noch wirkt, wo die Legalitätsansprüche sich an den realen Umständen brechen.

In der Abwehr des RAF-Terrors meinte der damalige Bundesinnenminister Maihofer eine stille Kompetenzreserve im Strafgesetzbuch gefunden zu haben, die Bestimmung des rechtfertigenden Notstandes. Doch der Rechtfertigungsgrund für die an sich mit Strafe bedrohte Tat des Einzelnen ergibt keine Grundlage für den Eingriff des Staates. Die Lösung ist nicht im einfachen Gesetz, sondern nur in der Verfassung zu suchen. Einen Ansatz bieten die Grundrechte, die nicht nur den staatlichen Eingriff beschränken, sondern ihn unter Umständen auch fordern. Die grundrechtlichen Schutzpflichten enthalten ein ungeschriebenes, gleichwohl verfassungsimmanentes Notrecht zum Schutze des Bürgers. Die Pflichten bestehen auch dann, wenn alle ausdrücklich vorgesehenen Mittel versagen. Das Bundesverfassungsgericht erkennt ein solches Notrecht an in seinen Entscheidungen zum RAF-Terror. Im Notfall ermächtigten die Schutzpflichten den Staat zu außergesetzlichen Maßnahmen. Für den Grenzfall, daß der Staat in seiner Handlungsfreiheit durch unüberwindliche Hindernisse von außen her beschränkt und nicht in der Lage sei, seine verfassungsrechtlichen Pflichten unverkürzt zu erfüllen, reduzierten sich seine Pflichten auf das den Umständen nach bestmögliche Maß, und es genüge ein Handeln, das „näher" an das grundgesetzlich normierte Ziel heranführe.

Ein derartiges, einschlußweise im Grundgesetz enthaltenes Notrecht zielt darauf ab, Leib, Leben und andere elementare Güter des Einzelnen, darüber hinaus den Bestand von Staat und Verfassung zu sichern. Es ist subsidiär allen regulären Vorkehrungen der verfassungsrechtlich ermöglichten Gefahrenabwehr. Abweichungen vom Recht der verfassungsgesetzlichen Normalität werden begrenzt durch das Übermaßverbot, die Beschränkung auf situationsbezogene, vorläufige Maßnahmen, durch die Beschränkung der Kompetenzabweichungen auf den Rahmen der Funktionsadäquanz, durch die Unantastbarkeit des materialen Verfassungskerns. Ein Notrecht kann nur legitim ausgeübt werden in der Tendenz, die verfassungsrechtliche Normallage so schnell wie möglich wiederherzustellen.

Daß dieses Notrecht sich in positivrechtlichen Normen versteckt, ist eine List verfassungsstaatlicher Vernunft. Sie stellt jede Inanspruchnahme unter hohes juristisches Risiko und verhütet Mißbrauch. Sollte aber der Ernstfall eintreten, böte sie der rettenden Tat die rechtliche Legitimation. Die Herrschaft des Rechts ergreift selbst den Grenzfall, vor dem das Gesetz versagt.

Der Terror und der Staat, dem das Leben lieb ist

I.

„Nein!" fuhr Naphta fort. „Nicht Befreiung und Entfaltung des Ich sind das Geheimnis und das Gebot der Zeit. Was sie braucht, wonach sie verlangt, was sie sich schaffen wird, das ist – der Terror." Der antiliberale Intellektuelle aus der Schule der Jesuiten in Thomas Manns „Zauberberg" gibt dem Terror eine religiöse Begründung: „Gotteseifer kann selbstverständlich nicht pazifistisch sein, und Gregor hat das Wort gesprochen ,Verflucht sei der Mensch, der sein Schwert zurückhält vom Blute!' Daß die Macht böse ist, wissen wir. Aber der Dualismus von Gut und Böse, von Jenseits und Diesseits, Geist und Macht muß, wenn das Reich kommen soll, vorübergehend aufgehoben werden in einem Prinzip, das Askese und Herrschaft vereinigt. Das ist es, was ich die Notwendigkeit des Terrors nenne." Die Heilsforderung der Zeit, nunmehr ins Politisch-Wirtschaftliche gewendet, verkörpere sich im Kommunismus, der die Kriterien des Gottesstaates der bürgerlich-kapitalistischen Verrottung entgegenstelle. „Seine Aufgabe ist der Schrecken zum Heile der Welt und zur Gewinnung des Erlösungsziels, der staats- und klassenlosen Gotteskindschaft."[1]

Erste begriffliche Umrisse dessen, was Terror und was Terrorismus ist, zeichnen sich ab. Terror ist die Anwendung und Androhung körperlicher Gewalt in der Absicht, dadurch Furcht und Schrecken in der Gesellschaft zu erzeugen und ein feindliches System zu destabilisieren. Dieser alle physischen Wirkungen überschießende, psychische Effekt macht das Eigentliche des Terrors aus: die „Propaganda der Tat" (Michail Bakunin). Terrorismus ist eine Strategie des politischen Kampfes, die planmäßig und ohne rechtliche Hemmungen den Terror einsetzt im Dienste einer großen Idee.[2] Das

---

Erstveröffentlichung als Nachwort in: Josef Isensee (Hg.), Der Terror, der Staat und das Recht, 2004, S. 83-108.

[1] *Thomas Mann*, Der Zauberberg, 1924, Ausgabe 1963, S. 366 ff.

[2] Zu den Versuchen, das Phänomen des Terrorismus völkerrechtlich zu definieren: *Eckart Klein*, Die Herausforderung des internationalen Terrorismus – hört hier das Völkerrecht auf ?, in: Josef Isensee (Hg.), Der Terror, der Staat und das Recht, 2004, S. 16 ff. (Nachw.). Vgl. auch *Stefan Oeter*, Terrorismus – ein völkerrechtliches Verbrechen?, in: Hans-Joachim Koch (Hg.), Terrorismus – Rechtsfragen der äußeren und inneren Sicherheit, 2002, S. 29 ff., 34 ff. Versuch einer politologischen Definiti-

leitende Ideal kann religiöser, moralischer, politischer Natur sein. Der Inhalt ist beliebig, er muß nur kompromißlos, abwägungs- und zweifelsresistent sein, Gegenstand absoluter Gewißheit für den, der ihn sich zu eigen macht. In den Augen des Terroristen steht sein Ideal so hoch, daß es die Vernichtung jedweden Rechtsgutes rechtfertigt, vor allem die Tötung, ohne Unterschied, ob es sich um das Leben von Feinden oder Unbeteiligten handelt, um fremdes oder um eigenes Leben. Ein blutiger Idealismus. Dieser kennt kein Maß und keine Grenze. Terrorismus ist das Übermaß als Handlungsprinzip. Exemplarisch steht die Figur des Michael Kohlhaas, der in Kleists Novelle aus beleidigtem Rechtsgefühl zum Räuber und Mörder wird, den der Kampf für die pure Gerechtigkeit (wie er sie sieht) zum Zerstörer des Rechtsfriedens macht. Terrorismus als wilde Ausschweifung der Tugend.[3] Aber doch der Tugend.

Der Terrorist als Typus handelt selbstlos. Im Kontext seiner Ideologie kann ihm Hochsinn zukommen, er sich als Held und Märtyrer darstellen. Materieller Eigennutz ist ihm fremd. Frei von Habsucht unterscheidet er sich vom gemeinen Verbrecher wie dem Raubmörder. Falls er nach Macht strebt, dann nicht, um sie zu genießen, sondern um mit ihrer Hilfe seinem Ideal zur Wirklichkeit zu verhelfen: „Schrecken zum Heile der Welt." Herrschaft verbindet sich mit Askese. Unverführbar und unbestechlich übt der Terrorist sein grausames Geschäft. Der Unbestechliche, so hieß Robespierre bei seinen Zeitgenossen, der völlig unheldische, pedantische Betriebsleiter der Grande Terreur mit dem untadeligen Lebenswandel des Kleinbürgers, der auf Sauberkeit bedachte Richter des Blutgerichts, der sich mit keinem Sou bereicherte und keinen Verdächtigen entkommen ließ, das gute Gewissen der Guillotine. In der Schreckensherrschaft der Jakobiner wird der Terror getauft mit dem Weihwasser der Demokratie: „Wenn in friedlichen Zeiten der Kraftquell der Volksregierung die Tugend ist, so sind es in Zeiten der Revolution Tugend und Terror zusammen. Ohne die Tugend

---

on: *Dieter S. Lutz*, Was ist Terrorismus?, ebd., S. 9 ff.; *Bruce Hoffmann*, Terrorismus. Der unerklärte Krieg, ³2002, S. 13 ff.

[3] Profunde Interpretation von Kleists Kohlhaas aus dem Typus des Terroristen: *Horst Sendler*, Über Michael Kohlhaas – damals und heute, 1985, S. 21 ff. – Hinweis bereits bei *Thomas Mann*: Kohlhaas sei von „terroristischer Weltverbesserungswut teilweise klärlich verrückt" (Heinrich von Kleist und seine Erzählungen, 1954, in: ders., Schriften und Reden zur Literatur, Kunst und Philosophie, Bd. 3, 1968, S. 297 [306]).

ist der Terror verhängnisvoll, ohne den Terror ist die Tugend machtlos. Der Terror ist nichts anderes als die unmittelbare, strenge und unbeugsame Gerechtigkeit; er ist also eine Emanation der Tugend, er ist nicht so sehr ein besonderer Grundsatz als vielmehr die Folge des allgemeinen Grundsatzes der Demokratie, angewandt auf die dringendsten Bedürfnisse des Vaterlandes."[4]

Die Erinnerung an das Jakobinerregime hat sich unauslöschlich eingeprägt in das Begriffsverständnis des Terrors. Gleichwohl regt sich dieser in wechselnden Gestalten: als Terror von oben wie von unten, von links wie von rechts; staatlich organisiert oder spontan; als Mißbrauch des Gewaltmonopols oder dessen Aufkündigung; ortsgebunden wie mobil, national wie global; als Unterdrückungsinstrument der Herrschenden wie Revolutionstaktik der Unterdrückten. Terroristische Züge finden sich bei den syrischen Assassinen des Mittelalters wie bei der serbischen Schwarzen Hand im frühen 20. Jahrhundert, im Staatsterrorismus des sowjetischen KGB wie der deutschen SS, in den Untergrund- und Befreiungsbewegungen des Mau-Mau in Kenia, des Sendero Luminoso in Peru, der ETA im Baskenland, der RAF in der Bundesrepublik Deutschland.

II.

In den Anschlägen vom 11. September 2001 nimmt der Terrorismus bisher ungeahnte Dimensionen an. Nie zuvor hat sich die „Propaganda der Tat" so wirksam erwiesen, nie zuvor aber auch eine Abwehr solchen Ausmaßes ausgelöst: einen Weltkrieg neuer Art. Der „Krieg gegen den Terrorismus", den die Vereinigten Staaten erklärt haben, richtet sich gegen seine islamistische Erscheinung, die sich nunmehr als der Terrorismus schlechthin darstellt.

Eigentlich sind seine einzelnen Züge nicht neuartig. Es handelt sich um eine nichtstaatliche Form des Terrorismus. Al Qaida steht nicht im Sold irgendeiner Regierung, auch wenn sie von der einen oder anderen offen oder heimlich unterstützt wird. Die Organisation ist locker und weitmaschig, mobil, virtuell allgegenwärtig. Sie vermag an allen Punkten der Erde jäh zuzuschlagen und sogleich wieder zu verschwinden. Die Logistik des Schreckens bildet ein un-

---

[4] *Maximilien Robespierre*, Über die Grundsätze der politischen Moral, die den Nationalkonvent bei der inneren Verwaltung der Republik leiten sollen. Rede vor dem Konvent am 25. Dezember 1793, in: ders., Ausgewählte Texte, ²1989, S. 582 (594).

sichtbares Netzwerk, das von seinen Widersachern nur schwer zu fassen und kaum zu zerstören ist. Es gibt keine Institutionen, denen die Verantwortung für Terrorakte rechtlich zuzuordnen wäre. Mühelos können andere Gruppen oder Einzelgänger mit „Bekenntnissen" ablenken oder sich mit eigenen Aktionen anschließen. Was an organisatorischer Dichte fehlt, ersetzt die Intensität der gemeinsamen Gesinnung: der Glaube, der Eifer, der Haß, das Feindbild. Aus ihnen erwachsen innerer Zusammenhalt und Einsatzwillen, der bis zur Bereitschaft des Kämpfers geht, sich als lebende Bombe verwenden zu lassen. Die technischen Anforderungen sind gering. Die Flugzeugentführer des 11. September brauchten nur die Fähigkeit, die Maschinen, derer sie sich bemächtigten, zu steuern; den Start besorgten die Piloten, die Landung erübrigte sich. Teppichmesser als Mittel zur Überwältigung des Flugpersonals genügten, um den Effekt einer Massenvernichtungswaffe zu erzeugen. Überhaupt sind es primitive Waffen, mit denen die Terroristen den Kampf gegen die einzige Weltmacht führen, gleichsam die Schleuder des Hirtenjungen David gegen den Goliath der modernen Zivilisation mit seiner überlegenen militärischen, technischen, wirtschaftlichen Potenz. Doch der Vergleich erschöpft sich auch in diesem Punkte. Ansonsten sind die Parteien schlechthin unvergleichbar: auf der einen Seite der Staat als die reguläre Macht, die zu rechtlichem Handeln verpflichtet ist, auf der anderen die schlechthin irreguläre Größe. Dort die res publica, eine öffentliche Institution, die, auf Transparenz und Publizität angelegt, sich vor der Öffentlichkeit verantwortet, hier ihre lichtscheue Feindin, die nur aus dem Dunkel heraus Wirkungen erzielt.[5] Asymmetrische Kriegsführung.

Islamistischer Terror hat sich vor dem 11. September vielerorten geregt: in Ägypten wie in Algerien, in Kaschmir wie auf Mindanao, in Tschetschenien wie in Palästina. Doch die disparaten Geheimbünde, Bruderschaften, Fundamentalopposition, Rebellen, Sezessions- und Befreiungsbewegungen hingen nicht zusammen. Sie entzündeten sich in bestimmten regionalen Konflikten, richteten sich gegen unterschiedliche innere oder äußere Feinde. Sie beschränkten sich auf ein begrenztes Operationsfeld. Dem bodenständigen Terrorismus folgt nun der globale. Er richtet sich nicht gegen ein einzelnes politisches System oder gegen einen einzelnen

---

[5] Dazu bemerkenswerte Hinweise, bezogen auf den Partisanen, bei *Carl Schmitt*, Theorie des Partisanen, ²1975, S. 75 f.

Staat, sondern gegen die Kultur des Westens überhaupt, für den die Führungsmacht der USA repräsentativ steht. Es wäre jedoch eine simplification terrible, wenn der islamistische Terror mit dem Islam als solchem identifiziert und dieser als der Angreifer bezeichnet würde. Er stößt auch in islamischen Gesellschaften auf Ablehnung und Widerstand. Sie sind sogar vielfach seine ersten Opfer. Dennoch hat er sich im Kulturraum des Islam entwickelt und holt aus ihm – ob zu Recht oder nicht, stehe dahin – seine Rechtfertigung. Hier rekrutiert er seine Kämpfer. Hier findet er Sympathisanten und Sponsoren. Er ist ein selbstermächtigter Verteidiger seines Glaubens. Die Gefahr ist nicht auszuschließen, daß er sich als Wegbereiter eines neuen Selbstbewußtseins der islamischen Welt erweist, sich zu ihrem Vorkämpfer und Repräsentanten erhebt. Das Fanal für den Weltkrieg der Kulturen ist jedenfalls gesetzt.[6]

Doch schon die aktuelle Erscheinung des Terrorismus stellt die internationale wie die nationale Ordnung auf eine harte Probe, in der ihre rechtlichen Strukturen sich verbiegen, wenn nicht gar zerbrechen können.

III.

Nach hergebrachten Rechtsvorstellungen wären die Anschläge vom 11. September lediglich Sache des innerstaatlichen Polizei- und Strafrechts der USA, auf deren Boden sie ausgeführt wurden und der Schaden eintrat. Täter sind Private – polizeirechtlich gesehen, Störer der öffentlichen Sicherheit –, nicht aber ausländische Staaten. Deren Handeln wäre nach völkerrechtlichen Kategorien zu beurteilen. Doch die „privaten" Störer operieren über die Staatsgrenzen hinweg und nutzen die Vielfalt der Territorialstaaten aus, um jeweils günstige Standorte zu wählen für logistische Zentren, Trainingslager, Finanzplätze, Verstecke für „Schläfer". Der globalisierten Militanz ist nicht allein mit den Mitteln einer national-staatlichen Polizei zu begegnen, auch nicht einer international koordinierten. Die Terrorakte vom 11. September hatten die Wirkung eines schweren Luftangriffs. Sie waren Werk eines transnationalen Netzwerks, das, unsichtbar, unfaßbar, überall auf der Welt zuschlagen kann. Darum bewertete der Sicherheitsrat die Anschläge als

---

[6] *Samuel P. Huntington*, The Clash of Civilisations, New York 1996 (dt. Kampf der Kulturen, [7]1998).

Bedrohung des Weltfriedens und der internationalen Sicherheit.[7] Die NATO erkannte den Bündnisfall. Der Präsident der USA sah den bewaffneten Angriff als gegeben, damit die Bedingung erfüllt, das naturgegebene Recht auf Selbstverteidigung auszuüben, auch ohne die Lizenz des Sicherheitsrates.[8] Die USA wählten den militärischen Weg und erklärten dem Terrorismus den Krieg – Krieg gegen den nichtstaatlichen Weltfeind. Die „Kriegsparteien" können nicht unterschiedlicher nicht sein: hier die gigantische, schwerfällige Kriegsmaschine der Staatenkoalition, dort die kleine, virtuell omnipräsente Schar von Kämpfern ohne Uniform, ohne Namen, ohne Gesicht.

Gleichwohl traf der Krieg den Staat Afghanistan, in dem die Terror-Organisation Al Qaida ihre zentrale Operationsbasis gefunden hatte; und er richtete sich gegen das De facto-Regime der Taliban. Der Staatenkrieg bildete das Mittel zu dem Zweck, den Terrorismus unschädlich zu machen. Der angegriffene Staat haftete für die nichtstaatlichen Aktionen, die auf seinem Territorium geplant und von ihm aus gesteuert wurden. Die völkerrechtliche Verantwortlichkeit der Staaten für grenzüberschreitende Aktivitäten Privater auf ihrem Territorium wird neu und schärfer als bisher definiert.[9] Schon nach bisherigem Völkerrecht schuldet der Staat der internationalen Gemeinschaft die Wahrung seines Gewaltmonopols.[10] Nun hat er auch Aktivitäten zu unterbinden, die als solche nicht gewaltsam, aber eingebunden sind in das Netz des transnationalen Terrors. Nicht nur dem kollusiven Staat droht Intervention, sondern auch dem permissiv-liberalen, vollends dem schwachen und

---

[7] Dazu *Klein* (N 2), S. 22. Vgl. auch *Thomas Bruha*, Neuer Internationaler Terrorismus: Völkerrecht im Wandel?, in: Hans-Joachim Koch (Hg.), Terrorismus – Rechtsfragen der äußeren und inneren Sicherheit, 2002, S. 29 ff. (34 ff.); *Karl Doehring*, Völkerrecht, 1999, S. 62 ff. (Nachw.).

[8] Zu der völkerrechtlichen Seite *Klein* (N 2), S. 26 ff. *Günter Krings/Christian Burkiczak*, Bedingt abwehrbereit? – Verfassungs- und völkerrechtliche Aspekte des Einsatzes der Bundeswehr zur Bekämpfung neuer terroristischer Gefahren im In- und Ausland, in: DÖV 2002, S. 501 (508 ff.).

[9] Zum Taliban-Regime als Gegner des Selbstverteidigungsrechts in der Aktion „Enduring Freedom": *Bruha* (N 7), S. 67 ff.; *Krings/Burkiczak* (N 8), S. 509.

[10] Vgl. *Markus Heintzen*, Das staatliche Gewaltmonopol als Strukturelement des Völkerrechts, in: Der Staat 25 (1986), S. 17 ff.

dem zerstörten („failed state").[11] Das Völkerrecht dringt tiefer als bisher in den Binnenraum des Staates ein und determiniert rechtlich wie sozial seine Verfassung. Die Souveränität des Staates (damit des Volkes) über seine Verfassung schrumpft.

Nun verschärfen sich die Tendenzen, die eingesetzt haben, seit sich das Völkerrecht mit den Prinzipien der Menschenrechte und der Demokratie identifiziert, insoweit seine hergebrachte Indifferenz gegenüber den inneren Angelegenheiten der Staaten aufgegeben und zum Schutz der Weltverfassungswerte die humanitäre Intervention reaktiviert hat. Menschenrechtsverstöße gelten nunmehr als Verletzungen des Friedens, denen einzelne Staaten und Staatengruppen als Weltpolizei, ermächtigt durch den Sicherheitsrat oder selbstermächtigt, mit militärischen Mitteln entgegentreten.[12] In dem Maße, in dem sich der ursprünglich negative Begriff des Friedens als Abwesenheit von physischem Zwang mit inhaltlichen Gerechtigkeitsvorstellungen füllt,[13] wächst die Legitimation, physischen Zwang im Dienste einer gerechten Sache anzuwenden. Da aber die Vorstellungen über die Gerechtigkeit zwischen den Staaten divergieren, hatte sich das hergebrachte Völkerrecht damit begnügt, den Einsatz von physischer Gewalt zu verbieten und die Selbstverteidigung nur gegen gewaltsame Angriffe zu gestatten, ähnlich wie der moderne Staat, aus der Einsicht, daß es keinen verläßlichen Konsens in Fragen der materialen Gerechtigkeit gibt, sich damit begnügt, von seinen Bürgern die unbedingte Einhaltung des Gewaltverbots zu verlangen, die Gerechtigkeit aber der offenen Diskussion und der politischen Entscheidung zu überlassen. Wer im Völkerrecht wie im Staatsrecht das Maximum an Frieden und das Optimum an Gerechtigkeit anstrebt, hält daran fest, sie begrifflich zu unterscheiden und den Frieden, ohne Gerechtigkeitszutat, als Abwesenheit von körperlicher Gewalt – anders gewendet: als Sicherheit – zu definieren.[14]

---

[11] Zu letzterem *Matthias Herdegen*, Der Wegfall effektiver Staatsgewalt: „The Failed State", in: Berichte der Deutschen Gesellschaft für Völkerrecht, Bd. 34 (1996), S. 49 ff.

[12] Dazu mit Nachw. *Doehring* (N 7), S. 43 ff.

[13] Zur Aufladung des Friedensbegriffs der UN-Charta mit positiven Gehalten: *Paul Kirchhof*, Der Verteidigungsauftrag der deutschen Streitkräfte, in: Festschrift für Rudolf Bernhardt, 1995, S. 797 (814 ff.).

[14] Zum negativen Friedensbegriff in Auseinandersetzung mit positiven Friedensbegriffen: *Detlef Merten*, Rechtsstaat und Gewaltmonopol, 1975, S. 52 ff.; *Albrecht Randelzhofer*, Der normative Gehalt des Friedensbegriffs im Völkerrecht der Gegenwart, in: Jost Dellbrück (Hg.), Völkerrecht und Kriegsverhütung, 1979, S. 13 ff.;

Die neue Art von Krieg kennt keine völkerrechtlichen Regeln, die denen des Staatenkrieges entsprächen. Feindliche Staaten erkennen einander an als Kriegsparteien. Der Feind ist der mögliche Partner eines künftigen Friedensvertrages. Das eben ist der Terrorismus gerade nicht. Der Krieg gegen ihn zielt darauf, ihn mit Stumpf und Stiel auszurotten. Der Terrorist ist der absolute Feind.[15] Daher ist er kein Kombattant, dem mit der Festnahme der Status des Kriegsgefangenen zukäme.[16] Er ist kein Guerillakämpfer,[17] auch kein Partisan. Diese sind einem bestimmten Stück Erde verhaftet; sie verteidigen einen bestimmten Raum gegen raumfremde Eindringlinge.[18] Die Terroristen des 11. September dagegen agieren beweglich für eine Religion, die über ihre angestammten Räume hinausgreift, und tragen den Kampf in die ganze Welt. Einzelne Züge verbinden sie mit dem Typus des Piraten, der seit der Antike außerhalb der Rechtsordnung stand, der auch heute kein regulärer Kombattant ist, für den die Schranken des Kriegsrechts gälten, sondern „communis hostis omnium",[19] den, wenn er auf hoher See operiert, die mit seepolizeilichen Befugnissen ausgestatteten Schiffe aller Nationen ergreifen können.[20] Doch dem Piraten geht es um die Beute. Er ist Seeräuber, darin ein Antitypus zum Asketen der Gewalt.

Wird Terrorismus als Verbrechen wider die Menschheit und der Terrorist als Feind der Menschheit geächtet, so ist es nur noch ein Schritt, ihn aus der menschlichen Gemeinschaft auszuschließen und ihm die Menschenrechte abzuerkennen. Der Kampf für die Menschenrechte schlägt dann um in einen menschenrechtswidrigen Kampf.

Josef Isensee, Die Friedenspflicht des Bürgers und das Gewaltmonopol des Staates, in: Festschrift für Kurt Eichenberger, 1982, S. 23 (32 ff.).

[15] In dem Sinne, wie *Carl Schmitt* den Begriff entfaltet (Der Begriff des Politischen [1932], 1963, S. 26 ff.; [N 5] S. 91 ff.).

[16] Dazu *Oeter* (N 2), S. 40 f., 44 ff.; *Bruha* (N 7), S. 76 ff.

[17] Dazu *Oeter* (N 2), S. 44 f.

[18] Zu Begriff und Erscheinungen *Carl Schmitt* (N 5), S. 20 ff., 71 ff.

[19] *Cicero*, De officiis, III, 29/107.

[20] Zur Geschichte: *Karl-Heinz Ziegler*, Pirata hostis omnium, in: Festschrift für Ulrich von Lübtow, 1980, S. 93 ff. Zum aktuellen Recht Art. 17-24 Genfer Übereinkommen über die Hohe See vom 29. April 1958 und Art. 100-107, 110 Seerechtsübereinkommen der Vereinten Nationen vom 10. Dezember 1982. Näher *Knut Ipsen*, Völkerrecht, ⁴1999, S. 579 ff.

Der Krieg wider den Terrorismus stärkt die völkerrechtlichen Strebungen nach einer Weltpolizei. Die militärischen Einsätze gegen Staaten nehmen polizeiliche Züge an, indes die polizeilichen Einsätze im Innern des Staates militarisiert werden. Die Unterscheidung zwischen dem Außen und dem Innen der Staaten gerät ins Schwimmen, mit ihr die Grenze zwischen Völkerrecht und staatlichem Recht. Die Unterscheidung hat auch Bedeutung für den Verfassungsstaat. Sein fundamentaler Zweck besteht darin, die Sicherheit seiner Bürger im Inneren und nach außen zu gewährleisten: Sicherheit vor den Übergriffen Privater und Sicherheit vor den Angriffen auswärtiger Staaten. Unter dem einen Aspekt steht ihm das Instrumentarium der Polizei und der Justiz zur Verfügung, unter dem anderen das der Armee. Für den Verfassungsstaat macht es einen wesentlichen Unterschied, ob er eine innere Gefahr abzuwehren hat, die von einem privaten Störer ausgeht, der seiner Gewalt unterworfen ist, oder eine äußere Gefahr, die ein feindlicher Staat schafft. Hier zeigt sich ein Element rechtsstaatlicher und auch föderaler Gewaltenteilung. Das Machtgewicht der Streitkräfte dient der Selbstbehauptung des Staates nach außen. Es darf nicht innenpolitisch wirksam werden, damit die innere Machtbalance des Gemeinwesens nicht gestört wird.

Die *Störung der öffentlichen Sicherheit*, die in terroristischen Anschlägen liegt, überschreitet die nationalen Grenzen, vollends die föderalen, innerhalb derer die Polizei handeln darf. Das internationale Netz des Terrors kann nur durch weltweite Kooperation der Staaten bekämpft werden.[21] Der Rechtsstaat, der sich der Gefahr des Terrorismus erwehren will, sucht sich seine Partner nicht aus. Er muß die Staaten, auf deren Hilfe er angewiesen ist, akzeptieren wie sie sind, gleich, ob sie nun ihrerseits rechtsstaatlich domestiziert sind oder ob ihnen der Zweck der Bekämpfung des Terrors jedwedes Mittel heiligt. Immerhin sind die Staaten der Welt unter dem Blickwinkel der Terrorabwehr kompatibel. Wie immer sie auch verfaßt sind, in ihrem Telos als Staat sind sie darauf ausgerichtet, die

---

[21] Zu den organisatorischen Voraussetzungen *Manfred Baldus*, Der Beitrag des europäischen Polizeiamtes (Europol) zur Bekämpfung des Terrorismus, in: Hans-Joachim Koch (Hg.), Terrorismus – Rechtsfragen der äußeren und inneren Sicherheit, 2002, S. 121 f.

Sicherheit ihrer Untertanen zu gewährleisten und private Gewalt zu verbannen. Die Übereinstimmung reicht freilich nicht allzu tief. Nicht wenige Staaten, die sich in die internationale Allianz gegen den Terrorismus einreihen, praktizieren ihn selber. So wird denn oftmals der Teufel des privaten Terrorismus, wenn nicht ausgetrieben, so doch bekämpft mit dem Beelzebub des Staatsterrorismus.

Die Frage bleibt jedoch, ob der deutsche Rechtsstaat von Verfassungs wegen gehindert ist, zur Erfüllung seiner Sicherheitsaufgabe sich der Hilfe von Polizeistaaten (Algerien, Türkei, Rußland) zu bedienen und von deren rechtsstaatswidrigen Maßnahmen zu profitieren. Tendenzen der Auslegung des Grundgesetzes gehen dahin, der deutschen Staatsgewalt umfassende Grundrechtsverantwortung aufzuerlegen für alle, auch noch so entfernte Wirkungen, die von ihr ausgehen. Doch Deutschland ist nicht der Rechtsstaatsriese Atlas, der auf seinen Schultern das ganze Gewölbe des Menschenrechtshimmels trägt. Deutschland ist auch nicht der Grundrechtszensor des Planeten. Die Grenzen grundrechtlicher Verantwortung ergeben sich aus dem (in der heutigen Dogmatik noch unterbelichteten) Verfassungskollisionsrecht. Dieses begrenzt die Reichweite der Grundrechte als nationalem Recht auf die Personal- und Gebietshoheit des Staates, schließt also die Geltung für Ausländer im Ausland ohne deutschen Gebietskontakt, vollends für deren Verhältnis zu ausländischer Staatsgewalt aus. Positiv gewendet: sie setzt voraus, daß das Subjekt der Grundrechte der deutschen Staatsgewalt unterworfen ist. Soweit das der Fall ist, gelten aber die Grundrechte und rechtsstaatlichen Garantien unbedingt. [22] Das Grundgesetz duldet kein rechtsstaats-exemtes Guantanamo.

V.

Die Phänomene des Terrorismus entgleiten den Definitionen und Tatbeständen des Polizeirechts, zumal denen der *Gefahr* und des *Störers*. Der Terrorakt ist eine jähe Aktion, hinter der lange, heimliche Vorbereitung steht. Der Akteur taucht plötzlich aus zivilem Milieu auf, um nach getaner Tat, so er sie überlebt, in ihm

---

[22] Zu den Grenzen der Reichweite der Grundrechte *Josef Isensee*, Grundrechtsvoraussetzungen und Verfassungserwartungen an die Grundrechtsausübung, in: Josef Isensee/Paul Kirchhof (Hg.), Handbuch des Staatsrechts der Bundesrepublik Deutschland (= HStR), Bd. V, ²2000, § 115 Rn. 77 ff.; *Peter Badura*, Territorialprinzip und Grundrechtsschutz, in: Festschrift für Walter Leisner, 1999, S. 403 ff.

wieder zu verschwinden. Eine Schlange, die, völlig angepaßt an ihre Umgebung, apathisch verharrt, bis sie mit plötzlichem Ruck auf ihr argloses Opfer zustößt. Der stille Nachbar, der unauffällige, fleißige Student erweist sich in der Rückschau als „Schläfer", Reservist der Terrorarmee, der auf Abruf zum Anschlag bereitsteht. Ist der „Schläfer" schon Störer oder noch Nichtstörer? Dürfen gegen einen muslimischen Studenten, wenn seine Rolle als „Schläfer" bekannt ist, jederzeit Gefahrenabwehreingriffe, oder wenn individuelle Anhaltspunkte für den Verdacht bestehen, Gefahrerforschungseingriffe, oder weil er lediglich einer Gruppe angehört, aus der der Terrorismus seine Soldaten zu rekrutieren pflegt, Maßnahmen der Verdachtsuche getätigt werden? Oder aber besteht ein grundsätzliches Handlungs-, Ermittlungs- und Beobachtungsverbot, das nur unter den Bedingungen des polizeirechtlichen Notstandes durchbrochen werden darf? Hier paßt noch nicht einmal die Kategorie der latenten Gefahr; denn diese meint einen an sich ungefährlichen Zustand, eine Sache, die sich nur dann zur Gefahr entzündet, wenn eine andere, ebenfalls an sich ungefährliche Sache hinzutritt. Hier aber handelt es sich um einen Menschen, der, tatbereit, nur auf den Einsatzbefehl wartet.

Der diffusen Gefahr können nicht scharfkantige Handlungsregeln der Verwaltung korrespondieren. An sich gilt die allgemeine Maxime, daß, je empfindlicher das gefährdete Rechtsgut auf seiten des Opfers, desto weiter die Befugnis der Gefahrenabwehr reicht, je empfindlicher das Rechtsgut auf seiten des Störers, desto enger die Befugnis. Doch die Gefahr hat sich noch nicht konkretisiert. Damit fehlt die klare Zielbestimmung, nach der sich das Mittel des Eingriffs nach dem Übermaßverbot dosieren ließe.[23] Die Meßbarkeit rechtsstaatlichen Handelns droht verloren zu gehen. Die neuere Gesetzgebung antwortet auf die Gefahr des Terrorismus dadurch, daß sie die Eingriffsschwelle vorverlegt, insbesondere für den Zugriff auf grundrechtlich geschützte Daten. Die Gefahrenabwehr wird zunehmend erweitert durch Gefahrenvorsorge und Risikovorsorge, ein sich immer weiter ausdehnendes Vorfeld präventiver Recherchen und Kontrollen, wie es in anderen Bereichen des Verwaltungsrechts schon vorhanden ist, vom Atomrecht über das Arz-

---

[23] Eschatologische Alptraumvision *Erhard Denninger*, Freiheit durch Sicherheit?, in: Hans-Joachim Koch (Hg.), Terrorismus – Rechtsfragen der äußeren und inneren Sicherheit, 2002, S. 83 (88 ff.).

neimittel- bis ins Lebensmittelrecht.[24] Doch dort handelt es sich um sachliche Risiken, die der Technik und der Produktion. Hier aber geht es um das Risiko, das in der Moral und der Handlungsfreiheit des Menschen liegt.

Eine typische Maßnahme der Vorfeldüberwachung ist die Rasterfahndung.[25] Am Beispiel dieser Maßnahme zeigt sich, wie die Aufgabe der Polizei, konkrete Gefahren abzuwehren, und die des Nachrichtendienstes, die Sicherheitslage im allgemeinen zu beobachten, ineinander übergehen. Mit der Vorfeldüberwachung weitet sich der Handlungsraum des Staates auf Kosten der grundrechtlichen Freiheit. Ob damit die rechtsstaatliche Balance von Sicherheit und Freiheit verloren geht, ist Tatfrage. Jedenfalls ist von Verfassungs wegen zu fordern, daß der Rechtsstaat sich in seinen Mitteln nicht seinem Feind angleichen kann, ohne seine freiheitliche Identität einzubüßen. Der Kampf gegen den Terror darf nicht selbst terroristisch werden.

VI.

Vom Generalsekretär der Vereinten Nationen bis zu deutschen Politikern und Staatsrechtslehrern herrscht Einigkeit darüber, daß im Elend der Dritten Welt die Ursache des Terrorismus liege und daß diesem das Wasser abgegraben werden müsse durch Beseitigung des Elends. Das soll nicht in Frage gestellt werden. Wer an seiner Lagerexistenz in Palästina oder im Libanon verzweifelt, mag einen Ausweg suchen, wenn er sich für den Glaubenskampf anwerben läßt, und den Rückgewinn seiner Würde erhoffen, wenn er als lebende Bombe sich selbst mit anderen in die Luft sprengt.

---

[24] Zu Zulässigkeit und Grenzen nachrichtendienstlicher Recherchen zur Früherkennung aus dem Ausland drohender Gefahren BVerfGE 100, 313 (368 ff.). Dazu *Markus Möstl*, Verfassungsrechtliche Vorgaben für die strategische Fernmeldeaufklärung und die informationelle Vorfeldarbeit im allgemeinen, in: DVBl. 1999, S. 1394 ff. – Zur Staatspflicht, technische Risiken zu mindern: *Udo Di Fabio*, Risikoentscheidungen im Rechtsstaat, 1994, S. 41 ff., 65 ff.

[25] Analyse und verfassungsrechtliche Diskussion *Wolfgang Loschelder*, Rasterfahndung – polizeiliche Ermittlung zwischen Effektivität und Freiheitsschutz, in: Der Staat 20 (1981), S. 349 ff. Grundsätzliche Kritik *Christoph Gusy*, Geheimdienstliche Kritik. Aufklärung und Verfassungsschutz, in: Hans-Joachim Koch (Hg.), Terrorismus – Rechtsfragen der äußeren und inneren Sicherheit, 2002, S. 93 ff. (107, 116: „Verdachtgewinnungseingriff").

Dennoch greift das soziale Problemerkennungs- und Problemlösungsmuster zu kurz. Nachweislich rekrutiert sich ein erheblicher Teil der Selbstmordattentäter aus sozial begünstigten Schichten. Der Terrorismus gedeiht in einigen der reichsten Länder der Welt. Osama Bin Laden ist Milliardär. Die eigentlichen Ursachen liegen außerhalb des ökonomisch-sozialen Horizonts. Hierzulande gehört es freilich zur politischen Korrektheit, die Widersprüche dieser Erde allein aus der sozialen Ungleichheit zu erklären. Man will nicht wahr haben, daß es auch ideelle Widersprüche gibt, zumal solche der religiösen Überzeugungen, die wiederum kulturelle, mentale und nationale Identitäten und Gegensätze erzeugen. Die Attitüde des kosmopolitischen Sozialarbeiters kommt den Phänomenen nicht bei. Im Gegenteil, sie ist eine der Ursachen des Terrorismus. Denn sie behandelt religiös-kulturelle Identität als soziale Rückständigkeit, und sie hält den technischen Vorsprung, auf den sie sich stützt, für moralische Überlegenheit, die ihrerseits die Rechtfertigung dafür bietet, im Sinne der westlichen Zivilreligion, der Menschenrechte und der Demokratie zu missionieren, mit dem westlichen Hedonismus zu infizieren und in die globale Konsumgesellschaft westlicher Observanz zu assimilieren. Der Westen bleibt der islamischen Kultur schuldig, was sie um ihrer Würde willen fordert, die Anerkennung.

Im Terrorismus, wie er am 11. September spektakulär in Erscheinung trat, regt sich der Kampf der Kulturen, dessen Realität zu verdrängen und zu leugnen hierzulande als Ausweis von Aufgeklärtheit, Weltoffenheit, Toleranz gilt. Dieser Kampf richtet sich gegen die Kultur des Westens, auch in ihren kosmopolitischen Ansprüchen, wie sie sich in den Prinzipien der Menschenrechte und der Demokratie verkörpern, die, vom Geist ihrer okzidentalen Herkunft geprägt, im Orient als Oktroi einer fremden Kultur und Beleidigung der eigenen empfunden werden.[26]

Hier zeigt sich eine prinzipielle Schwäche des Liberalismus, der sich im Verfassungsstaat verkörpert. Er bietet die Anerkennung nur den Individuen als Personen, nicht aber überindividuellen Einheiten, soweit sie sich nicht als Staaten oder Staatenverbindungen organisiert haben. Er erkennt Staaten an, nicht aber Religionen und Kulturen. Er neigt dazu, ihre Strukturen zu pulverisieren,

---

[26] Vgl. *Bassam Tibi*, Islamischer Fundamentalismus, moderne Wissenschaft und Technologie, 1992.

bis nur noch Individuen übrig bleiben, denen er anheimgibt, sich kraft ihrer Selbstbestimmung neue Strukturen zu schaffen. In seiner Eigenschaft als *Rechts*staat sieht der liberale Staat nur freie und gleiche Individuen. In seiner Eigenschaft als *Sozial*staat nimmt er darüber hinaus sozio-ökonomische Unterschiede wahr, doch tut er sich schwer, kulturelle Besonderheiten aufzunehmen, obwohl er auch *Kultur*staat ist. Das eben ist er in seinem Verständnis von grundrechtlicher Freiheit in einem erheblich minderen Maße, als er Sozialstaat ist. *Religions*staat aber will er schlechthin nicht sein. Wenn er überhaupt religiöse Phänomene registriert, dann nur in ihren kulturellen, sozialen und politischen Derivaten.

Er neigt dazu, die Wirklichkeit der Religion zu übersehen, weil er über ihre Wahrheit nichts zu sagen hat. Der Umstand, daß er zu Beginn der Neuzeit in Europa das Bürgerkriegspotential der konfessionellen Differenzen entschärfte dadurch, daß er seinerseits eine neutrale Position bezog, besagt nichts darüber, daß weltweit die Religion entpolitisiert sei oder sich entpolitisieren lasse. Das ist noch nicht einmal auf dem alten Kontinent ohne Rest gelungen, wie das Beispiel Nordirland zeigt, ganz zu schweigen von Bosnien und dem Kosovo. Die Kirchen machen es freilich dem Staat in Deutschland leicht, sie als religiöse Größen zu übersehen, weil sie sich in einem anhaltenden Prozeß der Selbstsäkularisierung ihrem säkularen Umfeld angepaßt haben und ein aufklärerisches Mimikry zeigen, so daß so gut wie nichts von dem fascinosum et tremendum des Christentums übrigbleibt.[27]

Der Terrorismus lebt aus der Macht einer *Idee*. Eine Idee ist resistent gegen physische Gewalt. Es reicht nicht, die Organisation der Al Qaida, ein nur lose geknüpftes Netz, zu zerstören. Es reicht noch nicht einmal, ihren Führer zu töten. Sein Charisma würde überdauern. Ein toter Osama Bin Laden könnte gefährlicher werden als der lebende. Ein neuer Mahdi, ein islamistischer Messias. Das Dilemma: der Westen muß sich der Gewalt des Terrorismus mit wirksamer Gegengewalt erwehren. Doch die Triebkräfte der Gewalt vermag er damit nicht zu bannen. Im Gegenteil, jede mi-

---

[27] Dazu *Josef Isensee*, Verfassungsstaatliche Erwartungen an die Kirche, in: Essener Gespräche zum Thema Staat und Kirche, Bd. 25 (1991), S. 105 (138 ff.); *ders.*, Die Zukunftsfähigkeit des deutschen Staatskirchenrechts, in: Festschrift für Joseph Listl, 1999, S. 67 (88 ff.); *Otto Depenheuer*, Religion als ethische Reserve der säkularen Gesellschaft, in: Hommage an Josef Isensee, 2002, S. 3 ff.

litärische Niederlage kann ihr neue Energien zuführen, das Feuer des Fanatismus kräftiger entfachen und dem Heer des Terrorismus weitere Rekruten zuführen. Wenn der Hydra ein Kopf abgeschlagen ist, können deren mehrere nachwachsen.

Der Kampf gegen den Terrorismus entscheidet sich auf der Ebene der Ideen. Auf der einen Seite stehen die Ideen des Westens in ihrem Anspruch auf Universalität, auf der anderen die des islamistischen Protests, des Hasses auf Amerika und seine Verbündeten, nicht nur auf ihre Politik, sondern gerade auf ihre politischen Werte, ihre Kultur und Lebensart. Der Haß ist tief verwurzelt in den Massen, indes die aufgeklärten unter den autoritären Führern den westlichen Werten aufgeschlossen sind, freilich mehr den ökonomischen als den politischen. Der Haß steigt hervor aus der Religion des Islam. Noch ist der Islamismus nicht mit dem Islam identisch und mag als Exzeß, als Verirrung oder als Perversion gedeutet werden. Offen ist aber, ob er sich auf Dauer zu dessen Avantgardisten oder gar zu dessen Repräsentanten erheben wird. Dann freilich wäre der Kampf der Kulturen Realität. Noch einmal: zwischen Islam und Islamismus ist zu unterscheiden. Dennoch ist es angezeigt, die religiös-kulturellen Unterschiede zwischen Orient und Okzident ernst zu nehmen und sie nicht als folkloristisches Dekor kosmopolitischer Einheit zu verharmlosen. In Deutschland neigt man dazu, einseitig die dem Westen kompatiblen Momente des Islam hervorzuheben und sich ein aufklärerisch-gefälliges Bild von ihm zu machen, wie es etwa Lessing von Sultan Saladin im „Nathan dem Weisen" zeichnet. Doch die gegenwärtige Realität liegt von diesem Ideal des 18. Jahrhunderts so weit entfernt wie Bagdad von Wolfenbüttel.

Der Kampf der Kulturen ist freilich auch nur ein Deutungsmuster, das die Realität des Terrorismus nicht ausschöpft. Soweit es aber greift, zeigt sich, daß polizeiliche und militärische Mittel nur an Symptomen kurieren können. Hier müssen andere Wege gefunden werden. Ich weiß keine Lösung. Aber ein erster Schritt wäre es, wenn der Westen im allgemeinen, wenn Europa, wenn Deutschland im besonderen sich der religiös-kulturellen Bedingtheit der rechtlichen Prinzipien bewußt würden, deren universale Geltung sie betreiben.

240

VII.

Der Terrorismus bedient sich schlechthin verwerflicher Mittel, die kein noch so hehres Ziel rechtfertigt: der Opferung Unschuldiger in der Absicht, Aufmerksamkeit zu erlangen und Schrecken zu verbreiten. Der Begriff ist negativ besetzt. Wer eine Person oder eine Organisation als terroristisch bezeichnet, will sie als böse brandmarken. Der Adressat wird sich gegen die Qualifikation wehren, um sich moralisch behaupten zu können. Seinem Selbstverständnis nach ist er Widerstandskämpfer, Befreiungskrieger, Retter der Bedrohten, Helfer der Schwachen, Glaubensheld. Der Terrorist ist allerdings kein gewöhnlicher Krimineller. Vom erpresserischen Geiselnehmer wie vom Mafioso unterscheidet er sich durch das Fehlen von Eigennutz. Er dient einer großen, überpersönlichen Sendung, bereit, alles dafür zu opfern, selbst das eigene Leben. Der islamistische Selbstmordattentäter aber bildet eine moralische Provokation, die verheerendere Wirkungen zeitigt als die physische Bedrohung, die von ihm ausgeht. Er negiert die Kultur des Westens, die Wertordnung des Verfassungsstaates, dem das Leben des Einzelnen als der Güter höchstes gilt und die Tötung als der schwerste aller Eingriffe.

Der moderne Staat beschränkt sich auf innerweltliche Aufgaben. Für ihn gibt es kein Jenseits. Er hat nicht ewige Wahrheiten zu verkünden, sondern praktischen Bedürfnissen eines diesseitigen Gemeinwohls Genüge zu tun. Er leistet, lohnt und straft im Diesseits. Das höchste Gut, das er zu schützen und zu wahren hat, ist das menschliche Leben. Der Staat, dem das Leben seiner Bürger lieb ist.

Die Teleologie des Rechtsstaats hat ihren Ursprung in der Todesfurcht. Sie bildet den Schlüssel zur Initialphilosophie des modernen Staates bei Thomas Hobbes. Dieser berichtet in seiner Selbstbiographie, seine Mutter habe ihn im Jahre 1588 vorzeitig geboren, weil sie einen Schock erlitten habe durch die Nachricht, daß die spanische Armada in britische Gewässer eingedrungen sei. Sie habe zwei Kinder zugleich zur Welt gebracht, ihn und die Furcht:

„Fama ferebat enim sparsitque per oppida nostra
Extremum genti classe venire diem.

Atq; metum tantum concepit tunc mea mater,
Ut paretet geminos, méque metúmque simul."[28]

Die vorstaatliche Ausgangslage in der hobbesianischen Philosophie ist die Furcht des Menschen, von seinesgleichen getötet zu
werden. Die vom Überlebenswillen geleitete Intelligenz findet den
Ausweg aus dem Zustand der Friedlosigkeit, dem Krieg aller gegen
alle: den allseitigen Friedensschluß, in dem sich alle einer Macht
unterwerfen, die dazu geschaffen ist, den Frieden zu gewährleisten
und das Leben zu schützen, freilich unter dem Vorbehalt, daß sie
dazu fähig und willens ist. Wo nicht, da lebt die natürliche Freiheit
zur Notwehr wieder auf. Staatlicher Schutz und staatsbürgerlicher
Gehorsam beruhen auf Gegenseitigkeit. Ohne Schutz kein Gehorsam.

Einem Staat, der allein innerweltliche Ziele kennt, ist das irdische Leben der Güter höchstes. Seine Machtmittel, die physischen
wie die psychischen, verfangen nur, wenn seine Adressaten diese
Prämisse teilen. Alle höheren Ziele, zu denen der Rechtsstaat sich
ausdifferenziert, gehen davon aus. Je höher und „ziviler" das Ziel,
desto blasser die Erinnerung an das erste und fundamentale, die
Bannung der Todesfurcht. Die psychischen Machtmittel des Staates,
etwa strafrechtliche Abschreckung, drängen die physischen zurück
und ermöglichen die feine Dosierung nach dem Übermaßverbot.
Der Art nach werden die Sanktionen abgestuft von moralischem
Druck zu materieller Einbuße, von Geldentzug über Freiheitsent-
zug zu körperlichem Zwang.

Das schärfste Zwangs- und Drohmittel im Arsenal der Staatsgewalt ist die Tötung. Die Verfassung des Rechtsstaats geht darauf
aus, den Einsatz dieses Mittels tunlichst zu vermeiden. Im Verbot
der Todesstrafe verbietet sie diesen als schlechthin unangemessen.
Allenfalls gestattet sie ihn als ultima ratio in Grenzfällen wie etwa
den polizeilichen Rettungsschuß. Dieser Konzeption entspricht
die Erwartung, daß aus der Sicht des Bürgers die Tötung als das
ärgste aller Übel empfunden wird. Darin liegt die Sanktion hinter
allen rechtlichen Sanktionen, der äußerste Schrecken, aus denen
die Normbefehle letztlich ihre Präventionswirkung ziehen. Die
Todesfurcht ist es auch, die dem militärischen Potential den Effekt

---

[28] *Thomas Hobbes*, Thomæ Hobbesii Malmesburiensis Vita. Authore Seipso, London 1679, S. 2.

der Abschreckung gibt. Die Sanktionen versagen gegenüber dem Terroristen, dem das eigene Leben nichts zählt, ebensowenig das fremde. Damit wird die rechtsstaatliche Staatsgewalt, die sich seiner zu erwehren hat, zu einer Reprimitivierung genötigt, zur Beschränkung auf die Mittel des körperlichen Zwangs. Der zweckrational organisierte Staat scheitert an dem, der den Tod nicht fürchtet: dem religiösen und dem politischen Fanatiker, der, in der Hoffnung auf jenseitigen Lohn oder diesseitigen Nachruhm, bereit ist, sich und andere um einer großen Sache willen zu opfern, aber auch an dem heroischen wie dem spielerischen Nihilisten, dem Desperado.

Die Gesellschaft der Todesverächter darf nicht als eine negative Auslese der Menschheit erscheinen. Im Gegenteil: In ihr finden sich auch die edelsten Vertreter, für die Senecas Satz gilt: „Qui potest mori, non potest cogi." Die Todesdrohung kann den stoischen Philosophen nicht erschüttern, weil er den Tod nicht fürchtet. Sie beugt auch nicht den christlichen Märtyrer. Dieser ist bereit, sein Leben zu opfern. Doch er vernichtet nicht das Leben anderer. Zwischen dem Märtyrer und dem Selbstmordattentäter liegt ein moralischer Abgrund.

Das Modell der innerweltlichen Prävention wurde schon durch einen Zeitgenossen von Hobbes, Samuel von Pufendorf, Utilitarist auch er, auf seine Nützlichkeit hin geprüft und verworfen, weil er „das wichtigste und höchste Band der menschlichen Gesellschaft", die Religion, „in ihrem Nutzen für das Leben der Menschen" vernachlässige: Wenn man die Religion beiseite lasse, werde die innere Festigkeit der Staaten immer gering sein. „Die Furcht vor irdischen Strafen ... würde nicht ausreichen, die Bürger bei der Pflicht zu halten. Dann wäre das Wort am Platz: Wer den Tod nicht fürchtet, der fürchtet nichts. Denn jemand, der Gott nicht fürchtet, hat nur den Tod zu scheuen. Wer aber imstande ist, den Tod zu verachten, kann sich gegenüber der Obrigkeit alles herausnehmen."[29]

---

[29] *Samuel von Pufendorf*, Über die Pflicht des Menschen und des Bürgers nach dem Gesetz der Natur (hg. u. übersetzt von Klaus Luig), S. 56. S. auch ebd., S. 57: „Wenn keine Strafe Gottes droht, kann auch niemand auf die Glaubwürdigkeit eines anderen vertrauen. Alle lebten stets ängstlich in Mißtrauen und Furcht, von anderen getäuscht und zu Schaden gebracht zu werden. Herrscher und Untertanen wären kaum geneigt, zu ihrem Ruhm hervorragende Werke zu vollbringen. Denn ohne Bindung an das Gewissen wären bei den Herrschern alle Amtspflichten einschließlich des Richterspruches für Geld zu haben."

Der säkulare Verfassungsstaat baut nicht auf die Gottesfurcht seiner Bürger. Die heutige Gesellschaft ist immer weniger bereit, sich die religiöse Begründung der staatsbürgerlichen Pflichten zu eigen zu machen. Der Liberalismus in der Nachfolge von Thomas Hobbes hängt denn auch die Erwartungen tiefer, wohl zu tief, wenn er allein auf den vernunftgeleiteten Eigennutz der Menschen setzt. Kant baut die gute Staatsverfassung nicht auf die Moralität der Bürger, sondern auf den Mechanismus der Natur, daß der Widerstreit der selbstsüchtigen Neigungen zu der vernünftigen Einsicht aller führt, sich Zwangsgesetzen zu beugen, somit den inneren wie den äußeren Frieden zu fördern und zu sichern. Das Problem sei selbst für ein Volk von Teufeln lösbar. Freilich macht Kant den Vorbehalt „wenn sie nur Verstand haben".[30] Verstand aber ist die Fähigkeit, zweckmäßig im Sinne der Selbsterhaltung zu handeln. Diese Art von Verstand geht dem Terroristen ab, der sich und andere um der großen Sache willen in die Luft sprengt.[31] An ihm zerbricht die Logik des Rechtsstaats.

VIII.

Wenn das rechtsstaatliche Instrumentarium der Prävention gegen Personen versagt, die den Tod nicht fürchten, bleibt die Frage, ob der Rechtsstaat nicht zu Mitteln greifen darf, die auf das besondere Wertbewußtsein der Terroristen abstellen. Die britische Kolonialmacht in Indien suchte – mit einigem Erfolg – Muslime von Selbstmordanschlägen abzuhalten, indem sie drohte, die Leichname der Attentäter in Schweinehaut einzunähen. Maßnahmen dieser Art würden heute als Mißachtung religiöser Empfindungen und als Leichenschändung von der Weltöffentlichkeit gebrandmarkt werden. Im übrigen verlöre sich die abschreckende Wirkung schnell, wenn Mullahs – ohne daß es besonderen theologischen Scharfsinns bedürfte – darlegten, daß der den Selbstmordattentätern verheiße-

---

[30] *Immanuel Kant*, Zum ewigen Frieden, Erster Zusatz (1795), in: ders., Werke (hg. von Wilhelm Weischedel), Bd. VI, 1964, S. 191.

[31] Zutreffend *Erhard Denninger*, Freiheit durch Sicherheit, Anwendungen zum Terroristenbekämpfungsgesetz, in: StV 2002, S. 96 (102). – Zu Recht weist aber *Karl-Heinz Kamp* darauf hin, daß die „Abschreckungsresistenz" nicht unbedingt für die Organisation gilt, die hinter dem Attentäter steht, daß diese an ihrem Überleben interessiert ist (Etappensieg gegen den Terror, Arbeitspapier der Konrad Adenauer-Stiftung, Nr. 58/2002, S. 6 f.).

ne Lohn im Jenseits von der erniedrigenden Behandlung des Leichnams nicht berührt werde. Nachhaltiger könnten Repressalien gegen die Familie des Selbstmordattentäters wirken, der dieser zu Ruhm und Lohn verhelfen möchte. Israel läßt die Häuser der Angehörigen sprengen. Doch auch hier erhebt sich das rechtsstaatliche Gebot, daß der legitime Zweck der Sicherheit nicht jedwedes Mittel heiligt, nicht Vergeltungsmaßnahmen gegen Unschuldige und nicht die Instrumentalisierung des Familiensinnes. Ein wirksames Mittel könnte es sein, den heroisch gesonnenen Selbstmordkandidaten die Hoffnung auf Nachruhm zu nehmen und das Verwerfliche ihres Tuns bewußt zu machen. Dazu bedürfte es freilich einer Umwertung der Werte im humanen Sinne, die, so sehr sie anzustreben ist, nicht vorausgesetzt werden kann. Der Verfassungsstaat gäbe sich selbst auf, wollte er Terror mit Terror beantworten. Er täte unrecht. Er handelte auch unklug und würde seiner Sache nicht nützen. Die Terroristen würde er nicht abschrecken. Er selbst aber würde sich delegitimieren und seinen Feinden zuarbeiten, die ihn zu Überreaktionen provozieren wollen, damit er sich demaskiere und sein „wahres Gesicht" zeige, das der grausamen Despotie.

IX.

Dennoch darf der Verfassungsstaat sich gegenüber dem Terror nicht schwach erweisen. Gefordert wird er zugleich als *Rechtsstaat* und als *Machtstaat*. Er hat das Recht in den Bahnen des Rechts wider das Unrecht zu schützen und den Schutz wirksam zu gewährleisten. Er schuldet nicht nur Rechtmäßigkeit, sondern auch Effizienz, nicht nur Bemühen, sondern Erfolg. Dem dienen die Blankovollmacht zum Handeln und die Machtmittel, mit denen er ausgestattet ist, zumal das Gewaltmonopol. Und doch heiligt der Zweck nicht jedwedes Mittel, sondern nur ein solches, das sich mit den freiheitssichernden und den die Menschenwürde achtenden Standards der Verfassung verträgt.

Hier geht es nicht um die Erfüllung irgendeiner seiner vielen Aufgaben, sondern um die Grundkondition des Staatsvertrages: Schutz gegen Gehorsam. Versagt der Staat hier, so verliert er die Anerkennung seiner Bürger. Die Gewährleistung der Sicherheit im Innern wie nach außen ist der fundamentale Zweck, um dessentwillen der moderne Staat geschaffen worden ist. Die grundrechtlichen und die demokratischen Freiheitsverbürgungen des Verfassungsgesetzes bauen auf dem staatlich gewährleisteten Gesamtzustand der Sicherheit. Diese Voraussetzung der Freiheit versteht sich in der modernen Zivilisation von selbst. Sie wird vom Verfassungsgesetz nicht eigens ausformuliert.[32] Das Bundesverfassungsgericht freilich bringt sie zur Sprache: „Es wäre eine Sinnverkehrung des Grundgesetzes, wollte man dem Staat verbieten, terroristischen Bestrebungen, die erklärtermaßen die Zerstörung der freiheitlichen demokratischen Grundordnung zum Ziel haben und die planmäßige Vernichtung von Menschenleben als Mittel zur Verwirklichung dieses Vorhabens einsetzen, mit den erforderlichen rechtsstaatlichen Mitteln wirksam entgegenzutreten. Die Sicherheit des Staates als verfaßter Friedens- und Ordnungsmacht und die von ihm zu gewährleistende Sicherheit seiner Bevölkerung sind Verfassungswerte, die mit anderen im gleichen Rang stehen und unverzichtbar sind, weil die Institution Staat von ihnen die eigentliche und letzte Rechtfertigung herleitet."[33]

Im äußersten Fall der terroristischen Gefahr können sich die Mittel, die das Gesetz zur Abwehr bereitstellt, als unzulänglich erweisen und auch die Notbefugnisse, die die Verfassung für den Ausnahmefall vorsieht, versagen. Nach einer juristischen Doktrin ist der Rechtsstaat absolut der Legalität verpflichtet und daher im Grenzfall gehindert, sich präterlegaler Mittel zu bedienen, auch wenn allein diese die Rettung bringen könnten. Er wäre also von Rechts wegen gezwungen, im Ernstfall zu kapitulieren. Doch damit verfehlte er seinen eigentlichen Zweck. Dieser verlangt, daß er jedweder Gefahr standhält, die seinen Bürgern und dem Gemeinwesen im Ganzen drohen, und öffnet als ultima ratio ein ungeschriebenes Notrecht des Staates, das ihm die erforderlichen Mittel gibt, sich gegen Angriffe zu behaupten und seine Bürger zu schützen.[34] Auch in dieser Grenzsituation bliebe er an die rechtsstaatlichen Kautelen gebunden, insbesondere an die Grundrech-

---

[32] Vgl. *Bernd Grzeszick*, Staat und Terrorismus, in: Isensee (N 2), S. 55 ff.

[33] BVerfGE 49, 24 (56 f.) – Bezug auf BVerwGE 49, 202 (209).

[34] Zum ungeschriebenen Notrecht mit Nachw. *Grzeszick* (N 32), S. 74 ff.; *Josef Isensee*, Normalfall oder Grenzfall als Ausgangspunkt rechtstheoretischer Konstruktion?, in: Winfried Brugger/Görg Haverkate (Hg.), Grenzen als Thema der Rechts- und Staatsphilosophie, 2002, S. 1 (70 ff.).

te. Diese aber stehen nicht nur den Bürgern zu, die er zu schützen, sondern auch den Terroristen zu, die er abzuwehren hat.

Die Asymmetrie des Krieges bleibt unaufhebbar zwischen der grundrechtlich gebundenen Staatsgewalt und der alles staatliche Recht sprengenden terroristischen Gewalt. Der Rechtsstaat hat die schwierigere Ausgangslage. Sie besteht letztlich darin, daß ihm das Leben seiner Bürger lieb ist und sogar das seiner Feinde. Das kann ihm gegenüber den Terroristen, dem das fremde Leben nichts zählt, noch nicht einmal das eigene, Nachteile bereiten. Diese aber werden mehr als ausgeglichen durch die moralische Autorität, die ihm dadurch zuwächst. An dieser bricht sich letztlich alle physische Gewalt.

GRENZÜBERGÄNGE

Die Verfassung als Vaterland
Zur Staatsverdrängung der Deutschen

I. Verlorene Identifikationen

1. Staatlichkeit

Was ist des Deutschen Vaterland? Die Frage Ernst Moritz Arndts ist von jeher heikel gewesen. Die nächstliegende Antwort galt immer als die falsche, nämlich die Nennung des wirklichen Staates, den der Deutsche jeweils hatte. Stets ging es um ein imaginäres Reich, das anzustreben der Deutsche in Pflicht genommen wurde. Allenfalls ein Philister oder ein Hohenzollern-Parvenü mochte sich im Erreichten saturieren. Also durfte zu Arndts Zeit nicht der deutsche Einzelstaat zu patriotischen Ehren kommen, nicht Preußenland, nicht Schwabenland, nicht Baierland, nicht Steierland, – das ganze Deutschland sollte es eben sein. Als dann Deutschland geeint war, wenn auch nur in kleindeutschem Rahmen, richtete sich das Begehren auf die großdeutsche Lösung, und als Großdeutschland erstand, auf ein germanisches Weltreich.

Nachdem alles in Scherben gefallen war, Realität wie Utopie, erhob sich das amtliche Leitbild des wiedervereinigten Deutschland, das im Laufe der Jahrzehnte immer diffuser geworden und zum juristischen Konstrukt verblaßt, das beinahe nur noch deutschlandrechtlichen Spezialisten verstehbar ist. Während nun Politiker und Juristen darüber rechten, ob die Deutschlandfrage überhaupt noch offen sei, ist immerhin eines eindeutig geblieben: dass der reale Staat, der sich entfaltet als Provisorium auf Dauer und als Transitorium zum immer rascher enteilenden Ziel, umneidet wegen seines wirtschaftlichen Wohlstandes, seiner inneren Freiheit und seiner politischen Stabilität, dass die Bundesrepublik Deutschland kein Vaterland sein soll. Sie würde sich, peinlich berührt, mit verfassungsrechtlichen Argumenten weigern, eine solche Ehre anzunehmen, sollte sie ihr jemals angetragen werden, worauf freilich bisher noch kein ernstzunehmender Mensch gekommen ist. Sie weigert sich denn auch – im Unterschied zur DDR –, eine eigene Staatsangehörigkeit einzuführen, und hält an der gesamtdeutschen Staatsangehörigkeit fest, wie sie durch das fortgeltende Reichs- und

Erstveröffentlichung in: Armin Mohler (Hg.), Wirklichkeit als Tabu, 1986, S. 11-35.

Staatsangehörigkeitsgesetz von 1913 und die Verordnung über die deutsche Staatsangehörigkeit von 1934 definiert wird. Rechtlich ist der Deutsche, der den Pass der Bundesrepublik besitzt und der in ihr das Wahlrecht ausübt, Bürger eines nicht mehr oder noch nicht realen Gesamtdeutschland. Ein deutsches Paradoxon also: Wir haben einen Staat ohne Staatsangehörigkeit, und wir haben eine Staatsangehörigkeit ohne Staat.

Die europäische Einigung, so scheint es in den Nachkriegsjahren, könnte das deutsche Dilemma erledigen. Doch der kühne Traum eines Vaterlandes Europa scheitert an der zähen Realität des „Europas der Vaterländer", wie es de Gaulle umschreibt und verteidigt. Die Deutschen, von Europahoffnung verlassen, sind wieder auf sich selbst verwiesen.

Die gespaltene, die schwierige, die verspätete und mit manch anderen Selbstmitleidsadjektiven versehene Nation lernt schließlich auch, ihr Problem recht und schlecht zu verdrängen. Ein Symptom: das Wort Vaterland verschwindet langsam aus dem politischen Sprachgebrauch. An seine Stelle tritt eine neue, unpolitische Vokabel, so hochabstrakt wie die Systemtheorie: Identität.[1] Also denn: was ist des Deutschen Identität, wenn sie der Staat nicht zu bieten vermag?

2. Bildung und Religion

Eine stolze Antwort lautete vormals: der deutsche Geist. Im Jahre 1808, als Napoleons Macht im Zenit stand, suchte Jean Paul zu bestimmen, wo das Reich der Deutschen liege, da die Franzosen die Herren des Landes, die Engländer die des Meeres seien. Er proklamierte sie zu Herren der Luft, der „beide und alles umfassenden Luft".[2]

Das Reich der Luft war die weltbürgerliche Bildung. Wenige Jahre zuvor hatte Schiller in einem Gedicht zum „Antritt des neuen Jahrhunderts" angesichts der Eroberungen, welche die großen Na-

---

[1] Repräsentativ die Ansprache des Bundespräsidenten *Richard von Weizsäcker*, „Die Deutschen und ihre Identität", gehalten auf dem 21. Deutschen Evangelischen Kirchentag am 8. Juni 1985 in Düsseldorf. Abgedruckt in: Richard von Weizsäcker, Von Deutschland aus, 1985, S. 37-60. Vgl. auch die Nachw. u. Anm. 43.

[2] *Jean Paul*, Friedens-Predigt an Deutschland, 1808, in: Werke (Hanser-Ausgabe), Bd. 5, 3. Aufl. 1973, S. 889.

tionen des Westens machten, die Bestimmung darin gesehen, aus des Lebens Drang in „des Herzens heilig stille Räume" zu fliehen, in die Kultur der Innerlichkeit. „Freiheit ist nur in dem Reich der Träume."

Das Reich der Bildung, das mit der Weimarer Klassik anhob, schuf in der Tat deutsche Identität. Noch die erste deutsche Republik versuchte eine symbolhafte Anknüpfung, als sie die Nationalversammlung in die Stadt Goethes und Schillers einberief. Die Bildung, deren Pflanzstätten das humanistische Gymnasium und die deutsche Universität waren, leistete für Deutschland, was für andere Länder von Irland bis Polen die Religion bewirkte: ein Volk ohne Staat zu einigen. Für Deutschland dagegen ist die Religion gerade der Grund der Zwietracht. Die Glaubensspaltung ist die tiefste und nachhaltigste aller deutschen Teilungen; sie wirkt noch heute unterschwellig fort in gesellschaftlichen und parteipolitischen Fronten, auch wenn sich der ursprüngliche konfessionelle Konflikt überlebt hat.

Die bildungsbürgerliche Welt ist im 20. Jahrhundert zerbrochen, mit dem Bürgertum als der führenden Schicht, mit dem klassischen Bildungsideal, mit dem Begriff der Bildung selbst, in dessen hinterlassener Worthülse sich nunmehr sozialstaatliches Anspruchsmaterial eingenistet hat. Die ästhetische Spur des deutschen Sonderweges, die als letzter Thomas Mann in den „Betrachtungen eines Unpolitischen" beschritten hat, ist nunmehr verschüttet.

3. Geschichte und Tradition

Wie offen aber ist der Normalweg, auf dem ein Volk zu Selbstbewusstsein gelangt, der Weg über die eigene Geschichte? Das politische Bewusstsein der Deutschen ist heute fixiert auf eine einzige Epoche, die nationalsozialistische. Deutsche Geschichte stellt sich dar als Unheilsgeschichte. Der Schatten Hitlers, der mit der historischen Entfernung wächst, deckt alles zu. Alle Entwicklungen werden zu ihm in Beziehung gesetzt: vorbereitend oder retardierend, faschistopetal oder faschistofugal.

Keine Erscheinung historischer Größe von Luther bis Bismarck, kein militärischer Sieg und kein geistiger Triumph, der nicht einschlägige Assoziationen auslöste. Selbst die unpolitische Idylle, das Mondlied von Claudius, die biedermeierliche Jean-Paul-Novelle, werden nachträglich mit der Warntafel versehen, das deutsche Wesen sei nicht harmlos. Die popularhistorische Entlarvungsmonomanie zeigt es: Alle Wege der deutschen Geschichte führen nach Auschwitz. Wenn einst Leopold von Ranke jede Epoche unmittelbar zu Gott sah, damit ihr individuelle, historische Gerechtigkeit werde, so ist heute im gängigen politischen Geschichtsbewusstsein der Deutschen jede Epoche unmittelbar zu Hitler. Das übermächtige historische Feindbild sperrt den positiven Zugang zur deutschen Geschichte, verbietet die unbefangene Identifikation des Deutschen mit der Vergangenheit seines Volkes und verwehrt ihm, sich selbst ohne weiteres als Kind und Erbe dieses Volkes zu akzeptieren. Infolgedessen ersteht die Neigung, die Identitätsfrage zu verdrängen, der Stigmatisierung als Deutscher auszuweichen, aus der historischen Identität rückwirkend zu emigrieren.

Die Negation aber stiftet Gemeinsamkeit. Alle Gruppen der deutschen Gesellschaft, so gegensätzlich ihre Positionen sonst sein mögen, sind sich einig in der Ablehnung des nationalsozialistischen Regimes. Hierin liegt ein wesentliches, nationalspezifisches, tabuiertes Element des Grundkonsenses, unser Negativpatriotismus.

Die praktischen Folgen des Hitlersyndroms: der Fundus überkommener Selbstverständlichkeiten, aus dem jede Nation ihre Selbstsicherheit bezieht, wird zerstört. Alles Überkommene – Werte, Normen, Konventionen – gerät unter Rechtfertigungszwang, muss sich von dem Verdacht des Verursacher- oder Mitläufertums reinigen. Tradition wird problematisch, damit kraftlos.

II. Identität durch Verfassung

1. Das Grundgesetz – Symbol des Grundkonsenses

Das heimatlose Identifikationspotential richtet sich nun auf eine neue, unbelastete Größe: auf die Verfassung. Sie bietet, so scheint es, die Befreiung aus Identitätsnot, zumindest den ehrenvollen Ausweg. Die Deutschen der Bundesrepublik suchen im Grundgesetz ihre geistige Einheit zu finden. Gleichsam eine lutheranische Lösung: ohne Tradition und ohne Institution auszukommen und zu bauen auf das geschriebene, reine Wort. Sola scriptura: das Bonner Grundgesetz.

In der Tat war die Lösung unter den gegebenen Umständen sinnvoll. Sie war sogar unausweichlich. Die diskreditierte Tradition ist legitimationsunfähig. Die desavouierte Institution gibt keinen Halt. Aber das Recht, so sehr seine Idee beleidigt und seine Form missbraucht wurde, vermag sich immer wieder zu erheben und einen neuen Anfang zu setzen.

Der Neuanfang im Namen des Grundgesetzes glückt und trägt nun schon über mehr als dreieinhalb Jahrzehnte. Das Grundgesetz erreicht im Laufe seiner Geltung einzigartige Zustimmung und Integrationskraft. Die Verfassung als solche steht außerhalb des Streits einer Gesellschaft, die an sich alles in Frage zu stellen gewohnt ist. Es bildet das Symbol, vielleicht das einzige, für den positiven Grundkonsens im pluralistischen Dissens. Es ist das große Tabu, das jedermann respektiert.

2. Das Verfassungskonzept des Anfangs:

a) Erzwungene und selbstgewählte Bescheidung

Dem Grundgesetz wurde es nicht an der Wiege gesungen, welche Bedeutung ihm in jahrzehntelanger Geltung zuwachsen werde. Die Erwartungen des Anfangs konnten nur bescheiden sein.

Die Entstehung unter der Vormundschaft der drei westlichen Besatzungsmächte spottete dem Ideal der demokratischen Verfassung: der souveränen Selbstbestimmung des Volkes über Sinn und Form seiner politischen Existenz. Die Deutschen haben jedoch vordemokratische, geschichtliche Erfahrung, sich Verfassungen von außen oder von oben oktroyieren zu lassen. Beispiele passiver Verfassunggebung durch europäische Mächte sind der Westfälische Friede, der Reichsdeputationshauptschluss und die Wiener Schlußakte.[3] „Das Grundgesetz ist nicht das Ergebnis einer politischen Entscheidung, sondern das Produkt einer Lage, genauer eines Zustandes beispielloser Schwäche als Folge des verlorenen Krieges".[4] In der Tat, die mögliche Grundentscheidung war alterna-

---

[3] „Fast alle Verfassungen, die den gesamten deutschen Raum angehen, entstammen nicht voller Selbstbestimmung, sondern stehen in Bindung gegenüber europäischen Festsetzungen", so *Ulrich Scheuner*, Verfassung, 1963, in: ders., Staatstheorie und Staatsrecht, 1978, S. 174.

[4] *Ernst Forsthoff*, Der Staat der Industriegesellschaft, 2. Aufl. 1971, S. 61.

tivlos vorgegeben: die Entscheidung für die freiheitliche Demokratie des Westens. Aber die Deutschen der drei Westzonen ergriffen die einzige, die rettende Option und machten sie sich zu eigen. Was der Entstehungsgeschichte an demokratischer Legitimation fehlte, wurde mehr als ausgeglichen durch die Geltungsgeschichte, die ein indirektes Dauerplebiszit für die Verfassung wurde, sichtbar etwa in den überwältigenden Wählermehrheiten für die verfassungstragenden Parteien.

Der Parlamentarische Rat führte seine Beratungen in der Erwartung, nur eine Übergangsordnung zu schaffen, die bald abgelöst werde durch die Verfassung des wiedervereinigten Deutschland. Auch die Wahl des Wortes „Grundgesetz" statt des anspruchsvolleren Wortes „Verfassung" sollte verdeutlichen, dass es nur um ein Provisorium gehe, „durch das lediglich ein Staatsfragment organisiert" werden solle, das „sowohl in territorialer Hinsicht als auch seinem substantiellen Gehalt nach ‚offen'" bleibe.[5] Das Verfassungswerk, das in dieser trügerischen Naherwartung zustande kam, wuchs in der deutschen Parusieverzögerung über die provisorische Bestimmung hinaus, die seine Väter ihm beigelegt hatten.

Bei der Redaktion des Grundgesetzes walteten politische Selbstbeschränkung und juristische Nüchternheit. Das Grundgesetz gibt das Organisationsstatut des föderalen, demokratischen Rechtsstaats, nicht die formelle Gesellschafts-, Wirtschafts- und Kulturverfassung. Es garantiert die klassischen liberalen Grundrechte, nicht die sozialen. Von Regelungsphantasie und Originalität ist nur wenig zu erkennen. Das Grundgesetz ist weithin eine Adaption von vorgefundenen Strukturmodellen: Maßkonfektion. Es sind auch nicht die autochthonen Komponenten – im bundesstaatlichen und im staatskirchenrechtlichen Bereich –, welche in außerordentliche Integrationskraft erwachsen sollen, sondern die weltweit anerkannten, Grundrechte und Demokratie. Über sie findet die Bundesrepublik Deutschland Eingang in den Klub der westlichen Verfassungsstaaten.

b) Juristische Kargheit und Effizienz des Grundgesetzes

Die Eigenart des Grundgesetzes liegt in seiner rechtspraktischen Qualität. Die für demokratische Verfassungen typische Pathetik

---

[5] So *Carlo Schmid* im Parlamentarischen Rat als Berichterstatter des Hauptausschusses (JöR n. F. 1, S. 16).

wird sparsam dosiert. Der Bonner Verfassunggeber neigt nicht zu Menschheitsbelehrung und zu zivilreligiöser Erbaulichkeit. Er hat wenig Ehrgeiz zur Volkskatechese, um die sich bei der Weimarer Verfassungsberatung der politische Pastor Friedrich Naumann mühte[6] und die sich noch in der bayerischen Verfassung von 1946 regt.

Der Ehrgeiz des Grundgesetzes ist es dagegen, die rechtliche Grundordnung des neuen Staates zu werden. Daher sieht es, anders als die Weimarer Reichsverfassung, weitgehend davon ab, unverbindliche Programme zu formulieren. Seine Normen sind angelegt auf effektive Rechtsgeltung, praktische Durchsetzbarkeit, Judiziabilität. So erlangen die Grundrechte verfassungsunmittelbare, von jedermann einklagbare Verbindlichkeit für die gesamte Staatsgewalt, einschließlich der Legislative. Das Grundgesetz beansprucht konsequent und eifersüchtig, allein die Spitze der staatlichen Normenpyramide zu besetzen. Der Vorrang der Verfassung wird gesichert durch das Bundesverfassungsgericht.[7]

III. Juristenstaat

1. Die richterliche Letztentscheidung über den Verfassungskonflikt

An diesem Punkt muss ich die These vom lutherischen Alleinvertrauen auf das Verfassungswort modifizieren durch ein katholisches Moment: Im Streit über das wahre Verfassungswort steht eine Instanz bereit, die letztverbindlich entscheidet und damit die rechtliche Einheit gewährleistet.

Wesentlich für den Rechtscharakter und die Normkraft der Verfassung ist, dass der Verfassungskonflikt am Ende nicht von einer politischen Instanz entschieden wird, sondern von einer richterlichen, dem Bundesverfassungsgericht, das, nicht angewiesen auf Wählergunst und freigestellt von politischer Kontrolle, mit dem Anspruch juristischer Methodik prozediert. Der Verfassungskon-

---

[6] Zu *Naumanns* „Versuch volksverständlicher Grundrechte": *Ernst Rudolf Huber*, Friedrich Naumanns Weimarer Grundrechts-Entwurf, in: Festschrift für Wietacker, 1978, S. 384-398; ders., Deutsche Verfassungsgeschichte, Bd. 5, 1978, S. 1198 f.

[7] Zur geschichtlichen Entwicklung des Vorrangs der Verfassung: *Rainer Wahl*, Der Vorrang der Verfassung, in: Der Staat (1981), S. 485-516.

flikt erweist sich damit als echter Rechtskonflikt. Der Staat, der sich hier konstituiert, ist Juristenstaat. Die juristische Qualität, die dem Grundgesetz somit eigen ist, erweist sich als wesentliche Ursache seines Erfolges. Über die Verfassungsrechtsprechung entfaltet sich das Verfassungsrecht als Grundlage, als Direktive, als Schranke alles staatlichen und nicht nur des staatlichen Handelns. Verwaltungsakte, Gerichtsurteile, Geseze werden am Maßstab der Verfassung gewägt, gewogen und nicht selten für zu leicht befunden. Keine traditionsgeheiligte Verfahrenspraxis, keine eherne Verwaltungsroutine, kein einstimmig beschlossenes Gesetz ist seines Bestandes sicher. Der Feuerprobe müssen sich hergebrachte Regelungen unterziehen wie die Mannesvorrechte in Ehe und Familie oder die alten Apothekenprivilegien. Das gleiche gilt für Reformexperimente vom Privatfunk über die Mitbestimmung bis zum Versorgungsausgleich. Die Verfassungskontrolle sprengt die alten Exekutivghettos auf, die Schule, das Militärwesen, den Strafvollzug. Sie macht nicht halt vor Arkanbereichen des Politischen, auch nicht vor der Außenpolitik. Sie urteilt über die Zulässigkeit der Raketenstationierung wie die der vorzeitigen Parlamentsauflösung, über die Verfassungskonformität des Saarstatuts wie die des Grundlagenvertrags mit der DDR.

Das Bundesverfassungsgericht nutzt die Kompetenzen, die ihm das Grundgesetz gibt, aufs Ganze gesehen, kraftvoll, mit dogmatischer Intuition und juristischer Disziplin, mit Realitätssinn und Augenmaß. Seine Judikatur gehört zu den großen geistigen Leistungen unseres Landes. Das Bundesverfassungsgericht hat sich Autorität erarbeitet, die über das rein Rechtliche hinausgeht.

Das Bundesverfassungsgericht ist der neue praeceptor Germaniae geworden. Es lässt sich nicht verhehlen, dass es sich dessen bewusst ist und dass es zuweilen der Versuchung nachgibt, die in dieser Rolle liegt, wenn es etwa einen geringfügigen Streitfall zum Anlass nimmt für den Aufschwung ins Grundsätzliche und Allgemeinverbindliche, zur Volksbelehrung über das Wesen der politischen Parteien, über den Beruf des Parlamentariers in der Gegenwart, über die fundamentale Bedeutung der Demonstrationsfreiheit für die Demokratie überhaupt. Wo das Richteramt ins Lehramt übergeht, passen weniger staatsrechtliche Kategorien denn kirchenrechtliche. In der Tat bewegen sich gerade die großen Entscheidungen des Bundesverfassungsgerichts zwischen dem Duktus eines Gerichtsurteils und dem einer Enzyklika.

2. Verfassungsentfaltung in der Verfassungsrechtsprechung

Je mehr die Sammlung der Entscheidungen des Bundesverfassungsgerichts an Bänden zunimmt, desto weiter greift das Interpretationsnetz, desto dichter schließt es. Aus subtiler Verfassungsexegese ergeben sich detaillierte Gebote des richtigen, nicht persönlichkeitsschädigenden Zitierens, Richtlinien zur Bemessung der Beamtenbesoldung sowie Grundsätze für Inhalt und Auswertung von Volkszählungsfragebögen. Ganze Rechtsgebiete erstehen aus verfassungsrechtlichen Ableitungen: Rundfunkrecht, Parteifinanzierungsrecht, Studienplatzvergaberecht.

Die Kargheit des Verfassungstextes wird kompensiert und überkompensiert durch Konstrukte, die durch Auslegung erstellt und im juristischen Konsequenzdenken weitergebaut werden. Besonders fruchtbar erweist sich die Grundrechtsinterpretation. Die liberal konzipierten Grundrechte gewinnen über ihren Wortsinn als Freiheitsrechte des einzelnen hinaus immer weitere Dimensionen: als objektive Werte und wertentscheidende Grundsatznormen, als Verfahrens- und Organisationsnormen sowie als institutionelle Garantien, als drittwirkende Normen und als Schutzpflichten, als soziale Leistungs- und als Teilhaberechte.[8] Auf der anderen Seite fließen aus den objektivrechtlichen Verfassungsbestimmungen immer neue einklagbare, subjektive Rechte. Die Anspruchsjurisprudenz feiert Triumphe. Über alle positivrechtlichen Einzelregelungen empor erhebt sich als Abstraktion der Rechtsprechung das „Menschenbild des Grundgesetzes", feierlich und vieldeutig.

3. Juridifizierung der Politik

Eine alte Warnung vor der Verfassungsgerichtsbarkeit geht dahin, sie werde zur Juridifizierung der Politik führen.[9] Die Warnung

---

[8] Kritische Bestandsaufnahme der Grundrechtsinterpretation: *Fritz Ossenbühl*, Die Interpretation der Grundrechte in der Rechtsprechung des Bundesverfassungsgerichts, in: NJW 1976, S. 2100-2107; *Hans Hugo Klein*, Die Grundrechte im demokratischen Staat, 1972; *Ernst-Wolfgang Böckenförde*, Grundrechtstheorie und Grundrechtsinterpretation, in: NJW 1974, S. 1529-1538; *Karl August Bettermann*, Hypertrophie der Grundrechte, 1984.

[9] Vgl. *Carl Schmitt*, Der Hüter der Verfassung, 1. Aufl. 1931, S. 35 (im Anschluß an *Guizots* Satz, daß bei Juridifizierungen die Politik nichts zu gewinnen und die Justiz alles zu verlieren habe); ders., Verfassungslehre, 1. Aufl. 1928, S. 118 f. – Zu der Problematik: Bundesverfassungsgericht, der Status des Bundesverfassungsgerichts

hat sich weithin erfüllt. Aber die Erfahrung der Bundesrepublik rechtfertigt den Zweifel, ob das denn ein Übel ist.

Es ist ein vertrautes Bild, dass politisch umstrittene Gesetzesvorhaben nach dem parlamentarischen Verfahren das verfassungsgerichtliche Verfahren durchlaufen. Auf der forensischen Ebene, unter dem Zwang zur juristischen Argumentation, wird nicht selten überhaupt erstmals jene Rationalität erreicht, die sich vor zweihundert Jahren die republikanischen Gründerväter vom parlamentarischen Diskurs erhofften. Kritik wie Rechtfertigung des Gesetzes müssen heute das Rationalitätsniveau der Verfassung anstreben.

Der verfassungsgerichtliche Rechtfertigungszwang hat sich alles in allem als heilvoll erwiesen. Der politische Streit spart den verfassungsgerichtlich abgesicherten Bereich an Gemeinsamkeiten aus. Die rechtliche Bindungswirkung der Judikate, die überrechtliche Autorität des Bundesverfassungsgerichts (die durch gelegentliche Ausfälle der Politiker von Konrad Adenauer bis Helmut Schmidt nicht gelitten hat) wirken dämpfend, mäßigend, integrierend auf den politischen Kampf ein. Die Politik hat keinen echten Freiraum mehr, sondern nur noch Handlungsspielräume, die das Verfassungsrecht ihr belässt. Dadurch wird Politik berechenbar. Sie wird schwerfälliger. Aber der demokratische Machtwechsel wird auch weniger riskant. Das ist kein geringer Vorteil für eine politisch instinktunsichere Gesellschaft. Die parlamentarische Demokratie des Grundgesetzes genießt nicht zuletzt deshalb so breite Zustimmung der Bürger, weil es noch Richter in Karlsruhe gibt. Dieses Vertrauen wiegt manches von dem Misstrauen auf, das heute die politischen Parteien auf sich ziehen.

Die Kehrseite des Systems: es erleichtert Parlament und Regierung, ihrer politischen Verantwortung, die ihnen auch in der grundgesetzlichen Ordnung obliegt, auszuweichen und sich, im vorauseilenden Gehorsam, hinter dem Bundesverfassungsgericht zu verstecken. Jede Partei sucht, ihre Positionen abzudecken durch verfassungsrechtliche Regelungsaufträge, Handlungsverbote und Denkverbote. Die politische Diskussion geht über in Verfassungsexegese der jeweils genehmen Judikate. Die vom Recht verdrängte Politik kehrt verwandelt zurück, als politische Interpretation des Rechts.

("Status-Denkschrift"), in: JöR n. F. 6 (1957), S. 120-129; *Gerd Roellecke*, Politik und Verfassungsgerichtsbarkeit, 1961; *Klaus Stern*, Verfassungsgericht zwischen Verfassung und Politik, 1980; *Willi Geiger*, Recht und Politik im Verständnis des Bundesverfassungsgerichts, 1980.

Es wäre müßig, zu versuchen, Reservate des Politischen gegen die Einwirkung der Verfassungsgerichtsbarkeit abzusichern, und in dieser Richtung Hilfe zu erwarten vom Import einschlägiger amerikanischer Maximen wie der political-question-doctrine und dem Gebot des judicial selfrestraint.[10] Die Kontrollzuständigkeit des Gerichts reicht so weit wie die Verfassung. Was aber die Verfassung beinhaltet und welche Frage als verfassungsrechtlich zu qualifizieren ist, entscheidet wiederum unvermeidlich das Bundesverfassungsgericht. Das Politische läßt sich nicht gegenüber dem Recht ausgrenzen, weil es der Herrschaft des Rechts (wenn auch nicht seiner Alleinherrschaft) unterworfen ist. Es ist überhaupt kein definierbarer Bereich, sondern ein existentieller Aggregatzustand, in den jede Materie, auch jede Rechtsmaterie, geraten kann.

IV. Totalität der Verfassung

1. Von der rechtlichen Rahmenordnung zum universalen Integrationsprogramm

Je mehr sich das Rechtsdenken auf die Verfassung konzentriert, desto mehr wächst die Neigung, alle Prinzipien der Rechtsordnung als Verfassungsprinzipien zu deuten. Symptomatisch ist die Rechtsprechung des Bundesverfassungsgerichts zu den Schranken der Grundrechte ohne ausdrücklichen Gesetzesvorbehalt, etwa der Religions-, der Gewissens- und der Kunstfreiheit: Grundrechte dieser Art könnten nur durch die Verfassung selbst eingeschränkt werden.[11] Konkret: Wenn die Religionsfreiheit in Anspruch genommen wird, um den gesetzlichen Zeugeneid zu verweigern, oder die Gewissensfreiheit, um mitten im Wehrdienst kraft plötzlicher Eingebung das Gewehr hinzuwerfen, oder die Kunstfreiheit, um eine Schmähschrift zu publizieren, dann müsste der Staat das hinnehmen, es sei denn, die Berufung auf das jeweilige Grundrecht

---

[10] Bekenntnis des Bundesverfassungsgerichts zum „judicial selfrestraint": BVerfGE 36, 1 (13-15) – Grundlagenvertrag. Kritik durch einen Bundesverfassungsrichter: *Helmut Simon*, Verfassungsgerichtsbarkeit, in: Benda/Maihofer/Vogel, Handbuch des Verfassungsrechts, 1983, S. 1278 f.

[11] Vgl. BVerfGE 28, 243, (260f.); 30, 173 (193); 32, 98 (108); 33, 23 (32); 47, 327 (369, 380-383); 69, 2 (21); Entsch. v. 12.10. 1983, in: EuGRZ 1984, S.259 f.

kollidierte mit einer gewichtigeren anderen Norm der Verfassung. Jedoch Gesetz, Gemeinwohl oder politischer Nutzen sollen den Grundrechtseingriff nicht rechtfertigen. Was nicht grundgesetzlich verbrieft ist, gilt nicht. Quod non est in constitutione, non est in mundo.

Nun müsste diese Schrankendoktrin eigentlich in einen Engpass führen. Denn das Grundgesetz ist nicht als Katalog der Staatszwecke und Rechtsgüter angelegt. Doch das Bundesverfassungsgericht bahnt einen Ausweg, dadurch, dass es in großzügiger Auslegung grundrechtsbeschränkende Rechtsgüter in der Verfassung aufdeckt. So wird aus der grundgesetzlichen Garantie der Rechtspflege die verfassungsrechtliche Anerkennung des Zeugeneides[12] und aus den Kompetenznormen über die Bundeswehr der verfassungsrechtliche Schutz ihres inneren Gefüges wie ihrer Funktionsfähigkeit gefolgert.[13] Wenn sich zunächst das juristische Blickfeld auf die Verfassung verengt, so dehnt sich sodann der innere Bereich der Verfassung.

Ganz allgemein geht die Tendenz dahin, die Verfassung als umgreifendes, ganzheitliches System zu deuten, das autark ist gegenüber dem einfachen Gesetzesrecht, aber auch der öffentlichen Moral und der Konvention. Was sich in der grosso modo vorsichtigen, richterlich disziplinierten Rechtsprechung des Bundesverfassungsgerichts als Ansatz regt, gelangt zur üppigen Blüte in der juristischen wie außerjuristischen Literatur, in der politischen Rhetorik, im populären Verfassungsverständnis. Im Grundgesetz vorgegeben oder angelegt erscheinen nun Gehalte des einfachen Gesetzesrechts, politische Programme, philanthropische wie interessenverbandliche Wünsche, wirtschafts- und kulturpolitische Modelle.[14]

Damit vollzieht sich eine Metamorphose des Grundgesetzes vom obersten Rechtsgesetz zum politischen Integrationsprogramm,

---

[12] BVerfGE 33, 23 (32).

[13] BVerfGE 28, 243 (261); 69, 2 (21) – mit abweichender Meinung der Richter Mahrenholz und Böckenförde (ebda., 57-66).

[14] Einen verfassungstheoretischen Überbau der Totalverfassung bildet die Lehre *Peter Häberles*. Exemplarisch: Zeit und Verfassung, in: ZfP 1975, S. 111-137; Verfassungsinterpretation und Verfassunggebung, in: Zeitschrift für Schweizerisches Recht 97 (1978), S. 1-49; Zeit und Verfassungskultur, in: Peisl/Mohler (Hg.), Die Zeit, 1983, S. 289-343.

von der thematisch beschränkten Rahmenordnung des Staates zur unbegrenzten, virtuell allzuständigen, offenen Totalverfassung für Staat und Gesellschaft. Die materielle Verfassung von heute entspricht einem völlig anderen Verfassungstypus als jenem, den die Bonner Verfassungsväter 1949 angestrebt haben.[15]

Das Bild der Totalverfassung ist romantisch vorweggeträumt von Novalis: „Eine vollkommene Konstitution - Bestimmung des Staatskörpers, der Staatsseele, des Staatsgeistes – macht alle ausdrücklichen Gesetze überflüssig. Sind die Glieder genau bestimmt, so verstehen sich die Gesetze von selbst".[16] Zwei Jahrhunderte später konstatiert Ernst Forsthoff sarkastisch „die Verfassung als juristisches Weltenei, aus dem alles hervorgeht vom Strafgesetzbuch bis zum Gesetz über die Herstellung von Fieberthermometern".[17]

2. Gesetzgebung als Verfassungsvollzug

In der Tat stellt sich die Verfassung heute als Programm für immer neue Aufträge an den Gesetzgeber dar. Eine beliebige Gesetzesinitiative, die sich als Vollzug eines Verfassungsauftrages auszuweisen versteht, überwindet leicht politischen Widerstand. Doch kann die Opposition verfassungsrechtlichen Widerstand mobilisieren dadurch, dass sie sich ihrerseits verfassungsrechtlich rückversichert und die geltende Gesetzeslage als konkretisiertes Verfassungsrecht ausweist. In der Pattsituation, in der ein verfassungsrechtlich geschütztes Interesse auf ein verfassungsrechtlich geschütztes Gegeninteresse trifft, hilft nur noch die Abwägung der Belange nach dem Grundsatz der Verhältnismäßigkeit. Da diese Abwägung als Akt der Verfassungsinterpretation gilt, verlagert sich die eigentliche Entscheidung aus dem politisch-parlamentarischen Raum in den Gerichtssaal. Weil aber auch das Verfassungsrecht keine ein-

---

[15] Fundamentale Kritik an dieser Entwicklung: *Ernst Forsthoff*, Die Umbildung des Verfassungsgesetzes (1959), in: Forsthoff, Rechtsstaat im Wandel, 1964, S. 147-175; *ders.* (N 4), S.61-81, 126-156. Antikritik: *Alexander Hollerbach*, Auflösung der rechtsstaatlichen Verfassung?, in: AÖR 85 (1960), S. 241-267. – Zur typologischen Unterscheidung: *Ernst-Wolfgang Böckenförde*, Totalrevision der Schweizerischen Bundesverfassung, in: AÖR 106 (1981), S. 597-603.

[16] *Novalis*, Fragmente, zit. nach Novalis, Schriften (ed. Minor), 3. Bd., 2. Aufl. 1923, S. 228 (Nr. 386).

[17] *Forsthoff* (N 4), S. 144.

deutigen Messgrößen bereitstellt und es bei der Abwägung letztlich auf den Einzelfall ankommt, besitzt das Bundesverfassungsgericht ein Maß an Entscheidungsfreiheit, auf das die verfassungsrechtlich eingebundenen, politischen Staatsorgane neidisch werden können.

Angesichts der Verfassungs-Totalität versiegt die Gesetzgebung zwar nicht. Im Gegenteil: die Verfassung gibt mit dem Vorbehalt des Gesetzes, dem Bestimmtheitserfordernis und ihren sonstigen rechtsstaatlichen Anforderungen kräftige Impulse zur Gesetzesausdehnung und Gesetzesverfeinerung.[18] Doch das Gesetz wird abgewertet. Es verliert seine eigenständige Bedeutung. Es sinkt ab zur technischen Ausführungsregelung der verfassungsrechtlichen Vorgaben.

Wo Regelungsmaterien ihre politische Brisanz bewahrt haben und der Gesetzgeber sich als unfähig erweist, eine Regelung zu treffen, fällt die Legislativkompetenz ersatzweise der Judikative und der Exekutive zu. Sie greifen unmittelbar auf die Verfassung zurück und entnehmen den Grundrechten, den Prinzipien des Rechtsstaates und der Sozialstaatsklausel die Lösungen der offenen politischen Konflikte: so das Bundesarbeitsgericht im Arbeitskampfrecht, so die innere Verwaltung und die Verwaltungsgerichtsbarkeit im Ausländer- und Asylrecht. Die ersatzgesetzgeberischen Deduktionen folgen dem juristischen System- und Konsequenzdenken. Es liegt auf der Hand, dass eigentümlich juristische Wertungen vorherrschen, die dem Normalbürger, aber auch dem Politiker fremd sind; so findet der Streit um das Aufenthaltsrecht des Ausländers eine Lösung über das verfassungsrechtliche Gebot des effektiven Rechtsschutzes, um dessen Willen der Verbleib im Geltungsbereich des Grundgesetzes bis zum Abschluss des schwebenden Verfahrens rechtlich vorläufig, aber praktisch zumeist dauerhaft gesichert wird.[19]

Politik, die sich als Verfassungsvollzug zu erkennen gibt, erhält in der neueren Literatur das Prädikat „Verfassungspolitik", mittels dessen sie sich von der gemeinen Politik abhebt.[20] Die Nobilitie-

---

[18] Dazu *Josef Isensee*, Mehr Recht durch weniger Gesetze?, s. o. S. 110 ff.

[19] Richtungsweisend: BVerfGE 35, 382 (401-407). Vgl. ferner: BVerwG, Urt. v. 19.5. 1981, in: DÖV 1981, S. 712 f.; Beschl. v. 24.9. 1982 in: InfAuslR 1983, S. 137; Urt. v. 31.7. 1984, in: InfAuslR 1985, S. 119 (121); OVG Hamburg, Beschl. v. 26.4. 1984, in: InfAuslR 1984, S. 242-244.

[20] Exemplarisch: *Rudolf Steinberg*, Verfassungspolitik und offene Verfassung, in: JZ 1980, S. 385-392 (Nachw.). Kritik: *Christoph Gusy*, „Verfassungspolitik" zwischen

rung ist allerdings einfach zu erreichen, weil angesichts der Expansion und Dynamisierung des Verfassungsverständnisses praktisch jede Angelegenheit irgendwelche verfassungsrechtlichen Bezüge aufweist. Gesetzgebung und Verfassungsauslegung fließen ineinander. Verfassungspolitik soll Verfassungsrecht unter wechselnden Zeitbedingungen umsetzen, optimieren und zugleich fortbilden, das Gesetz der Verfassung und die Verfassung der Wirklichkeit anpassen. Es ist schwer auszumachen, wer bei diesem dialektischen Spiel letztlich die Fäden in der Hand behält, der Politiker oder der Jurist.

3. Wirklichkeit als Verfassungswirklichkeit

Die Semantik spiegelt die Tendenz zur totalen Verkonstitutionalisierung. Nicht nur das staatliche Leben gilt als Verfassungsvollzug, auch das gesellschaftliche: Verfassungsvollzug in der Form der Grundrechtsausübung. Die Wirklichkeit, die, nach herkömmlichem Verständnis, soweit sie überhaupt verfassungsrechtlich relevant ist, dem Verfassungsrecht entsprechen oder widersprechen mag, erscheint nun als „Verfassungswirklichkeit". Wirklichkeit also als Umsetzung der Verfassungsnorm, als Aufführung der Verfassungspartitur. Wilhelm Hennis hörte pastorale Nebentöne heraus, als weiland Bundesjustizminister Heinemann das Grundgesetz als ein „großes Angebot" bezeichnete: „Das Wort soll Fleisch werden. Es ist nicht gegeben, sondern aufgegeben. Da kann es nicht ausbleiben, dass man bei näherer Betrachtung, nicht anders als in Bezug auf die göttlichen Gebote, feststellen muss, dass wir alle Sünder sind, Bundestag und Bundesregierung vorweg, doch auch wir schlechten Bürger, in unserer Eigenschaft als ‚Grundrechtsträger'. Die Verfassung als Vergatterung der Nation zum Grundrechtsvollzug – das muss böse enden."[21]

4. Verfassung als Staatsersatz

Es liegt auf derselben Linie, wenn das Wort und die Sache Verfassung zunehmend das Wort und die Sache Staat ablöst. Die traditionelle rechtswissenschaftliche Disziplin Staatsrecht verengt sich

---

Verfassungsinterpretation und Rechtspolitik, 1983.

[21] *Wilhelm Hennis*, Verfassung und Verfassungswirklichkeit. Ein deutsches Problem, 1968, S. 22 (weit. Nachw.).

zunehmend auf Verfassungsrecht.[22] Die nach Auflagen erfolgreich-
sten zwei Lehrbücher sind exemplarisch. Das ältere von Theodor
Maunz, in erster Auflage 1951 erschienen, heißt „Deutsches Staatsrecht" und hebt an mit „Geschichtlichen Voraussetzungen deutscher Staatlichkeit". Das 16 Jahre später erstmals veröffentlichte
Werk Konrad Hesses firmiert „Grundzüge des Verfassungsrechts
der Bundesrepublik Deutschland"; am Anfang geht es allgemein
und ausführlich um Begriff, Eigenart, Interpretation und Geltungs-
umfang der Verfassung – im ganzen um introvertierte Verfassung
ohne Staat.

Bundespräsident, Bundestag, Bundesregierung und Bundesverfassungsgericht sind in der herrschenden Fachsprache nicht mehr
Staatsorgane, sondern „Verfassungsorgane".[23] Ein surrealistischer
Begriff, der einer Norm Organe anhängt oder eine Norm als Organismus erscheinen lässt. Die Norm substituiert das Subjekt, für
das sie gilt. Die Treue, die der Bürger moralisch und der Beamte
berufsrechtlich schuldet, ist die „Verfassungstreue". Das Recht zu
legitimer Selbstbehauptung liegt nicht beim Staat, sondern bei der
(„wehrhaften", „streitbaren") Demokratie. Schutzgut ist nicht das
Leben des Staates, sondern die freiheitliche demokratische Grundordnung. Die alte Staatsräson wird ausgespielt gegen die neue
„Verfassungsräson". Der heute noch mögliche Patriotismus ist der
„Verfassungspatriotismus".[24] Die Verfassung als Vaterland.

---

[22] „Unsere deutsche Staatsrechtslehre hat die Verfassung, da sie den Staat nicht
mehr recht ins Auge faßt, zum Ausgangspunkt ihrer Überlegungen erhoben
und damit überhöht. Sie ist zur Verfassungslehre geworden und neigt dazu, die
Verfassung wie der Theologe die Bibel zur höchsten Autorität zu erheben ..." *Ulrich
Scheuner*, Diskussionsbeitrag, in: Stern (Anm. 9), S. 36.

[23] Das Bundesverfassungsgericht verwendet das Wort Verfassungsorgane in der
Regel als Synonym für Staatsorgane (Beisp.: BVerfGE 13, 367 (371); 35, 257 (261)).
Es qualifiziert auch sich selbst als Verfassungsorgan und wird vom Gesetz als
solches bezeichnet (§ 11 BVerfGG; § 19 GeschOBVerfG). Vgl. auch „Status-Denkschrift" (Anm. 9), S. 120-127, 144-147; auch *Gerhard Leibholz*, Der Status des Bundesverfassungsgerichts, in: Das Bundesverfassungsgericht, 1963, S. 61-86. Selbst
das Volk soll Verfassungsorgan sein (BVerfGE8, 104 (115); 13, 54 (95)), desgleichen
eine politische Partei (BVerfGE4, 27 (30 f.)), die allerdings ausdrücklich von einem
Staatsorgan unterschieden wird (BVerfGE 20, 56 (100f.)). Auch das Strafgesetzbuch
nennt Parlament, Regierung, Verfassungsgericht etc. „Verfassungsorgane" (§§ 105 f.
StGB: „Nötigung von Verfassungsorganen").

[24] Formel von *Dolf Sternberger*, der hier allerdings nur „einen neuen, einen zweiten
Patriotismus" konstatiert, das (verwundet bleibende) Nationalgefühl und den Staat
nicht dementiert (Verfassungspatriotismus, in: FAZ v. 23. Mai 1979, S. 1). *Sternber-*

Die Zuwendung, die der Verfassung zuteil wird, steht in bemerkenswertem Kontrast zu dem Misstrauen, das der bundesrepublikanischen Institution Staat entgegenschlägt, obwohl sie es ist, die in der Wirklichkeit die bürgerlichen Freiheiten hütet, sich demokratischer Mitbestimmung öffnet, soziale Leistungen zuteilt, kurz: den Rahmen und die Grundlage einer menschenwürdigen Lebensführung gewährleistet. Die prinzipielle Staatsantipathie findet sich auch bei den Bürgern, die nicht zu den habituell und professionell Aufregungsbedürftigen gehören und die Augenmaß genug besitzen, um nicht in jedem Fehlgriff der Polizei den totalen Polizeistaat zu sehen. Immerhin: die Ängste der Bürger vor dem Überwachungsstaat, geweckt durch eine konventionelle Volkszählung, beglaubigt durch die Datierung eines Zukunftsromans, sind vom Bundesverfassungsgericht ernst genommen und im Symptom kuriert worden, durch Rückgriff auf die Verfassung, Deduktion eines neuen Staatsabwehrrechts, das Grundrecht auf informationelle Selbstbestimmung.[25]

V. Verfassung als Glaubensbekenntnis und als Hoffnungsbasis

1. Gläubige, Bekenner und Feinde der Verfassung

Da die freiheitliche demokratische Grundordnung des Grundgesetzes der einzig sichere Boden ist, den der Bundesdeutsche hat, ist es für ihn wichtig, sich zu vergewissern, ob er fest auf eben diesem Boden und nicht zu nah am Rand steht. Politiker, die um das Vertrauen der Wählerschaft werben oder bangen, geben denn auch ritualisierte Erklärungen darüber ab und beteuern, dass sie sich in der Verbundenheit mit dem Grundgesetz von niemandem übertreffen ließen.

---

ger selbst gibt an anderer Stelle eine differenzierte Analyse des Vaterlandsbegriffs, insbesondere hinsichtlich seiner republikanischen Tradition (Begriff des Vaterlands (1947), in: Sternberger, ,Ich wünschte ein Bürger zu sein' – Neun Versuche über den Staat, 2. Aufl. 1970, S. 28-50).

[25] BVerfGE 65, 1-71. – Einer der beteiligten Richter, *Helmut Simon*, macht sich in einem Kirchentagsvortrag die polemische Floskel vom „computergesteuerten Überwachungsstaat" wie selbstverständlich zu eigen. Im übrigen bekennt er sich in diesem Vortrag auch als „Verfassungspatriot" (Simon, Protestantismus und Protest – Das Verhältnis von Bürgern und Staat, Vortrag vom 6. Juni 1985 auf dem 21. Deutschen Evangelischen Kirchentag Düsseldorf, Dokumentation Nr. 230, S.6, 12).

Der Vorwurf der Verfassungsfeindschaft wirkt hierzulande schlimmer als in anderen westlichen Verfassungsstaaten, etwa in Frankreich, das nach seinem Selbstverständnis eine Verfassung hat, aber keine Verfassung ist. Der Vorwurf bildet in Deutschland eine Art Ausbürgerung. Er definiert den Betroffenen aus der Gemeinschaft heraus, die sich nicht als staatliche, sondern als verfassungsmäßige Gemeinschaft versteht, als Einheit nicht der deutschen Bürger, sondern der Bürger des Grundgesetzes.

Es regen sich Bestrebungen, diese Gemeinschaft nicht nach den objektiven Kriterien des Rechts zu erfassen, sondern nach subjektiven der Gesinnungstüchtigkeit, wie eine religiöse Sekte, die sich als Gesinnungseinheit begreift. Es ist nicht genug, mit den Normen der Verfassung praktisch auszukommen; man muss sich zuinnerst vom Geist der Verfassung ergreifen lassen. Also nicht Verfassungslegalität, sondern Verfassungsmoralität und Verfassungsreligiosität.[26]

Der Eiferer findet an der Rechtsqualität der Verfassung und an den rechtlichen Institutionen nicht sein Genügen. Demokratie muss mehr sein als der Wortlaut des Grundgesetzes erkennen lässt, mehr also als Staatsform. „Wahre" Demokratie ist Lebensform. Sie soll sauerteiggleich alle Bereiche des politischen, gesellschaftlichen und privaten Lebens durchsäuern. Sie muss sich ausdehnen („mehr Demokratie wagen") und verinnerlichen. Wer das „Wahre" erkannt hat, lässt alles „Formale", das Verfahren, die Institutionen und ihre Funktionsbedürfnisse in wesenlosem Scheine hinter sich und folgt der irdischen Unendlichkeit politischer Utopie.[27] Das Utopische inkarniert sich auch in den Grundrechten als anarchische Freiheit und in der Sozialstaatsklausel als das unendliche Fortschreiten zur sozialen Gerechtigkeit.

---

[26] Der moderne Verfassungsstaat gilt zwar als Kind der Aufklärung. Aber von Anfang an stand er auch unter der Patenschaft zivilreligiösen Predigerwesens, das die Verfassung und die Menschenrechtsdeklarationen als säkulares Bibelsurrogat behandelt. *Gottfried Keller* spricht über eine Romanfigur das Missbehagen des Aufklärers aus: die Republik werde in der weiten Welt fast unmöglich, „weil sie von ihren Verkündigern anstatt zur Sache der kühlen Vernunft und Lebenspraxis, zur Sache des Gefühls, zum religiösen Ideal gemacht wird, welches wieder der Heuchelei, der Schwärmerei und einem politischen Pfaffentum Tür und Tor öffnet" (Der grüne Heinrich, Urfassung, 1855, l. Bd., 3. Kap.).

[27] „Demokratie arbeitet an der Selbstbestimmung der Menschheit, und erst wenn diese wirklich ist, ist jene wahr" – so *Jürgen Habermas* (zit. nach: *Kurt Sontheimer*, Das Elend unserer Intellektuellen, 1976, S. 202. Sontheimers Buch ist eine Bestandsaufnahme einschlägiger Theorien).

Verfassung wird zum Gegenstand der Ekstase und zur unlösbaren, gleichwohl stetiger Anstrengung bedürftigen Aufgabe. Verfassung wird kirchentagsreif: Christen sollen auf der Seite derer zu finden sein, welche „die stets vorhandene Kluft zwischen Verfassungsangebot und Verfassungswirklichkeit nicht mit dem Ritual verniedlichen, hierzulande sei doch alles ganz gut; die vielmehr ihre Kraft dafür ansetzen, diese Kluft durch unermüdliche Anstrengungen immer wieder zu überbrücken".[28] Der deutsche Verfassungschrist ist faustisch veranlagt. Er begehrt das Unmögliche, wenn er das unerreichbare Angebot des Grundgesetzes annimmt. Er ist zwar verurteilt zu scheitern. Aber er darf am Ende auf Erlösung hoffen, wenn er sich nur immer strebend bemüht um mehr Demokratie, mehr Freiheit, mehr Gleichheit, mehr soziale Gerechtigkeit.

Von Verfassungspietismus und Verfassungsmessianismus ist es nur ein kurzer Weg zum Verfassungszelotismus. Mit der vagabundierenden Religiosität, die sich im Grundgesetz eine säkulare Heimstätte sucht, zieht die rabies theologica ein: der heilige Eifer für die Erlösungsbotschaft der Verfassung, der kämpferische Wille, die Verfassung „gegen erklärte Gegner ebenso wie gegen reaktionäre Scheindemokraten mit Zähnen und Klauen zu verteidigen",[29] die Angst davor, der obrigkeitsstaatlichen Apostasie, des demokratischen Minimalismus oder der freiheitsfeindlichen Häresie überführt und deshalb aus der Verfassungsgemeinde ausgestoßen zu werden.

Je höher die Ideale der Verfassung aufgehängt werden, desto leidenschaftlicher tönt die Klage über das „nicht erfüllte Grundgesetz".[30] Der Verfassungsmoralist gewinnt so Legitimation, die „Verfassungswirklichkeit" zu verachten, unter Umständen auch gegen den verfassungsvergessenen Staat Widerstand, zivilen oder militanten Ungehorsam zu üben.[31] Die Neuauflage des alten deut-

---

[28] *Simon* (N 24), S. 15.

[29] *Simon* (N 24), S. 18.

[30] Vgl. *Adolf Arndt*, Das nicht erfüllte Grundgesetz, 1960. Kritisch dazu: *Hennis* (N 20), S. 22 Anm. 39.

[31] Aus der Fülle der neueren Legitimationstheorien: *Peter Glotz* (Hg.), Ziviler Ungehorsam im Rechtsstaat, 1984; *Ulrich K. Preuss*, Politische Verantwortung und Bürgerloyalität, 1984; *Bernd Guggenberger*, An den Grenzen der Mehrheitsdemokratie, 1984, S. 184-195 *ders.*, Die neue Macht der Minderheit, ebda., S. 207-223. – Zu diesen Bestrebungen: *Josef Isensee*, Widerstand gegen den technischen Fort-

schen Topos: der Rebell als der wahrhaft Getreue. Der Verfassungsjurist aber, der dazu neigt, die Schwarmgeisterei zu ignorieren, weil
sie nicht in sein Weltbild passt, findet sich leicht an den rechten
Rand des Konsensbereichs abgedrängt, als Technokrat, der das Wesen der Verfassungsdinge nicht begreift, als Rückständiger, der dem
autoritären Legalismus verhaftet ist.

2. Inkurs: Staatsziel Umweltschutz – Verfassung als Symbol an sich

Auch in der rechtspolitischen Debatte hebt das Grundgesetz
ab von bloß rechtspraktischen Zwecken. Es wird selbstzweckhaftes
Symbol. Aufschlussreich ist die aktuelle Bestrebung, den Umweltschutz als Staatsziel ausdrücklich im Grundgesetz zu verankern.[32]
Das gilt auch für die Argumente der Initiatoren, die nicht die politischen Beweggründe spiegeln, sondern nur die Rationalitätsattrappen sind des hierzulande üblichen ökologischen Aktionismus, der
auf die Verfassung übergreift.

Keiner der Befürworter einer Verfassungsrevision trägt vor, dass
sich damit in der Wirklichkeit etwas ändern, also etwa der Staat
mehr Pflichten oder Rechte erhalten solle. Wohl niemand gibt sich
der Illusion hin, die neue Verfassungsnorm könne das Waldsterben aufhalten. Immerhin wird die gute Absicht bekundet, die natürlichen Lebensgrundlagen aus Verantwortung für die künftigen
Generationen der Menschheit zu bewahren. Die Meinungen der
Juristen gehen durcheinander, ob eine Textänderung die geltende
Verfassungslage materiell verschieben werde oder nicht, ob sie konstitutiv oder deklaratorisch sei; immerhin enthält das Grundgesetz
nach herrschender Meinung schon jetzt einschlussweise die Schutzpflicht des Staates für Leben, Gesundheit und Eigentum gegenüber

---

schritt, in: DÖV 1983, S. 565-575; *ders.*, Widerstand und demokratische Normalität, s. o. S. 175 ff., *Hermann Lübbe*, Politische Moral und politischer Widerstand,
ebda., S. 19-22.

[32] Materialien: Entwürfe eines 36. Gesetzes zur Änderung des Grundgesetzes
– Gesetzesantrag Hessens vom 22.5. 1984 (BR-Drucks. 247/84); Gesetzesantrag
Schleswig-Holsteins vom 18.6. 1984 (BR-Drucks. 307/84); Niederschrift über die
öffentliche Anhörung in der gemeinsamen Sitzung des Rechtsausschusses (551.
Sitzung) und des Ausschusses für Inneres (544. Sitzung). – Vorbereitende Arbeit:
Bundesminister des Innern und der Justiz (Hg.) Staatszielbestimmungen, Gesetzgebungsaufträge – Bericht der Sachverständigenkommission, 1983.

Umweltgefahren. Es bedarf heute auch keines volkspädagogischen Signals für den Umweltschutz. Denn das Umweltbewusstsein der Öffentlichkeit ist wach und empfindlich. Jedoch meinen die Initiatoren, es müsse Vorsorge für den Fall getroffen werden, dass die ökologische Hochkonjunktur abflaue; dann werde die Verfassungsnorm durch Rechtszwang garantieren, dass der Umweltschutz seine Bedeutung halte. Hier enthüllt sich die Widersprüchlichkeit der politischen Motivation: zunächst soll das Staatsziel den verfassungsrechtlichen Schutz der künftigen Generationen bewirken, sodann deren verfassungsrechtliche Knebelung.

Die vorherrschende Begründung aber lautet, die grundgesetzliche Staatszielbestimmung werde die Integration der Gesellschaft fördern. Gegen dieses Argument sind die Einwände machtlos, Integration sei auch über politische Entscheidungsprozesse möglich, mit der Konstitutionalisierung des Umweltschutzes werde die biologische, die medizinische, die ökonomische, die technische Thematik überwältigt von der verfassungsrechtlichen und die Entscheidungszuständigkeit verlagere sich aus der Politik auf die Gerichtsbarkeit. Die Integration, die hier angestrebt wird, ist allein Integration durch Verfassung. Jedermann soll sich mit seinen politischen Hoffnungen in der Verfassung wiedererkennen. Freilich könnten sich auch die ökologischen Enttäuschungen gegen die Verfassung kehren, wenn sie den Umweltschutz ausdrücklich als Staatsziel proklamierte. Und die ökologische Krise, die echte oder die vermeintliche, griffe auf die Verfassung über.[33]

---

[33] In jüngster Zeit sind einige Bundesländer, darunter der Freistaat Bayern, mit einer entsprechenden Änderung ihrer Landesverfassung vorangegangen. Doch diese Änderungen haben relativ geringes politisches und rechtliches Gewicht. Die Länder sind gerade im Umweltschutz kompetenzschwach; sie werden völlig vom Bundesrecht dominiert. Das neue Staatsziel passt sich auch dem Stil der bayerischen Verfassung an. Im bunten Kräutergarten der bayerischen Grundrechte, zwischen dem Verfassungslob gesunder Kinder als dem „köstlichsten Gut eines Volkes", der Garantie des „deutschen Waldes" und dem Waldbeerenpflückrecht wirkt die Deklaration über die natürlichen Lebensgrundlagen nicht unpassend. Im wortkargen, juristisch strengen Grundgesetz fiele dagegen eine solche Deklaration aus dem redaktionellen Rahmen. – Überdies ist in Bayern, wo traditionelles Staatsbewusstsein trotz bundesstaatlicher Reduktion fortlebt, die Verfassung nicht wie im Bund Ersatz des staatlichen Selbstbewusstseins, sondern dessen Ausdruck, und keineswegs sein einziger.

3. „Alles ist Verfassung"

Auch ohne Einführung eines einzelnen Staatszieles oder eines umfassenden Zielkataloges ist es für den Einzelnen heute nicht schwer, sich im Grundgesetz wieder zu erkennen, wenn nicht in seiner kargen Textgestalt, so doch in seiner üppigen Interpretation. Wo Geldnot besteht, gibt die Verfassung den Subventionstitel. Wo Orientierungsnot herrscht, bietet sie Richtung. Wo Sinnbedarf waltet, gibt sie Sinn.

Auf der Verfassung lastet Hoffnung von ungeheurem Gewicht. Sie soll über ihren rechtlichen Zweck hinaus erreichen, was in Staaten ohne Identitätsdilemma Religion und Kultur, Tradition und bürgerliche Konvention leisten. Die Verfassung ist die einzige Legitimationsquelle des Gemeinwesens. Also ist der Durst nach verfassungsrechtlicher Legitimation allgemein. Kein Interesse, das hier nicht seine Bestätigung, kein Besitzstand, der hier nicht Sicherheit, kein Reformplan, der hier nicht Schubkraft suchte. Die Bewahrer wie die Veränderer holen hier Argumente. Die Nehmer- wie die Geberseite der sozialstaatlichen Umverteilung versichern sich in der Verfassung. Der politischen Offensive liefert sie Waffen; der Defensive dient sie als irdische Schutzmantelmadonna.

Vom Grundgesetz wird eine konkrete, praktische Antwort auf aktuelle Probleme erwartet und (zumindest rechtsgutachtlich) auch gefunden: Jugendarbeitslosigkeit, Rentensanierung, Waldsterben, nukleare Endlagerung. Wer sich in sie richtig zu versenken versteht, fördert ein komplettes Schulprogramm zutage, einen Katalog von Erziehungszielen und Orientierungswerten.[34]

Sie wird bemüht als Richtgröße für die Außenpolitik.[35] Freilich behilft sich die gängige Praxis mit selektiver Argumentation: die Menschenrechte mehr für die Südafrikapolitik, für die Ostpolitik

---

[34] Vgl. *Peter Häberle*, Erziehungsziele und Orientierungswerte im Verfassungsstaat, 1981; *ders.*, Verfassungsprinzipien als Erziehungsziele, in: Festschrift für Hans Huber, 1981, S. 211-239.

[35] Dieses Bemühen entspricht der Neigung der bundesdeutschen Außenpolitik zum Moralisieren, zum Verdrängen der Machtfragen, zur Absage an die Staatsräson. Dazu die Analyse von *Hans-Peter Schwarz*, Die gezähmten Deutschen. Von der Machtbesessenheit zur Machtvergessenheit. 1985, S. 43-59, 126-151. – Ein juristisches Konzept der verfassungsrechtlichen Bindung der Außenpolitik: *Christian Tomuschat*, Der Verfassungsstaat im Geflecht der internationalen Beziehungen, in: VVDStRL 36 (1978) S. 7-63.

mehr die Friedensziele. Am deutschen Verfassungswesen soll die Welt genesen. Die Bürger des Grundgesetzes, vom Entwicklungs-helfer bis zum Bundespräsidenten, haben die Neigung entwickelt, autoritäre Staaten in aller Welt, jedenfalls soweit sie politisch schwach und westlich orientiert sind (wie vormals Südvietnam und heute Südkorea oder Paraguay), über freiheitliche Demokratie zu belehren, missionarisch wie ein Blaukreuzler den Alkoholiker.

Die geltenden Traditionsrichtlinien der Bundeswehr stellen fest: „Die Pflichten des Soldaten – Treue, Tapferkeit, Gehorsam, Kameradschaft, Wahrhaftigkeit, Verschwiegenheit sowie beispielhaftes fürsorgliches Verhalten der Vorgesetzten – erlangen in unserer Zeit sittlichen Rang durch die Bindung an das Grundgesetz."[36] Das Grundgesetz also nicht nur als rechtliche, sondern auch als sittliche Grundordnung. Nota bene: Die ministeriellen Erläuterungen stellen fest, der Große Zapfenstreich widerspreche den Normen des Grundgesetzes nicht.[37]

Die Kirchen stützen ihre politischen Forderungen zum Familiennachzug der Ausländer nicht auf biblische und naturrechtliche Argumente, sondern – um Konsensfähigkeit bemüht – auf das Grundgesetz, auf eine teils konventionelle, teils eigenwillige Auslegung des Art. 6 GG. Wenn sie die Verwerflichkeit der Abtreibung begründen oder den Sinn der Diakonie erläutern, berufen sie sich auf einschlägige Urteile des Bundesverfassungsgerichts mit jenem Vertrauen auf die Autorität des wahren Wortes, mit dem sie vormals die Apostelbriefe zitiert haben.

4. „Jeder ist Verfassungsinterpret"

Das populäre Verfassungsverständnis lässt sich frei nach Beuys und sinngemäß mit Häberle auf die Formel bringen: „Alles ist Verfassung. Jeder ist Verfassungsinterpret". In der Tat ist Verfassungsauslegung kein Monopol des Bundesverfassungsgerichts und kein Monopol von Amtsträgern und fachlich geschulten Juristen. Sie steht jedermann offen. Man mag das allgemeine Verfassungsinterpretentum (wiederum ein quasi-lutherisches Moment) beklagen

---

[36] Der Bundesminister für Verteidigung, Richtlinien zum Traditionsverständnis und zur Traditionspflege in der Bundeswehr v. 20.9. 1982 (FÜSl 3 – Az 35-08-07). Hervorhebung vom Verf.

[37] Erläuterungen zu Neue Traditionsrichtlinien der Bundeswehr v. 20.9. 1982 (S. 9).

und kritisieren, dass nunmehr alle Zutritt hätten: die Theologen, Philosophen, Soziologen, Politologen und Journalisten, und davon Gebrauch machten, dass „begriffliche Vagabondage" einsetze, „die Auflösung klarer Begrifflichkeit im Gerede".[38] Man kann die „offene Gesellschaft der Verfassungsinterpreten" feiern[39] oder die Verfassungsauslegung als neuartigen „Volkssport" ironisieren.[40] Aber man kann das Faktum nicht ignorieren, mag auch der Staatsrechtslehrer aus Berufshochmut dazu neigen. Und man kommt nicht umhin, es zu akzeptieren als demokratische Normalität, als Ausdruck der Popularität der Verfassung. Die nichtjuristischen Faktoren bereichern und beleben die Auslegung und verhindern, dass das Verfassungsverständnis fachjuristisch verkrustet. Die Kehrseite: Die Verfassungsauslegung gerät in den Sog der konkurrierenden Ideologien und Interessen. Sie wird leicht parteilich und advokatorisch. Doch advokatorische Auslegung ist hier wie sonst ein nützliches Mittel zur Rechtsfindung, jedenfalls solange Richter bereitstehen, deren intellektuelle Beweglichkeit und amtsethische Standfestigkeit der Advokatorik gewachsen sind. Daher besteht kein Grund zur Bestürzung, wenn ein Gewerkschaftsvertreter die parteiliche Auslegung proklamiert, wie 1979 der DGB-Vorsitzende, der als Auslegungsziel nannte die Weiterentwicklung der Grundrechte im Sinne der Arbeitnehmerinteressen; Grundrechte sollten in erster Linie „Schutzrechte für die arbeitenden Menschen" und die sozial Schwachen sein.[41]

VI. Fundamentaldissens im Verfassungskonsens

1. Interpretations-Antagonismus

Die levée en masse für das Grundgesetz kostet ihren Preis. Wenn jeder sich sein Bild von der Verfassung macht, macht jeder sich auch die Verfassung nach seinem Bilde. Der Pluralismus der

---

[38] *Forsthoff* (N 4), S. 69.

[39] *Peter Häberle*, Die offene Gesellschaft der Verfassungsinterpreten, in: JZ 1975, S. 297-305; *ders.*, Verfassungsinterpretation als öffentlicher Prozeß – ein Pluralismuskonzept, in: ders., Verfassung als öffentlicher Prozeß, 1978, S. 121-152.

[40] *Fritz Ossenbühl*, Die Interpretation der Grundrechte. Vortrag vor der Rechtsund Staatswissenschaftlichen Fakultät der Universität Bonn, Sommersemester 1975.

[41] *Heinz Oskar Vetter*, zitiert nach: FAZ v. 3.10. 1979 / Nr. 240, S. 1.

Gesellschaft greift über auf das Verfassungsverständnis. Die Durchsetzung der jeweiligen Verfassungsauslegung wird Gegenstand des ideologischen Wettbewerbs und des politischen Machtkampfes. Der politische Antagonismus wird nicht aufgehoben durch die Verfassungsverrechtlichung. Er geht nur über in Interpretations-Antagonismus. Dem steht nicht entgegen, dass die verbindliche Interpretation der Verfassung durch das Bundesverfassungsgericht erfolgt. Denn die Kontinuität der Rechtsprechung beruht auf Voraussetzungen, persönlicher, fachlicher, amtsethischer Art, gegen deren Ausfall es keine verfassungsrechtliche Garantie gibt. In mittelfristiger Sicht können Richterwahlen das Gesicht der grundgesetzlichen Republik tiefer verändern als Parlamentswahlen Es gilt als Glücksfall, dass dem Grundgesetz das Schicksal der Weimarer Verfassung erspart geblieben ist, die offene Bekämpfung von rechts und links. Aber der Konsens über das Grundgesetz ist, aus der Sicht der pluralistischen Gesellschaft, verdeckter Interpretationsdissens.

2. Die Kulturrevolution: Aufbrechen des Grunddissenses

Der reale Konsens der bundesrepublikanischen Anfangsjahre, der heute aus der Rückschau verklärt wird, beruhte nicht auf dem Grundgesetz. Vielmehr fußte das herrschende Verständnis des Grundgesetzes seinerseits auf dem gesellschaftlichen Konsens, den es vorfand. Dieser wurde zu einem guten Teil gespeist aus vorgrundgesetzlichen Traditionen, in denen die Gründergeneration, aufgewachsen im Kaiserreich und in der Weimarer Republik, noch mehr oder weniger selbstverständlich lebte. Dazu gehörten hergebrachtes Staatsverständnis, bürgerliche Arbeitsmoral und christliches Pflichtenethos. Neu hinzukam der ordoliberale Impuls mit dem erfolgreichen Wirtschaftskonzept der sozialen Marktwirtschaft. Dieser Impuls wirkte ein auf die Praxis wie die Dogmatik der Grundrechte. Wesentlich für die politische Ortsbestimmung und das verfassungsrechtliche Selbstverständnis der jungen Demokratie wurde der Antitotalitarismus. Die freiheitliche Demokratie sah sich in Äquidistanz zu den totalitären Staaten auf der rechten wie auf der linken Seite, zum nationalsozialistischen wie zum realsozialistischen Feindbild.

Die Konsensgrundlagen sollten sich nicht regenerieren, jedenfalls nicht hinreichend, um Kontinuität der politischen Kultur zu ermöglichen. Ein Grund mochte in der politischen (Um-)Erziehung gelegen haben, die einseitig auf die neuen demokratischen und freiheitsrechtlichen Verfassungskomponenten fixiert war. Der Bruch wurde offenkundig in der deutschen Kulturrevolution von 1968. Studenten, die in der grundgesetzlichen Umwelt aufgewachsen waren, empörten sich gegen alles Vordemokratische, das „Faschismus möglich gemacht" habe, damit gegen die bürgerliche Tradition, gegen die apriorischen Pflichten der Zivilität, Friedenswahrung und Rechtsgehorsam, gegen alles Staatliche am Verfassungsstaat, das nunmehr als obrigkeitsstaatlich denunziert wurde. Die Generation der Väter erwies sich als unfähig, ihre Tradition zu verteidigen, weil sie, mitsamt ihrer Tradition, vor Hitler versagt hatte. Die Jugend erhob sich mit der ihr eigenen moralischen Strenge und Selbstgerechtigkeit zum Richter über ihre Väter, gründlicher und unerbittlicher, als je eine Besatzungsmacht es getan hatte. Die Rituale der politischen Selbstreinigung setzten ein, die Schauspiele des nachträglichen Widerstandskampfes. Nun begann die deutsche Erbsünde von innen her zu schmerzen. Die antitotalitäre Folie der Verfassungsinterpretation wurde jetzt ausgewechselt gegen die antifaschistische. Und der liberale oder konservative Verfassungsbürger sah sich vor die böse Alternative gestellt, Partner des vormals verfemten Linkstotalitarismus zu werden oder in Faschismusverdacht zu geraten. Das Grundgesetz wurde „umfunktioniert" zum neo- oder paläomarxistischen, zum radikalemanzipatorischen oder anarchistischen Programm. Demokratie und Freiheitsrechte galten als Legitimationstitel für Gewalt im Dienste des Fortschritts. Im Namen der Verfassung erwuchs die politische Kultur des Ungehorsams gegen die Normen und Institutionen der Bundesrepublik. Die Verfassung wurde entlarvt als „die Lebenslüge des Systems": Zwischen ihren Garantien und den Interessen der herrschenden Klasse klaffe ein Widerspruch, der sich nicht länger zudecken lasse. Das Grundgesetz sei ein Versprechen, das nicht die herrschende Klasse, sondern nur die Revolution einlösen könne. „Die Verfassung selber ist staatsgefährdend".[42]

Das Establishment, mit seinen eigenen Waffen angegriffen, war wehrlos. Es hat lange gedauert, bis wenigstens ein Teil der zerbrochenen Selbstverständlichkeiten wiederhergestellt wurde, erneuert durch Erkenntnisse, die sich nunmehr unmittelbar durch die Ver-

---

[42] *Hans Magnus Enzensberger*, Berliner Gemeinplätze, Kursbuch 11/1968, S. 165.

fassung beglaubigen, sich also nunmehr nicht traditional, sondern rational legitimieren. Dazu gehören: das staatliche Gewaltmonopol, die Friedenspflicht des Bürgers, der Rechtsgehorsam, die innere Sicherheit und die Schutzpflichten des Staates, die Regierbarkeit und die Funktionsfähigkeit der staatlichen Institutionen, das Amtsprinzip. In diesen Kategorien bringt sich das Staatliche im Verfassungsstaat wieder zur Geltung. Sie werden rehabilitiert als Bedingungen der Möglichkeit von Freiheit und Gleichheit, von Demokratie und Rechtsstaat. Als Fundamente des modernen Staates bedürfen sie keiner verfassungsgesetzlichen Regelung. Sie sind mehr Voraussetzung denn Thema der Verfassung.

VII. Die Wiederentdeckung des Staates

Die Wiederentdeckung des Staates ist also im Gange. Freigelegt werden Strukturen, die den modernen Staat als Friedens- und Handlungseinheit bilden. Es handelt sich um ein Strukturmodell aus der philosophischen Werkstatt von Thomas Hobbes, eine Abstraktion der Allgemeinen Staats- und Völkerrechtslehre, die heute weltweit in Geltung steht, solange Carl Schmitts lapidare Prophetie sich noch nicht erfüllt hat, dass die Epoche der Staatlichkeit zu Ende gehe.[43]

Noch immer verschüttet ist dagegen das, was die Individualität der deutschen Staatlichkeit, ihre geopolitische, geschichtliche, kulturelle Eigenart,[44] kurz: alles, was den Staat zum Vaterland ma-

---

[43] *Carl Schmitt*, Der Begriff des Politischen, Vorwort zur Ausgabe 1963, S. 10.

[44] Hier setzt die Kritik *Hans Joachim Arndts* ein an Staatslehre und Politologie in Deutschland, die es mit Subjekten von konkreter Identität zu tun hätten, nämlich den Einzelstaaten, aber sie so behandelten, als seien es nur Regelsysteme, Serienprodukte. „Identitätsfragen sind nicht mit dem Hinweis auf Verfassungssätze oder -normen zu beantworten, nicht durch Regelsysteme und Gesetzmäßigkeiten" (Die Besiegten von 1945, 1978, S. 58 f.). Vgl. auch: *ders.*, Die Befreiten als Besiegte, in: Peisl/Mohler, Die Deutsche Neurose, 1980, S. 86-91. Zum deutschen Identitätsdilemma und den aktuellen Bestrebungen, ihm zu entkommen vgl. auch die übrigen Beiträge in dem Sammelwerk „Die Deutsche Neurose"; ferner: *Caspar von Schrenck-Notzing/Armin Mohler* (Hg.), Deutsche Identität, 1982. *Bernard Willms*, Politische Identität der Deutschen – Zur Rehabilitation des nationalen Arguments, in: Der Staat 21 (1982), S. 69-96 (Nachw.) Grundsätzlich: *Wilhelm Hennis*, Institutionelle Sorgen in der Bundesrepublik?, in: Hrbek (Hg.), Personen und Institutionen in der Entwicklung der Bundesrepublik Deutschland, Eschenburg-Symposion, 1985, S. 61-66.

chen könnte. Es liegt ein deutsches Erbe gleichsam herrenlos. Der ostdeutsche Konkurrenzstaat jedoch scheint allmählich zu spüren, dass hier Identifikationspotential verfügbar wird. Eine erste, ungelenke Regung in der Bundesrepublik war 1983 die Propagierung eines „linken Patriotismus"; mit dieser Parole versuchte sich der antiamerikanische Neutralismus zu schmücken.[45] Es könnte der Tag kommen, an dem die Bundesdeutschen ihrer asketischen, unsinnlichen Existenz als Verfassungsbürger überdrüssig werden und mehr wollen als jene Rationalität, die eine Verfassung zu bieten vermag. Vor hundertfünfzig Jahren notierte ein preußischer Ministerialbeamter, der die junge deutsche Verfassungsbewegung kritisch beobachtete: „Das Volk lebt weder von Brot noch von Begriffen allein; es will durchaus etwas Positives zu lieben, zu sorgen und sich daran zu erfrischen, es will vor allem eine Heimat haben in vollem Sinne, d. i. seine eigentümliche Sphäre von einfachen Grundgedanken, Neigungen und Abneigungen, die alle seine Verhältnisse lebendig durchdringen und in keinem Kompendium registriert stehen."[46] Man mag das Bedürfnis für überholt halten. Man mag sich auch mit der Erfahrung beruhigen, dass die Bundesdeutschen mit ihrem schmalen, frugalen Verfassungskonsens und ihren Verdrängungen, alles in allem, gut gefahren sind. Aber der Gemüts- und Religionsbedarf der Deutschen, der seine normale Erfüllung nicht findet, lässt sich nicht mit Verfassungsnormen stillen, auch nicht mit Verfassungsidealen. Soweit er sich auf die Verfassung richtet, gefährdet er ihre Rationalität, ohne die sie nicht rechtliche Grundordnung des Gemeinwesens sein kann; er verlangt von ihr das Unmögliche, und gibt damit das ihr Mögliche preis. Die unterdrückte deutsche Emotionalität ist hochexplosive politische Energie. Man muss nicht Franzose sein, um Grauen zu empfinden, wenn sie sich in politischen Bewegungen entlädt, wenn die monomanisch aufgeregten Massen um eines absoluten Zieles willen alles zu opfern

---

[45] Theoretischer Wegweiser: *Peter Brandt/Herbert Ammon* (Hg.), Die Linke und die nationale Frage, 1981. – Prinzipielle Kritik an den neueren Bemühungen jedweder Couleur um die deutsche Identität: *Alexander Schwan*, Brauchen wir eine neue Identität?, in: Randelzhofer/Süß (Hg.), Konsens und Konflikt – 35 Jahre Grundgesetz, 1986, S. 509-518.

[46] *Joseph Freiherr von Eichendorff*, Politischer Brief (wohl nach 1830), in: Historische, politische und biographische Schriften (ed. Kosch), 10. Bd. der Sämtl. Werke, Historisch-kritische Ausgabe (ed. Kosch/Sauer), 1911, S. 355. Ähnlich *Eichendorff* auch in: Preußen und die Konstitutionen, ebda., S. 297.

bereit sind, auch den Rechtsfrieden, die Legalität, den Parlamentarismus, die verfassungsstaatliche Zivilität. Vielleicht könnte sich die Konsensbasis verbreitern und festigen, wenn die Deutschen der Bundesrepublik - nach einer Periode nationaler Überhitzung und nach einer Periode nationaler Vereisung – sich zur Annahme ihrer selbst bereit fänden, und zwar nicht nur so, wie sie von Verfassung wegen sein sollen, sondern auch so, wie sie durch Geschichte und Lage unausweichlich sind.

Gerechtigkeit – die vorrechtliche Idee
des richtigen Rechts
Streiflichter auf ein ewiges Thema

I. Sozialethisches Navigationssystem der menschlichen Natur

Der Diskurs über die Gerechtigkeit ist so alt wie die Menschheit überhaupt, und er wird so lange währen, wie es sie geben wird. Alles Wesentliche über das Thema ist längst gesagt. Wo aber keine neuen Wahrheiten zu entdecken sind, ist es immer noch angebracht, sich der alten Wahrheit neu zu vergewissern.

Jeder Mensch hat das seelische Bedürfnis, von den Mitmenschen gerecht behandelt zu werden. Er leidet, wenn ihm Ungerechtes widerfährt. Daß er seinerseits den anderen Gerechtigkeit schuldet, ist die sittliche Grundpflicht, die sich von selber versteht. Der Sinn für Gerechtigkeit ist dem Menschen angeboren. Er gehört zu seiner moralischen Grundausstattung. Er bildet gleichsam sein sozialethisches Navigationssystem.

Der Sinn für existentielle Gerechtigkeit geht der Reflexion über Gerechtigkeit voraus. Schon im Kinde angelegt, erwacht und wächst er mit seiner Vernunft. Schon mit wenigen Jahren lernt es, gegenüber seinen Eltern und größeren Geschwistern seine körperliche Unterlegenheit durch Gerechtigkeitsargumente zu kompensieren, sich der Zumutungen der Älteren zu erwehren und die eigenen Interessen durchzusetzen. Die Eltern werden unversehens von ihrem vier Jahre alten Sprößling mit den elementaren Prinzipien von Recht und Gerechtigkeit konfrontiert, die das Kind anwendet, ohne daß irgendein Erwachsener sie es gelehrt hätte. Die Kindersprache reicht aus, um die Kategorien in handfeste juristische Gründe umzusetzen:

- „Ich habe es gar nicht getan." – Handlungsverantwortung.
- „Ich kann aber nichts dafür." – Haftung nur für Verschulden.
- „Ich habe die Tür nicht aufgemacht, ich muß sie auch nicht schließen." – Verursacherhaftung.
- „Ich auch." „Immer nur ich." – Gleichheit, Diskriminierungsverbot.

Erstveröffentlichung in: Festschrift fürDetlef Merten, 2007, S. 3-22.

- „Die anderen Kinder dürfen es aber." – Allgemeinheit der Normen, Beachtlichkeit von Berufungsfällen.
- „Du hast es aber versprochen." – Bindung an das eigene Wort; pacta sunt servanda.
- „Du tust es doch selber nicht." – Konsequenz der Norm für den Normgeber, seine Verpflichtung, die eigene Norm zu erfüllen und vorzuleben.
- „Du lügst." – Pflicht zur Wahrheit.

Die Reihe ließe sich fortsetzen, etwa mit dem Prinzip des Vertrauensschutzes und dem Schutz vor Demütigung (hier fallen allerdings weniger Worte als Tränen). Am Ende der kindlichen Lektionen in Rechtsphilosophie sind die Kategorien, auf denen das Recht gründet, die aber ihrerseits nicht begründbar sind, vollständig abgehandelt. Sie brauchen nicht anerzogen zu werden: ab einer bestimmten Entwicklungsstufe sind sie präsent und wirksam. Über sie entfaltet und behauptet sich das Kind seinen Eltern gegenüber als Person. Durch sie setzt es diese bei ihren erzieherischen Maßnahmen unter Rechtfertigungszwang. Die Kriterien der Rechtfertigung sind Eltern wie Kind gemeinsam vorgegeben. Sie denken und sprechen die gleiche moralische und (virtuell) rechtliche Sprache. Was der Erzieher dem Zögling zu vermitteln hat, ist vor allem, daß er den Gerechtigkeitsanspruch, den er gegen die anderen erhebt, seinerseits einzulösen hat. Die Goldene Regel „Alles, was ihr wollt, das euch die Leute tun sollen, das tut ihnen auch"[1] bedarf allerdings einer pädagogischen Nachhilfe, die das Gewissen schärft, weil normalerweise der moralische Eigennutz kräftiger entwickelt ist als der Sinn für das Recht des anderen.

Die natürliche Mitgift an Gerechtigkeitssinn wird im Laufe der geistigen Entwicklung des Einzelnen durch die soziale Umwelt ausgeprägt, angereichert und kulturell ausdifferenziert.[2] In dem Maße, in dem sich der Lebenskreis des jungen Menschen weitet und entwickelt, bewährt sich sein Gerechtigkeitsempfinden. Er for-

---

[1] Mt. 7, 12.

[2] Ein erziehungswissenschaftliches Stufenmodell der moralischen Entwicklung des Kindes in seinem Gerechtigkeitsdenken, in seinen universalen und kulturspezifischen Bedingungen entwirft *Lawrence Kohlberg*, Moral Development, in: International Encyclopedia of the Social Sciences, 1968, S. 483 ff. (dt. Ausgabe: Moralische Entwicklung, in: Wolfgang Althof [Hg.], Lawrence Kohlberg, Die Psychologie der Moralentwicklung, 1995, S. 7 ff.).

dert von seiner sozialen Umwelt Gerechtigkeit ein und mißt deren Forderungen am Maßstab der Gerechtigkeit. Nur wenn sie diesem genügen, nimmt er sie innerlich an. Mit wachsender Reife kontrolliert er sein eigenes Verhalten zu den Mitmenschen, den Normen und Institutionen am Leitbild der Gerechtigkeit. Anders gewendet: dadurch, daß er seine Umwelt am Prinzip der Gerechtigkeit mißt, trotzt er dem gesellschaftlichen Leben einen sittlichen Sinn ab.

Die schlichte pädagogische Beobachtung bestätigt Ciceros Lehre, daß die Grundgedanken der Gerechtigkeit dem Menschen angeboren sind: ideae innatae, von der Natur mitgegeben als „natürliches Licht" und als Grundlage umfassender Übereinstimmung aller in elementaren sittlichen Fragen.[3] Im Leitbild der Gerechtigkeit stimmen die Menschen aller Zeiten und Zonen überein. Es verbindet sie über alle Unterschiede der Rechtskulturen hinweg und begründet die Möglichkeit gleicher inhaltlicher Rechtsüberzeugungen sowie weltweit geltender Rechtsnormen.[4]

II. Praktische Gewißheit – Unsicherheit der Theorie

Die Idee der Gerechtigkeit scheint so einfach zu sein, daß sie jedermann einleuchtet, und zugleich so schwierig, daß der Gelehrte vor ihr resigniert. Alle wollen, daß Gerechtigkeit herrsche. Nach der jeweiligen Lage seiner rechtlichen Interessen meint jedermann, er könne beurteilen, was gerecht sei, was ungerecht. Doch gerät er in Verlegenheit, wenn er sagen soll, was Gerechtigkeit eigentlich sei und was er unter ihrem Inhalt verstehe. Die Sache, deren er sich intuitiv so sicher gewesen ist, entzieht sich ihm, wenn er sie begrifflich fassen will. Er macht die gleiche Erfahrung wie Augustinus, als er das Wesen der „Zeit" bestimmen sollte: „Was also ist ‚Zeit'? Wenn mich niemand danach fragt, weiß ich es. Will ich es aber einem Fragenden erklären, so weiß ich es nicht."[5]

Der Rechtslaie ist schnell bei der Hand, sich auf die Gerechtigkeit zu berufen, sowie er seine Belange wahren oder durchsetzen will. Parteiprogramme, Gewerkschaftsrhetorik, kirchliche Denk-

---

[3] *Marcus Tullius Cicero*, De finibus bonorum et malorum, V 21, 59; 23, 66; *ders.*, Tusculanae Disputationes, 24, 57; 13, 30; 15, 35; III 1, 2.

[4] Zu den interkulturellen Gemeinsamkeiten *Otfried Höffe*, Gerechtigkeit, ³2007, S. 9 ff.

[5] *Aurelius Augustinus*, Confessiones, XI, 14, 17.

schriften – sie alle reklamieren, was wahre Gerechtigkeit sei. Freilich fordern sie in der Regel Gerechtigkeit auf Kosten anderer, die jedoch ihrerseits für sich Gerechtigkeit einfordern. Wo Gerechtigkeitspositionen kollidieren, liegt das Arbeitsfeld des Juristen. Der professionelle Jurist aber zögert, auch nur das Wort Gerechtigkeit zu verwenden, weil es ihm unsicher, unklar, vieldeutig erscheint und er sich vor den Implikationen des Begriffes fürchtet, die er nicht übersieht. Er begibt sich nicht gern auf metarechtliches Glatteis. Vielmehr hält er sich an die Normen des positiven Rechts, die er nach den Regeln seines Handwerks handhaben kann. Repräsentativ für Strenge und Vorsicht juridischer Argumentation steht Detlef Merten: Ergebe sich ein rechtliches Ergebnis bereits aus dem formellen Prinzip rechtsstaatlicher Berechenbarkeit, das „Einsehbarkeit" sowohl im wörtlichen als auch im übertragenen Sinne gewährleiste, so bedürfe es keines Rückgriffs auf „das vage und normativ unsichere Prinzip materieller Gerechtigkeit".[6]

Was ist denn Gerechtigkeit? Wie vermag man sie zu erkennen? Die klassische Antwort der Philosophie lautet: jedem das Seine zu geben, Gleiches gleich zu behandeln, niemanden in seinem Recht zu schädigen. Doch wer versucht, aus diesen abstrakten Maximen konkrete Handlungsanweisungen abzuleiten, scheitert. Denn diese Maximen sind formal. Ihre Substanz beziehen sie aus dem Rechts- und Sozialsystem, innerhalb dessen sie angewendet werden. So spiegelt die materiale Gerechtigkeitsethik des Aristoteles die Ordnung der griechischen Polis, die des Aquinaten die mittelalterliche Ordnung von Staat und Kirche, die rechtsphilosophischen Entwürfe von John Rawls die amerikanische Demokratie, versetzt mit linksliberaler (vulgo sozialdemokratischer) Programmatik.

Der Rechtstheoretiker Hans Kelsen prüft die Formeln der philosophischen Tradition, die das Wesen der Gerechtigkeit fassen sollen, und kommt zu dem Ergebnis, sie alle seien inhaltsleer: das Gebot des „suum cuique", die richtige Mitte zwischen den ungewollten Extremen, das Prinzip der Vergeltung, die Gleichheit im rechtsstaatlichen wie im kommunistischen Verständnis, die Goldene Regel, Kants kategorischer Imperativ.[7] Absolute Gerechtigkeit, so resümiert er, sei ein irrationales Ideal. „Vom Standpunkt rationa-

---

[6] *Detlef Merten*, Verfassungsprobleme der Versorgungsüberleitung, 1993, S. 26 f. Grundlegend *ders.*, Rechtsstaat und Gewaltmonopol, 1975, S. 10 f.

[7] *Hans Kelsen*, Was ist Gerechtigkeit?, 1953, S. 23 ff., 32 f., 34 ff.

ler Erkenntnis gibt es nur menschliche Interessen und daher Interessenkonflikte. Deren Lösung stehen nur zwei Wege zur Verfügung: entweder das eine Interesse auf Kosten des anderen zu befriedigen oder einen Kompromiß zwischen beiden herbeizuführen. Es ist nicht möglich, zu beweisen, daß nur die eine oder die andere Lösung gerecht ist."[8] Was der erkenntnistheoretische Agnostizismus registriert, sind lediglich irrationale Gerechtigkeitsbedürfnisse des Einzelnen: ein „schöner Traum der Menschheit"[9], aber eben nur ein Traum. Vollends provoziert die seit dem 19. Jahrhundert wirksamste Erscheinungsform des Gerechtigkeitsgedankens, die soziale Gerechtigkeit, die wissenschaftliche Kritik. Der Wirtschaftswissenschaftler Friedrich August von Hayek spricht von dem „Wieselwort der sozialen Gerechtigkeit". Wie ein räuberisches Wiesel ein Ei aussauge, ohne daß man diesem die innerliche Beschädigung ansehen könne, so werde dem Begriff Gerechtigkeit durch ein falsches, schon logisch unpassendes Attribut unmerklich der Sinn entwendet.[10] Das begriffliche Vakuum wird gefüllt mit fremder Substanz aus Sozialutopie, Sozialpolitik, Sozialressentiment. Gerechtigkeit erscheint den Skeptikern als Irrlicht, allenfalls als psychologisch heilsame Illusion.[11]

Ist also in der Theorie unrichtig, was für die Praxis taugt? Kant hatte seinerzeit Einsichten der Theorie gegen den Vorwurf mangelnder Praxistauglichkeit verteidigt.[12] Hier ist die Frontstellung umgekehrt. Es ist die Praxis, die der Apologie bedarf; genauer, das Leitbild der Praxis, in ihm auch der Gegenstand philosophischen Bemühens über die Jahrtausende. Wer sein liebgewordenes Ideal retten will, mag gegen Kelsen den Argwohn richten, daß er die Kritik übermäßig dosiere, wie ein allzu scharfes Fleckenwasser, das nicht nur die Flecken ohne Rückstand beseitige, sondern zugleich die Kleidung. Der Verteidiger tradierter Gerechtigkeitslehre könnte auch Schützenhilfe bei Aristoteles suchen, der die Grenzen der

---

[8] *Kelsen* (N 7), S. 40.

[9] *Kelsen* (N 7), S. 43.

[10] *Friedrich August von Hayek*, The fatal conceit: the errors of socialism, zugl.: The collected works of Friedrich August Hayek, hg. von William Warren Bartley III, Bd. 1, London 1988, S. 114 ff.

[11] Zur Skepsis gegenüber der Gerechtigkeit *Höffe* (N 4), S. 34 ff.

[12] *Immanuel Kant*, Das mag in der Theorie richtig sein, taugt aber nicht für die Praxis (1793), in: ders., Werke (hg. von Wilhelm Weischedel), Bd. VI, 1964, S. 125 ff.

Sinnhaftigkeit des wissenschaftlichen Diskurses aufweist: „Man soll nicht jedes Problem und nicht jede These untersuchen, sondern nur solche, bei denen es zur Lösung obwaltender Zweifel der Vernunft bedarf, nicht aber solche, bei denen der Zweifler die Züchtigung verdient, und nicht solche, bei denen die gesunden Sinne die Lösung finden. Wer etwa daran zweifelt, ob man die Götter ehren und die Eltern lieben soll, bedarf der Züchtigung, und wer zweifelt, ob der Schnee weiß ist, bedarf der gesunden Sinne."[13] Züchtigung und gesunde Sinne vermögen freilich den Agnostizismus nicht zu bannen. Gleichwohl braucht die theoretische Vernunft nicht zu beweisen, was als existentielle Kraft des Rechtslebens von jeher wirksam ist und was die praktische Vernunft von jeher einfordert.

III. Das Recht als Gegenstand und als Grenze der Gerechtigkeit

Gerechtigkeit bildet das höchste Leitbild der ethischen Richtigkeit der Rechtsnormen und des rechtlich gebundenen Handelns. Sie sagt, wie das Recht sein und wie es nicht sein soll. Sie ist Idee. Als solche ist sie nicht Teil des positiven Rechts, das sie zu leiten beansprucht. Vielmehr geht sie dem positiven Recht voraus. Sie bildet die Regel der Regeln des Rechts.

Sie läßt sich nur von ihrem Gegenstand her inhaltlich fassen und begrenzen. Ausschließlicher Gegenstand ist das Recht, nicht nur das aktuell geltende, sondern überhaupt das als geltend denkbare Recht. Gerechtigkeit bezieht sich nur auf Sachverhalte, die der rechtlichen Regelung zugänglich sind und ihrer bedürfen. Das aber sind nur jene, die überhaupt möglicher Verfügung und Verantwortung des Menschen unterliegen, also die gesellschaftlichen Beziehungen. Natur und Schicksal sind kein Thema der Gerechtigkeit.[14] Die Vor- und Nachteile des Klimas, die Launen des Wetters, die Naturkatastrophe sind weder gerecht noch ungerecht, ebensowenig Gnade oder Ungnade des Zeitalters, in dem man geboren, und Gunst oder Ungunst der gesellschaftlichen Verhältnisse, in denen

---

[13] *Aristoteles*, Topik, 105a (I, 11).

[14] Abwegig ist es, Gerechtigkeit für Tiere oder gar für die unbelebte Natur einzufordern. Wenn der Tierschutz überhaupt mit Gerechtigkeit in Berührung gebracht werden kann, dann in der Verteilung seiner Lasten auf Menschen und der Einforderung von Rechtsgehorsam (iustitia legalis) in bezug auf Vorschriften des Tierschutzes. Zu weit geht *Höffe* (N 4), S. 92 f.

man aufgewachsen ist. Die Kategorie der Gerechtigkeit erfaßt nicht die ungleiche Verteilung der Eigenschaften und Fähigkeiten unter den Individuen, die Ungleichheit von Geschlecht, Alter, Aussehen, Gesundheit, Intelligenz, Tüchtigkeit, Charisma. Das Leben als solches ist kein Thema der Gerechtigkeit, sondern die Bedingung ihrer Möglichkeit.

Sie tritt erst auf den Plan, wenn die Vorgaben der Natur und des Schicksals nicht hingenommen, sondern gesellschaftliche Konsequenzen gezogen, Chancen und Risiken verteilt, reale Ungleichheit mit den Mitteln des Rechts verfestigt, ausgeglichen oder ignoriert werden. Für den Eremiten in der Wüste ist Gerechtigkeit kein Thema. Wo Menschen beziehungslos nebeneinander leben, bedarf es nicht des Rechts. Seine Notwendigkeit erhebt sich erst dort, wo Interessen kollidieren und Handlungsbereiche voneinander abzugrenzen sind. Nach Aristoteles ist Recht im eigentlichen Sinne da vorhanden, wo ein Gesetz ist, das das gegenseitige Verhältnis bestimmt; ein Gesetz wiederum da, wo Personen sind, die einander Unrecht tun können.[15] Das Bedürfnis nach Recht und Gerechtigkeit, so läßt sich auch bestimmen, lebt dort auf, wo Erwartungen enttäuscht und Vorkehrungen gegen die Enttäuschung getroffen werden können.

Wo zwischen Menschen spontane Übereinstimmung besteht, und wo allein die Liebe waltet, schweigt die Gerechtigkeit. Sie meldet sich allerdings zu Wort, wenn Eintracht und Liebe zerbrechen und sich die Beteiligten auf ihre unterschiedlichen und schwer vereinbaren Belange besinnen. In einer paradiesischen Welt allseitiger Zufriedenheit hat sie nichts zu sagen. Ein Gedankenspiel von David Hume: Angenommen, die Natur hätte die Menschen mit einer so üppigen Fülle an äußeren Gütern ausgestattet, daß keine mühselige Arbeit, nicht Ackerbau, nicht Schiffahrt nötig wäre, dann blühte und verzehnfachte sich jede andere soziale Tugend – „doch von der bedachtsamen, argwöhnischen Tugend der Gerechtigkeit wäre noch nicht einmal im Traume die Rede".[16] In der Tat greift Gerechtigkeit erst ein, wo das Gesetz der Knappheit waltet, die Ressourcen hinter dem Bedarf und den Begehrlichkeiten zurückbleiben, und die Verteilung zum Problem wird.[17]

---

[15] *Aristoteles*, Nikomachische Ethik, 1134a (V, 10).

[16] *David Hume*, Enquiry concerning the Principles of Morals (1777), (dt.) Untersuchung über die Prinzipien der Moral (hg. von Carl Winckler), 1962, III, 13 (S. 19 f.).

[17] Dazu *Höffe* (N 4), S. 26 ff.

Gerechtigkeit ist ihrem Anspruch nach handlungsrelevant. Sie leitet die Rechtsetzung und die Rechtsanwendung, bezieht sich also auf die Maßstäbe rechtlichen Handelns. Sie bezieht sich aber auch auf die handelnden Personen und bildet so eine Tugend. „Gerecht" kann jedermann sein, gleich, ob Inhaber eines staatlichen Amtes oder einfacher Bürger. Gerechtigkeit fordert nicht nur äußerliche Beachtung der Gesetze, Legalität im Sinne Kants, sondern auch rechtliche Gesinnung, Moralität. Diese bezieht sich auf die Idee des Rechts. „Gerecht" ist, wer seiner Grundhaltung nach sich von der Idee des Rechts in seinem Denken und Tun leiten läßt. Die fundamentalen Imperative gerechten Handelns, die gleichermaßen für Bürger wie Amtsträger gelten, werden vom Corpus Iuris Civilis klassisch formuliert: „Iuris praecepta sunt haec: honeste vivere, alterum non laedere, suum cuique tribuere."[18] Den antiken wie den mittelalterlichen Philosophen galt Gerechtigkeit als eine der vier Kardinaltugenden, neben der Klugheit, der Tapferkeit und dem richtigen Maß. Aristoteles stellt sie sogar über alle anderen, weil sie sich in der Beziehung zu anderen Menschen bewähre und ihr Glanz „den Abend- und den Morgenstern" übertreffe.[19] Heute steht die subjektive (personale) Seite der Gerechtigkeit im Schatten der objektiven als Leitbild der Rechtsordnung. Gleichwohl kommt sie zum Ausdruck im Amtseid der Richter, der nicht allein die Pflicht der Treue zu Verfassung und Gesetz, also zum positiven Recht enthält, sondern auch die Rechts- und Tugendpflichten der Gerechtigkeit: „nach bestem Wissen und Gewissen, ohne Ansehen der Person, zu urteilen und nur der Wahrheit und Gerechtigkeit zu dienen."[20] Der Bundespräsident und die Mitglieder der Bundesregierung schwören, Gerechtigkeit gegenüber jedermann zu üben.[21]

Zum Schwur der höchsten Staatsorgane gehört aber auch die Verpflichtung, ihre Kraft dem Wohle des deutschen Volkes zu widmen, seinen Nutzen zu mehren und Schaden von ihm zu wenden, kurz: die Verpflichtung auf das Gemeinwohl. In seiner vorrechtlich-ethischen Qualität ist das Gemeinwohl der Gerechtigkeit verschwistert. Es hält sich auf gleicher Abstraktionshöhe wie diese. Die

---

[18] *Ulpian*, Digesten 1, 1, 10.

[19] *Aristoteles* (N 15), 329b (V, 3).

[20] Art. 38 Abs. 1 DRiG.

[21] Art. 56 S. 1, Art. 64 Abs. 2 GG.

Thematik beider Prinzipien überschneidet sich. Denn zum bonum commune gehört, daß im staatlichen Gemeinwesen Gerechtigkeit herrsche. Die Gerechtigkeit aber beschränkt sich nicht auf den Bereich des Staates. Sie erfaßt alle rechtlichen Beziehungen, die öffentlichen wie die privaten. Das Gemeinwohl dagegen erschöpft sich nicht im Rechtlichen. Vielmehr richtet es sich auf das Ganze des guten staatlichen Lebens in seinen rechtlichen wie außerrechtlichen Momenten.[22]

IV. Legitimation oder Delegitimation des Rechts durch Gerechtigkeit

Recht und Gerechtigkeit sind aufeinander verwiesen.[23] Die Normen des positiven Rechts suchen sich aus der Idee der Gerechtigkeit sittlich zu rechtfertigen und sich vor den Personen, an die sie sich richten, als zustimmungswürdig zu erweisen. Die Idee der Gerechtigkeit aber bedarf der Umsetzung durch positive Normen. Über sie kann sie zu konkreter Gestalt, zur Erkennbarkeit und Eindeutigkeit, Verläßlichkeit und Berechenbarkeit finden.[24] Allein das positive Recht vermittelt Verbindlichkeit und Durchsetzbarkeit. Die Idee der Gerechtigkeit ruft nach Rechtssicherheit, die ihr als Idee abgeht. Sie findet sie im positiven Recht.

Doch zwischen Recht und Gerechtigkeit waltet nicht prästabilierte Harmonie. Wie die Idee der Gerechtigkeit das positive Recht legitimieren kann, so vermag sie auch, ihm Legitimation zu entziehen. Sie taugt gleichermaßen zu Affirmation wie zu Kritik. Auf die Idee der Gerechtigkeit beruft sich, wer das geltende Recht stützen, wie der, der es stürzen will. Sie taugt als geistige Waffe für die Verteidiger der bestehenden Ordnung wie für ihre Widersacher. Gerechtigkeit ist der Legitimationsausweis für den Revolutionär und das hohe Ideal, für das der Terrorist sein eigenes Leben und das anderer in die Luft sprengt.[25] Nietzsche prophezeite, daß der

---

[22] Dazu *Josef Isensee*, Salus publica – suprema lex?, 2006, S. 9 ff.; *ders.*, Gemeinwohl im Verfassungsstaat, in: HStR IV, ³2006, § 71 Rn. 1 ff. (45).

[23] Dazu exemplarisch *Gustav Radbruch*, Rechtsphilosophie, ⁵1956, S. 170.

[24] Näher *Andreas von Arnauld*, Rechtssicherheit, 2006, S. 637 ff.

[25] Profunde Deutung von Kleists Michael Kohlhaas als Typus des Terroristen: *Horst Sendler*, Über Michael Kohlhaas – damals und heute, 1985, S. 21 ff.

Sozialismus, „der phantastische jüngere Bruder des fast abgelebten Despotismus", den er beerben wolle, sich im Stillen zur Schrekkensherrschaft vorbereite und den halbgebildeten Massen das Wort „Gerechtigkeit" wie einen Nagel in den Kopf treibe, „um sie ihres Verstandes völlig zu berauben (nachdem dieser Verstand schon durch die Halbbildung sehr gelitten hat) und ihnen für das böse Spiel, das sie spielen sollen, ein gutes Gewissen zu verschaffen."[26]

Der moderne Staat stellt ein wohlkonstruiertes und wohlfunktionierendes Regelwerk bereit zur Schaffung und Durchsetzung, zur Änderung und Abschaffung von positiven Normen. Ein solches Regelwerk gibt es nicht für die Vorstellungen über die Gerechtigkeit. Im Reich der Ideen waltet Anarchie. Hier steht keine Institution bereit, um die Idee der Gerechtigkeit verbindlich auszulegen und zu sagen, was sie in einer konkreten Angelegenheit erheischt. Keine Behörde sorgt für eine geordnete und effektive Vollstreckung. Ein vormoderner Intellektualismus ging davon aus, daß der Inhalt der Gerechtigkeit dem Menschen auf ehernen Tafeln vorgegeben und seiner Vernunft zugänglich sei. Was sich nicht für jedermann von selbst verstand, erschloß sich dem Philosophen, dem Theologen, dem Rechtsgelehrten, der weisen Autorität. Doch in der Moderne waltet der Voluntarismus. Das apriorische Vertrauen in Autoritäten ist zerbrochen. Jedermann ist sein eigener Gerechtigkeitsinterpret. Jedermann kann an die Idee appellieren, ohne daß er eines Mittlers bedarf. Damit gerät die Frage nach der Gerechtigkeit in den Kampf der Interessen, Meinungen und Weltanschauungen. Im Kampf um die interpretatorische Hegemonie sucht jede Partei, den Konsensbegriff zu besetzen und in ihrem Sinne zu deuten. Gerechtigkeit bietet ein diffuses Bild: wolkig und vieldeutig, lockend und bedrohlich, halb Leitbild, halb Trugbild. Die Vielfalt und die Widersprüche der Gesellschaft gehen in die Interpretation der Gerechtigkeit ein. Die Idee, die beansprucht, die Streitigkeiten zu überwinden, wird Gegenstand des Streits, sie entfacht ihn und heizt ihn an. Das ist freilich kein modernes Phänomen. Heraklit stellt fest, daß Gerechtigkeit in der Lebenswelt auch Zwietracht bedeutet: καί δίγην έςιν.

Damit ist das Dilemma perfekt: das positive Recht sucht nach Legitimation aus der Gerechtigkeit. Diese aber entzieht sich sei-

---

[26] *Friedrich Nietzsche*, Menschliches, Allzumenschliches (1886), 473, in: ders., Werke, 1. Bd., 1963, S. 435 (684).

nem Zugriff. Sie weigert sich, mit ihm ein dauerhaftes, verläßliches
Bündnis einzugehen.

V. Bewältigung des Gerechtigkeits-Dilemmas
im Verfassungsstaat

1. Friedenseinheit trotz Gerechtigkeitsdissens

„Und das Werk der Gerechtigkeit wird der Frieden sein", so verheißt der Prophet Isaias.[27] Das ist gleichsam die politische Utopie
des Alten Testaments, die sich die Christenheit zu eigen macht: daß,
wenn die Gerechtigkeit zur Herrschaft gelangt, der Friede sich von
selbst ergibt,[28] und, mit dem Worte des Psalmisten, „Friede und Gerechtigkeit sich küssen".[29] Das politische Trauma der Neuzeit sind die
Bürgerkriege, die der Glaubensspaltung im 16. Jahrhundert folgen:
die Erfahrung, daß Gerechtigkeit und Frieden sich fliehen, wenn
die Bürger religiös entzweit sind und religiös begründete Ansprüche auf absolute Gerechtigkeit einander unversöhnlich gegenüber-
stehen. Der moderne Staat, der wählen muß zwischen Gerechtigkeit
und Frieden, wählt den Frieden. Wenn er die zerbrochene Einheit
der religiösen Überzeugungen nicht wiederherzustellen vermag, so
kann er doch dafür sorgen, daß die Menschen in Frieden miteinander leben können gleich, welcher Religion sie auch angehören. Um
des Friedens willen zieht er sich aus dem Streit um die Wahrheit in
den letzten Dingen wie um die Wahrhaftigkeit zurück und begnügt
sich damit, praktischen Belangen des Diesseits zu dienen.

Können die Bürger sich nicht darüber verständigen, wie eine
Angelegenheit, die alle berührt, zu regeln ist, so muß der Staat für
alle verbindlich entscheiden. Die Verbindlichkeit ergibt sich nicht
daraus, daß die Entscheidung gerecht ist, sondern daraus, daß der
Staat die zuständige Entscheidungsinstanz ist. Das ist die provozie-
rende Alternative, die Thomas Hobbes dem modernen Staat auf den

---

[27] „Et erit opus iustitiae pax", Is 32, 17. Vgl. auch Is 54, 13-14.

[28] Das Verhältnis von Ursache und Wirkung wird jedoch im Jakobusbrief umgekehrt (Jak 3, 18).

[29] Ps 85, 11. Vgl. auch Ps 71, 1-4. Die Verbindung von Justitia und Pax gehört zu
den großen allegorischen Themen der Malerei von der Gotik bis zum Barock.

Weg gibt: authoritas, non veritas facit legem.[30] Übersetzt in die heutige Begrifflichkeit: das Gesetz legitimiert sich nicht aus der Richtigkeit des Inhalts, sondern aus der Kompetenz dessen, der es erläßt. Quis iudicabit? Quis interpretabitur? – mit diesen Fragen setzt das moderne politische Denken ein. Dem modernen Gesetzgeber bleibt unbenommen, sich nach inhaltlichen Leitvorstellungen von Gerechtigkeit auszurichten. Doch unterwirft er sich deshalb nicht dem Urteil des Bürgers, ob das Gesetz die Leitvorstellungen auch wirklich getroffen hat oder ob die Leitvorstellungen als solche der Gerechtigkeit entsprechen. Der Bürger fragt nach der Kompetenz. Die Frage der materialen Gerechtigkeit ist damit abgeschnitten. Lakonisch stellt Hobbes fest, das bürgerliche Gesetz bestimme, „was *ehrenhaft* und *unehrenhaft*, *gerecht* und *ungerecht* und allgemein, was *gut* und *böse* ist".[31]

Wer entscheiden soll, darüber können sich alle leicht verständigen. Dagegen ist offen, *wie* zu entscheiden und was gerecht ist. Der richtige Inhalt ist, zumindest potentiell, Thema des Streits und Grund zur Zwietracht. Um des Friedens willen muß eine einzige Instanz bereitstehen, die entscheidet und die Macht hat, die Entscheidung gegebenenfalls gegen Widerstände durchzusetzen. Zu diesem Zweck beansprucht der moderne Staat für sich das Monopol legitimer physischer Gewaltsamkeit.[32] Er verwehrt seinen Untertanen, ihre Rechtsauffassung mit Androhung und Anwendung körperlichen Zwangs durchzusetzen. Legitimation also nicht aus Gerechtigkeit, sondern aus dem Erfordernis des Friedens. Das ist die große Errungenschaft des modernen Staates: den Bürgerkrieg durch das Gewaltmonopol strukturell überwunden zu haben. Die begriffliche Voraussetzung besteht darin, daß der Begriff des Friedens negativ verstanden wird als Abwesenheit von physischer Gewalt und damit abgesetzt wird von inhaltlichen Staatszielen, zumal von dem der materialen Gerechtigkeit. Alle Strebungen, den Begriff des Friedens positiv zu bestimmen und mit Gerechtigkeitssubstanz zu füllen und den Gegenbegriff der Gewalt vom physischen Zwang auf sozialen Zwang und etablierte soziale Ungerechtigkeit auszuweiten („strukturelle Gewalt"), unterminieren die bestehende

---

[30] *Thomas Hobbes*, Leviathan, lateinische Fassung, Amsterdam 1670, c. 26.

[31] *Hobbes*, Leviathan, englische Fassung, London 1651, c. 46 (dt. Ausgabe hg. von Iring Fetscher, 1966, S. 510).

[32] Richtungweisend *Detlef Merten*, Rechtsstaat und Gewaltmonopol, 1975, S. 29 ff.

staatliche Friedensordnung und bereiten den Rückfall in den Bürgerkrieg vor.[33]

Frieden als der fundamentale Zweck des modernen Staates bedeutet also ganz unemphatisch Abwesenheit von Gewalt. Für den Bürger erscheint er als Gesamtzustand der Sicherheit vor den Übergriffen der Nebenmenschen. Er bietet den ungestörten Genuß von Leben, Gesundheit, Freiheit, Eigentum. Der staatlich gesicherte Frieden ist die Bedingung der Möglichkeit, daß die Bürger ohne Furcht voreinander über Gerechtigkeit reden und in den Wettbewerb um die gerechteste Lösung der politischen Probleme eintreten. So kann denn, in Umkehrung des Propheten-Wortes, das Werk des Friedens die Gerechtigkeit sein. Auch diese Einsicht ist biblisch belegbar, und zwar im Jakobusbrief: „Die Frucht der Gerechtigkeit wird in Frieden gesät für jene, die Frieden halten.[34]

2. Ausklammerung der Gerechtigkeitsfrage durch Vorkehrungen des Verfassungsstaates

a) Demokratische Legitimation

Die liberale Demokratie beansprucht nicht, die Frage nach der „wahren" Gerechtigkeit beantworten zu können. Sie stellt nur die Freiheit für alle Bürger bereit, die Frage zu stellen und die Antworten zu suchen. Überdies bietet sie das staatliche Verfahren an, in dem die Frage verbindlich entschieden werden kann. Was Gerechtigkeit ist und was sie in der konkreten Situation erheischt, darüber wird in der Demokratie legitim gestritten, im privaten wie im öffentlichen Diskurs. Die politischen Parteien versuchen, den Begriff der Gerechtigkeit für ihre Zwecke zu besetzen, und konkurrieren in Programmen für „mehr Gerechtigkeit". Die Entscheidung fällt im staatlichen System der parlamentarischen, gewaltenteiligen Demokratie nach dem Mehrheitsprinzip. Dieses verbürgt nicht, daß das Ergebnis gerecht ist. Vielmehr sichert es nur, daß, wenn unter dem Zwang der Entscheidung schon nicht alle ihren Willen verwirklichen können, wenigstens die meisten zum Zuge kommen.[35]

---

[33] Fundierte Kritik an einschlägigen Tendenzen *Merten* (N 32), S. 45 ff.

[34] Jak 3, 18.

[35] Dazu *Hans Kelsen*, Vom Wesen und Wert der Demokratie, ²1929, S. 55 ff.

Das demokratische Gesetz beansprucht den Rechtsgehorsam des Bürgers, weil es sich aus dem Willen des Volkes, wie er sich in der Parlamentswahl geäußert hat, legitimiert und den Kompetenz- und Verfahrensregeln der Verfassung Genüge getan wurde. Dagegen kommt es nicht darauf an, ob es seinem Inhalt nach gerecht ist und ob seine Adressaten es als gerecht anerkennen oder nicht. Auch in der Demokratie gilt: authoritas, non veritas.

Die Frage der Gerechtigkeit bleibt diskutabel, auch nachdem der demokratische Gesetzgeber gesprochen hat. Jedem ist es unbenommen, das Gesetz zu kritisieren, seine Aufhebung zu fordern oder auf seine Verbesserung (im Sinne dessen, was der Einzelne für gerecht hält) hinzuarbeiten. Der Normadressat schuldet nur die äußere Befolgung des Gesetzes, nicht aber den Glauben, daß dieses gerecht sei. Der demokratische Rechtsstaat insistiert auf normgemäßem Verhalten der Bürger und greift nicht zu auf seine Gesinnung. Kantianisch gesprochen: er verlangt Legalität, nicht Moralität. Die Beziehung des Bürgers zum Rechtsstaat reduziert sich auf gesetzlich definierte Rechte und Pflichten. Die Tugend bleibt außen vor. Die formale Entscheidungsmacht des demokratischen Gesetzgebers ist die Grundlage des positiven Rechts, auf das die moderne Gesellschaft angewiesen ist. Die Positivität des Rechts gewährleistet Rechtssicherheit. Der moderne Staat nimmt nicht hin, daß jeder Einzelne die Geltung eines ordnungsgemäß zustande gekommenen Gesetzes in Frage stellen kann mit dem Einwand, es sei ungerecht. Prinzipiell geht die Rechtssicherheit vor, wenn sie in Konflikt mit der materialen Gerechtigkeit gerät.

Die Legitimation staatlicher Normen ergibt sich nicht mehr aus Inhalten, sondern aus Kompetenz und Verfahren. Die inhaltliche Entleerung wird zu letzter theoretischer Konsequenz geführt in Niklas Luhmanns Doktrin einer „Legitimation durch Verfahren", daß ein außenstehender Beobachter eines Prozesses weiter nichts erkenne als „symbolisch-zeremonielle Arbeit am Recht", die der Richter leiste.[36]

Als Thema verbleibt die (demokratisch offene) Frage nach der richtigen Verfassung des Staates. Nach liberaler Staatsphilosophie werden die Menschen nicht zum Staat vereint durch ihre Tugenden, sondern durch ihren vernunftgesteuerten Eigennutz. Sie müssen ihre bösen Gesinnungen nicht überwinden und sich nicht mo-

---

[36] *Niklas Luhmann*, Legitimation durch Verfahren, ²1975, S. 36 f., passim.

ralisch läutern. Vollends brauchen sie sich nicht in Engel zu verwandeln, um gute Bürger einer Republik zu werden. Das Problem der Staatseinrichtung, so Kant, ist „selbst für ein Volk von Teufeln (wenn sie nur Verstand haben) auflösbar". Es genüge, den Staat gut zu organisieren, um die selbstsüchtigen militanten Neigungen, welche die Menschen von Natur aus beherrschen, so zu lenken, „daß sie sich unter Zwangsgesetze begeben, einander selbst nötigen und so den Friedenszustand, in welchem Gesetze Kraft haben, herbeiführen müssen".[37] Im Verfassungsstaat, so scheint es, haben die Menschen die Lösung gefunden, wie sie, ohne sich einer moralischen Anstrengung zu unterziehen, ihr Zusammenleben staatlich organisieren, und zwar auf eine Weise, daß sie ihre Freiheit möglichst wenig einschränken und ihren Eigennutz möglichst wenig zurücknehmen müssen: durch die institutionellen Vorkehrungen des demokratischen Mehrheitsprinzips, der Gewaltenteilung, der Machtbegrenzung durch Grundrechte. Bildsymbol der liberalen Demokratie ist nicht mehr die Figur der Gerechtigkeit mit Waage und Schwert,[38] sondern die Fackel oder Fahne schwingende Freiheitsstatue.

Der Verfassungsstaat hat sich so einen Ausweg aus dem Gerechtigkeits-Dilemma gebahnt, dahin, daß jedermann kompetent ist, zu sagen, was gerecht sei, was ungerecht, doch daß sich daraus keine rechtsverbindlichen Folgen für andere oder gar für die staatliche Allgemeinheit ergeben. Er ist so organisiert, daß er die Frage nach der wahren Gerechtigkeit dahinstehen lassen kann, weitgehend jedenfalls.

b) Grundrechtliche Legitimation

Die Grundrechte gewährleisten die Freiheit des Privaten gegenüber der Staatsgewalt als negative Freiheit, die nicht durch vorgegebene Zwecke und Pflichten determiniert ist.[39] Die Ausübung

---

[37] *Immanuel Kant*, Zum ewigen Frieden (1795), in: ders., Werke (hg. von Wilhelm Weischedel), Bd. VI, 1964, S. 191 (224). Zu Kants Teufel-Metapher *Michael Pawlik*, Kants Volk von Teufeln und sein Staat, in: Jahrbuch für Recht und Ethik, Bd. 14 (2006), S. 269 ff.

[38] Zur Ikonographie *Hasso Hofmann*, Bilder des Friedens oder die vergessene Gerechtigkeit, 1997, S. 49 ff.

[39] Ein Leitgedanke im Œuvre von *Detlef Merten*. Exemplarisch: Negative Grundrechte, in: HGR II, 2006, § 42 Rn. 42 ff.

der grundrechtlichen Freiheit bedarf keiner Rechtfertigung, auch nicht vor dem Prinzip der Gerechtigkeit. Vielmehr bildet sie den Legitimationsgrund privaten Handelns[40] und setzt den staatlichen Eingriff unter Rechtfertigungszwang.[41]

Die Grundrechte gewährleisten die Privatautonomie, in ihr die Vertragsfreiheit. Das Rechtsgeschäft des Privaten legitimiert sich aus dessen Freiheit, nicht aus seiner Richtigkeit sub specie materialer Gerechtigkeit. Ein Kaufvertrag ist das Werk konzertierter Grundrechtsausübung von Käufer und Verkäufer. Mithin braucht er kein Unbedenklichkeitsattest der Tauschgerechtigkeit. Anders allerdings das rechtsphilosophische Ideal, daß die iustitia commutativa Leistung und Gegenleistung wägt und darauf hinwirkt, daß die Waagschalen Gleichgewicht halten. Der „gerechte Preis" soll sich aus dem Wert der Sache ergeben, ohne Rücksicht auf die Person des Tauschpartners. Das Ideal ist plausibel, die Realisierung prekär. Äquivalenz kann praktisch nur bestimmt werden, wenn Leistung wie Gegenleistung objektiv bewertet werden können und dafür Maß und Gewicht bereitstehen. Der Wert einer Ware oder einer Dienstleistung steht aber nicht ontologisch fest und gründet nicht in der Natur der Sache. Er wird, soweit der Staat nicht regulierend eingreift, durch den Markt bestimmt. Dieser folgt den ökonomischen Gesetzen von Angebot und Nachfrage, die sich durch ethische Argumente nicht beiseite schieben lassen. Die Lehre vom „gerechten Preis" erweist sich als Utopie.[42]

---

[40] Zur grundrechtlichen und demokratischen Legitimation als den Legitimationstypen des Verfassungsstaates: *Josef Isensee*, Grundrechte und Demokratie. Die polare Legitimation im grundgesetzlichen Gemeinwesen (s. o. S. 13 ff.); *Christian Starck*, Grundrechtliche und demokratische Freiheitsidee, in: HStR III, ³2005, § 33 Rn. 1 ff., 14 ff.

[41] Vgl. *Detlef Merten*, Das Prinzip Freiheit im Gefüge der Staatsfundamentalbestimmungen, in: HGR II, 2006, § 27 Rn. 22, passim.

[42] Zur Geschichte der Lehre vom iustum pretium: *Max Kaser*, Römisches Privatrecht, ¹⁶1992, S. 194; *Winfried Trusen*, Äquivalenzprinzip und gerechter Preis im Mittelalter, in: Festgabe für Günther Küchenhoff, 1967, S. 247 ff.; *Andreas Wacke*, Circumscribere, Gerechter Preis und die Arten der List, in: Savigny-Zeitschrift für Rechtsgeschichte, Romanistische Abteilung, 94 (1977), S. 184 ff.

VI. Gewährleistung materialer Gerechtigkeit durch den Verfassungsstaat

1. ... *tamen usque recurret*

Der Verfassungsstaat weist der materialen Gerechtigkeit die Tür. Doch sie kehrt durch eine andere Tür wieder zurück. Der Bürger, der eine Baugenehmigung beantragt oder einen Zivilprozeß führt, gibt sich nicht damit zufrieden, daß eine staatliche Entscheidungsinstanz „symbolisch-zeremonielle Arbeit am Recht" leistet; er sähe sich sogar um sein Recht geprellt, wenn der Behördenchef oder der Richter eine solche Amtsauffassung zu erkennen gäbe. Zuvörderst erwartet der Verfahrensbeteiligte, daß das Verfahren als solches Regeln der Fairneß einhält, etwa rechtliches Gehör, Beteiligung der Betroffenen, Unparteilichkeit der Entscheidungsorgane, Gewähr des gesetzlichen Richters, kurz: Verfahrensgerechtigkeit. Diese verlangt auch zeitnahe Entscheidung. Wenn das Gericht zu lange die Gründe und Gegengründe wiegt und wägt, wenn es zu spät das Schwert der richterlichen Entscheidung betätigt, hat auch das inhaltlich bestmögliche Urteil seinen Sinn verloren. Aus gutem Grunde zeigt der neapolitanische Maler Luca Giordano die barocke Allegorie der Gerechtigkeit als thronende Schönheit, die Füße gestützt auf den Vogel Strauß, den schnellsten aller Laufvögel; als Gegenbild aber die „entwaffnete Gerechtigkeit": ihrer Insignien der Waage und des Schwertes beraubt, zu ihren Füßen der verendete Vogel Strauß.[43] Überhaupt erreicht ein Verfahren die ihm mögliche legitimatorische Kraft nur, wenn es seinerseits ein Mindestmaß an prozeduraler Gerechtigkeit einhält. Das gilt übrigens auch für das Verfahren politischer Wahlen. Diese führen dem Gewählten nur dann Legitimation zu, wenn elementare Grundsätze eingehalten worden sind: die Allgemeinheit und Gleichheit der Wahlberechtigung, die Freiheit und die Geheimhaltung der Stimmabgabe.

Mutatis mutandis gilt das auch für Verträge. Ihre Legitimationsgrundlage sind heute nicht mehr Prinzipien einer vorgegebenen iustitia commutativa, die Äquivalenz von Leistung und Gegenleistung, der „gerechte" Preis, sondern der Wille der Vertragspartner,

---

[43] Reproduktion der Pariser und der Londoner Fassung der „Gerechtigkeit" in: *Wilfried Seipel* (Hg.), Luca Giordano 1634-1705, Napoli/Wien 2001, S. 265. Reproduktion der negativen Allegorie Giordanos (Budapest), ebd., S. 201. Bilderläuterung von *Eva Nyerges*, ebd., S. 199 f.

die sich privatautonom verständigen. Die Privatautonomie aber baut ihrerseits auf realen wie rechtlichen Voraussetzungen, der Parität der Partner und der Einhaltung von Regeln der Fairneß. Allgemein gilt, daß die Ergebnisse des Marktes, die nicht vorgegebenen Gerechtigkeitsmaximen entspringen, sondern einer Mischung aus Glücks- und Geschicklichkeitsspiel, nur hingenommen werden, wenn sich der Wettbewerb in den Bahnen der Verfahrens- und Konkurrenzgerechtigkeit bewegt.

Über die Verfahrensgerechtigkeit hinaus richtet sich die Erwartung auf die inhaltliche Richtigkeit der Entscheidung. Freilich streiten im Gerichts- wie im Verwaltungsverfahren unterschiedliche Vorstellungen vom richtigen Recht wider einander, so daß am Ende Enttäuschungen unvermeidbar sind. Um diese aufzufangen, bedürfen Urteile und Verwaltungsakte der Begründung. Die Begründung dient nicht zuletzt dazu, dem Verlierer des Prozesses die Einsicht zu vermitteln, daß die Entscheidung so, wie sie ausfällt, notwendig und richtig ist. Nicht jedermann wird überzeugt. Doch der Verlierer muß wenigstens sehen können, daß die Stelle, die entschieden hat, sich um Richtigkeit *bemüht* hat. Käme der Eindruck auf, das Gericht oder die Behörde habe nur ein Ritual abgespult, Willkür mit Fachjargon umnebelt und ein juridisches Schamanentum praktiziert, so wäre es um die Akzeptanz der Entscheidung geschehen. Im Einzelfall läßt sich der Normbefehl zwar erzwingen, nicht jedoch auf ganzer Linie. Kant weist den Weg, wie der strikte Rechtsgehorsam und der „Geist der Freiheit" zum praktischen Ausgleich finden können: Der nicht-widerspenstige Untertan müsse annehmen können, sein Oberherr *wolle* ihm nicht Unrecht tun.[44] Darin setzt sich Kant von Hobbes ab, der lehrt, der Staat *könne* nicht Unrecht tun.[45]

Der Verfassungsstaat, der wegen der Freiheit seiner Bürger nur beschränkte Machtbefugnisse hat, ist auf die Akzeptanz seiner Handlungen angewiesen. Mithin müssen seine Amtsträger für alle erkennbar nach bestem Wissen und Gewissen die richtige Entscheidung suchen. Das gilt auch für den Gesetzgeber. Die parlamentarische Mehrheit, die das Gesetz beschließt, bemüht sich schon aus Klugheit, die Zustimmung aller Bürger, in welchem politischen Lager auch immer, zu finden und ihre Entscheidung aus übergreifen-

---

[44] *Immanuel Kant*, Über den Gemeinspruch: Das mag in der Theorie richtig sein, taugt aber nicht für die Praxis (1798), in: *ders.* (N 40), Bd. VI, 1964, S. 124 (161).

[45] *Thomas Hobbes*, De cive, 1647, c. 7, § 14.

den Gesichtspunkten, nicht zuletzt aus solchen der Gerechtigkeit, zu begründen.

2. Positivierte Gerechtigkeitssubstanz: das Verfassungsgesetz

Das Verfassungsgesetz enthält in hohem Maße Normen von rechtsethischer Bedeutung. Es läßt sich deuten als Tafel von Gerechtigkeitsprinzipien, in denen die Nation sich einig ist oder doch einig sein will.

Elemente materialer Gerechtigkeit sind vornehmlich in den Grundrechten und den Staatszielen enthalten: Menschenwürde und Menschenrechte, Freiheit und Gleichheit, physische Sicherheit vor den Übergriffen Privater und soziale Sicherheit in den Risiken des Marktes.[46] Diese Elemente ergeben jedoch kein geschlossenes Konzept der Gerechtigkeit. Sie stehen auch zueinander in Widerspruch, so die liberalen zu den sozialen Faktoren, die Meinungsfreiheit zum Persönlichkeitsrecht auf Ehre, der besondere Schutz der Ehe zum Gebot der Gleichstellung unehelicher Kinder. Diese Gegensätze bedürfen des Ausgleichs durch Interpretation, nicht zuletzt durch politische Entscheidung des Gesetzgebers. Das Gesetz ist schon deshalb unentbehrlich, weil die Verfassungsnormen durchwegs abstrakt, offen, inhaltlich unvollständig und technisch unfertig gefaßt sind.

Da die Verfassung nur Bruchstücke zu einer Konzeption von materialer Gerechtigkeit liefert, kommt den Organisationsregelungen über Demokratie, Gewaltenteilung, Föderalismus um so größere Bedeutung zu. In ihnen verkörpert sich die aus der Sicht der Verfassung „richtige" Verteilung der Kompetenzen. Schließlich gewährleistet die Verfassung Verfahrensgerechtigkeit vom Wahlverfahren bis zum Strafprozeß.

Die vielfältigen Kontrollen, denen die Staatsgewalt von Verfassungs wegen unterworfen ist, nicht zuletzt der grundrechtlich garantierte Rechtsschutz des Bürgers, zeigen, daß der Rechtsstaat sich seiner eigenen Fehlbarkeit bewußt ist. Freilich kommt am Ende, wenn alle rechtlich möglichen Mittel erschöpft sind, auch im Rechtsstaat die Notwendigkeit des Rechtsgehorsams zum Zuge,

---

[46] Zu den Schwierigkeiten, das soziale Staatsziel mit seinen Gerechtigkeitsimplikationen und Ausgleichserfordernissen zu fassen: *Detlef Merten*, Grenzen des Sozialstaats, in: VSSR 1995, S. 155 (157 ff.).

mag die Entscheidung den Betroffenen auch immer noch als ungerecht erscheinen. Nur so ist der Staat als Entscheidungs- und Friedenseinheit funktionstüchtig.

3. Grenzen des Rechtsgehorsams und des Gewaltverbots

Doch der Rechtsgehorsam, den die konstitutionelle Demokratie einfordert, ist nicht blind, und er ist auch nicht unbedingt. Im
Grenzfall des krassen und evidenten Verstoßes des positiven Gesetzes gegen ein Gebot materialer Gerechtigkeit endet der Rechtsgehorsam. Im deutschen Verfassungsstaat hat sich die „Radbruch'sche
Formel" durchgesetzt: „Der Konflikt zwischen der Gerechtigkeit
und der Rechtssicherheit dürfte dahin zu lösen sein, daß das positive, durch Satzung und Macht gesicherte Recht auch dann den
Vorrang hat, wenn es inhaltlich ungerecht und unzweckmäßig ist,
es sei denn, daß der Widerspruch des positiven Gesetzes zur Gerechtigkeit ein so unerträgliches Maß erreicht, daß das Gesetz als
,unrichtiges Recht' der Gerechtigkeit zu weichen hat."[47] Praktische
Konsequenzen zieht das Recht des öffentlichen Dienstes. Der Beamte kann sich nicht darauf berufen, daß Befehl eben Befehl sei;
vielmehr ist er persönlich für sein amtliches Handeln verantwortlich. Bedenken gegen die Rechtmäßigkeit hat er auf dem Wege der
Remonstration geltend zu machen. Auch bestätigende Anordnung
entlastet ihn dann nicht von der persönlichen Verantwortung, wenn
das ihm aufgetragene Verhalten strafbar oder ordnungswidrig ist
oder die Würde des Menschen verletzt.[48]

Im äußersten Fall, wenn der Verfassungsstaat aus den Fugen
gerät und seine berufenen Amtsträger nicht mehr fähig oder nicht
mehr willens sind, ihn aufrechtzuerhalten, lebt gemäß Art. 20
Abs. 4 GG das Widerstandsrecht für alle Bürger auf, das die Möglichkeit des Rechtsbruchs und der privaten Gewalt entbindet. Es
handelt sich jedoch, worauf Detlef Merten hinweist, um ein Recht
der „qualifizierten Nothilfe für den Staat", um Verfassungshilfe, um
ein Recht mit konservierendem, nicht revolutionärem Charakter.[49]

---

[47] *Gustav Radbruch*, Gesetzliches Unrecht und übergesetzliches Recht, in: SJZ
1946, S. 105 (107). – Dazu *Helmut Lecheler*, Unrecht in Gesetzesform? Gedanken
zur „Radbruch'schen Formel", 1994; *von Arnauld* (N 24), S. 637 ff. (weit. Nachw.).

[48] § 38 BRRG, § 56 BBG. Vgl. auch § 11 SoldG.

[49] *Merten* (N 32), S. 59.

Das Widerstandsrecht ist kein Rechtstitel für anarchische Massen, ihre Vorstellungen von „wahrer Gerechtigkeit", an der parlamentarischen Volksvertretung vorbei, auf eigene Faust zu exekutieren. Das Ausnahmerecht zur Eigenmacht darf nicht auf die Normallage übergreifen. Es taugt nicht dazu, die wirklichen oder scheinbaren Gerechtigkeitsverstöße des Gesetzes zu beseitigen. Soweit kein taugliches Verfahren des Rechtsschutzes oder der Normenkontrolle bereitsteht, sind die Verstöße um der Rechtssicherheit und des Friedens willen in der Regel hinzunehmen.

Obwohl höchste Norm der staatlichen Rechtsordnung, öffnet und unterwirft sich das Grundgesetz dem überpositiven Recht, der „unantastbaren" Würde des Menschen sowie den „unverletzlichen und unveräußerlichen Menschenrechten als Grundlage jeder menschlichen Gemeinschaft, des Friedens und der Gerechtigkeit in der Welt."[50] Diese verfassungsstaatliche Demut bekundet sich auch in dem Bekenntnis des Verfassunggebers zu seiner „Verantwortung vor Gott und den Menschen". Der Verfassunggeber stößt in seiner „Souveränität" auf äußerste Grenzen materialer Gerechtigkeit, die er selber nicht überschreiten darf, ohne Gefahr zu laufen, daß seine Regelungen nichtig sind („verfassungswidriges Verfassungsrecht"). Das Bundesverfassungsgericht hält einen solchen Fall immerhin für möglich; die theoretische Möglichkeit komme freilich bei originären Verfassungsnormen einer praktischen Unmöglichkeit gleich.[51]

In Grenzfällen darf das positive Recht um überpositiver Werte willen durchbrochen, die Legalität zugunsten der Legitimität suspendiert werden und die materiale Gerechtigkeit den Vorrang vor der Rechtssicherheit erlangen. Wer einen solchen Grenzfall annimmt und ein Ausnahmerecht für sich in Anspruch nimmt, bedarf jedoch der Urteilskraft, des Mutes und eines guten Gewissens. Denn ihm selbst wie dem Gemeinwesen drohen hohe Risiken.

4. Meta-Verfassung des Grundgesetzes

Jedes Verfassungsgesetz versucht, auf seine Weise der Idee der Gerechtigkeit Genüge zu tun und einzelne ihrer Forderungen in po-

---

[50] Dazu *Josef Isensee*, Positivität und Überpositivität der Grundrechte, in: HGR II, 2006, § 26 Rn. 80 ff.; *Merten* (N 41), § 27 Rn. 10 ff.

[51] BVerfGE 3, 225 Ls. 2 (232 f.). Vgl. auch 1, 14 (32 f.); 4, 294 (296); 23, 98 (106 f.); 84, 90 (121).

sitivrechtliche Normen umzusetzen. Doch damit rührt es nicht an die Gerechtigkeit als Idee. Diese bleibt außen vor. Dazu neigt aber ein deutscher Verfassungsenthusiasmus. Ihm gilt das Grundgesetz als der rechtliche Safe der Gesellschaft, in den sie alles, was ihr hehr und teuer ist, eingebracht hat. Er erkennt nur die Rechte und Werte an, die sich von der Verfassung her beglaubigen. Quod non est in constitutione, non est in mundo. So soll dem Grundgesetz denn die Idee der Gerechtigkeit einverleibt werden. Das Bundesverfassungsgericht weist ihr einen Platz im Rechtsstaatsgedanken zu.[52] Andere verorten sie in Art. 20 Abs. 3 GG, als Komponente des „Rechts", das neben dem „Gesetz" die vollziehende Gewalt und die Rechtsprechung bindet.[53] Doch die Rolle der Gerechtigkeit läßt sich nicht mit den Mitteln des positiven Rechts einfangen. Die Idee als solche liegt notwendig dem positiven Recht voraus. Ihr semantischer Einbau in den Gesetzestext könnte jedoch als dynamische Verweisung auf die jeweils obwaltenden Gerechtigkeitsvorstellungen gedeutet werden – mit Gefahren für die Stabilität und Identität des Verfassungsgesetzes.

Das Wort „Gerechtigkeit" erscheint freilich im Text des Grundgesetzes. Die vorstaatlichen Menschenrechte werden als Grundlage der „Gerechtigkeit in der Welt" bezeichnet (Art. 1 Abs. 2 GG). Doch hier wird die Gerechtigkeit als solche nicht geregelt und nicht gewährleistet. Vielmehr fällt das Wort im Kontext des Bekenntnisses, das der Verfassunggeber zu den „vorverfassungsrechtlichen Rechten"[54] ablegt, die ihrerseits auf die Gerechtigkeit als Idee bezogen sind. Die „Gerechtigkeit gegen jedermann", die zu üben der Bundespräsident schwört (Art. 56 S. 1 GG), steht im Eidestext *neben* der Wahrung des Grundgesetzes und der Gesetze. Die Verpflichtung zur Gerechtigkeit hat also eigenständige Bedeutung, die über bloße Legalität hinausweist: auf das Ethos des Amtes, das allen positivrechtlich ausformulierten Pflichten voraus liegt.

Die Idee der Gerechtigkeit hat ihren Ort in der ungeschriebenen Meta-Verfassung, die hinter dem geschriebenen Verfassungsgesetz

---

[52] BVerfGE 7, 89 (92); 7, 194 (196); 21, 378 (388); 102, 254 (299, 301 f.). Gegenposition: *Merten* (N 32), S. 10 ff. (Nachw.).

[53] Ablehnend nach eingehender Auseinandersetzung *Merten* (N 32), S. 22 ff.

[54] *Merten* (N 41), § 27 Rn. 13.

steht.[55] Sie hat als solche keinen naturrechtlichen Charakter. Sie ist aber auch kein beliebiges Konstrukt einer Verfassungstheorie. Vielmehr bildet sie den vorpositiven Grund, auf dem der Bau der positiven Verfassung errichtet ist. Die Meta-Verfassung umfaßt die Leitgedanken, an der das Verfassungsgesetz sich ausrichtet, die es in der einen oder anderen Weise durch einzelne Vorschriften berührt, umsetzt oder konkretisiert, ohne aber ihr kreatives wie kritisches Potential auszuschöpfen und sie als solche sich zu inkorporieren. Zur Meta-Verfassung des Grundgesetzes gehören neben dem Prinzip der Gerechtigkeit die Prinzipien des Gemeinwohls und des Amtes, der Solidarität und der Subsidiarität, das rechtsstaatliche Verteilungsprinzip, Menschenwürde und Menschenrechte.[56]

Die Grenzen möglicher Positivität zeigen sich darin, daß das positive Gesetz der Auslegung unterliegt, diese aber aus sich heraus nicht zu lenken vermag. Die Gesetzesauslegung ist kein reiner Erkenntnisakt, sondern ein nachschöpferischer Prozeß. Die juristische Methodenlehre vermag ihn nicht zielsicher zu steuern. Denn ihre Regeln sind nicht präskriptiv, sondern deskriptiv. Deren Auswahl und Anwendung wird in der Praxis weithin vom Ergebnis her determiniert, also retrospektiv, nicht prospektiv. Das umspielt der klassische Philologe Reinhold Merkelbach mit einem etymologischen Bonmot: Methode leite sich ab von μέθ'οδον („nach dem Weg"); „Methode ist der Weg, nachdem man ihn gegangen ist."[57] – Was der Methode an Steuerungsfähigkeit fehlt, hat das Ethos des Interpreten auszugleichen. Interpretation des Rechts fordert über alle technische Fertigkeit hinaus Ethos, damit die Ausrichtung auf die Idee der Gerechtigkeit, wie sie die Norm, gemäß den Vorgaben der Verfassung, im Ganzen der Rechtsordnung vermittelt. Am Ende ist die Gerechtigkeit auch als Tugend im alteuropäischen Sinne rehabilitiert: Kardinaltugend, deren der Rechtsstaat bedarf, die er aber von sich aus nicht zu organisieren vermag.

---

[55] Dazu *Isensee* (N 22), S. 47 ff.

[56] Zum Ideencharakter der Menschenrechte und der Menschenwürde *Isensee* (N 50), § 26 Rn. 80 ff.; *ders.*, Menschenwürde – die säkulare Gesellschaft auf der Suche nach dem Absoluten, in: AöR 131 (2006), S. 173 (209 ff.).

[57] Zitat bei *Wolfgang Dieter Lebek*, Nachruf auf Reinhold Merkelbach, in: Nordrhein-Westfälische Akademie der Wissenschaften, Jahrbuch 2007, S. 166 (177).

VII. Relativierung der Gerechtigkeitsidee

1. Wasser in den Wein der reinen Gerechtigkeit

Sie habe Gerechtigkeit erhofft und den Rechtsstaat erhalten, so klagte nach der deutschen Wiedervereinigung eine vormalige Bürgerrechtlerin der DDR und sprach vielen ihrer Landsleute aus dem Herzen.[58] Doch die Alternative zwischen Gerechtigkeit und Rechtsstaat ist falsch. Der Rechtsstaat strebt danach, materiale Gerechtigkeit zu verwirklichen; aber er weiß auch, daß seine Bemühungen unzulänglich und diskutabel bleiben. Als Ausgleich gewährleistet er Machtbegrenzung, Rechtssicherheit, Freiheit. Das unterscheidet ihn vom totalitären Gerechtigkeitsstaat. Der Rechtsstaat muß revolutionäre Hoffnung auf Veränderung und auf radikale Vergeltung enttäuschen. Die Hoffnung hätte nur eine gewaltsame Revolution einlösen können; die Revolution der Deutschen von 1989 aber verlief friedlich. Der Rechtsstaat kann das nicht nachholen. Ihm fehlten die fanatische Gewißheit über die Sache der Gerechtigkeit, wie sie Revolutionären eignet, die Einseitigkeit des Urteils, die Unbedenklichkeit in der Wahl der Mittel, der Blutrausch. Skeptisch in dem, was „wahre" Gerechtigkeit sein soll, der eigenen Fehlbarkeit bewußt, distanziert zu den gesellschaftlichen Konflikten, resistent gegen Haß, Neid und Begeisterung, wahrt er Form und Maß und erkennt sie alle als Rechtssubjekte und als Inhaber von Grundrechten an: die mutmaßlichen Opfer des Unrechtsstaats wie die mutmaßlichen Täter.

Dagegen verhieß der weiland real existierende DDR-Sozialismus absolute Gerechtigkeit, nicht behindert durch juristische Förmlichkeiten, nicht gehemmt durch Legalitätsskrupel. Was gerecht war, das ergab sich nicht aus philosophischer Schau einer Idee, sondern aus dem Machtwillen der Partei und diente dazu, deren Diktatur zu legitimieren und einen moralischen Begriff politisch zu besetzen.[59]

Auf einen Schelmen anderthalbe: in der unvollkommenen Welt läßt sich die Gerechtigkeit nicht vollkommen verwirklichen. Gerechtigkeit pur ist noch nicht einmal ein Wunschtraum – es sei denn für den Terroristen, der seinem absoluten Ideal alles zu op-

---

[58] Dazu *Josef Isensee*, Rechtsstaat – Vorgabe und Aufgabe der Einung Deutschlands, in: HStR IX, 1997, § 202 Rn. 22 ff.

[59] Näher *Isensee* (N 58), § 202 Rn. 54 ff.

fern bereit ist. Aus der mittelalterlichen Papstgeschichte wird berichtet, daß ein römischer Prälat sich an oberster Stelle beschwert habe über ungerechte Behandlung. Die Antwort: „Mein Sohn, Du klagst vergebens. Auf Erden regiert die Ungerechtigkeit. Gerechtigkeit herrscht noch nicht einmal im Himmel. Dort regiert die Liebe. Gerechtigkeit gibt es nur in der Hölle."

Die Idee der Gerechtigkeit kann eine Neigung zu moralischer Hybris, zu inhumaner Härte, zu starrer Regelhaftigkeit entbinden. Die Verabsolutierung von Gerechtigkeitsansprüchen erzeugt Unrecht. Summum ius summa iniuria. In der mittelalterlichen Philosophie wird daher die Gerechtigkeit flankiert von den Kardinaltugenden: der Mäßigung und der Klugheit. Sie hat in der Tat deren Gesellschaft nötig, wie sie sich auch mit der Tapferkeit verbinden muß, um reale Wirksamkeit zu erlangen.

Damit der Traum von Gerechtigkeit nicht umschlägt in einen Alptraum, wird in den Wein der Gerechtigkeit immer viel Wasser gegossen: Nachsicht, Augenmaß, Opportunität als taktische Toleranz gegenüber dem Unrecht und die Kunst, Fünfe gerade sein zu lassen, Erfordernisse der Rechtssicherheit, Formgesetzlichkeit, Ökonomie der Rechtsverwirklichung. Aristoteles warnt den Rechtsgenossen, „in kleinlicher Genauigkeit sein Recht so lange zu verfolgen, bis es Unrecht wird", und legt ihm nahe, auch wenn das Gesetz auf seiner Seite stehe, sich eher mit einem bescheideneren Teil zu begnügen, als sein Recht auf die Spitze zu treiben.[60] So wird das allgemeine Gesetz in seiner Schroffheit unter bestimmten Voraussetzungen abgemildert durch den Dispens. Behutsam gehandhabt, verstößt er nicht gegen die Idee der Gerechtigkeit. Vielmehr bringt er sie im Einzelfall gerade zur Geltung.[61] Der staatlichen Strafgewalt korrespondiert von jeher die Gnade, als Ausdruck der Demut und Eingeständnis, daß irdische Gerechtigkeit nicht vollkommen ist und nicht zu sein beansprucht. Gnade entzieht sich den strengen Regeln des Rechtsstaats. Wenn er die Gnade verrechtlicht, verliert sie freilich ihren Charakter und wird zur normativen Strafmilderung.[62] – Das Recht trägt seiner Zeitgebundenheit wie der vita

---

[60] *Aristoteles* (N 15), 1138a (V, 14).

[61] Dazu *Josef Isensee*, Normalfall oder Grenzfall als Ausgangspunkt rechtsphilosophischer Konstruktion?, in: Winfried Brugger/Jörg Haverkate (Hg.), Grenzen als Thema der Rechts- und Sozialphilosophie, ARSP Beiheft Nr. 84, 2002, S. 51 (55 f.).

[62] Eingehend *Detlef Merten*, Rechtsstaatlichkeit und Gnade, 1978.

brevis der Rechtsgenossen Rechnung durch Einrichtungen wie die Verjährung oder das Verbot der Rückwirkung.

Das heute vorherrschende Rechtsempfinden reibt sich an der unvermeidlichen Härte des allgemeinen Gesetzes und findet sich nicht ab mit der Einsicht „dura lex, sed lex".[63] Vielmehr neigt es dazu, die Strenge des Gesetzes aufzuweichen. Das Bundesverfassungsgericht macht es vor, indem es einerseits den Vorbehalt des Gesetzes immer weiter dehnt, andererseits die Allgemeinverbindlichkeit des Gesetzes ablöst durch Güterabwägungen im Einzelfall im Namen der Grundrechte, die jedoch keine Maße und Gewichte abgeben, so daß die Allgemeinheit, Gleichheit, Berechenbarkeit, Transparenz und Rationalität der Rechtsanwendung Schaden nehmen. Am Ende bleiben Erwägungen der Gerechtigkeit im Einzelfall, die sich nicht auf verallgemeinerungsfähige Maßstäbe zurückführen lassen. Das Prinzip Gerechtigkeit wird abgelöst vom Prinzip Zufall, der darüber entscheidet, ob der Beschwerdeführer aus der Karlsruher Abwägungslotterie einen Treffer zieht oder eine Niete.

2. Hochkonjunktur der Gerechtigkeitspostulate

Im christlichen Äon erfüllte sich die Idee der Gerechtigkeit in der vollkommenen Gerechtigkeit Gottes im Weltgericht, die ihrerseits aufgehoben war in der Liebe zu seinen Geschöpfen. Die Hoffnung auf die Gerechtigkeit im Jenseits erleichterte dem Christen, sich mit der unvollkommenen Gerechtigkeit im Diesseits abzufinden und dem allfälligen Unrecht gelassen zu begegnen. Das biblische Gleichnis vom Himmelreich als einem Weinberg[64] lehrt, daß die menschlichen Vorstellungen von Tausch- und Verteilungsgerechtigkeit zunichte werden an der höheren Gerechtigkeit Gottes.

Eine transzendenzlose Philosophie wie die Schillers oder Hegels deutet die Weltgeschichte als das Weltgericht und sucht hier die endgültige, irdische Gerechtigkeit zu finden. Doch Individuen und Völker lassen sich nicht mit geschichtsphilosophischem Trost abspeisen. Der „Hunger nach Gerechtigkeit" nimmt zu in dem Maße, in dem die Bereitschaft des Menschen abnimmt, sich in sein Schicksal zu fügen. Die säkulare Gesellschaft neigt dazu, jedwede

---

[63] Zu einem klassischen Paradigma harter, konsequenter Strafgerechtigkeit *Detlef Merten*, Der Katte-Prozeß, 1980.

[64] Mt 20, 1-16.

Form realer Ungleichheit, schicksalhafte wie gewillkürte, Glück wie Unglück im Leben am Maßstab der Gerechtigkeit zu messen, von der Einkommensverteilung bis zum Urlaubswetter. Selbst Ereignisse und Zustände der Geschichte, die Jahrhunderte zurückliegen wie Kreuzzüge und Inquisition, die Unterdrückung der Frau im Mittelalter und der Sklavenhandel der frühen Neuzeit, werden an den heutigen Gerechtigkeitmaßstäben der Menschenrechte und des Völkerrechts gemessen und danach be- und verurteilt. Die Nachfahren der vormals Geschädigten rufen nach Ausgleich. Für einen ideellen Ausgleich sollen die neuartigen Bußrituale sorgen, denen sich die Nachfolger einstiger Tatverantwortlicher unterziehen, vom US-Präsidenten[65] bis zum Papst.[66] Die Suche nach historischer Ungerechtigkeit wird zur Quelle von Entschädigungsforderungen präsumtiver Erben des Unbills. Die Weltgeschichte verwandelt sich damit zwar nicht in das Weltgericht, wohl aber in eine Fundgrube von Kompensationstiteln.[67]

Das Problem der Gegenwart ist es, die Idee der vollkommenen Gerechtigkeit den unvollkommenen Bedingungen der Lebenswelt so anzupassen, daß sie nicht in Inhumanität umschlägt. Kants vielzitierte rigide These „Wenn die Gerechtigkeit untergeht, so hat es keinen Wert mehr, daß Menschen auf Erden leben,"[68] verträgt und fordert Abmilderung: Gerechtigkeit darf nur in der Gestalt und in dem Maß gefordert werden, wie sie dem Weiterleben der Menschen zuträglich ist.

---

[65] Dazu mit vielen Beispielen *Hermann Lübbe*, „Ich entschuldige mich", 2003.

[66] Dazu *Konrad Repgen*, Kirche, Schuld, Geschichte, in: Die Neue Ordnung 53 (1999), S. 293 ff.

[67] Als Präsident Clinton auf einer Afrikareise sein Bedauern über den einstigen Sklavenhandel geäußert hatte („we wrong in that"), forderte The African World Reparation and Repatriation Truth Commission „777 trillion dollars in reparation for enslavement". Dazu *Lübbe* (N 65), S. 51 ff.

[68] *Immanuel Kant*, Metaphysische Anfangsgründe der Rechtslehre, [1]1797, S. 197.

AUFHEBUNG DER GRENZEN

Von der Notwendigkeit zu feiern –
Die Philosophie des Festes

Die Annahme seiner selbst

Jedes Kind weiß aus angeborenem Instinkt, daß es ein Menschenrecht auf eine Geburtstagsfeier hat und worauf sich dieses Recht gründet. Einmal im Jahr will es ganz im Mittelpunkt der Familie stehen. Alle sollen es in seiner Einzigkeit und Einmaligkeit wahrnehmen. Nicht etwa, weil es besondere Vorzüge aufwiese oder weil es besondere Leistungen erbracht hätte, sondern einfach deshalb, weil es da ist. Alle Gratulationssprüche haben den einen Sinn: „Es ist gut, daß es Dich gibt." Das Kind, noch ganz in Übereinstimmung mit sich selbst, nimmt die Zuwendung der anderen entgegen und sieht sich von ihnen angenommen, so wie es ist.

Dieser naive Drang, zu feiern und sich feiern zu lassen, wird im Laufe der Entwicklung gebrochen durch Reflexion. Was an Instinktsicherheit verloren geht, muß ausgeglichen werden durch Gründe. Doch die Gründe, nach denen der Erwachsene sucht, der Intellektuelle zumal, sind zunehmend solche, die ihm helfen, den Feiern, die Konvention und Kalender ihm nahelegen, zu entgehen. Und das nicht unbedingt aus Bescheidenheit oder aus Sparsamkeit, auch nicht notwendig deshalb, weil er nicht an die steigende Zahl seiner Jahre und nicht an die wachsende Nähe zum Lebensende erinnert werden möchte. Die eigentliche Ursache liegt tiefer. Er will sich nicht feiern lassen, weil er mit sich selbst und auch mit seiner Umwelt nicht im Reinen lebt und er selber weder glaubt noch von anderen hören will: „Es ist gut, daß es Dich gibt".

Wer mit sich selbst hadert, hat nicht die moralische Vorleistung erbracht, die nach Romano Guardini der Mensch erbringen muß, um moralische Reife zu erlangen: die Annahme seiner selbst, wie er von Alter und physischer Ausstattung, von Natur und Herkunft, in der Begrenztheit seiner Individualität nun einmal ist. Der Akt der Selbstannahme enthält ein Moment von Askese: „… ich muß auf

---

Erste Fassung: Vortrag auf der Festveranstaltung zum zwanzigjährigen Bestehen der Guardini-Stiftung in Berlin am 19. Oktober 2007 (gekürzt in: Die Politische Meinung 53, 2008, S. 55-68).

den Wunsch verzichten, anders zu sein, als ich bin; gar ein anderer als der, der ich bin. … Ich soll damit einverstanden sein, der zu sein, der ich bin. Einverstanden, die Eigenschaften zu haben, die ich habe. Einverstanden, in den Grenzen zu stehen, die mir gezogen sind. … Ich kann mich selbst nicht erklären, noch mich beweisen, sondern muß mich annehmen. Und die Klarheit und Tapferkeit dieser Annahme bildet die Grundlage alles Existierens.“[1] Wer diese Vorleistung verweigert, droht in Selbstverneinung zu versinken, in die Sünde der Traurigkeit. Bei Georges Bernanos heißt es: „Es ist schwer, sich selbst zu verachten, ohne Gott in sich zu beleidigen.“ Die Annahme seiner selbst bildet die Bedingung der Möglichkeit einer Feier. Wer mit sich selbst hadert, kann schwerlich mit anderen feiern und sich feiern lassen.

Die Schwierigkeit der Deutschen zu feiern

Das gilt nicht nur für das Individuum, sondern, mutatis mutandis, für die Nation. Die deutsche Nation tut sich schwer, sich selbst zu akzeptieren, wie sie von ihrer irreversiblen Geschichte her ist. Sie sucht ihrer Identität zu entrinnen. Angesichts der NS-Schmach ist ihr Selbstbewußtsein gebrochen. Schon der Appell eines Bundespräsidenten, „unverkrampft“ zu sein, klang den national Verkrampften obszön. Sie haben sich die psychoanalytische Schelte der „Unfähigkeit zu trauern“ zu Herzen genommen und die Fähigkeit zu feiern eingebüßt. Staatliche Feiern mutieren zu Trauerarbeit. Die Regierenden absolvieren am Nationalfeiertag, der heute zur Grundausstattung eines jeden Staates gehört, lustlos das Pflichtpensum an Reden und Protokoll, unter strenger Überwachung durch political correctness, daß nicht zum Jubel ausarte, was doch nur als Mahn- und Bußritual statthaft sei.

Die Deutschen bekennen sich zu der Schuld, die sie durch Untaten an anderen Völkern und an der Menschheit auf sich geladen haben. Nur durch schonungslose Aufrichtigkeit können sie sich selbst wiederfinden. Gleichwohl lohnte es sich, darüber nachzudenken, ob nicht – mit allen Vorbehalten und aller Vorsicht, die bei einer Analogie angebracht ist – ein wenig von der Einsicht Guardinis, die sich auf das Individuum bezieht, auf die Nation übertragbar ist: daß das Gericht, das der Mensch über sich selbst hält, niemals die fun-

---

[1] *Romano Guardini*, Die Annahme seiner selbst, [1]1960, S. 13, 14, 16.

damentale Achtung aufheben darf, die er sich selbst schuldet, und daß Reue, eine der mächtigsten Ausdrucksformen unserer Freiheit, nicht zur Preisgabe des Selbst führen darf.[2]

Die Mühsal des staatlichen Feierns gründet auch in der staatlichen Verfassung. Die Republik ist die Staatsform des Wortes. Ihr fehlt die sinnliche Dimension des Anschauens und des Rituals, wenn man vom militärischen Zeremoniell absieht, das hierzulande freilich als mehr oder weniger genierlich wahrgenommen wird. Die verbalistische Verkürzung trifft die Deutschen besonders hart, weil ihnen, im Unterschied zu ihren romanischen Nachbarn, die Gabe der Rhetorik nur in spärlicher Dosis zugeteilt wurde. Völlig neu ist der Sachverhalt aber nicht. Im Jahre 1807, vor 200 Jahren also, schrieb Goethe: „… was die öffentlichen Feierlichkeiten betrifft, so teilt sich die Welt wirklich in eine Tages- und Nachtseite, und leider befinden wir uns auf der letzteren." Goethe sah den Ausgleich in der privaten Feier: daß wir alle Ursache haben, „unsere inneren Familien- und Freundeslusttage recht fromm zu begehen."[3]

So prekär staatliche Feste geraten, so fröhlich und vital fallen die Feste aus, die das Volk sich selber gibt, Kirmes und Karneval, Jahrmarkt und Oktoberfest. Die Volksfeste erhoben sich nach Kriegsende zum Erstaunen der Besatzungssoldaten rasch wieder zum munteren Leben, als die Städte noch in Trümmern lagen und die Einwohner noch auf Hungersration gesetzt waren. Über Bombentrichter regnete es Konfetti. Immer wieder entzünden sich aus allgemeiner Begeisterung spontane Volksfeste, so beim Fall der Berliner Mauer. Zum nationalen und zugleich kosmopolitischen Fest gerät den Deutschen die Fußballweltmeisterschaft 2006. Über Nacht verschwindet, womit sie zuvor sich selbst gequält und andere genervt haben: masochistische Bußrituale und psychopathisches Bemühen, der eigenen Identität zu entrinnen. Auf einmal walten heiteres Selbstbewußtsein und gelassene Weltoffenheit jenseits von nationalistischer Überhebung und postnationalistischem Selbsthaß. Im sportlichen Wettstreit der Nationen bekennen sich die Deutschen zu ihrer Nation und erweisen sich gerade deshalb als liebenswürdige Gastgeber, denen fremde Nationen herzlich willkommen sind, denen sie die Siege gönnen, ohne darum den Jubel über die eigenen

---

[2] *Guardini* (N 1), S. 20 ff.

[3] Brief an K. F. von Reinhard, 16. November 1807, in: Goethe, Werke, Weimarer Ausgabe, IV. Abteilung, 19. Bd., 1895, S. 454.

Siege zu unterdrücken. Fahne und Hymne – nun nicht mehr frugale Staatssymbole, sondern Ausdruck freudiger Übereinstimmung und jugendlicher Unbekümmertheit, frei von den Regeln des Protokolls, des Geschmacks, der political correctness: eine anarchodemokratische Großgemeinde, in der Einheimische und Zuwanderer, Deutsche und Türken zusammenfinden. Die Woge nationalen Glücks überrollt den grämlichen Protest, überstimmt den angelernten deutschen Jammerton und beendet die Bürgerpflicht zu nationaler Verklemmtheit. Halkyonische Tage, in denen sich Deutschland „wie ein anderes gutes Land"[4] fühlte und der staunenden Welt zeigt, daß es ein solches wirklich zu sein vermag.

Das kultische Urbild der Feier

So unsicher sich der Staat zeigt, Feste zu feiern, so sicher ist die katholische Kirche. Die Kirche hegt und sie erfüllt die Sonn- und Feiertage, die einfachen und die hohen Feste, die „heiligen Zeiten", die sich über den Werktag erheben. In ihrer Botschaft liegt etwas von vornherein Festlichem: die Überwindung irdischer Not und Sünde, die Ausrichtung auf das ewige Heil. In der Liturgie nimmt der Geist sinnliche Gestalt an. Das zentrale Ereignis der Kirche, die Eucharistie, stellt sich dar als Feier. In sie gehen ein Leid und Glück des Menschen, Geburt und Tod, Sünde und Vergebung. Wer das Meßopfer feiert, nimmt sich selbst an, als von Gott gewollt und zum Heil berufen. Er bejaht sich als Person und als Teil der von Gott geschaffenen und erlösten Welt. Die liturgische Feier ist ein Akt der Affirmation. Affirmation aber ist die Grundvoraussetzung jedweden Festes.[5] Das religiöse Fest ist repräsentativ für das Fest überhaupt, dessen erhabenste Form es bildet.[6] Auch historisch gesehen, bildet das kultische Fest das Urbild, das sich im weltlichen Raum in unzählbaren Erscheinungen verwirklicht.

---

[4] *Bert Brecht*, Kinderhymne.

[5] *Joseph Pieper*, Über das Phänomen des Festes, 1963, S. 12, 18, 32, passim.

[6] Nachw. *G. Lieberg* und *W. Siebel*, Fest, in: Historisches Wörterbuch der Philosophie, Bd. 2, 1972, Sp. 938 ff.

Ausstieg aus dem Werktag

Was aber ist ein Fest?

Das Fest lebt aus dem Kontrast zum Werktag. „Tages Arbeit! Abends Gäste! / Saure Wochen! Frohe Feste!"[7] Das Fest hebt sich von der Alltagswelt ab und über diese empor als die außer-alltägliche, die höhere Daseinsform. Die Last wird abgelegt. Die Sorge verstummt. Das Geschäft ist kein Thema. „Für heute lass' uns nur von sternendingen reden!", der hochgreifende Appell Stefan Georges führt hin zum Eigentlichen des Festes.[8] Schon in seinem äußeren Erscheinungsbild hält es zum Alltag Distanz, durch den „festlich" geschmückten Raum, die „festlich" gedeckte Tafel, die „festlich" gewählte Kleidung. Das Wort „festlich" steht für kulturelles Niveau, oberhalb der Sphäre des praktisch Nützlichen und der bloßen Funktionalität, in der Sphäre des zweckfrei Schönen. Das Fest verfolgt keinen Zweck. Vielmehr ist es in sich Zweck. Der Mensch übersteigt das Reich der Notwendigkeiten und tritt ein in das Reich der Freiheit. Eben deshalb besteht die innere Notwendigkeit zu feiern, damit er seine Freiheit von den äußeren Notwendigkeiten erlebt und zu sich selbst findet. Im Fest triumphiert die Person über das Elend der Umstände. Wer die Last des Alltags trägt, braucht das Fest, um den Alltag auszuhalten. Er erhält, wie es im Alten Testament vom Sabbath heißt, die Chance zum „Atemholen". (Ex 23, 12)

Der Daseinskampf ist suspendiert. Das Fest bildet den Ausstieg aus den Pflichten und Strebungen des Alltags, aus den Bedürfnissen und Bedrängnissen der gesellschaftlichen Selbstbehauptung. Hier gibt es nicht Sieg oder Niederlage. Die Prinzipien von Leistung und Konkurrenz gelten nicht. Die Lasten der Vergangenheit sind verbannt, ebenso die Ängste vor der Zukunft. Das Fest ist ganz Gegenwart. Die Uhr wird angehalten. Die Zeit wird nicht genutzt, sie wird erfüllt. Die Sonne steht still, wo man feiert.

Das Fest berührt sich mit dem Spiel, von dem Schiller sagt: „… der Mensch spielt nur, wo er in voller Bedeutung des Wortes Mensch ist, und *er ist nur da ganz Mensch, wo er spielt.*"[9] In der

---

[7] *Johann Wolfgang von Goethe*, Der Schatzgräber.

[8] *Stefan George*, Der Siebte Ring, 1907.

[9] *Friedrich Schiller*, Über die ästhetische Erziehung des Menschen in einer Reihe

Deutung Guardinis erscheint sogar die Liturgie als Spiel: „Vor Gott ein Spiel zu treiben, ein Werk der Kunst – nicht zu schaffen, sondern zu sein, das ist das innerste Wesen der Liturgie. Daher auch die erhabene Mischung von tiefem Ernst und göttlicher Heiterkeit in ihr."[10]

Im Wort „feiern" steckt auch die Bedeutung des Nicht-Arbeitens. In der Tat: Feier und Arbeit schließen einander aus. Wer feiert, läßt die Arbeitswelt, ihre Zwänge und Anstrengungen hinter sich. Im Fest ruht die Arbeit. Doch zehrt es von ihren Früchten. Es genießt.

Der Einwand liegt nahe, daß die Vorbereitung und Durchführung eines Festes doch Arbeit mache den Organisatoren, Ordnern, Mundschenken, Köchen, Kellnern. Die Arbeit sorgt für die Voraussetzungen des Festes, doch sie ist nicht dessen Bestandteil. Sie macht sich unsichtbar. Sie wird getan, bevor die Gäste kommen oder nachdem sie bereits gegangen sind. Solange sie aber da sind, in der Feier, erfolgt sie hinter verschlossenen Türen. Die Hausfrau, die für das Mahl des kleinen Familienfestes sorgt, legt ihre Küchenschürze ab, ehe sie, nun demonstrativ entspannt, die Gäste begrüßt. Wer aktiv und sichtbar an einer Feier mitwirkt, als Gastgeber, Redner, Musiker oder sonstiger Akteur, gibt seine innere Angestrengtheit und Aufgeregtheit nicht nach außen zu erkennen. Er überspielt den Rollenzwang und stellt sich dar als heiterer Mitspieler im freien Spiel des Festes. Wie fern die Kategorie der Arbeit der Idee des Feierns liegt, zeigt die Feier der Eucharistie. Der Priester fungiert nicht als Meßwerker und nicht als Liturgiearbeiter, sondern als Zelebrant. Er *feiert* die Messe.

Je drückender und armseliger der Alltag, desto schöner die Freiheitserfahrung im Fest. Es bedarf nicht des materiellen Reichtums, um freudig und glanzvoll zu feiern. Das zeigen Hochzeitsfeste indischer Kleinbauern und Fronleichnamsprozessionen im Mezzogiorno. Wohl aber bedarf es der Muße. Wo der äußere oder innere Zwang zur Arbeit den Einzelnen vollständig versklavt, erlischt die Fähigkeit zu feiern. Widerstand gegen die totale Verwerktäglichung leistet die Institution des Sonntags, das heilige Vermächtnis der jüdisch-christlichen Religion an die säkulare Welt von heute.

---

von Briefen, 1795, in: ders., Theoretische Schriften (hg. von Rolf-Peter Janz), 1992, S. 556 (614).

[10] Zur Liturgie als Spiel *Romano Guardini*, Vom Geist der Liturgie ([1]1918), [20]1997, S. 68.

Die Weimarer wie die Bonner Verfassung schützen denn auch den Sonntag als Tag der Arbeitsruhe und der seelischen Erhebung. Heute droht die Gleichschaltung von Sonntag und Werktag durch den Sog ökonomischer Interessen, die ganzwöchentliche Öffnung der Läden, die permanente Animation zu Konsum, Betriebsamkeit, Rummel, Lärm, Betäubung.

Der Unterschied zwischen Werktag und Festtag wird aber auch eingeebnet durch wachsende Freizeit, in der zwischen Samstag und Sonntag, Festtag und Brückentag praktisch nicht mehr unterschieden wird. Doch Freizeit und Urlaub machen noch kein Fest. Muße ist eine Bedingung seiner Möglichkeit, mehr aber auch nicht. Wo es keinen Werktag gibt, wo die Erfordernisse der Daseinserhaltung nicht mehr zu spüren sind, in der dolce vita des Playboys, kann sich das echte Fest nicht entfalten. In der Trivialszene der Dauerparties mag sich wiederholen, was der Historiker in der glänzendsten und raffiniertesten Kultur des Festes beobachtet, die sich an den Höfen des Barock entfaltete: „Das höfische Leben ist ein totales Fest. In ihm gibt es nichts als das Fest, außer ihm keinen Alltag und keine Arbeit, nichts als die leere Zeit und die lange Weile. Und es sieht aus, als ob es der Horror vacui sei, der das höfische Fest erzeugt habe."[11]

Erfahrung der Endlichkeit

Im Neuen Testament wird das Himmelreich verglichen mit einem unendlichen Gastmahl, einem ewigen Fest. Das Fest also als Metapher für die jenseitige Seligkeit, ein Vorgeschmack des Paradieses, ein Bild für das endgültige Entrücktsein aus den irdischen Notwendigkeiten. Doch die unendliche und ununterbrochene Dauer ist dem Himmel vorbehalten. Im Horizont des Irdischen wäre es unmöglich, noch nicht einmal wünschbar – das unaufhörliche Gastmahl, als real gedacht, wäre geradezu ein Alptraum. Einen solchen Alptraum schildert Heinrich Böll in seiner Satire von der immerwährenden, ganzjährigen Familienweihnachtsfeier, die am Ende alle Familienmitglieder in die Flucht treibt[12]. Dem Menschen ist nicht gegeben, dem Reich der Notwendigkeiten dauerhaft zu

---

[11] *Richard Alewyn*, Das große Welttheater. Die Epoche der höfischen Feste, ²1985, S. 7 ff. (Zitat: S. 14).

[12] *Heinrich Böll*, Nicht nur zur Weihnachtszeit, 1952.

entrinnen. Im Gegenteil: das Fest ist seinem Wesen nach nur ein Paradies auf Zeit. Es durchbricht die Herrschaft des Alltags, aber es hebt sie nicht auf.

Seinem Wesen nach hat das Fest einen bestimmten Anfang und ein klares Ende. Zur Kunst des Feierns gehört, zum richtigen Zeitpunkt Schluß zu machen. Nichts ist trauriger als ein Fest, das kein Ende finden will und sich so lange dehnt, bis es schal wird und sein Frohsinn in Katertrübsal versumpft. Kein Karneval ohne Aschermittwoch, ohne Aschermittwoch kein Karneval. „Löblich wird ein tolles Streben, / Wenn es kurz ist und mit Sinn; / Heiterkeit zum Erdenleben / Sei dem flüchtigen Rausch Gewinn."[13]

Die Endlichkeit des Festes erinnert an die Endlichkeit irdischen Daseins. In jedem Kehraus schwingt die leise Warnung aus Eichendorffs Romanze: „Hüt' dich, Gesell!"[14]

Erlebnis von Gemeinschaft

Ein Einzelner kann nicht allein und für sich feiern. Das Fest ist ein Akt der Gemeinschaft. In ihm erfährt sich eine Menschengruppe als geistige Einheit. Sie kann sich spontan bilden im Wir-Erlebnis eines großen Ereignisses, so 2006 im Jubel der Weltmeisterschaft auf deutschem Boden. Es kann auch aus einer vorgegebenen Gemeinschaft hervorgehen, aus Familie oder Freundeskreis, Gemeinde oder Verein, geistlichem oder weltlichem Verband. Hier besinnt sich die Gemeinschaft auf ihre Grundlagen und den Sinn ihres Bestehens. Sie beschwört den guten Geist, der sie zusammengeführt hat und zusammenhält. Das Fest vollzieht Integration. Alles, was trennt, ist aus dem Festraum verbannt, Kontroverse und Machtkampf, Fraktionierung und Polarisierung, Kränkung wie Kritik der Anwesenden. Es ist nicht die Stunde der Auseinandersetzung, sondern des Zusammenseins. Insofern ist das Fest seinem Wesen nach unpolitisch. In ihm wird nicht über die bessere Gestaltung der Welt gestritten, vielmehr die eigene kleine Welt als gut angenommen. Seiner Grundtendenz nach bedeutet das Fest Zustimmung.

Das Fest unterscheidet sich von der politischen Demonstration; diese dient dem Zweck, die Aufmerksamkeit der Öffentlichkeit zu erlangen, ihren Beifall einzuwerben oder sie einzuschüchtern. Das

---

[13] *Johann Wolfgang von Goethe*, Der Cölner Mummenschanz. Fastnacht 1825.

[14] *Joseph von Eichendorff*, Der Kehraus.

Fest aber dient keinem externen Zweck. Es erfüllt sich in der Gemeinschaft derer, die an ihm teilnehmen, mag es auch nach außen als erwünschtes oder unerwünschtes Zeichen wirken.

Eine Festrede rührt nicht an die wunden Punkte der Gemeinschaft, kränkt niemanden, der dazugehört, provoziert nicht und nimmt nicht Partei in der internen Kontroverse. Damit sind ihr Möglichkeiten verschlossen, die gerade den Reiz der politischen Rhetorik ausmachen. Um den Fehler des Polarisierens zu vermeiden, sucht sich mancher Festredner in den gegenteiligen Fehler zu retten: in die freundlichen Gemeinplätze, in die oberflächliche Harmonisierung, die unverfängliche Vereinsmoral, salzlose Kost der Gutmenschen. Der Festredner muß den schmalen Pfad zwischen den zwei Feuern der Provokation und der Einschläferei finden. Aber er darf sich trösten: er teilt sein heikles Los mit dem Bundespräsidenten, dem zu Unparteilichkeit und Neutralität, zu Integration verpflichteten obersten Festredner der Republik.

Noch einmal: Zwietracht, Neid, Antipathie, interne Kritik haben keinen Platz im Fest. Wenn sie sich dennoch einschleichen und regen, ist das Fest verdorben. Dann entsteht jener groteske Widerspruch zwischen Idee und Wirklichkeit, wie er immer wieder Thema der Literatur und des Films, zumal des skandinavischen, ist: das Familienfest als die Stunde der großen Abrechnung und der familiären Selbstzerfleischung.

Frieden des Festes

Die Perversion des Festes bestätigt seine Idee: das Fest ist nur möglich, wo Frieden waltet. Die Feier gedeiht nur auf dem Boden allseitiger Sympathie. Freilich lehrt die Erfahrung, daß auch Widersacher der Alltagswelt, etwa Exponenten einander befehdender politischer Parteien, miteinander feiern können. Darin erweist sich, daß die Widersprüche nur relative Bedeutung haben und ein Fundament emotionaler oder sachlicher Gemeinsamkeit vorhanden ist. Die Gegner geben gleichsam das Trennende an der Garderobe ab, ehe sie den Festsaal betreten.

Voraussetzung des Festes ist die Versöhnung. Das wird sinnfällig in der Feier der Messe. Zu ihr gehört der Friedensgruß, den der Zelebrant der Gemeinde und deren Mitglieder einander entbieten. Ein feinsinniger Kenner der Liturgie regt an, daß dieser Friedensgruß nicht erst im vorgerückten Gang des Meßopfers erfolgen solle.[15] Eigentlich gehöre er ganz an den Anfang.

Freiheit durch Regeln

Jedem Geladenen steht es frei, ob er die Einladung annimmt oder nicht. Niemand ist rechtlich zur Teilnahme verpflichtet. Das Fest verträgt keinen Zwang, allenfalls den sanften Druck der Familienraison, des Kalenders, der Tradition. Die oktroyierte Feier bedeutet für den Widerstrebenden eine zivilisatorische Folter. Wer aber, wohlmeinender Pression nachgebend, sich um des lieben Friedens willen auf das Fest einläßt, macht gute Miene zum leidigen Spiel, fügt sich in das Reglement und achtet so das Gesetz, unter dem das Fest steht: das Gesetz der Freiheit.

Dieses Gesetz hat keinen Rechtscharakter. Das Recht ist ausgeschlossen aus dem Reich des Festes. Es hat seinen Ort dort, wo sich hart im Raume die Sachen stoßen, wo Interessen widereinander streiten, wo Grenzen zu ziehen sind. Recht ist da, wo Enttäuschungen unvermeidlich sind. Jenseits dieser Sphäre, in welcher der Mensch *das Recht nötig hat*, liegen die anarchischen Sphären, in denen die Widersprüche des Lebens versöhnt und aufgelöst sind: die Poesie, die Religion, die Liebe – das Fest.

Gleichwohl bedarf das Fest der Regeln, wie das Spiel der Regeln bedarf. Diese heben die Freiheit der Teilnehmer nicht auf. Die strengen Regeln des Schachspiels bilden für den Spieler nicht die Schranke seines Spiels, sondern dessen Grundlage. Doch kann dieser hochentwickelte Intelligenzwettbewerb überhaupt als Analogon für ein Fest dienen, in dem sich gerade das Dionysische entlädt? Die Dionysien der Gegenwart, die periodisch wiederkehrenden Tage des rheinischen Karnevals, brechen aus den bürgerlichen Konventionen aus und setzen sich sogar über strafrechtliche Verbote wie die Sachbeschädigung an männlichen Textilien hinweg. Und doch folgen sie ihren eigenen Ritualen: dem Kostümieren, Singen, Schunkeln, Bützen. Der Karneval hat seine gesonderte monarchisch-militärische Organisation mit Prinzen und Garden, Dreigestirnen und Elferräten. Dabei schöpft er aus vitalem Brauchtum.

Die Regeln des Festes setzen sich ab von den Regeln des Werktags. Sie können lockerer sein oder strenger. Auf jeden Fall müssen sie sich von diesen abheben und ein anderes, eigenes Regime bil-

---

[15] *Joseph Ratzinger*, Der Geist der Liturgie, ⁶2002, S. 146 – unter Berufung auf Mt 5, 23-25.

den. Sie können die familiären Verhaltenserwartungen unterlaufen, den bürgerlichen Comment überwinden, dem akademischen Ete-

petete spotten, so etwa, wenn der Professor Faust in Auerbachs Keller hinabsteigt, sich unters Volk mischt, das „mit wenig Witz und viel Behagen" zu feiern versteht und sich „ganz kannibalisch wohl" fühlt „als wie fünfhundert Säuen". Das Fest kann sich aber auch über alles Banale, Legere und Ordinäre, Gewöhnliche und Alltägliche erheben durch Strenge der Form, durch ästhetischen Anspruch – auch auf die Gefahr hin, daß forcierte Erhabenheit abstürzt ins Lächerliche. Im Fest öffnen sich dem Teilnehmer Räume, die ihm sonst verschlossen sind, bieten sich Genüsse, die ihm der Werktag nicht erlaubt, wandelt sich der Diener zum Bedienten, werden Hierarchien eingeebnet und Verbote aufgehoben. Sigmund Freud definiert das Fest geradezu als feierliche Durchbrechung eines Verbotes, als gestatteten, vielmehr gebotenen Exzeß. „Nicht weil die Menschen infolge einer Vorschrift froh gestimmt sind, begehen sie die Ausschreitung, sondern der Exzeß liegt im Wesen des Festes; die festliche Stimmung wird durch die Freigebung des sonst Verbotenen erzeugt."[16]

„The same procedure as every year" – warum auch nicht? Die Idee des Festes hält sich gleichermaßen offen der Wiederkehr des Liebgeworden-Vertrauten wie der fröhlichen Überraschung und der kreativen Neuerung. Gleichwohl findet das Fest seine Rituale eher vor, als daß es sie erfände. Auch das spontane öffentliche Fest wie das der Weltmeisterschaft 2006 greift auf den Fundus der nationalen Symbole zurück, auf Hymne und Fahne. Wie alles im Leben, gibt es keinen voraussetzungslosen Neuanfang. Wer sich seiner vita brevis bewußt ist, wird seine Erfindungskraft nicht überschätzen und seinem Erfinderehrgeiz nicht die Zügel schießen lassen, auch nicht im Feiern. Zur Freiheit des Feierns gehört die Freiheit, sich von innovatorischen Anstrengungen zu entlasten und Traditionen, soweit sie lebenstüchtig und hilfreich sind, fortzusetzen. Je rascher sich die Werktagswelt verändert, umso größer ist das Bedürfnis, sich im Fest zu erholen auf einer Insel der Kontinuität. Doch in glücklichen Augenblicken werden neue Regeln geboren. Die neuen wie alten passen sich den jeweiligen Bedürfnissen an, den freudigen

---

[16] *Sigmund Freud*, Totem und Tabu, in: ders., Gesammelte Werke, 9. Bd., London 1940, S. 170.

wie den traurigen Anlässen, den privaten wie den öffentlichen Veranstaltungen, den staatlichen wie den kirchlichen Ereignissen, dem Kindergeburtstag wie dem Vereinsjubiläum.

Der Zeitgeist wehrt sich gegen überkommene Bräuche und gegen ein vorgegebenes Programm. Er setzt auf Kreativität, auf die Geburt des Festes aus der Eingebung des Augenblicks, auf Selbstverwirklichung des Individuums und schöpferische Freisetzung von Subjektivität im Event. Damit verbinden sich wie im modernen Regietheater Neigungen zu Dekonstruktion wie zu autistischer Entladung.

Das Streben nach Kreativität greift zuweilen über auf die ehrwürdigen Formen der Meßliturgie, die sich von der Frömmigkeit des einzelnen Beters abhebt und objektive, allgemeine Gestalt annimmt und – im hohen Sinne des Wortes – Stil bedeutet.[17] Doch sie ist kein Gegenstand frommer Basteleien und ehrgeiziger Profilsuche. Gegen den Zugriff moderner Kreativitätsansprüche erhebt ein Theologe Einspruch: Kreativität könne keine authentische Kategorie des Liturgischen sein. „Nur der Respekt vor der Vorgängigkeit und vor der grundsätzlichen Unbeliebigkeit der Liturgie kann uns schenken, was wir von ihr erhoffen: das Fest, in dem das Große auf uns zutritt, das wir nicht selber machen, sondern eben als Geschenk bekommen."[18] Mit diesem Leitbild der kultischen Feste unvereinbar sind Visionen, daß in einer an sich sinnlosen, durch blinde Evolution entstandenen Welt sich der Mensch eine neue und bessere Welt erschaffe, ein Schöpfertum aus Verzweiflung an der Welt. „In die Liturgie gehört solche Art von Schöpfertum nicht hinein. Sie lebt nicht von den Einfällen des einzelnen oder irgendwelcher Planungsgruppen. Sie ist ganz umgekehrt der Ein-Fall Gottes in unsere Welt, und der befreit wirklich. Er allein kann die Tür ins Freie öffnen."[19]

Der Festverderber

Das auf freiwilliger Befolgung selbstgeschaffener, außeralltäglicher Regeln auf emotionale Gemeinsamkeit und äußeren Frieden

---

[17] Zum Stil der Liturgie *Guardini* (N 10), S. 39 ff.

[18] *Ratzinger* (N 15), S. 144.

[19] *Ratzinger* (N 14), S. 145.

angewiesene Fest ist ein überaus fragiles, störungsanfälliges Gebilde. Die Kulturrevolution von 1968 brachte die Figur des Festverderbers hervor, der in eine Feier eindrang, um diese im Namen seiner eigenen, fest-unverträglichen Ideale zu sprengen, der Regeln des Festes demonstrativ brach, die Feier zur politischen Demonstration umfunktionierte oder in eine Hanswurstiade verwandelte und dem Gespött der Außenwelt auslieferte. Dieser Antifest-Strategie fielen lange Zeit die akademischen Feiern zum Opfer. Als sie wieder auflebten, drängten die studentischen Erben der Kulturrevolution darauf, ihrerseits zu Wort zu kommen. Für ihr Rederecht boten sie dem Rektor als Gegenleistung die Gewähr der Störungssicherheit. Provokativ unfestlich gewandet, fand der Studentenvertreter nun das Publikum für seine Publikumsbeschimpfung. Doch dieses ärgerte sich nicht; es amüsierte sich. Der Festverderber reihte sich ein in das Fest, ohne es zu merken, und übernahm die Rolle, die in Shakespeares Tragödien dem Narren zufällt. Selbst diese Episode ist längst Geschichte geworden, weitab der universitären Wirklichkeit von heute. Die paradigmatische Bedeutung bleibt.

Geist und Sinnlichkeit des Festes

Im Fest finden Spiritualität und Sinnenfreude zusammen. Ohne die eine wie ohne die andere vermag es nicht zu leben. Das geistlose kollektive Besäufnis ist ebenso wenig ein Fest wie das reguläre, ernsthafte Universitätsseminar oder die als Symposion ausgeflaggte fachwissenschaftliche Tagung. Anders jedoch das Symposion, das Platon schildert: ein Fest, auf dem Geist wie Gaumen genießen, das Wahre gesucht und dem Schönen gehuldigt wird. Das Fest erhebt sich über den rohen Genuß zu kultureller Gestalt, aber es verbleibt in der Sinnenwelt. Zu ihm gehören das Mahl, aber auch das Ritual, die Musik, der Tanz, der Schmuck. Es hat notwendig eine ästhetische Dimension. Die Rationalität stößt hier an ihre Grenze. Die reine Vernunft vermag kein Fest auszurichten. Phantasie und Geschmack, Instinkt und Gemüt müssen sich hinzugesellen.

Die Liturgie bildet das große Beispiel. Der Raum, in dem sie sich vollzieht, ist keine Funktionshalle, sondern gebaute Gestalt des Glaubens, ein irdisches Gotteshaus. Alle Sinne, Gehör, Gesicht und Geruch (Weihrauch!) werden berührt. Die heiligen Geräte wie die geistlichen Gewänder sind aus kostbarem Material kunstvoll gearbeitet. In der Dramaturgie der Meßfeier lebt die ästhetische Formkraft von Jahrtausenden – lebendiges Weltkulturerbe. Die Liturgie umgibt sich mit Kunstwerken, und sie bildet selbst ein Kunstwerk.[20]

Auch in seiner Ästhetik hält das Fest Abstand zum Alltag. Wie schwierig das heutzutage ist, zeigen die akademischen Feiern, die im wesentlichen aus Reden bestehen. Im Reden aber vollzieht sich auch weitgehend die alltägliche Arbeit des Lehrens und Lernens. Von dieser heben sich die Reden, die auf einer Feier gehalten werden, nicht im Stil und nicht im Inhalt ab. Es handelt sich um Rechenschaftsberichte, Verwaltungsprogramme, Fachvorträge. Die vormals sinnfällige Selbstdarstellung der Gelehrtenrepublik in den Talaren und Farben der Fakultäten ist der Kulturrevolution zum Opfer gefallen; sie läßt sich in der Ägide des universitären Funktionalismus nur mühselig wiederherstellen. So kommt denn allein der Musik die Aufgabe zu, der verbalistischen Verödung des Festes entgegenzuwirken und Abstand zur Arbeitswelt zu signalisieren.

Alle Jahre wieder, wenn zu Silvester sich brave Bürger in leidenschaftliche Feuerwerker verwandeln und den mitternächtlichen Winterhimmel mit funkensprühenden Fontänen verzaubern, überkommt die Philister, insbesondere solchen in kirchlichen Ämtern, der Jammerreflex, das in Festraketen verpulverte Geld hätte besser den Hungernden in Afrika gespendet werden müssen („Brot statt Böller"), ohne irgendein Gespür dafür, daß gerade das Feuerwerk heiterster Ausdruck von Tugenden ist: der Lebensfreude, der Hoffnung, des Zukunftswillens, flammendes Zeichen der Zustimmung zur Welt. Die Festverderber predigen eine Moral der Rechenhaftigkeit in heikler Nähe zu der Klage eines Apostels über Maria Magdalena, sie hätte das Öl, mit dem sie Jesu Füße salbte, besser für 300 Silbergroschen verkauft und den Erlös den Armen gegeben; der Anmahner der Diakonie hieß übrigens Judas Iskariot.[21] Rechenhaftigkeit ist der Idee des Festes schlechthin unverträglich. Sie kennt kein Kosten-Nutzen-Kalkül. In jedem Fest steckt ein Moment der Verschwendung, ein „gebotener Exzeß". Die bescheidene bürgerliche Geburtstagsfeier enthält davon noch Spurenelemente.

---

[20] Zur ästhetischen Dimension der Liturgie *Guardini* (N 10), S. 63 ff.; *Ratzinger* (N 15), S. 99 ff.

[21] Joh 12, 4-8.

Auch wo die Speisen, Getränke und Geschenke ökonomisches Maß halten, waltet ein höfliches Übermaß an Freuden-, Sympathie- und Dankesbekundungen. Das alles liegt freilich unendlich weit ab von den orgiastischen Feiern des Altertums, wie Nietzsche sie beschwört: „Im Fest ist einbegriffen: Stolz, Übermut, Ausgelassenheit, der Hohn über alle Art Ernst und Biedermännerei; ein göttliches Jasagen zu sich selbst aus animaler Fülle und Vollkommenheit – lauter Zustände, zu denen der Christ nicht ehrlich ja sagen darf."[22] Das gilt freilich nur für Christen, deren Christentum in Ernst und Biedermännerei aufgeht. Jedenfalls hält sich die Idee des Festes dem dionysischen Prinzip ebenso offen wie dem apollinischen. Welches Prinzip auch regiert – zum Fest gehört ein Anhauch von Wahnsinn.

Heiterkeit des Festes

Das Fest atmet die Freude derer, die es feiern. Freude läßt sich nicht organisieren. „Nicht das ist das Kunststück, ein Fest zu veranstalten", schreibt Nietzsche, „sondern solche zu finden, welche sich an ihm *freuen*. Meistens ist ein Fest ein Schauspiel ohne Zuschauer, ein Tisch voller Speisen ohne Gäste."[23] Nur wo gemeinsames Hochgefühl waltet, wird das Fest möglich. Das bedeutet nicht, daß nur glückliche Ereignisse Grund eines Festes sein können. Tod und Unglück gehören dazu. In der Trauerfeier weitet sich die Trauer der Einzelnen zur allgemeinen Trauer der Gemeinde. Die Empfindung geht ein in Form. Diese schafft Distanz zu dem Schmerz, den der Einzelne erleidet, wehrt den zudringlichen Blicken, überdeckt das Leid mit einem Schleier der Schonung und verleiht ihm objektive Würde. So erhebt sich auch die Trauerfeier über die Trübsal des Alltags. „Selbst die Totenfeier, Allerseelentag und Karfreitag könnten niemals den Charakter der Feier haben, es sei denn auf dem Grunde der Gewißheit, daß Welt und Dasein aufs Ganze gesehen im Lot

---

[22] *Friedrich Nietzsche*, Aus dem Nachlaß der Achtzigerjahre, in: ders., Werke (hg. von Karl Schlechta), 3. Bd., 1963, S. 429. Historisches Material, das *Nietzsches* These teils belegen, teils widerlegen könnte: *Horst Fuhrmann*, „Jubel". Eine historische Betrachtung über den Anlaß zu feiern (1985), in: ders., Einladung ins Mittelalter, ⁵1997, S. 239 ff.

[23] *Friedrich Nietzsche*, Nachlaß 1875 – 1879, 41 (37), in: ders., Kritische Studienausgabe, hrsg. von Giorgio Colli und Mazzino Montinari, 1999, Bd. 8, S. 588.

sind. Wenn es keinen ‚Trost‘ gibt, dann ist der Begriff ‚Trauerfeier‘ ein Widerspruch in sich selbst.“[24] Jede Feier ist in ihrem Wesen affirmativ. In jedwedem Fest, das seinen Namen verdient, regt sich jene Heiterkeit, wie sie Schiller der Kunst zuspricht – als Kontrast zum Ernst des Lebens – , übrigens im Prolog zu einem Trauerspiel.

Feiern heißt, Gott und die Welt in ihrem Gut-Sein rühmen. Ein ferner, blasser Abglanz dieser Idee fällt auf ein jedes Fest, das wir begehen. Alle, die die sich zur Gratulation versammeln, stimmen überein in der Zustimmung zu einem winzigen Segment dieser Welt, mag es eine Person sein, die gefeiert wird, eine Institution oder eine Sache: Es ist gut, daß es sie gibt.

---

[24] *Joseph Pieper* (N 5), S. 12.

Hermann Schmitz Studienausgabe

Hermann Schmitz
System der Philosophie
Studienausgabe 2005 (Gesamtausgabe Band I-V, insgesamt 10 Teilbände)
5153 Seiten gebunden, ISBN 978-3-416-03080-9
€ 459.00

Hermann Schmitz
Die Gegenwart
System der Philosophie, Band I, Studienausgabe 2005
475 Seiten gebunden, ISBN 978-3-416-03081-6
€ 49.90. Mit einem Vorwort des Verfassers zur Studienausgabe 2005!
mehr...

Hermann Schmitz
Der Leib
System der Philosophie, Band II/1, Studienausgabe 2005
631 Seiten gebunden, ISBN 978-3-416-03082-3
€ 59.90

Hermann Schmitz
Der Leib im Spiegel der Kunst
System der Philosophie, Band II/2, Studienausgabe 2005
312 Seiten gebunden, ISBN 978-3-416-03083-0
€ 39.90

Hermann Schmitz
Der leibliche Raum
System der Philosophie, Band III/1, Studienausgabe 2005
512 Seiten gebunden, ISBN 978-3-416-03084-7
€ 49.90

Hermann Schmitz
Der Gefühlsraum
System der Philosophie, Band III/2, Studienausgabe 2005
560 Seiten gebunden, ISBN 978-3-416-03085-4
€ 49.90

Hermann Schmitz
Der Rechtsraum
System der Philosophie, Band III/3, Studienausgabe 2005
742 Seiten gebunden, ISBN 978-3-416-03086-1
€ 69.90

Hermann Schmitz
Das Göttliche und der Raum
System der Philosophie Band, III/4, Studienausgabe 2005
721 Seiten gebunden, ISBN 978-3-416-03087-8
€ 69.90

Hermann Schmitz
Die Wahrnehmung
System der Philosophie, Band III/5, Studienausgabe 2005
272 Seiten gebunden, ISBN 978-3-416-03088-5
€ 29.90

Hermann Schmitz
Die Person
System der Philosophie, Band IV, Studienausgabe 2005
608 Seiten gebunden, ISBN 978-3-416-03089-2
€ 59.90

Hermann Schmitz
Die Aufhebung der Gegenwart
System der Philosophie, Band V, Studienausgabe 2005
320 Seiten gebunden, ISBN 978-3-416-03090-8
€ 29.90. Enthält im Anhang den Text des Verfassers "Kritische Revision
meines Werkes 'System der Philosophie'"! mehr...

BOUVIER
VERLAG • SEIT 1828

Walter Hinck
Wahrnehmung des Lebens
Vom Schreiben im
Nebenberuf
140 Seiten gebunden,
ISBN 978-3-416-03177-6
€ 16.90

Ein Leitmotiv im Werk Goethes, der bekanntlich bis ins höhere Alter sein Staatsamt am Weimarer Hof wahrnahm, ist der Gedanke des ‚tätigen Lebens'. Im Verständnis Dieter Wellershoffs ist Literatur „weder ein Transportmittel für moralische Erziehungsideale oder politische Ideen, noch das dazugehörige Gegenteil eines exklusiven, von der Realität abgekoppelten Sprach- und Formenspiels." Sie sei vielmehr ein Medium zur Erweiterung und Vertiefung unserer Wahrnehmung des Lebens. Die Autoren Wickert, von der Goltz und Schlink zählen zu den Ausnahmen im literarischen Leben und auf dem Literaturmarkt der Gegenwart, die sich auf das Berufsbild des „freien" Schriftstellers hin orientiert haben. Sie haben im überwiegenden Teil ihres Lebens einen praktischen, nicht eben literarischen Beruf ausgeübt – Diplomat, Unternehmer, Rechtswissenschaftler und Universitätslehrer. Wie weit stärken geschichtliche Erinnerung, das Erleben von Grenzsituationen des Daseins, die Weite des Berufshorizonts und konkrete Sachkenntnisse die Fähigkeit zur vertieften Wahrnehmung von Welt und ihrer Vielfalt? Wie weit wird Literatur durch Gedanken, die „aus der tätigen Natur entsprungen sind", bereichert? Genügt es, Autoren mit Preisen und Stipendien an den Schreibtisch zu „fesseln"?

Antonius John
Philipp von Boeselager
383 Seiten gebunden
ISBN 978-3-416-03203-2
€ 29.90

Philipp von Boeselager (1917-
2008) war der letzte Überle-
bende des militärischen Widerstandes gegen Hitler und
seine Herrschaft. Sein Bruder
Georg und er waren die Väter
der berühmten „Reiterbrigade
Boeselager", die als Kerntrup-
pe für den Tag X gedacht war,
an dem Hitlers Macht ein Ende
bereitet werden sollte. Obwohl
jung an Jahren, standen sie
in einer Verantwortung, die
für Deutschland schicksalhaft
werden konnte. Die hoch de-
korierten Brüder zählten zum
innersten Kreis der Verschwörergruppe um Generalmajor von Tresckow.
Sie waren am gescheiterten Pistolenattentat vom 13. März 1943 beteiligt
sowie zentrale Persönlichkeiten um die Ereignisse des 20. Juli 1944.
Das Buch zeichnet das Leben von Boeselagers und spürt dem inneren
Kraftquell dieser imponierenden Persönlichkeit nach: Der Alltag des Rei-
terbarons, persönliche Details aus vielen Lebensphasen, seine Begegnun-
gen z. B. mit Hitler, Himmler, Bormann, Göring und vielen anderen. Es
schildert dramatische Situationen im Kriege und Widerstand. Der Autor
beschreibt Boeselagers sich wandelnde Idee von Staat und Gesellschaft, für
die er sich auf vielen Feldern in Pflicht und Verantwortung nehmen ließ.
Von Boeselager wurde häufig vorwiegend mit militärischen Leistungen
und der schweren Gewissensentscheidung zum Widerstand identifiziert.
Das aber wird seiner Persönlichkeit nicht gerecht. Hinter all seinem Denken und Tun stand stets seine Bereitschaft, sich, wo immer sie rief, der
Pflicht zu stellen, wenn es um Recht und Gerechtigkeit - somit um das
Gemeinwohl - in dieser Welt ging und geht. Hier hat auch der Widerstand
seine Quelle.
Philipp von Boeselager verstarb am 1. Mai 2008.

BOUVIER
VERLAG • SEIT 1828